Psychologie im Sport

Sigurd Baumann

Psychologie im Sport

Meyer & Meyer Verlag

Die Deutsche Bibliothek - CIP Einheitsaufnahme

Baumann, Sigurd:
Psychologie im Sport/Sigurd Baumann
- 2., überarb. Neuaufl. - Aachen : Meyer und Meyer, 1998
ISBN 3-89124-452-5

2., überarbeitete Neuauflage 1998
Titelfoto: Sigurd Baumann
Umschlaggestaltung: Walter J. Neumann N&N Design-Studio, Aachen
Umschlagbelichtung: frw, Reiner Wahlen, Aachen
Satzbelichtung: Typeline, Dagmar Schmitz, Aachen
Lektorat: Dr. Irmgard Jaeger, Aachen
Satz: Rotis Serif
Druck: Druckerei Röder + Moll GmbH, Mönchengladbach
ISBN 3-89124-452-5
Printed in Germany

Inhaltsverzeichnis

1 Einführung

Sport in seinen vielseitigen Handlungsfeldern und Ausführungen fand schon frühzeitig das Interesse der Psychologen. Einzel- und Mannschaftssportarten bieten dem Psychologen die Möglichkeit, menschliches Verhalten und Handeln in unterschiedlichsten Belastungssituationen ohne Konstruktion aufwendiger Laborexperimente zu untersuchen. Die Fragestellungen der Psychologen deckten sich jedoch selten mit den Problemen der Sportler selbst und den Fragen und Wünschen, die diese der Psychologie entgegenbrachten. Die Folge war eine deutliche Hilflosigkeit der Trainer und Übungsleiter gegenüber psychologischen Fragen.

Seit den 70er Jahren ist eine spürbare Wende in den Voraussetzungen und Zielrichtungen sportpsychologischer Arbeitsweise festzustellen. Zunehmend werden nun die vom Sport katalogisierten Problemstellungen zum Gegenstand psychologischer Untersuchungen. Schwerpunkte liegen in der Diagnostik und in der Erstellung *psychologischer Methoden* und Thesen zur sportlichen Aktivität. Sportler und Trainer treten mit immer neuen Problemen an die Psychologie heran und erhoffen sich nicht nur Aussagen zur Feststellung von psychologischen Vorgängen und Erscheinungen, sondern in zunehmenden Maße auch grundlegende Erkenntnisse und Hilfen zur Steuerung und Regulation zukünftigen sportlichen Handelns. Das Selbstverständnis der Sportpsychologie resultiert heute nicht mehr aus der reduzierten Zielstellung der „Untersuchung psychischer Vorgänge und Erscheinungen und der Erforschung ihrer Ursache und Wirkungen" (103), vielmehr hat es eine rapide Ausdehnung auf das Gebiet der psychoregulativen Beeinflussung des Sportlers erfahren. Aus ersten Ansätzen des mentalen Trainings haben sich Techniken der Psychoregulation entwickelt, die, naiv oder erlernt, immer mehr Bedeutung im Trainings- und Wettkampfgeschehen erlangen.

Neben dieser auf das praktische Handeln bezogenen „Psychologie des Sports" (82), erfahren *pädagogische Dimensionen* eine zunehmende Beachtung. Die Heranführung von Jugendlichen an sportliche Höchstleistungen, psychologische Probleme der Persönlichkeitsentwicklung, Trainerverhalten und Elternhaus, stellen der Psychologie die Aufgabe, auch die externen handlungsregulierenden Faktoren des Praxisfeldes Sport zu untersuchen. Diese Dimension der „Psychologie im Sport" (82) beschäftigt sich mit der Analyse der Einflussbereiche, die

die Lebenswelt des Sportlers konstituieren, und versucht, den Stellenwert dieser Einflüsse für die Entwicklung des Sportlers zu entschlüsseln und sie im Sinne bestmöglicher psychoregulativer Wirkung zu verändern.

Das vorliegende Buch ist aus der Erkenntnis entstanden, dass sich Sportler und Trainer der *praxisorientierten Hilfestellung* der Sportpsychologie bewusst sind. Vorbehalte gegenüber Psychologen als „Feuerwehr“ oder „Seelendoktor“ werden zunehmend abgebaut. Sportler finden in der Psychologie Wege, den Umgang mit psychischen Belastungen zu erlernen, Trainer sollen sich psychologisches Grundwissen aneignen und sich von der Vorstellung lösen, den Sportpsychologen als „Konkurrenten“ zu betrachten.

Trainer und Betreuer stellen die vermittelnden Instanzen zwischen Sportler und Psychologen dar. Die enge Beziehung des Trainers zum Sportler bedingt die bestmögliche Umsetzung psychologischer Maßnahmen, sofern er über das erforderliche Rüstzeug verfügt. Immer häufiger tritt jedoch auch der *Psychologe* unmittelbar mit dem Athleten in Kontakt. Der relativ hohe Zeitaufwand psychoregulativer Maßnahmen macht eine zusätzliche Trainingseinheit erforderlich, die vom Trainer häufig aus zeitlichen Gründen nicht geleistet werden kann. Hier sollte die Arbeit des Psychologen mit dem Trainer abgesprochen sein. Die informative Interaktion zwischen Psychologe, Trainer und Sportler kann zur optimalen Strategie psychologischer Trainings- und Wettkampfarbeit beitragen.

Das *Wesen der psychologischen Beratung* lässt wenig Raum zur Selbstdarstellung des Psychologen nach außen. Je stabiler, selbstkompetenter, entscheidungsfähiger und selbstbewusster der Sportler oder die Sportlerin werden, desto mehr tritt der beratende und betreuende Psychologe in den Hintergrund. Seine Rolle ist dem steten Wechselspiel der Diagnose, der Beratung, des Helfens und Unterstützens, der aktiven Beeinflussung, der psychoregulativen Vermittlung und dem zurückhaltenden Beobachten der Ergebnisse seiner Arbeit unterworfen.

Die *Schwerpunkte* der sportpsychologischen Arbeit liegen also auf den beiden Ebenen der Aus- und Weiterbildung von Trainern und der Beratung, Betreuung und Behandlung von Sportlern. Ihre Funktionen erstrecken sich sowohl auf die Gebiete der Vorbeugung (Prävention), der Vorhersage, der Erhaltung und Stabilisierung als auch auf das der Therapie bzw. Rehabilitation. Trainer und Übungsleiter sollten erkennen, dass sie in ihrer Tätigkeit, ob sie es wollen oder nicht, vielseitige psychologische Arbeit verrichten, die durch die Verfahren der Sportpsychologie vertieft, erweitert und in ihrer Wirkung erhöht werden kann.

2 Grundlagen der Persönlichkeits-entwicklung

Sport stellt einen integralen Bestandteil der Lebenswelt des jugendlichen Sportlers dar. Wenn man davon ausgeht, dass sich die menschliche Persönlichkeit aus der Wechselwirkung von Umwelteinflüssen und individuellen Anlagen und Fähigkeiten entwickelt, muss dem Sport eine wesentliche Funktion in diesem Prozess zugeschrieben werden. Aus der gelungenen Synthese der Person-Umwelt-Beziehung resultiert die Persönlichkeit des Sportlers.

Sportliche Leistungen finden deshalb in der Qualität personaler Fähigkeiten ihre Bedingung. Davon leitet sich die anthropologisch begründete und sportlich unverzichtbare Erkenntnis ab, dass die Entwicklung der Persönlichkeit Vorrang in jedem jungen Sportlerleben haben muss. Je stabiler die Persönlichkeit des Sportlers ausgebildet ist, desto unabhängiger wird er in seinem Selbstwertgefühl und seinem Selbstvertrauen von schwankenden Leistungen, von Sieg und Niederlagen, von Erfolg und Misserfolg sein.

Nur wer die Niederlage nicht fürchtet, kann alle positiven Kräfte für die beste Leistung aktivieren.

Auch der Sportpsychologe, der Jugendliche im Hochleistungssport betreut, muss sich der pädagogisch-psychologischen Aufgabe bewusst sein und sein Tun einer verantwortlichen Reflexion unterziehen. Es genügt weder, körperliche Fähigkeiten zu entwickeln, um die beste Leistung zu erreichen, noch rein psychoregulativ auf den Jugendlichen einzuwirken, um alle Störfaktoren auszuschalten. Der Psychologe muss abwägen, in welchem Maß äußere Einflüsse den jungen Menschen in seiner *Gesamtentwicklung* betreffen. Auch er trägt die Verantwortung dafür, dass alle Faktoren der Lebenswelt des Sportlers so aufeinander abgestimmt werden, dass er sie in seiner Persönlichkeit verinnerlicht, um diese auch in der Zukunft offen und aufnahmebereit zu erhalten.

Jede psychologische Arbeit mit Jugendlichen beinhaltet in irgendeiner Weise eine pädagogische Dimension. Kenntnisse über die Entwicklung der Identität des jungen Menschen und die Rolle, die dabei der Sport spielt, helfen dem Trainer beim Umgang mit jugendlichen Sportlern und bei der Beurteilung abweichender Verhaltensweisen.

2.1 Sport und Identitätsentwicklung

Es gibt die verschiedensten Redewendungen, die Bezug darauf nehmen, ob sich der Mensch seiner Identität bewusst ist, ob er Zweifel an ihr hegt oder ob er auf der Suche nach dieser eigenen Identität ist.

„Ich bin Judokämpfer!", durch diese Aussage identifiziert sich z.B. der junge Mensch mit der Rolle des Kampfsportlers. Diese stellt jedoch nur einen Teil seiner *Gesamtidentität* dar. Es ist zu fragen, welchen Stellenwert die Identität des Judokämpfers in der Gesamtidentität des Sportlers einnimmt. Nicht nur als Judokämpfer besitzt er eine Identität, sondern auch als Sohn, als Freund, als Bruder oder als Lehrling oder Student. „Ich weiß gar nicht mehr, wer ich eigentlich bin!", dieser Ausspruch eines Sportlers weist darauf hin, dass er in seinem Selbstverständnis und in seiner Umweltbeziehung verunsichert ist. Weitere Beispiele des Identitätsbezugs kommen in folgenden Sätzen zum Ausdruck: „Er hat sich selbst aufgegeben!", „Er weiß, wer er ist!", „Er hat ein verschobenes Selbstbild!", „Er ist immer noch auf der Suche nach sich selbst!", „Er ist sich seiner selbst nicht sicher!"

Gerade der Wettkampfsportler braucht ein stabiles Ich, eine klare Identität, die ihn mit seiner Umgebung und seinen Gegnern im Gleichgewicht hält und die auch durch Niederlagen nicht ins Wanken gerät.

Die Frage „Wer bin ich?" darf nicht nur durch Feststellen der sportlichen Leistungsfähigkeit beantwortet werden.

Die Ursprünge von übergroßer Nervosität, von Minderwertigkeitsgefühlen, von hoher Aggressivität oder zu schneller Resignation sind häufig in Störungen der Identitätsentwicklung zu suchen. Zur Analyse der Identitätsentwicklung bzw. der sportlichen Identität kann auf Theorien zurückgegriffen werden, die *Erikson* (23), *Veelken* (125) und *Mead* (74) beschrieben haben.

Identität wird als Produkt und Ziel der Sozialisation verstanden. Am Ende sollen die für viele Menschen offenen Fragen „Wer bin ich?" und „Was soll ich hier?" beantwortet werden. Unsere Vorfahren hatten darauf leichter Antworten parat. Das gesellschaftliche Leben früherer Generationen war mehr als in unserer Zeit durch Institutionen, Sitten und Gebräuche bestimmt. Die Menschen wurden in einen Kulturraum hineingeboren, der es ihnen relativ leicht machte, ihre Identität zu finden. Ein Bauer war ein Bauer, die Frau die Hausfrau, der Lehrling derjenige, der sich unterordnen musste. In unserer Zeit ist eine Auflockerung der strengen Verhaltensnormen und Gebräuche zu beobachten.

Sinngebungen, die früher Einfluss auf die Identitätsentfaltung nahmen, z.B. Autoritätsglaube oder Vertrauen in Traditionen, werden immer mehr in Frage gestellt. Hinzu kommt, dass die Identitätsentwicklung durch Jugendarbeitslosigkeit, Konkurrenz und Leistungsdruck in Schule und Beruf und durch die Vielzahl der gesellschaftlichen Rollen erschwert wird.

Die Identitätsentwicklung des Jugendlichen von heute muss ihn auf das Leben in der Welt von morgen vorbereiten. Unter diesem Aspekt gewinnt der Sport als stabilisierender Faktor eine besondere Bedeutung für die Lebensbewältigung des Jugendlichen. Das sportliche Handeln muss als Bestandteil des gesamten Lebens eine Stufe der Identitätsentfaltung darstellen.

An der Schwelle zum Erwachsenenalter steht der Jugendliche vor dem Problem, seinen Sport in seine Lebenswelt zu integrieren. Er muss sich die Fragen stellen: „Welche Bedeutung, welchen Sinn hat mein Sport? Wer bin ich als Sportler? Ist es sinnvoll, dem Sport so viel Zeit zu opfern? Welchen Stellenwert, welche Position bringt mir der Sport bei meinen Freunden, in der Gesellschaft? Genügt der Sport, um mich selbst zu finden, meine Persönlichkeit in all ihren Anlagen zu entfalten?“

2.2 Gesamtidentität und sportliche Identität

Die Identität entfaltet sich, ähnlich wie *Jung* (48) den Individuationsprozess beschrieben hat, in der Auseinandersetzung des Menschen mit der gesellschaftlichen Umwelt und der Fähigkeit, selbständig auf diese Umwelt zu reagieren.

Bei gelungener Identitätsentfaltung wird der Mensch trotz seiner Einzigartigkeit nicht durch Isolierung aus dem Beziehungsnetz zu anderen ausgeschlossen. Andererseits lässt er sich aber auch nicht total an die für ihn bereitgehaltenen sozialen Erwartungen anpassen (125).

Auch der Sportler muss seine Identität entfalten. Dies kann nur gelingen, wenn er die Rolle, die er im Sport spielt, mit den Erwartungen der anderen und seiner eigenen selbstkritischen und autonomen Stellungnahme ins rechte Maß zu setzen vermag. Nur dadurch erfährt er Selbstbewusstsein und Selbstvertrauen in einer sich dynamisch verändernden Lebenswelt. Um den Begriff „Identität“ noch näher zu fassen und den Stellenwert der sportlichen Identität differenzierter aufzuzeigen, kann die Gesamtidentität in die Komponenten der persönlichen Identität und der sozialen Identität zerlegt werden (Abb. 1) (23, 125).

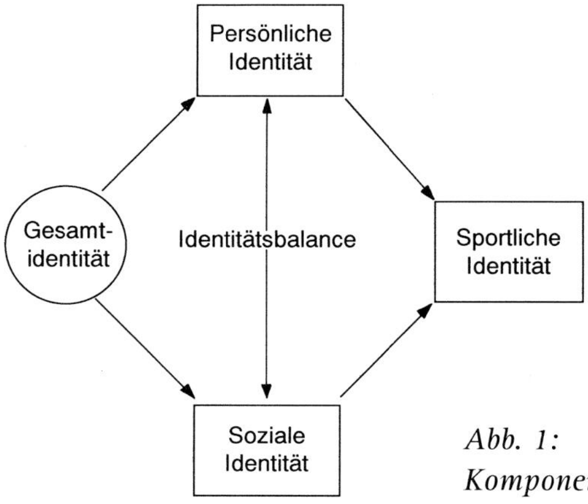

Abb. 1: Komponenten der Identität

2.2.1 Soziale Identität

Die soziale Identität beinhaltet diejenigen Verhaltensweisen, die auf Grund der Rollenerwartungen und durch Übernahme von Haltungen und Einstellungen anderer entstehen. Auch die Rolle des Sportlers, des Judokämpfers, des Tennisspielers oder des Rennläufers ist Bestandteil der sozialen Identität. Alle Identitäten erfordern einen anderen, für den man diese Identität einnimmt.

Soziale Identität könnte man deshalb auch als Identität für andere bezeichnen.

Sie stellt die Antwort des Einzelnen auf die Haltung und Erwartung der anderen ihm gegenüber dar (125). Diese Reaktion beinhaltet gleichzeitig ein Moment der Freiheit. Es kommt darin zum Ausdruck, dass der Mensch selbst zu entscheiden vermag, ob er die Haltung der anderen total und unreflektiert übernimmt oder sie distanziert kontrolliert, so dass er in seiner Reaktion eigene Wünsche realisieren kann. Diese Antwort auf die Erwartungen der anderen wird durch die Entwicklung der persönlichen Identität bestimmt.

2.2.2 Persönliche Identität

In der persönlichen Identität kommt das Bewusstsein des eigenen Selbst zum Ausdruck. Dieses gründet in den ganz persönlichen Erfahrungen des Lebens und im Wissen um die eigene, unaustauschbare Existenz: „Ich weiß, dass ich so bin, wie ich bin, kein anderer kann so sein wie ich!"

Dieses Bewusstsein ist für jeden Wettkampfsportler die Grundlage der individuellen Steuerung sportlicher Handlungen und des Wettkampfes.

Wenn es ihm gelingt, seine soziale Identität („Was erwarten die anderen von mir?") mit seiner persönlichen Identität („Ich werde die Aufgabe so lösen, wie ich es für richtig halte!") ins Gleichgewicht zu bringen, so befindet er sich im Zustand der „Identitätsbalance" (135). Identitätsbalance bedeutet für den Sportler, dass er zwischen den Anforderungen und Erwartungen der anderen und der Freiheit, das eigene Verhalten nach eigenem Gutdünken und eigenen Maßstäben zu lenken, steht (Abb. 2).

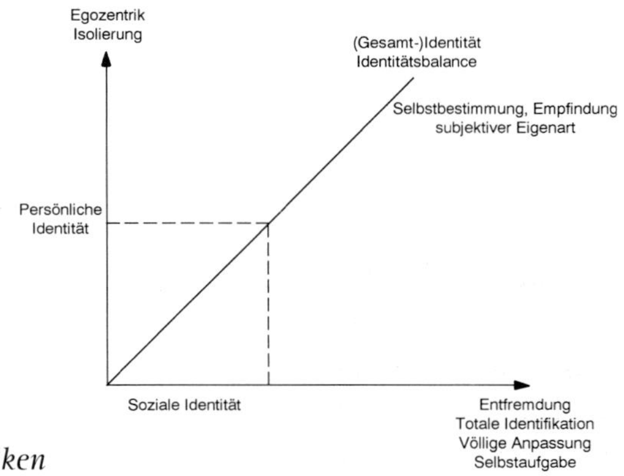

Abb. 2:
Identitätsstruktur nach Veelken

Soziale Einflussfaktoren wie die Erwartungen und Wünsche von Freunden, Zuschauern, Presse und Medien dürfen nicht so dominieren, dass sie die Entfaltung des eigenen Könnens, die individuellen Fähigkeiten, die Gefühle und Vorsätze überdecken oder stören.

Deutlicher wird dieses Identitätsgleichgewicht bei der Betrachtung seiner Störungen.

2.3 Störungen der Identität

Störungen der Identität erschweren den Umgang mit anderen, schaffen persönliche und soziale Konflikte und verhindern die Entwicklung der eigenverantwortlichen und doch sozialgebundenen Persönlichkeit. Im Sport sind, mehr oder minder ausgeprägt, Störungsrichtungen in sozialer oder in personaler Hinsicht zu beobachten.

2.3.1 Anpassung und Entfremdung

Ein überspitztes *Beispiel* für derartige Störungen wäre: Ein jugendlicher Sportler übernimmt die Ansichten, Haltungen und Einstellungen des Trainers. Er ahmt dessen Sprechweise nach, kleidet sich wie dieser, führt folgsam alle Anweisungen aus, sucht ständig dessen persönliche Nähe und hat während des Kampfes ständig Blickkontakt mit ihm. Stets versucht er, sich so zu verhalten, wie es vom Trainer gewünscht bzw. gerne gesehen wird. An Wettkämpfen, zu denen ihn der Trainer nicht begleiten kann, nimmt er entweder nicht teil oder vollbringt nur schwache Leistungen oder versagt völlig.

Dieser Jugendliche läuft Gefahr, sich zu einem völlig angepassten Wesen zu entwickeln. Seine soziale Identität hat sich zur totalen sozialen Anpassung an die Anforderungen, Haltungen und Erwartungen des Trainers entwickelt. Auch gegenüber Freunden, Nachbarn und Bekannten zeigt er ähnlich extremes Anpassungsverhalten.

Das Beispiel soll zeigen, dass die Anpassung an die Wünsche der anderen so weit gehen kann, dass eigene Reflexionen und Interpretationen der Situation nicht mehr stattfinden. Die Verhaltensweisen werden durch Fragen gesteuert wie: „Wie wirke ich auf die anderen?“, „Handle ich so, dass ich ihren Erwartungen entspreche?“ Zugunsten der Erwartungen der anderen verzichtet er auf seine persönliche Identität.

Diesen Vorgang bezeichnen wir als *Entfremdung* (74, 125).

Durch die totale Anpassung erreicht der Sportler zunächst, dass er nicht in Konflikt mit dem Trainer und den anderen gerät. Zwischen seinen Wünschen und den Erwartungen anderer gibt es keine Widersprüche. Er stellt seine eigenen Bedürfnisse zurück, verdrängt oder verleugnet sie.

Dieser Verdrängungsakt hat den völlig angepassten Sportler zur Folge und verhindert die Entwicklung einer entscheidungsfähigen, selbstkompetenten Persönlichkeit.

Die Ausbildung ganz persönlicher Qualitäten, die dem Sportler in der Gruppe seine Individualität verleihen, wird dadurch unterbunden. Der „mündige“ Sportler bleibt auf der Strecke.

Die Anpassung an das Beziehungsgeflecht einer Mannschaft oder an die Zielstellungen des Trainers darf nicht so weit gehen, dass sie zur Unterwürfigkeit und Aufgabe eigener Entscheidungskompetenz führt. Anpassung als Antwort auf die Angst, als Außenseiter zu gelten, vielleicht in der Mannschaft nicht mehr beliebt zu sein oder ausgeschlossen zu werden, kann eine Konformität des Denkens und Wertens zur Folge haben, die letztendlich dazu führt, dass der Einzelne seine eigenen Fähigkeiten und Bedürfnisse gar nicht mehr erkennt und wahrnimmt. Am Ende stehen die Unsicherheit, die Krise, der Konflikt. Dies ist vor allem dann der Fall, wenn die Anerkennung der Anpassung ausbleibt.

Der überangepasste Mensch ist dauernd bestrebt, sich seine Anpassung wie eine Leistung anerkennen zu lassen. Wird diese Erwartung nicht erfüllt, treten Frustrations- und Aggressionserscheinungen auf, schlimmstenfalls kommt es zu einer generellen Verarmung an sozialen Gefühlen. Rücksichtnahme, Selbstvertrauen, Gemeinschaftsstreben – Gefühle und Emotionen, die zum Aufbau einer stabilen Persönlichkeit bedeutsam sind – werden kaum weiter ausgebildet.

Eine solche einseitige Verlagerung der Identitätsentwicklung im Sinne der Entfremdung zu verhindern, stellt eine wesentliche pädagogisch-psychologische Aufgabe für Betreuer und Trainer jugendlicher Sportler dar.

Die Gratwanderung, auf der einen Seite Leitfigur und Führer zu sein und auf der anderen Seite Emanzipation und Entscheidungsfähigkeit seiner Schützlinge zu fördern, kann nur gelingen, wenn der Trainer die Überzeugung vertritt, dass nur derjenige Sportler oder diejenige Sportlerin zur Höchstleistung befähigt ist, der/die gelernt hat, Konzentration, Willensstärke und körperlichen Fähigkeiten aus sich selbst heraus zu mobilisieren und zu steuern.

Daraus lassen sich folgende Konsequenzen ableiten:

- Der Mensch muss seine Rolle als Sportler im Rahmen seiner Gesamtidentität interpretieren und seine ureigensten Bedürfnisse und Interessen in ihr verwirklichen. Im Verlauf seiner jugendlichen Entwicklung soll er erkennen, welche Erwartungen der anderen er erfüllen kann und wie Konflikte mit seinen eigenen Wünschen und Interessen zu lösen sind.
- Die Interpretation des Sportlers muss von seinen Sozialpartnern, von Eltern, Trainer, Lehrern und Freunden berücksichtigt werden. Vor allem der Trainer sollte die Argumente seiner Schützlinge stets überdenken und sich der Wirkung einer eventuellen Missachtung oder Zurückweisung bewusst sein.
- Der Sportler braucht einen Freiraum für eigenständige Entscheidungen. Sowohl im Training als auch im Wettkampf sollte er Gelegenheit erhalten, Situationen, die in seinem Fähigkeitsbereich liegen, selbständig zu bewältigen. Nur bei Gefahr einer erhöhten Belastung bzw. Überforderung bedeutet die Hilfe des Trainers einen wichtigen Stützpfeiler bei der weiteren Identitätsentwicklung des Sportlers.

2.3.2 Egozentrik und Isolation

Neben der überakzentuierten sozialen Identität, die zu totaler Anpassung und Institutionalisierung führt, gibt es auch die entgegengesetzte Tendenz. Sie zeigt sich durch die Überbetonung der persönlichen Identität. Es besteht die Möglichkeit, dass ein Sportler so in seiner Meinung, seiner Haltung, in seiner Egonzentrik bis zur Isolierung befangen ist, dass er die Haltung und Erwartung der anderen nicht mehr wahrnimmt und sie deshalb auch nicht mehr in seine eigene Identität einverleiben kann. Dadurch verliert er die Fähigkeit, eine Rolle, eine Position oder eine Funktion im sozialen Feld einzunehmen. Blockt der Sportler den sozialen Kontakt zu seinen Mannschaftskameraden oder Betreuern ab, gerät er in eine Isolation, die die weitere Entfaltung seiner Identität verhindert.

Die Ursachen können in der Angst zu suchen sein, sich in der Gruppe zu verlieren, nicht mehr zu wissen, wer man selbst ist, oder aber auch in rigider Selbstbezogenheit, die auf einem Mangel an sozialen Lernprozessen in der Vergangenheit beruht. Persönliche Bedürfnisse erlangen die Oberhand, soziale Kontakte werden abgebrochen oder vermieden.

In diesem Zustand der Isolation steht die eigene Person im Mittelpunkt des Denkens und Fühlens. Erwartungen der anderen oder soziale Rollenfunktionen finden keinen Platz mehr. Auf diese Weise tritt eine Verschiebung zur Überakzentuierung der persönlichen Identität ein, die sich in Egozentrik, sozialer Abkopplung, Kontaktarmut bis hin zur Vereinsamung zeigt.

Viele Eltern machten in diesem Zusammenhang negative Erfahrungen, wenn sie ihren Sohn oder ihre Tochter in den Sportverein schickten, damit sie dort im Feld der Gleichaltrigen soziale Erfahrungen sammeln sollten. Sie beachteten nicht, dass Neuankömmlinge oft als unbekannte Eindringlinge von der Gruppe abgelehnt oder nur zögernd aufgenommen werden. Jedes neu ankommende Mitglied bedeutet eine innere Umwandlung der Sympathie- oder Leistungsstruktur der Gruppe. Es bedarf einer gewissen Zeitspanne und der Unterstützung von Trainer und Betreuer, den Integrationsprozess in Gang zu bringen. Gelingt die Integration des Neulings nicht, besteht die Gefahr, dass er sich zurückzieht. Er bleibt zu Hause, lehnt weitere Kontakte ab, verlässt sein Zimmer nicht mehr, spricht kaum noch und kann schlimmstenfalls zum isolierten Eigenbrötler werden.

Im Sport kann sich eine solche Überakzentuierung der persönlichen Identität dahingehend auswirken, dass der Sportler unfähig wird, Rollen anderer einzunehmen. Beispielsweise muss der Judokämpfer auch die Rolle seines Gegners übernehmen können, beim Tennisspiel muss die Reaktion des Gegners in der eigenen Person angelegt sein. Der Sportler muss wissen welchen Kampfstil oder welche

Taktik der Gegner anwendet. Dies setzt voraus, dass er die Haltung des Gegners in sich selbst präsent hat, um darauf reagieren zu können.

Jeder Wettkampf, der die unmittelbare persönliche Auseinandersetzung mit dem Gegner verlangt, stellt ein Wechselspiel von Reaktionen dar, in dessen Verlauf die Haltung des einen die passende Haltung des anderen auslöst. Dieser Prozess der Rollenübernahme und deren Einverleibung legt vor allem im Alter von etwa 6-11 Jahren den Grundstein für die spätere Identitäts- und Leistungsentwicklung. Deshalb werden im folgenden einige wesentliche Gesichtspunkte aufgezeigt, die die Problematik der Integration des Wettkampfes in die Lebenswelt von Kindern und Jugendlichen ansprechen sollen.

2.4 Kinder im Sport

Die Lebenswelt des Kindes prägt seine Identitätsentwicklung. Sie enthält alle Einflussfaktoren der Sozialisation, die für die Ausbildung der sozialen und persönlichen Identität verantwortlich sind.

Sofern die Lernprozesse, die zur Sozialisation des Kindes führen, geplant sind, sprechen wir von *Erziehung* (59).

Viele Lernprozesse, vor allem in zunehmendem Alter, verlaufen jedoch ungeplant. Kinder beobachten Erwachsene, Vorbilder; sie lernen durch eigenes Ausprobieren und Erproben, sie machen gute und schlechte Erfahrungen mit Erwachsenen und Gleichaltrigen. Die wichtigsten Sozialisationsfelder des Kindes sind Elternhaus, Kindergarten, Schule, Gleichaltrige, Freizeit, Gruppen und Vereine. Sie prägen die Persönlichkeitsentwicklung des Kindes und entwickeln eine breite Palette emotional-sozialer, intellektueller und motorischer Fähigkeiten. Auch der Sport stellt einen Bestandteil dieses Einflussfeldes dar. Trainer und Erzieher müssen jedoch dafür Sorge tragen, dass der Sport nicht zu einer Einengung der Lebenswelt der Kinder führt (Abb. 3).

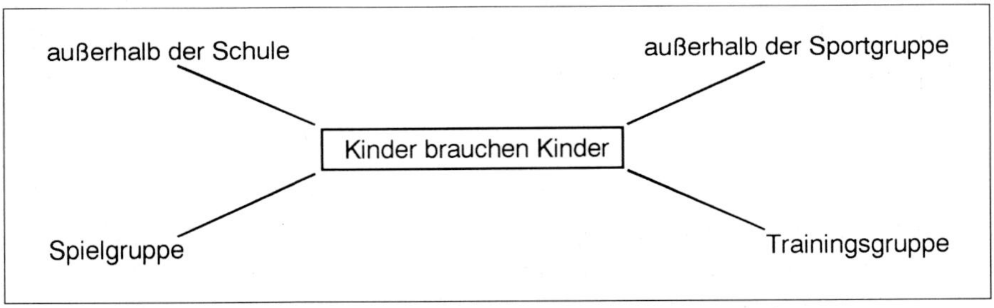

Abb. 3: Sozialbeziehungen der Kinder

Spielen und Entdecken ist nur in der kindlichen Lebenswelt möglich, die unter Ausschluss der Erwachsenen existiert.

In der Auseinandersetzung und der Kooperation mit Gleichaltrigen lernen Kinder Verhaltensregeln, entwickeln sie Fähigkeiten, bewerten und beurteilen sie sich selbst. Sie setzen sich mit ihrer ganz persönlichen Umwelt in ein psychisches Gleichgewicht als Voraussetzung und Baustein für eine stabile persönliche Identität.

Auch für sportlich hochbegabte Kinder gilt die Forderung:

Persönlichkeitsentwicklung geht vor Leistungsentwicklung!

Kinder, die mit dem Vertrauen in den Wettkampf gehen, dass sie nicht nur wegen ihrer Leistungsfähigkeit, sondern um ihrer selbst willen von Trainern und Betreuern geschätzt werden, entwickeln Selbstbewusstsein und Selbstsicherheit. Sieg oder Niederlage dürfen nicht die Gradmesser der Persönlichkeitsbeurteilung sein. Kinder, die sich auf dem Weg zu einer ausbalancierten Identität befinden, werden auch ihre beste Leistung erbringen.

Stets ist daran zu denken, dass die Sportkarriere nur einen relativ kurzen Abschnitt im Leben umfasst. Talente können scheitern. Dann besteht die Gefahr, dass Langeweile eintritt, keine Ziele mehr vorhanden sind, Selbstunsicherheit entsteht, soziale Beziehungen fehlen und ernsthafte Identitätsstörungen das Leben des jugendlichen Menschen erschweren. Dieser pädagogisch-psychologischen Verantwortung sollte sich kein Trainer und auch kein beratender Sportpsychologe entziehen.

Für die psychische Entwicklung des Kindes kann auch der Leistungssport sinnvoll und pädagogisch wertvoll sein, wenn er unter folgenden Aspekten betrieben wird (59):

a) Schule und Schulsport sollten nicht beschränkt werden.
b) Es darf keine Überfremdung durch Trainer und Eltern eintreten.
c) Das Kind muss
- Kind bleiben,
- spielen dürfen, Vielseitigkeit gewährt bekommen,
- Freizeit und – „freie Zeit“ – haben,
- Zuneigung erhalten,

- sich sicher und geborgen fühlen,
- Ängste und Sorgen aussprechen dürfen,
- dem Trainer Vertrauen entgegenbringen können,
- Leistungen altersgerecht erbringen dürfen,
- lösbare Aufgaben erhalten,
- reizvolle Ziele anstreben,
- in der Gruppe sein dürfen,
- selbstbewusst sein dürfen.

2.5 Sport in der Pubertät

Die Jugend bereitet den Menschen auf das Erwachsensein vor. Der Jugendliche befindet sich in einer Phase des Übergangs von der Kindheit in die Erwachsenenwelt. In diesen Jahren findet eine Identitätserweiterung statt.

Das Ende der Jugend ist nicht, wie das der Kindheit, „ein natürliches, durch biologische Ereignisse gesetztes, sondern ein soziales Ende" (59). Die Identitätsentwicklung der Jugendlichen bleibt unvollkommen, da der Bereich der beruflichen Entfaltung noch aussteht. Deshalb besteht bei manchen Jugendlichen die Gefahr, dem Sport einen überhöhten Stellenwert im Leben zuzuschreiben, der durch die Kompensation noch nicht erreichter beruflicher Kompetenz begründet ist.

Das Engagement des Jugendlichen im Sport stellt einerseits ein vorzügliches Mittel dar, Krisen und Probleme zu bewältigen, andererseits besteht die Gefahr, *dass die sportliche Tätigkeit zu ernst genommen wird*, was spätere Identitätskrisen vorbereitet.

Nimmt der Sport bzw. die sportliche Leistung einen zu großen Stellenwert im Leben des Jugendlichen ein, können überhöhte Erwartungen entstehen.

Die geheime Angst vor Misserfolgen steigt mit dem Anspruch der hohen Zielsetzungen.

Die Gesamtidentität des Jugendlichen weist Defizite in anderen, ebenso wesentlichen Feldern auf. Späteres Wettkampfversagen, übergroße Nervosität und Selbstzweifel in entscheidenden Phasen haben oft ihre Ursache in der ungleichgewichtigen Identitätsentwicklung des Jugendlichen.

Deshalb darf der Trainer nicht nur die sportliche Leistung seiner Schützlinge als alleinigen Gegenstand seiner Überlegungen sehen, sondern er *muss auch andere Lebensbezüge kennen* und sie in der Trainings- und Wettkampfplanung berücksichtigen. Einige wesentliche Aspekte aussersportlicher Lebensbereiche werden von *Kurz* (59) besonders hervorgehoben:

a) Gleichgewicht zwischen Sport, Schule und Beruf finden

> Jugendliche Sportler, die in der Schule oder im Beruf erfolgreich sind, werden auch im Sport bessere Leistungen vollbringen als solche, die im schulischen oder beruflichen Bereich Konflikte, Probleme oder Ängste mit sich tragen.

Der Trainer sollte auch erkennen, ob Jugendliche den Sport als Kompensation für schlechte Leistungen in der Schule oder im Beruf betreiben. Auch wenn dies dem Trainer verständlicherweise schwer fällt, sollte er auf die Jugendlichen einwirken, ihre Anstrengungen nicht nur auf den Sport zu richten. Erfahrene Trainer wissen, dass nur diejenigen Sportler langfristig die optimale Leistung erbringen, bei denen eine berufliche Absicherung und positive Zukunftsaussichten gegeben sind.

b) Kooperation Trainer - Eltern - Ausbildung

Beruflicher und schulischer Werdegang beeinflussen das sportliche Engagement des Jugendlichen. Deshalb sollte der Trainer über den beruflichen Werdegang seiner Schützlinge Bescheid wissen. Da der sportliche Werdegang mit der beruflichen Ausbildung parallel läuft, kann der zeitliche Aufwand für Training und Wettkampf zum Problem werden. Hier sollte der Trainer gemeinsam mit den Eltern nach Möglichkeiten und Wegen suchen, den Aufwand für den Sport in einem angemessenen Maß zu halten. Zeiten, in denen das sportliche Training etwas zurückgeschraubt werden muss, wechseln mit Phasen, bei denen ein erhöhter Trainingsumfang keine Einbußen in schulischer oder beruflicher Hinsicht mit sich bringt. Sofern es den Trainern und Betreuern möglich ist, sollten sie beratend und helfend bei schulischen Problemen oder bei der Suche nach geeigneten Lehr- und Ausbildungsstätten tätig werden.

c) Materielle Zuwendungen kritisch betrachten

Talentierte jugendliche Leistungssportler werden von Sponsoren und Vereinen mit Geldbeträgen umworben bzw. ausgestattet. Wenn dies auch von Sportart zu Sportart verschieden gehandhabt wird, besteht hier für manchen Jugendlichen doch die Gefahr, berufliche und schulische Ausbildung zu vernachlässigen, da er offensichtlich mit Hilfe seines Sports sein Leben bestreiten oder sich gar Sonderwünsche erfüllen kann. Der Trainer sollte dieser Verlockung realistisch entgegenwirken und dem Sportler bewusst machen, dass durch Verletzungen, Krankheit oder andere Ursachen diese Unterhaltsquelle versiegen kann.

Materielle Zuwendungen machen die Leistung zu sehr vom Ergebnis abhängig und blockieren dadurch Leistungsentwicklungen, die sich erst später entfalten würden.

d) Training mit Gleichaltrigen

„Nur in der Beziehung zu etwa Gleichaltrigen können sie wirklich primären Status erreichen und soziales Miteinander auf gleichberechtigter Basis erproben" (59). Der Umgang mit Gleichaltrigen ermöglicht dem Jugendlichen den Austausch von Lebensproblemen oder die Diskussion über geschlechtsspezifische und körperbezogene Fragen. Die Gemeinschaft der Gleichaltrigen, der Gleichgesinnten und der in der gleichen Lebenssituation Befindlichen verleiht dem Einzelnen das Gefühl von Geborgenheit. Er braucht nicht die Anstrengung zu unternehmen, sich vor der Erwachsenenwelt rechtfertigen zu müssen. Deshalb sollten Jugendliche nicht nur miteinander trainieren und wettkämpfen, sondern auch Gelegenheit zum Kennenlernen und Erfahrungsaustausch außerhalb der Sportsituation erhalten.

e) Außersportliche Kontakte pflegen

Der Jugendliche soll wissen, dass auch ohne Sport ein sinnerfülltes Leben möglich ist. Die Einsicht, dass der Sport nicht das einzig Erstrebenswerte im Leben ist, lässt ihn den Sport mit mehr Freude erleben. Seine Fähigkeiten können sich ohne Leistungsdruck besser entfalten. Dadurch wird Vorsorge getroffen, dass das Ende der Sportkarriere nicht als persönliches Scheitern und Versagen erlebt wird.

f) Verantwortung übernehmen

Jugendliche Sportler sollen allmählich zur Eigenverantwortlichkeit geführt werden. Die Leit- und Vorbildfunktion von Trainern und anderen Bezugspersonen wird mit zunehmendem Alter der Jugendlichen durch selbständige Zielsetzungen und Entscheidungen ergänzt, wenn auch nicht völlig ersetzt. Der jugendliche Athlet sollte an den Überlegungen für das Training beteiligt und zunehmend in die Lage versetzt werden, Leistungsziele, Trainingspläne und Wettkampfkalender mit zuverantworten und darüber hinaus auch bei Positionsvergaben und Mannschaftsaufstellungen mitzuwirken. Auch die Übernahme von Verantwortung für jüngere Athleten oder für wettkampfunerfahrene Neulinge kann zur persönlichen und sozialen Festigung beitragen. Betreuererfahrung während der aktiven Laufbahn erleichtert die Beendigung der Karriere, da sie weitere Kontakte mit der Sportart ermöglicht.

2.6 Zusammenfassung

Die Entfaltung der Identität stellt das Ziel jeglicher Jugendarbeit dar. Im Rahmen der Gesamtentwicklung soll es gelingen, dem Jugendlichen seine sportliche Identität zu vermitteln. Er soll fähig werden, sich mit seinen Rollen zu identifizieren und gleichzeitig eine kritische Autonomie zu entwickeln. Positive Beziehungen zu Trainern, Sportkameraden, Eltern und Lehrern tragen wesentlich zu einer stabilen, sich selbst vertrauenden Persönlichkeit bei. Der Jugendliche soll fähig werden, seine persönlichen Ziele selbst zu setzen.

Minderwertigkeitsgefühle und Überheblichkeitsgebaren zeugen von Störungen in der persönlichen und sozialen Identitätsentwicklung.

Betreuer und Trainer haben die Aufgabe, Verhaltensweisen von Jugendlichen bzw. Kindern zu interpretieren und gegebenfalls die wahren Hintergründe abweichenden oder auffälligen Verhaltens herauszufinden. Die unterschiedlichen familiären und sozialen Herkunftssituationen jugendlicher Sportler bedingen die Vielfalt der Identitätsentwicklungen.

Jugendliche Sportler können in hohem Maß an Konflikten leiden, deren Ursachen im primären Sozialisationsbereich zu suchen sind. Schwankungen und Störungen in ihrem sportlichen Verhalten bzw. Leistungsvermögen bedürfen deshalb einer sorgfältigen Diagnose und Analyse durch den psychologisch ausgebildeten Trainer oder durch die Mitarbeit des Sportpsychologen.

Jugendliche Sportler, denen das Glück zuteil wurde, ihre Persönlichkeit im Sinne der Identitätsbalance zu finden, sind weit weniger auf psychoregulative Maßnahmen angewiesen. Hier kann sich der Trainer bzw. der Sportpsychologe auf psychoregulative und mentale Trainigsmethoden konzentrieren, die eine Optimierung des Leistungsverhaltens bewirken.

Die Kenntnis sozialer Entwicklungseinflüsse und persönlicher Erfahrungswerte stellt bei wenig belastbaren, nervösen oder aggressiven Sportlern eine wesentliche Voraussetzung für die Anwendung psychoregulativer Maßnahmen dar.

Die folgenden Kapitel sollen den Zusammenhang von Diagnose, Prognose und psychoregulativen Maßnahmen aufzeigen.

3 Psychologische Erkenntnisgewinnung im Sport

Jeder Versuch, das Verhalten eines Sportlers zu beeinflussen und zu verändern, setzt Kenntnisse seiner spezifischen Verhaltensbedingungen voraus. Ein Trainer, der nicht versucht, die Hintergründe eines abweichenden oder leistungsschwachen Verhaltens zu ergründen, wird kaum gezielte Maßnahmen zur Abhilfe bzw. Verbesserung ergreifen können.

Die Gründe für den Leistungsabfall können z.B. im *persönlichen* (Familienkonflikte), im *sportlichen* (mangelndes Training) oder im *sozialen* Umfeld (Erwartungsdruck) zu suchen sein.

Persönliches Einfühlungsvermögen des Trainers, das auf Eigenerfahrung ähnlicher Situationen beruht, kann für den Sportler hilfreich sein, da er die Anteilnahme und Hilfsbereitschaft als wohltuend empfindet. Häufiger besteht jedoch die Gefahr, dass der Trainer die Ursachen des psychischen Zustandes seines Schützlings verkennt und demzufolge kaum wirksame psychologische Maßnahmen ergreifen kann. Der Trainer sollte alle ihm zugänglichen Quellen und Möglichkeiten nutzen, um eine Vielzahl persönlicher Daten und Informationen über seinen Schützling zu erhalten. Sie stellen die Grundlage zukünftiger psychoregulativer Maßnahmen dar.

DIAGNOSE ⟶ PROGNOSE ⟶ PSYCHOREGULATION

Erst aus einer korrekt gestellten Diagnose lassen sich Prognose und konkrete Schritte zur Psychoregulation ableiten. In der Praxis sportpsychologischer Vorgehensweise haben sich folgende diagnostische Verfahren bewährt:

- Anamnese
- Gespräch
- Interview
- Beobachtung
- Selbstbeobachtung
- Fragebogen
- Experiment
- Test
- Soziometrische Verfahren

3.1 Anamnese - Lebenslaufanalyse

Die Anamnese stellt die Informationssammlung über Lebenslauf und Vorgeschichte eines Sportlers dar.

Beispiel 1:
- Frage: „Warum treiben Sie Sport?“
- Antwort: „Meine Eltern sind sehr sportlich und haben mich schon als Kind in den Verein geschickt.“

Beispiel 2:
- Frage: „Warum treiben Sie Sport?“
- Antwort: „Meine Eltern und der Arzt meinen, ich solle meine schlechte körperliche Haltung verbessern, das ginge durch Sport am besten. Meine Freunde haben mich mitgenommen.“

Diese unterschiedlichen Beweggründe zeigen exemplarisch auf, dass der Trainer sein Auftreten und seine Auffassungen auf die Motive und Voraussetzungen der jugendlichen Sportler abstimmen muss. Ein Jugendlicher, der frühzeitig von den sportlichen Eltern zum Sport erzogen wurde, verfügt wahrscheinlich über stabilere Einstellungen zum sportlichen Tun und entsprechend höhere Kompetenz des Handelns als Jungen oder Mädchen, die ohne sportliche Vorerfahrung auf Drängen anderer zum Sport gelangten.

In Verbindung mit mündlicher und schriftlicher Befragung über aktuelle Einflussgrößen aus dem persönlichen, sozialen und sportlichen Geschehen erhält der Trainer ein abgerundetes Bild der Lebenssituation des Sportlers oder der Sportlerin, das ihm als Grundlage für weitere Interpretationen des Verhaltens und für die erforderlichen psychologischen Maßnahmen dient.

Die Lebenslaufanalyse darf nicht zu extrem positiven oder negativen Persönlichkeitsbeurteilungen verwendet werden. Sie stellt die *diagnostische Schlüsselsituation* dar, sie öffnet dem Trainer die Tür zur Persönlichkeit seines Schützlings, aber „wie's wirklich da drinnen aussieht“ sollte durch zusätzliche Möglichkeiten der Erkenntnisgewinnung ermittelt werden. Die Anamnese sollte folgende Lebensbereiche umfassen:

Fragestellungen

Allgemeine Fragen

- Besondere Neigungen und Interessen neben dem Sport
- Alle entscheidenden Erlebnisse außersportlicher und sportlicher Art
- Berufliche bzw. schulische Bezüge (z.B. aktiv - passiv; Schulart, Weiterbildung)
- Freizeitgestaltung

Persönlichkeitsorientierte Fragen

- Soziale Bindungen: Freundschaften, Verein, Organisationen
- Besondere Leistungen außersportlicher Art, praktisch oder geistig; Darstellung praktischer Begabungen; Erwähnung geistiger Interessen
- Selbstcharakterisierung nach der Gefühls- und Willensseite (z.B. leicht beeindruckbar, beharrlich), der Fremd- oder Selbstbezogenheit (z.B. gesellig oder gerne allein)
- Eindrucksvolle Erlebnisse, zum Beispiel Begegnungen mit anderen Menschen, mit Vorbildern sportlicher und nichtsportlicher Art
- Reisen
- Krankheiten, Verletzungen

Weiterführende Fragen

- Herkunft: Landschaft, Stadt oder Land, geographische Lage, häufiger Ortswechsel
- Eltern: Beruf, streng erzogen oder liberal, sportlich, Elternbeziehung
- Geschwister: Zahl, sportlich, Einzelkind
- Erziehung: sich selbst überlassen?, streng, verwöhnt, behütet

Auswertung

Formal

- Sprache und Stil: geben Hinweis auf geistiges Niveau und Sprachgewandtheit.
- Wortwahl: zeigt geistige Beweglichkeit und Variationsbreite.
- Zusammenhängende Darstellung: verweist auf klare und geordnete Gedankenführung.
- Ablauf der Darstellung: gründet häufig in harmonischem oder impulsivem Erleben.

Inhaltlich

Besondere Ereignisse: können als Erklärung für bestimmte Einstellungen herangezogen werden.

- Geistige Bezogenheit: zeigt wertgebundene Interessen und Neigungen.
- Praktische Betätigung: gibt Aufschluss über praktische Begabung außersportlicher Art.
- Lebens- und Umwelt (harmonisches oder gestörtes Familienleben, Freundschaften nach Zahl und Tiefe, mangelnde oder intensive soziale Kontakte): liefern Symptome für Egozentrizität oder gesellschaftliche Aufgeschlossenheit und Konflikte in sozialen Beziehungen.
- Stimmungen: heiter, lustig, aktiv oder passiv, pessimistisch, selbstvertrauend, realitätsbezogen oder zurückhaltend.
- Sittliche Grundhaltung: Motive des Handelns, fair, rücksichtsvoll, krisenfest oder schwankend.

3.2 Sportbezogene Persönlichkeitsanalyse

Maßnahmen,die der Trainer ergreift oder der Sportler selbst in Angriff nimmt, setzen voraus, dass sich beide darüber im Klaren sind, zu welchem Zeitpunkt und in welcher Situation der Sportler seine besten bzw. schlechtesten Leistungen erbringt. Ziel ist es, die im Training erzielten guten Leistungen auf die Wettkampfsituation zu verlagern. Hierzu ist es erforderlich, diejenigen Gedanken, Gefühle, Motive, Erwartungen, Ziele usw. des Sportlers zu erfahren, die verhindern, dass er sein Bestes zu geben vermag. Möglichkeiten der Analyse können mit dem Sportler abgesprochen und die ihm zusagende Methode angewendet werden. Es kommen in Betracht:

- Gespräch
- Exploration
- Schriftliche Selbstanalyse - Selbstbeobachtung
- Fragebogen

3.3 Das Gespräch

Das persönliche Gespräch bietet sowohl diagnostische als auch therapeutische Möglichkeiten.

Die meisten Sportler haben den Wunsch, sich mit jemandem auszusprechen. Der Trainer kann diesem Bedürfnis entsprechen und dabei durch Lenkung des Gesprächs und Beobachtung des Verhaltens des Sportlers seine Kenntnisse über dessen Innenleben erweitern. Das Gespräch ist frei von Fragen und explorierenden Feststellungen, es soll anregend sein, thematische Schwerpunkte aufweisen und dem Sportler das Gefühl der *Ungezwungenheit und Freiwilligkeit* vermitteln.

Der Sinn des Gespräches liegt in der persönlichen Begegnung, im Austausch persönlicher Gedanken, dem geistigen Verständnis und der inneren Zuwendung, die während und nach dem Gespräch spürbar werden soll. Die diagnostischen Ergebnisse des Gesprächs bleiben deshalb relativ gering.

Das Gespräch dient jedoch als persönliche Grundlage und positiver Einstieg zu weiteren Erkundungsschritten.

3.4 Das Erkundungsgespräch - Exploration

Die Exploration stellt eine persönliche Aussprache dar. Dabei wird eine systematische Fragetechnik angewendet, die gezielt auf die Aufklärung der leistungsmindernden Faktoren gerichtet ist. Sie ist eine Art Fragespiel, das sich auch die Aufhellung von Erlebnishintergründen, von verleugneten oder verdrängten Ängsten und Hemmungen oder von negativen Erlebnisfaktoren zur Aufgabe macht. In Weiterführung des persönlichen Gesprächs werden bei der Exploration auch Grundeinstellungen, Erwartungen und Ziele des Sportlers angesprochen.

> Unverzichtbare Voraussetzung ist die Freiwilligkeit des Sportlers bzw. der Sportlerin, gemeinsam mit dem Trainer seine Probleme zu erhellen.

Hierzu wird sich der Sportler nur bereit erklären, wenn

a) er davon überzeugt ist, auf diese Weise seine Leistungen verbessern zu können,
b) die fachliche Anerkennung des Trainers und das menschliche Zutrauen zu ihm gegeben sind und
c) die Gesprächsatmosphäre entspannt und freundlich gestaltet ist.

Der Trainer darf auf keinen Fall eine dominierende Rolle einnehmen, die dem Sportler das Gefühl der Unterlegenheit vermitteln könnte. Wohlwollendes Zuhören, Verstehen und individuelles Vorgehen werden in dieser gezielten Gesprächsführung vom Trainer verlangt.

Einstieg
Am Anfang stehen Fragen zu den Fähigkeits-, Erlebnis- und Wissensbereichen, die dem Sportler eine positive Antwort ermöglichen. Durch einen angenehmen Einstieg wird die Bereitwilligkeit zu weiteren Informationen geweckt und der Gefahr, dass sperrende Abwehrmechanismen auftreten, vorgebeugt. Beispiel: „Kannst du dich an deinen schönsten Wettkampf erinnern?“, „Worauf führst du dieses gute Ergebnis zurück?“, „Was gefällt dir an deinem Sport am besten?“, „Wie sollte sich deiner Meinung nach ein guter Trainer verhalten?“, „Was würdest du mir für einen Ratschlag geben, damit ich mich so verhalte, dass du dich am wohlsten fühlst?“

Auch negative Gedanken können dem Einstieg dienen, sofern sie den Denkrichtungen des Sportlers entsprechen. Beispiel: „Wie fühlst du dich nach einem verlorenen Wettkampf?“, „Was denken deine Kameraden, wenn du einen Punkt abgegeben hast?“

Vertiefung
Um den explorierenden Charakter des Gesprächs zu vertiefen, können die Fragen umgekehrt formuliert werden. Beispiel: „Mich würde noch eine Frage zu unserer Anfangsunterhaltung interessieren: Welcher Wettkampf ging dir am meisten daneben? Welche Gründe waren deiner Meinung nach dafür ausschlaggebend? Was gefällt dir an deinem Sport nicht besonders? Welchen Fehler begeht deiner Meinung nach ein Trainer, auch ich fühle mich eingeschlossen?“

Die weitere Lenkung des Gesprächs sollte auf die spezifische Problematik des Sportlers gerichtet sein. Dabei können folgende, aber auch noch weitere Problembereiche angesprochen werden:

Sozialer Bereich
Hier dreht sich das Gespräch um das Verhältnis zu Sportkameraden, Trainern oder Mannschaftsmitgliedern. Wie sollten sie sich verhalten? Was sollte geändert werden? Welche Befürchtungen treten auf? Welche Personen erscheinen besonders bewundernswert oder verachtenswert? Gründe?

Eigene Person
Erwartungen und Wünsche sollen geäussert werden. Auch Stellungnahmen zur eigenen Leistungsfähigkeit sollen in das Gespräch einfließen. Mit welchen Fähigkeiten und Verhaltensweisen ist der Sportler zufrieden? Was sollte weiter-

entwickelt und verbessert werden? Wo liegt das Hauptproblem? Wann treten negative Gedanken auf? Wie lange wirken sie?

Verhalten des Trainers
Im Verlauf des Gesprächs soll der Trainer die Rolle des wertschätzenden Zuhörers übernehmen, der durch anregende Fragen das Gespräch in Gang hält, ohne zu be- oder verurteilen. Treten Widersprüche auf, sollten sie behutsam ohne Auftrumpfen angesprochen werden. Ratschläge, Belehrungen, Tröstungen, verhörähnliche Techniken oder zu abrupte Übergänge von einem Thema zum anderen stören die Gesprächsbereitschaft und schränken die Offenheit der Aussagen des Schützlings ein.

Ein Erkundungsgespräch stellt eine Interviewart dar, die bei *Lamnek* als „narratives Interview" beschrieben wird (60).

Weitere Formen qualitativer Interviewtechniken sind das problemzentrierte, fokussierte, rezeptive und das Tiefeninterview. Sie unterscheiden sich nach Kriterien der Offenheit, der Hypothesenannahme oder der Perspektive des Befragten. Eine ausführliche Darstellung findet sich bei *Lamnek* (60).

3.5 Selbstbeobachtung

Die Selbstbeobachtung hat die Lenkung des Bewusstseins auf eigene Gedanken, Gefühle, Verhältnisse oder Reaktionen zum Ziel. Während der Trainer durch Beobachtung der Verhaltensweisen auf die psychischen Bedingungen zurückschließen muss, kann er durch die Selbstbeobachtung des Sportlers unmittelbare Mitteilungen über Erlebnisweisen und Erlebnistiefen erhalten. Für den Sportler ist die Selbstbeobachtung ein hervorragendes Mittel, sich mit den eigenen Verhaltensbedingungen, den Ängsten, Befürchtungen oder Konflikten auseinanderzusetzen. Für Trainer und Sportler bietet das Ergebnis der systematischen Selbstbeobachtung die Grundlage für zukünftiges Planen und Handeln. Häufig scheitert die Selbstbeobachtung an der Unfähigkeit, eigene Erlebnisse zu beschreiben (85).

Um diese Schwierigkeit auszuschalten, sollte man dem Sportler Selbstbeobachtungshilfen geben. Diese können in der Vorgabe von Stichworten oder in detailliert ausgearbeiteten Fragebögen bestehen. Das jeweils auszuwählende Verfahren richtet sich nach der Sprachgewandtheit, der Fähigkeit, psychische Zustände auszudrücken sowie nach der positiven Aufgeschlossenheit des Sportlers. Zunächst sei auf die freie Selbstanalyse verwiesen.

3.5.1 Freie Selbstbeobachtung

Die freie Selbstanalyse kann sowohl als Gespräch als auch in schriftlicher Form erfolgen. Die schriftliche Aufzeichnung bietet den Vorteil der systematischen Anordnung, so dass die Aussagen als Grundlage gezielter Planung des weiteren Vorgehens zu verwenden sind.

Bei der freien Selbstanalyse versucht der Sportler, alle Gedanken und Gefühle niederzuschreiben, die ihn im Zusammenhang mit der Ausübung seines Sportes beschäftigen. Er erhält nur den Hinweis, alles, was ihm Freude bereitet, alle auftretenden Befürchtungen, Sorgen und Ängste und seine Wünsche und Erwartungen mit einzubeziehen. Die Aufforderung lautet: „Schreibe spontan nieder, was du zu dir selbst sagst, was du fühlst oder denkst, wenn du an deinen Sport denkst oder wenn du ihn ausübst. Überlege nicht, ob es gut oder schlecht ist, schreibe einfach jede Regung nieder.“ Diese Selbstanalyse kann auch zu Hause durchgeführt werden.

Liegen alle Aussagen vor, werden sie gemeinsam mit dem Trainer nach zweierlei Gesichtspunkten geordnet:

1. nach dem negativen Gedankeninhalt und
2. nach der positiven Priorität.

Zunächst ordnet man die Aussagen nach positiven und negativen Inhalten und schreibt die Sätze in zwei Spalten untereinander. Im nächsten Schritt wird der Sportler aufgefordert, die Sätze nach ihrer Bedeutsamkeit und Wertigkeit zu ordnen. An erster Stelle steht auf der Negativseite das größte Problem, die größte Angst oder der größte Konflikt. Untergeordnet folgen dann die nächstwichtigen Gedanken. Das Gleiche erfolgt nun mit den positiven Gedanken, so dass eine zweispaltige Anordnung der Wertigkeit negativer und positiver Aussagen gegeben ist. Bereitet es dem Sportler Schwierigkeiten, seine Gedanken in freier Weise niederzuschreiben, bedarf er der Selbstbeobachtungshilfen, die ihm in der systematischen Selbstanalyse angeboten werden.

3.5.2 Systematische Selbstbeobachtung

Die systematische Selbstbeobachtung kann nach verschiedenen Vorgaben ausgeführt werden.

3.5.3 Allgemeine Satzergänzungsverfahren

Der Sportler erhält eine Vorgabe von auffordernden Satzfragmenten, die er nach negativen und positiven Gedankenrichtungen spontan vollenden soll, z.B.:

„Welche Gedanken überfallen dich, wenn du an deinen Sport denkst? Ergänze ohne lange Überlegung die folgenden Sätze: ..." Eine Auswahl solcher einleitenden Satzfragmente zeigt Tabelle 1.

Positive Gedanken	*Negative Gedanken*
Ich bin...	Ich bin...
Ich denke...	Ich denke...
Ich habe...	Ich habe...
Ich fühle...	Ich fühle...
Ich erwarte...	Ich erwarte...
Ich werde...	Ich werde...
Ich kann...	Ich kann...
Ich glaube...	Ich glaube...
Ich sage...	Ich sage...
Ich sehe...	Ich sehe...

Tab. 1: Allgemeine Satzergänzungsverfahren

Steht zum Beispiel die Trainings- und Wettkampfleistung im Mittelpunkt, können die Gedanken auf die entsprechenden Situationen hin abgestimmt werden (Tab. 2).

	Positive Gedanken	*Negative Gedanken*
Vor einem Wettkampf	Ich bin...	Ich bin...
	Ich denke...	Ich denke...
Nach einem Wettkampf	Ich bin...	Ich bin...
	Ich denke...	Ich denke...
Vor dem Training	Ich bin...	Ich bin...
	Ich denke...	Ich denke...
Nach dem Training	Ich bin...	Ich bin...
	Ich denke...	Ich denke...

Tab. 2: Beispiele für situationsbezogene Satzergänzungsverfahren

3.5.4 Problemzentrierte Satzergänzungen

Das psychische Problem des Sportlers ist erkannt. Es resultiert am häufigsten aus den in Tabelle 3 dargestellten Belastungsdimensionen.

Negative Grundhaltung		*Positive Grundhaltung*
Angst	⟷	Selbstvertrauen
Unsicherheit	⟷	Sicherheit
Antriebslosigkeit	⟷	Vitalität
Ablenkung	⟷	Konzentration
Nervosität	⟷	Ruhe
Misserfolgserwartung	⟷	Erfolgsorientierung
Mentale Hemmung	⟷	Zuversicht

Tab. 3: Dimensionen psychischer Beeinflussung

Um herauszufinden, welche Ursachen den jeweiligen psychischen Zustand und seine Veränderungen bedingen, können Satzergänzungen gebildet werden, die so formuliert sind, dass sie das Problem von verschiedenen Seiten aus anpeilen. Als günstig haben sich etwa acht bis zehn Sätze erwiesen, die versuchen, die negative und die positive Position aus verschiedenen Sichtweisen zu ermitteln. Zur jeweiligen Problemsituation sollen nun die Gedanken geäussert werden. Beispiele für einleitende Satzfragmente zu verschiedenen Belastungsdimensionen geben die Tabellen 4 und 5.

In ähnlicher Weise können weitere Belastungsdimensionen analysiert werden. Schwerpunkte der Satzfragmente können folgende Erlebnisbereiche sein: positive und negative Gedanken vor, während und nach dem Wettkampf; Personen, die das persönliche Befinden positiv oder negativ beeinflussen; Erwartungen an sich selbst; Erwartungshaltungen anderer; positive Ziele; Zeitpunkt des Auftretens; Inhalt von Selbstgesprächen; außersportliche Belastungsfaktoren.

3.5.5 Allgemeine Assoziationsanalyse

Um unbewusste oder tabuisierte psychische Faktoren zu erhellen, über die man nicht gerne spricht, die aber das erfolgreiche Handeln beeinträchtigen, können Begriffe und Worte vorgegeben werden, die als Assoziationsimpulse auf die Gedanken des Sportlers einwirken. Die Aufforderung kann z.B. folgendermaßen lauten:

Angst	*Selbstvertrauen*
Ich befürchte...	Ich beherrsche...
Ich denke oft...	Ich kann...
Meine Angst ist am stärksten...	Ich bin...
Meine Befürchtungen sind gering, wenn...	Ich traue mir zu...
Ich vermeide...	Ich freue mich auf...
Ich fühle mich unsicher, wenn...	Ich fühle mich sicher, wenn...
Ich empfinde ein unangenehmes Gefühl, wenn....	Ich wage...
Ich sage zu mir...	Ich sage zu mir...

Tab. 4: Analyse des Leistungsversagens

Ablenkung	*Konzentration*
Ich bin zerstreut, wenn...	Am besten kann ich mich konzentrieren, wenn...
Folgende Gefühle stören mich beim Konzentrieren...	Es macht mir nichts aus, wenn...
Es fällt mir schwer, aufmerksam zu sein, wenn...	Negative Gedanken machen mir nichts aus, wenn...
Wenn ich mich konzentrieren soll, denke ich oft an...	In folgenden Situationen kann mich nichts erschüttern...
Am meisten stört mich...	Meine Konzentration reicht mindestens...
Am wenigsten kann ich mich konzentrieren, wenn...	Negative Gedanken machen mir nichts aus, wenn...
Die Konzentration dauert bei mir höchstens...	In folgenden Situationen konnte ich mich am besten konzentrieren
Ich bin abgelenkt, wenn...	Wenn ich mich konzentriere, denke ich oft an...
In folgenden Situationen konnte ich mich am wenigsten konzentrieren...	

Tab. 5: Analyse konzentrativer Schwächen

„Nenne oder schreibe spontan nieder, ohne viel zu überlegen, was dir beim Hören oder Lesen folgender Begriffe einfällt, welche Gedanken du damit verknüpfst, welche Gefühle und Reaktionen du empfindest:

Hoffnung, Erfolg, Misserfolg, Angst, Sicherheit, Sieg, Niederlage, Freude, Gegner, Trainer, Mannschaftskamerad, Training, Wettkampf, Schlaf, Ruhe, Konzentration, Lust, Risiko."

3.5.6 Problemorientierte Assoziationsanalyse

Eine Voraussetzung für die problemorientierte Assoziationsanalyse besteht in der klaren Erkenntnis des anstehenden Problems, z.B. Leistungsabfall, Angst vor dem Start, aggressive Unbeherrschtheit.

Die Aufhellung des Problems geschieht im Rahmen vorbereitender Gespräche. Die eigentliche Aufgabe der problemorientierten Assoziationsanalyse besteht darin, die Ursachen und Bedingungen aufzudecken, die dem Problem zugrunde liegen.

Ein Beispiel für ein solches Problem ist das Leistungsversagen, d.h., ein Spieler fühlt sich nicht in der Lage, sein Bestes zu geben, da offensichtlich Hemmungen, Ängste oder mentale Sperren dies verhindern. Er erhält dann einen Katalog von Begriffen und Sätzen, die in Bezug zu seinem Spielverhalten gebracht werden können.

Die Antworten sollen wieder in lockerer und entspannter Atmosphäre, spontan und ohne langes Überlegen gegeben werden. Die Auswahl der Initialwörter muss sich auf die spezifische Situation beziehen. Deshalb kann im Folgenden nur eine exemplarische Aufstellung vorgenommen werden. Die Bereiche, aus denen die Begriffe gewählt werden, sollten aus den *sozialen Beziehungen* (Zuhause, Freunde, Trainer, Mannschaft), *aus eigenen Antrieben* (Motivation, Erwartung), *aus der Zugehörigkeit zu Leistungsklassen* (Ligen, Kader) und aus *persönlichen Einstellungen* und Fähigkeiten stammen.

„Formuliere zu jedem der folgenden Begriffe und Aussagen spontan alle Gefühle und Gedanken, die dich dabei befallen. Versuche auch nebensächliche Gedanken oder kleinere Gefühlsregungen auszudrücken.

- Gedanken an den nächsten Gegner
- Name anderer Gegner
- Zuschauer
- Unangenehmster Gegner
- Erfolg
- Angenehmster Gegner
- Beste Leistung
- Namen von bekannten Vorbildern
- Namen von schwachen Spielern
- Welche Klasse kann ich erreichen?
- In welcher Liga kann ich spielen?
- Höhere Leistungsklasse

- Trainer
- Presse
- Vereinsmitglieder
- Freunde
- Spielbeginn
- Spielverlauf
- Spielende
- Gute Laune
- Eigene Mängel
- Eigene Stärken
- Appetit
- Eigene Technik
- Kondition
- Kribbeln im Magen
- Gefühl von Schlaffheit
- Schlaf
- Unangenehmste Situation im Wettkampf
- Angenehmste Situation im Wettkampf
- Spaß
- Schwächste Leistung.“

Anschließend werden die Antworten nach ihrem negativen Gehalt geordnet und versucht, das Hauptproblem durch Zusammenschau der negativen Antworten einzukreisen.

Die problemorientierte Selbstanalyse kann auch in Form eines Gesprächs durchgeführt werden. Dabei ist vor allem auf die negativen Reaktionen zu achten, da sie Hinweise dafür sind, dass der Sportler diese Reaktionen in ähnlichen Situationen erlernt hat.

3.6 Beobachtung

Nachstehendes Beispiel soll als Einstieg in die Problematik der Wahrnehmung und Beobachtung dienen:

Zwei Zuschauer, die Anhänger zweier gegnerischer Mannschaften sind, erregen sich über eine Schiedsrichterentscheidung. Der eine ruft: „Hast du gesehen, wie er ihm das Bein gestellt hat?“ Der andere: „Aber erst als ihn euer Mann mit dem Ellbogen traktiert hat!“ „Stimmt nicht!“ „Doch!“

Aus diesem alltäglichen Streitgespräch kann man entnehmen, dass die individuelle Interpretation bestimmter Ereignisse von Zuschauer zu Zuschauer verschieden ist. Beide haben zwar das Spiel beobachtet, doch ihre Bewertung der Situation stützt sich auf unterschiedliche Wahrnehmungen.

Ursachen für die interindividuelle Verschiedenartigkeit der Interpretationen von Beobachtungsergebnissen sind in der unterschiedlichen Anhängerschaft, der Voreingenommenheit, der Erwartung eines Erfolgs der eigenen Mannschaft, in eigenen Erfahrungen unterschiedlicher Art usw. zu suchen. Es sind also subjektive Einflussfaktoren, die eine interindividuelle Veränderung der Wahrnehmung bewirken.

3.7 Beobachtungsarten

Es ist angebracht, zwischen einer naiven und einer wissenschaftlichen Beobachtung zu unterscheiden.

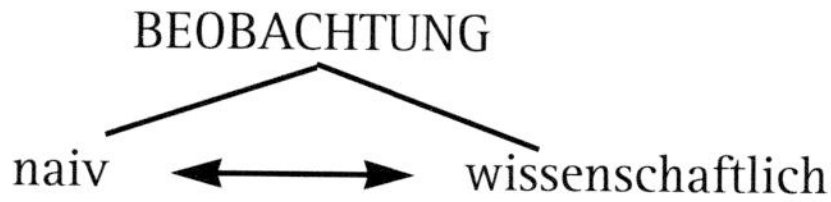

Trainer sind in der Regel auf naive Beobachtung angewiesen. „Die Beobachtungsgabe des Trainers ist der Kunst näher verwandt und weniger exakt als die Wissenschaft; doch diese vermag tiefer einzudringen“ (32). Damit wird ausgesagt, dass der Trainer meist an mehreren Merkmalen und Zusammenhängen interessiert ist, deren Beobachtung mit wissenschaftlichen Methoden einen zu hohen Aufwand an Zeit und Organisation bedeuten würde. Deshalb ist er darauf angewiesen, die beobachteten Merkmale zu analysieren und mit seinen Erfahrungen und den Kenntnissen über den Sportler und die Anforderungssituation zu vergleichen. So ergibt sich häufig ein Übergang von naiver zur wissenschaftlichen Beobachtung. Bei der Interpretation der Beobachtungsergebnisse sollte man sich der bestehenden Mehrdeutigkeit ihrer Zuordnung bewusst bleiben.

Die Beobachtung ist ein Wahrnehmungsprozess, der planmäßig erfolgt und auf einen bestimmten Beobachtungsgegenstand gerichtet ist, um neue Erkenntnisse zu gewinnen.

Die Frage des Indikators: „Hast du gesehen, wie er ihm das Bein gestellt hat? Eine brutale Aggression!“

Der Zuschauer, als Zeuge eines Fouls, interpretiert seine Beobachtung als Ausdruck eines psychischen Sachverhalts, der seiner Beobachtung nicht zugänglich ist. Er schließt aus einem bestimmten Verhalten auf einen psychischen Beweggrund, hier „Aggression“, ohne dessen sicher sein zu können. In diesem Fall könnte auch die Angst vor der Blamage, den Gegner ziehen lassen zu müssen, die Ursache für das Beinstellen sein. Der Rückschluss vom beobachteten Verhalten zum psychischen Hintergrund bedarf psychologischer Kenntnisse und distanzierter Selbsteinschätzung.

Eine operationale Definition eines beobachteten Sachverhalts ist nur dann gegeben, wenn das Verhalten durch das Messen von Indikatoren festgelegt wird.

Beispielsweise: Zehn Fouls in zwei Spielen bedeuten hohe Aggressivität. Dadurch wird das Verhalten zwar messbar, aber auch sehr vereinfacht, weil andere Verhaltensbedingungen (z.B. Angst, Minderwertigkeitsgefühle) ausgeschlossen werden.

3.7.1 Offene und verdeckte Beobachtung

„Der Bundestrainer schaute zu, das machte mich nervös, deshalb lief nichts!" Ein Fußballspieler wusste, dass er vom Bundestrainer beobachtet wurde. Dieses Bewusstsein genügte, um sein Verhalten auf dem Spielfeld so zu beeinflussen, dass er nicht die gewohnte Leistung erbrachte. Bei einem anderen Spieler wäre die Reaktion vielleicht umgekehrt gewesen.

An diesem Beispiel soll verdeutlicht werden, dass die Beobachtung häufig das Verhalten verändert und dann der Beobachtende ein falsches Bild der beobachteten Person erhält. Diesen Nachteil versucht man durch die verdeckte Beobachtung zu umgehen. Dadurch wird verhindert, dass der Beobachtete sein Verhalten bewusst oder unbewusst verändert. Verdeckte Beobachtung kann im Trainings- und Wettkampfgeschehen durchgeführt werden, wenn z.B. der Sportler zwar über die Anwesenheit bestimmter Personen informiert ist, aber von deren Beobachtungsabsicht keinerlei Kenntnis hat.

3.7.2 Teilnehmende und nichtteilnehmende Beobachtung

Ein Tennistrainer, der sich über fehlerhafte Verhaltensweisen seines Schützlings genauer informieren möchte, übernimmt die Rolle des Gegenspielers. Dadurch erhofft er sich vertiefte Kenntnisse über Mängel des Spielverhaltens. Er beeinflusst jedoch durch sein eigenes Auftreten und taktisches Spiel seinen Schützling in einer Weise, dass ein völlig anderes Fehlerbild entsteht. Die teilnehmende Beobachtung kann also die Unzulänglichkeit der offenen Beobachtung noch verstärken.

Teilnehmende Beobachtung liegt auch bei einem Spielertrainer vor, der während des aktiven Spiels die Aktionen seiner Spieler beobachtet. Er muss sich darüber im Klaren sein, dass seine Anwesenheit und sein Verhalten die Spieler in einem Maß beeinflussen können, das es unmöglich macht, ihr Spielverhalten als Indikator für den zu erforschenden Sachverhalt (z.B. Erkennen günstiger Anspielsituationen, Laufwege, Antizipationsfähigkeit) heranzuziehen.

Sportliche Übungs-, Trainings- und Wettkampfsituationen bieten eine Fülle von Möglichkeiten, teilnehmende bzw. nichtteilnehmende Beobachtungen durchzuführen. Die Verhaltensänderung durch teilnehmende Beobachtung hängt vom Verhältnis des Sportlers zum Trainer und von der Bedeutung der Beobachtungsergebnisse für den Beobachteten ab.

3.7.3 Kurzzeit- und Langzeitbeobachtung

Es gibt psychische Faktoren, die kurzzeitig erkennbar sind, und andere, die nur durch längerwährende Beobachtung erfasst werden können. Ob ein Merkmal durch Kurzzeitbeobachtung geklärt werden kann, hängt von theoretischen Überlegungen und Hintergrundkenntnissen ab.

Beispielsweise behauptet ein Trainer: „Diesen Spieler kann ich nicht einsetzen, er hat Angst vor dem Gegner, das war im vergangenen Spiel deutlich zu beobachten!"

Die Interpretation eines einmaligen Angstverhaltens als grundsätzliche Angst vor dem Gegner stellt eine übereilte Verallgemeinerung dar. Die Ursachen für eine einmalige Verhaltensweise können in aktuellen (z.B. Schmerzen) oder in persönlichen Umständen (z.B. Angst vor dem Hinausstellen) zu suchen sein.

Inhalte von *Langzeitbeobachtungen* können z.B. sein: Lernfortschritte, taktische Fähigkeiten, Angstreaktionen, Interaktionsanalysen, Ermüdungsphänomene oder emotionale Reaktionen in bestimmten Situationen.

3.7.4 Systematische Beobachtung

Die Bewertung eines Kunstturners oder einer Eiskunstläuferin erfolgt durch Kurzzeitbeobachtung verschiedener Beobachter. Wie die Praxis häufig zeigt, kommen die Kampfrichter dabei zu recht unterschiedlichen Ergebnissen.

Diese Fehlerquelle kann dadurch ausgeschaltet werden, dass bei der systematischen Beobachtung das zu beobachtende Kriterium genau festgelegt wird. Um die Gefahr zu vermindern, dass untrainierte Beobachter das gleiche Verhalten unterschiedlich bewerten, wird die Aufgabe auf wenige Merkmale reduziert, die in einem Beobachtungsbogen festgehalten werden.

Als Beobachtungsgegenstände (Indikatoren) können folgende Verhaltensdimensionen gewählt werden:

- Motorisches Verhalten
- Mimik
- Emotionaler Bereich (Stimmung, Affektverhalten, Wertverhalten, z.B. Fairness)
- Sozialverhalten (Spieler, Gegner, Trainer)
- Sprachverhalten
- Lernverhalten
- Spielverhalten

Beispiel:

Ein Tischtennisspieler erreicht nicht seine volle Spielstärke, weil er sowohl in Trainings- als auch in Wettkampfsituationen emotional reagiert, schimpft, Schläger wirft, aggressiv oder resigniert nach Hause geht. Um eine psychoregulative Therapie aufzubauen, ist es sinnvoll, diese Verhaltensweisen systematisch zu beobachten und entsprechende Maßnahmen gemeinsam durchzusprechen.

Der Beobachtungsbogen enthält z.B. die Kategorien Aggressivität, Resignation, Unselbständigkeit. Diese Verhaltensweisen können codiert werden, so dass der Beobachter nur die Codenummer einzutragen braucht.

Der systematischen Beobachtung kann folgendes Muster zugrunde gelegt werden:

1. Wann tritt das Verhalten auf?
2. Auf welche Weise tritt es auf?
3. Welche Umstände führen dazu?

Tabelle 6 zeigt, wie der Beobachtungsbogen des zuvor beschriebenen Tischtennisspielers aussehen könnte.

Kategorie	*Spielstand*	*Verhaltensweise (Code)*	*Ursachen u. Umstände*
Aggressivität Emotionale Unbeherrschtheit	0:5	1. Schreit sich an	Rückstand
	8:12	2. Schläger aufschlagen	Eigener Fehler
	9:12	3. Wutanfall gegen sich selbst	Eigener Fehler
	9:15	4. Beleidigt Gegner	Belag des Gegners
	9:16	5. Unterbricht das Spiel	Eigener Fehler
	10:18	6. Hadert mit sich	Punkt durch Gegner Topspin
	10:19	7. Schlägt Ball in die Zuschauer	Aufschlagfehler
Unselbständigkeit	1:6	1. Sucht Blickkontakt mit dem Trainer	Überlegenheit des Gegners
	2:8	2. Hilfesuchender Blick	Rückschlagfehler
	8:12	3. Blickkontakt mit Kameraden	Rückschlagfehler
	13:14	4. Fragender Blick vor dem Aufschlag	Erfolgreicher Rückschlag des Gegners
Resignation	12:14	1. Schulterzucken	Topspin des Gegners
	13:15	2. Unkonzentrierter Aufschlag	Fehlaufschlag
	13:17	3. Unkonzentrierter Aufschlag	Topspin des Gegners
	14:19	4. Verbalreaktion	Topspin des Gegners
	15:19	5. Abwinken	Eigener Fehler

Tab. 6: Beobachtungsbogen eines Tischtennisspielers

Die Eintragungen werden in mehreren Spielen wiederholt. Mit berücksichtigt werden: Spielstärke des Gegners, Gesamtverlauf der Spiele, Bedeutung des Spiels für die Mannschaft, Verhalten nach dem Spiel.

Auswertung: Ordnen der Beobachtungen nach Häufigkeit, Merkmal und Ursachen. Welche Verhaltensweise herrscht vor? Wann tritt sie auf? Welche Umstände führen zu den beobachteten Verhaltensweisen?

Danach richtet sich die Planung weiterer psychoregulativer Maßnahmen.

3.8 Experiment

Auch das Experiment stellt eine Art der Beobachtung dar. Es dient der Erkundung unbekannter (Erkundungsexperiment) oder der Bestätigung und Absicherung bereits bekannter Sachverhalte (Kontrollexperiment).

Beispiel:
Ein Trainer möchte genau wissen, wie sich der Genuss von Alkohol auf die Aktionsschnelligkeit verschiedener Sprinter auswirkt. Um detaillierte Kenntnisse zu erhalten, die über die Ergebnisse der offenen Beobachtung hinausgehen, bedarf es der Konstruktion festgelegter, standardisierter Bedingungen (unabhängige Variable), um das zu erkundende Verhalten (abhängige Variable) systematisch beobachten zu können.

Variablen
Kennzeichnend für das Experiment sind die drei Variablen:

1. Unabhängige Variable (UV):
   Darunter fallen alle durch den Versuchsleiter manipulierten und festgelegten Bedingungen (z.B. Zeitpunkt, Menge des Alkohols, Organisation der Situation).

2. Abhängige Variable (AV):
   Jene Veränderung, die in Abhängigkeit von den festgelegten Bedingungen der UV beobachtet wird, nennt man abhängige Variable (z.B. die Laufzeit für einen 30-m-Sprint mit fliegendem Start).

3. Einflussvariable (EV):
   Darunter sind alle Enflüsse zu verstehen, die vom Versuchsleiter nicht oder nur unvollkommen zu manipulieren sind, wie z.B. Alter, Trinken auf nüchternen Magen, Essensentzug, Gewicht der Sprinter, Motivation usw.

Aufbau

1. Fragestellung: Hat der Genuss von einem Glas Bier Auswirkungen auf die Aktionsschnelligkeit des Sportlers?
2. Hypothesen:

a) Zwischen Aktionsschnelligkeit und Alkoholgenuss besteht keine Beziehung (Nullhypothese).

b) Je mehr Alkohol getrunken wird, desto geringer wird die Aktionsschnelligkeit.

3. Festlegung der Variablen:

- Unabhängige Variable: Menge des Alkoholkonsums zu einem bestimmten Zeitpunkt
- Abhängige Variable: Laufzeit eines 30-m-Sprints mit fliegendem Start
- Einflussvariable: Trinkgewohnheiten, Einfluss des Versuchsleiters (männlich oder weiblich), Umgebung

4. Auswahl der Versuchspersonen: regelmäßig trainierende Läufer
5. Bildung von Gruppen: Experimentalgruppen und Kontrollgruppe, d.h. Gruppen, die notwendig sind, um die unabhängige Variable verändern zu können (verschiedene Alkoholmengen)
6. Messung der abhängigen Variablen: Aufzeichnen der Laufschnelligkeit mit Stoppuhr oder elektrischer Zeitmessung
7. Auswertung: Summieren der Zeiten, Ermittlung der Durchschnittswerte, Vergleich
8. Verallgemeinerung: Trinken Sprinter 30 Minuten vor dem Start ein Glas (oder drei Gläser) Bier, verlangsamt sich ihre Aktionsschnelligkeit um ... Zehntelsekunden.

Ein anderes Beispiel:
Es soll die Wirkung mentalen Trainings auf die Sicherheit des Aufschlags beim Tennis geprüft werden. Kurzgefasst könnte das Experiment folgendermaßen aufgebaut werden:

Unabhängige Variable: „Als-ob"-Visualisierung eines idealen Vorbildes vor jedem Aufschlag (s. S. 116), Wiederholung von zwanzig Aufschlägen

Abhängige Variable: Fehlerfreie Aufschläge

Einflussvariable: Individuelle Vorstellungsfähigkeit, „passendes" Vorbild, Tagesform, Motivation, Übungseffekt

Versuchspersonen: 16-18-jährige Tennisspieler

Bildung von Gruppen: Experimentalgruppe

Messung der abhängigen Variablen: Anzahl der fehlerfreien Aufschläge

Eine schematische Darstellung findet sich in Tabelle 7.

Personen	*Gruppen*	*Unabhängige Var.*	*Abhängige Var.*	*Auswertung*
Jugendliche Tennisspieler 16-18 Jahre	Experimental-gruppe	20 Aufschläge mit mentalem Programm, Pause jeweils 2 Minuten	Anzahl fehlerfreier Aufschläge	Mittelwert
Jugendliche Tennisspieler 16-18 Jahre	Kontroll-gruppe	20 Aufschläge ohne mentales Üben, Pause jeweils 2 Minuten	Anzahl fehlerfreier Aufschläge	Mittelwert

Tab. 7:
Tennisexperiment: Wirkung mentalen Trainings auf die Aufschlagsicherheit

Die sportliche Live-Situation bietet vielerlei Möglichkeiten zu experimentieren. Nur selten jedoch ist der Trainer in der Lage, alle Variablen zu kontrollieren.

„Das Experiment, den Spieler Linsenstein auf der Rechtsaußenposition einzusetzen, schlug fehl." Ein Trainer, der nach einem einmaligen Versuch ein derartiges Urteil fällt, ohne zu versuchen, möglichst viele unabhängige Variablen zu kontrollieren, sollte nicht von einem Experiment sprechen. Eine Annäherung an die experimentelle Situation wäre gegeben, wenn der Spieler Linsenstein gegen den gleichen Gegner spielen würde wie sein Vorgänger, wenn die Bedeutung des Spiels gleich wäre und wenn der betreffende Spieler auch bei anderen vergleichbaren Spielen versagen würde.

Kennzeichen

Zusammenfassend können drei Kennzeichen eines Experiments genannt werden:

1. *Wiederholbarkeit:* Konstanthaltung der Bedingung UV
2. *Variierbarkeit:* Veränderung der UV
3. *Willkürlichkeit:* Die experimentelle Situation unterliegt dem willkürlichen, kontrollierenden Einfluss des Versuchsleiters

3.9 Fragebogen

Der Gebrauch von Fragebögen zur Ermittlung von Persönlichkeitsmerkmalen, von Einstellungen, Motivationen, psychischen Belastungen und anderen Verhaltensbedingungen ist ein verbreitetes Mittel der Persönlichkeitsdiagnostik. Auch die Sportpsychologie hat sich in der Vergangenheit vielfach standardisierter Fragebögen der traditionellen Diagnostik bedient. Wiederholt wurden Versuche durchgeführt, charakteristische Persönlichkeitsprofile für Sportler aus bestimmten Sportarten zu finden (z.B. 100, 124) oder spezielle Motive zu erfassen.

Allmer (2) konstruierte einen Fragebogen zur Leistungsmotivation, *Jansen* (46) erstellte einen Fragebogen für Athleten zur Erfolgsprognose bei Olympiakämpfern. Die von *Kroll* (55) und *Jansen* (46) schon frühzeitig ausgesprochene Forderung, dass Untersuchungsmethoden im Sport situationsspezifisch ausgerichtet sein sollen, hat auch heute noch Gültigkeit. Im Folgenden sollen deshalb die wesentlichsten Kriterien der Erstellung eines nichtstandardisierten Fragebogens umrissen werden.

Eine vertiefte Hinführung ist bei *Seitz* (106) und *Lamnek* (60) zu finden.

Diagnostisches Ziel

Persönlichkeitsfragebögen richten sich auf kognitive, affektive und verhaltensbezogene Bereiche. Der Sportler wird nicht nur gefragt, was er über sich meint, wie er über sich urteilt, sondern er soll auch angeben, wie er fühlt und wie er sich verhält. Hierzu stehen mehrere Möglichkeiten offen (s.a. 106).

Arten von Fragebögen

Frage-Antwort-Listen

Der Fragebogen enthält eine Liste mit Fragen und vorgegebenen Antworten.
Beispiel: „Würdest du gerne eine Freundin mit zum Training nehmen?"
- „Das würde mich zu sehr ablenken."
- „Das wäre für mich ein Ansporn."

Tatsächliche Fragen können mit ja - nein oder häufig - selten - nie beantwortet werden.
Beispiel: „Hast du vor dem Wettkampf oft schlaflose Nächte?"
- ja - nein
- häufig - selten - nie

Feststellungen erfüllen einen ähnlichen Zweck.
Beispiel: „Ich habe vor Nervosität oft schlaflose Nächte."
- stimmt - stimmt nicht
- häufig - selten - nie
- richtig - falsch

Die Feststellungen bzw. Fragen können sich direkt auf den Sportler beziehen oder anonym formuliert werden.
Beispiel: „Ich würde in gefährlichen Situationen auch mal das Bein stehen lassen." „In ungefährlichen Situationen kann man ruhig einmal das Bein stehen lassen."

Bei anonymen, indirekten Fragen ist der Sportler eher geneigt, auch für ihn unangenehme Antworten zu geben, die er bei direkter Fragestellung unterdrückt hätte. Ein Nachteil besteht darin, dass er damit sich selbst aus der Antwort ausklammert, indem er nur auf Inhalte Bezug nimmt, die er z.B. von anderen erfahren hat. In der Regel erweist sich eine direkte Befragung als die günstigere.

Dimensionierte Fragebögen
Möchte man Kenntnisse über Verhaltensbedingungen erhalten, die nicht mit einer einzigen Frage geklärt werden können, spricht man von einer „Dimension". Es gibt z.B. die Dimensionen Aggressivität, Angst, Selbstvertrauen. Fragebögen, bei denen sich alle Fragen auf eine einzige Dimension beziehen, nennt man eindimensional, solche, bei denen sich die Fragengruppen auf mehrere Verhaltensqualitäten richten, mehrdimensional. Ein Fragebogen mit 25 Fragen kann sich z.B. nur auf eine Dimension beziehen, eine Diagnose ist demzufolge nur für diese Dimension möglich.

Konstruktion
Um einen Fragebogen zur Prüfung eines Merkmals, z.B. „Angst vor dem Wettkampf", zu konstruieren, sammelt der Testkonstrukteur alle Fragen, von denen er glaubt, dass sie einen Hinweis auf den Zustand der Angst vor dem Wettkampf geben könnten. Beispielsweise könnte eine Feststellung lauten: „Ich habe wenig Appetit!" Auch Informationen und Quellen von außen, z.B. Interviews mit Trainern, Sportlern oder Ergebnisse anderer Testverfahren, erweisen sich zur Fragenerstellung als hilfreich. Auf diese Weise erhält man eine Fragengruppe zu einer Dimension. Um zuverlässige Aussagen zu erhalten, ist es notwendig, die Zuordnung der Fragen zu der gewählten Dimension zu überprüfen. Dazu können

statistische Methoden verwendet werden, deren Beschreibung in diesem Rahmen zu weit führen würde, beispielsweise die Validierung an einem Außenkriterium oder Faktorenanalysen.

Auswertung
Nach Festlegung der einzelnen Fragen auf die ausgewählte Dimension bedarf es bei der Auswertung keinerlei psychologischer Interpretationen mehr. Die Antworten werden ausgezählt und den einzelnen Dimensionen zugeordnet. Die Auswertung des Fragebogens bietet deshalb ein hohes Maß an Objektivität.

Maßskalen

Die Umwandlung einer verbalen Antwort in Zahlenwerte bezeichnet man allgemein als Skalierung.

Beispielsweise wird die Abstufung: häufig - selten - nie umgewandelt in: 3 - 2 - 1. Auch eine noch weitergehende Differenzierung, z.B.: 5 - 4 - 3 - 2 - 1, ist möglich. Bei einer Maßskala wird eine Fragengruppe zusammengefasst, und die Antworten werden in Zahlenwerten gegeben. Dadurch kann für jeden Probanden ein individueller Zahlenwert errechnet werden. Auf diese Weise wird ein Vergleich mehrerer Personen zu der betroffenen Dimension möglich.

Fragestellung	*Maßskalen*
Ich trainiere lieber alleine	1 - 2 - 3 - 4 - 5
Ich ziehe ein Training vor, das gut geplant ist, so dass ich weiß, was weiter passieren wird	1 - 2 - 3 - 4 - 5
Wenn ich unter anderen Schwimmern oder Trainern bin, behalte ich meine Gefühle für mich	1 - 2 - 3 - 4 - 5
Wenn der Trainer mir etwas sagt, möchte ich den Grund dafür wissen	1 - 2 - 3 - 4 - 5
Kleine Dinge beim Training gehen mir unerträglich auf die Nerven, obwohl ich erkenne, dass sie ohne Bedeutung sind	1 - 2 - 3 - 4 - 5

Tab. 8:
Fragen zur Trainingseinstellung; Auswertung anhand einer Maßskala (nach 67)

Ein Beispiel hierfür ist die von *Rushall* (99) entwickelte Fragensammlung von 570 Fragen zum Schwimmen, die 1989 von *Dacheneder* (17) ins Deutsche übertragen und revidiert wurde. Eine Auswahl der dort aufgelisteten Fragen zur Dimension „Trainingseinstellung" zeigt Tabelle 8. *Rushall* (99) verwendet bei der Auswertung nur die extremen Antworten, die eine entschiedene Bejahung oder eine negative Position anzeigen.

Einschränkungen zur Fragebogentechnik

Bei den Persönlichkeitsfragebögen handelt es sich um subjektive Tests der Persönlichkeit, da der Untersuchte die Absicht der Fragen zu durchschauen vermag. Daraus können sich folgende Fehlerquellen ergeben:

Missverständnisse

Nicht immer ist es sicher, ob der Befragte die Frage in der gleichen Bedeutung interpretiert wie der Konstrukteur. Dies ist vor allem bei Fragen zu Emotionen der Fall. Es ist beispielsweise möglich, dass mehrere Personen die Frage: „Sind Sie leicht erregbar?" sehr unterschiedlich auffassen.

Täuschungen

Es gibt Tendenzen, die die Beantwortung der Fragen in bestimmte Richtungen lenken können. Beispiele hierfür sind:

- Tendenz zur sozialen Erwünschtheit
- Lügentendenz
- Jasagetendenz
- Diskrepanz zwischen Selbstbild und Wirklichkeit; jemand hält sich z.B. für sozial einfühlsam, verhält sich aber häufig taktlos und unsensibel.

Fragebögen gehen von der Annahme aus, dass zwischen tatsächlicher Verhaltensweise und zugrunde liegender Bedingung ein plausibler Zusammenhang besteht.

Beispiel:

- Frage: „Haben Sie gerne Zuschauer?"
- Verhalten: Meidet Zuschauer
- Bedingung: Soziale Gehemmtheit

Der Fragebogen registriert also nicht, wie dies bei der Verhaltensbeobachtung der Fall ist, das tatsächliche Verhalten, sondern nur den Bericht über die Verhaltensweise oder die dadurch entstehenden Erlebnisse. Um zu erfahren, ob der

Untersuchte die Fragen zu meiden oder zu umgehen trachtet, können sogenannte Korrekturskalen eingebaut werden. Es wurden drei Gruppen davon entwickelt (106):

- Weiß-nicht-Werte: Anzahl der nicht oder mit „weder - noch" beantworteten Fragen
- Abwehrhaltung: beispielsweise Lügentendenz, soziale Erwünschtheit (was will der Trainer hören?)
- Unaufmerksamkeit: unterschiedliche Antworten auf ähnliche Fragen.

Anhand der Korrekturskalen lässt sich ein Korrekturwert ermitteln, der die individuellen Fehlertendenzen ausgleicht (s. 106).

3.9.1 Polaritätsprofil

Bei einem Polaritätsprofil können ebenfalls subjektive Vorstellungen, Gefühle, Erlebnisweisen durch Skalierung quantitativ verfügbar gemacht werden. Hierzu bedient man sich einer Reihe von Gegensatzpaaren (z.B. stark - schwach, kraftvoll - kraftlos) und einer meist siebenstufigen Graduierung. Als Beispiel sei das Polaritätsprofil von *Mathesius* (71) angeführt, das zur Erfassung der Dimensionen körperliches Befinden (KB), Aktivität (A) und Stimmung bzw. emotionale Bewertung (St) konstruiert wurde (Abb. 4).

Jedes der drei Kriterien wird durch acht gegensätzliche Eigenschaftspaare repräsentiert. Der Sportler kreuzt seinen Zustand in den entsprechenden Feldern an. Das geschieht sowohl vor als auch nach der sportlichen Belastung.

Das Polaritätsprofil wurde erfolgreich zur Diagnose unterschiedlicher Leistungsergebnisse bei Spitzensportlern eingesetzt, um Belastungswirkungen differenziert zu erkennen. Ein umfassendes Kompendium von Verfahren zur Untersuchung von Persönlichkeitsfaktoren ist bei *Wehner* und *Durchholz* (133) zu finden.

Name: Sportart: Datum:

1. - 2. - 3. Trainingseinheit vor/nach Belastung

		3	2	1	0	1	2	3	
KB	1. stark								schwach
A	2. gleichgültig								kampfesfreudig
St	3. fröhlich								mißmutig
St	4. begeistert								lustlos
KB	5. kraftvoll								kraftlos
A	6. passiv								aktiv
St	7. gut gelaunt								verärgert
KB	8. frisch								matt
KB	9. unverwüstlich								erschöpft
A	10. träge								rastlos
A	11. gelähmt								energisch
KB	12. stabil								labil
St	13. gemütlich								ungemütlich
A	14. müde								draufgängerisch
St	15. sorglos								bedrückt
KB	16. angespannt								schlaff
ST	17. vergnügt								niedergeschlagen
A	18. lahm								spritzig
A	19. teilnahmslos								einsatzfreudig
St	20. heiter								verdrießlich
St	21. froh								betrübt
A	22. schläfrig								explosiv
KB	23. krafterfüllt								entkräftet
KB	24. fit								zerschlagen

KB = körperliches Befinden
A = Aktivität
St = Stimmung

Abb. 4: Polaritätsprofil nach Mathesius

3.10 Test

Der Test gehört zu den Routineverfahren der Psychodiagnostik, mit dem Ziel, abgrenzbare Persönlichkeitsmerkmale quantitativ zu erfassen, um eine Aussage über den relativen individuellen Ausprägungsgrad machen zu können.

Ein Test dient also stets dem Vergleich von Merkmalen und Leistungen im Hinblick auf eine zugehörige Population.

Beispiel:
Der Intelligenzquotient (IQ) 100 eines 10-jährigen Jungen, ermittelt durch einen Intelligenztest, gibt an, dass er im Vergleich zu seinen Altersgenossen in der Bundesrepublik über einen durchschnittlichen Intelligenzgrad verfügt. Der Intelligenzquotient zeigt also die Stellung des Untersuchten in Relation zu seiner Altersgruppe.

Im Sport werden durch Testverfahren sowohl Fähigkeiten als auch Persönlichkeitsmerkmale untersucht. Die Beurteilung der Qualität eines Tests richtet sich nach sogenannten „Gütekriterien", wobei Haupt-und Nebenkriterien zu unterscheiden sind. Ein Übergang von wissenschaftlichen zu nichtrepräsentativen oder naiven Verfahren ist auch im Sport zu beobachten, da vielfach für Trainer nicht die Zeit und die Mittel zur Verfügung stehen, die Gütekriterien „wissenschaftlich" zu bearbeiten.

Aber auch bei vorwissenschaftlichen Verfahren sollten die Hauptgütekriterien ins Kalkül gezogen werden. Vereinfacht sind sie in Tabelle 9 dargestellt. (Zu vertieftem Studium sei auf *Lienert* (64) verwiesen.)

In der Regel lassen sich die psychodiagnostischen Tests in *Leistungstests* und *Persönlichkeitstests* einteilen. Auch die Unterscheidung nach *psychometrischen* und *projektiven* Verfahren stellt eine verfahrensorientierte Differenzierung dar.

Leistungs- und Fähigkeitstests gestatten die quantitative Messung von Anlagen, Fähigkeiten, Neigungen, Interessen und Leistungen. Darunter fallen zum Beispiel Intelligenz-, Konzentrationsfähigkeits- oder Entwicklungs- und Eignungstests.

Die Entwicklung standardisierter, sportbezogener Tests schreitet nur langsam voran, da vielfach die traditionellen Tests der allgemeinen Persönlichkeitspsychologie zur Anwendung kommen. Es hat sich jedoch gezeigt, dass diese zwar die persönlichen Rahmenbedingungen des diagnostischen Ziels bieten können, zur differenzierteren Beantwortung sportbezogener Fragestellungen jedoch nicht genügen.

Kriterien	*Kennzeichen*	*Absicherung*
Hauptkriterien		
Objektivität	Ist das Ergebnis nur vom zu beurteilenden Sachverhalt bestimmt?	- Ausschaltung subjektiver Störfaktoren - Verschiedene Beurteiler
Zuverlässigkeit (Reliabilität)	Wie genau misst der Test das, was er vorgibt zu messen?	- Testwiederholung - Paralleltest - Halbierungsmethode
Gültigkeit (Validität)	Was misst der Test tatsächlich?	- Außenkriterium - Faktorenanalyse
Nebenkriterien		
Ökonomie	Wie groß ist der Aufwand?	- Kostenermittlung - Zeitermittlung
Praktikabilität	Ist der Test leicht zu handhaben?	- Durchführungsexperimente

Tab. 9: Gütekriterien eines Tests

Der von *Rushall* (99) eingeschlagene interaktionistische Weg hat sich als richtig erwiesen.

Das interaktionistische Modell betont die Wichtigkeit der Person-Umwelt-Interaktion im Verhalten. Das Individuum interpretiert die Situation und gibt ihr eine ganz spezifische Bedeutung. Verhalten wird zum großen Teil aus der Person-Umwelt-Beziehung erklärt.

Die Einseitigkeit dieses Modells liegt darin begründet, dass zwar die Person gemessen werden kann, nicht aber die Situation. Es fehlt eine Theorie der Situation (61). Für Situationen im Sport gilt ein Mindestmaß an Klassifikation, z.B. Trainingssituation, Wettkampfsituation usw. Die Einflussvariable der häufig nicht klassifizierbaren Situation geht auch in die sportpsychologische Testkonstruktion mehr oder minder mit ein.

Mit der Konstruktion von Testbatterien im Sport hat sich *Scharbert* (101) beschäftigt. Ebenso sei auf die zusammenfassende Darstellung von *Jansen* (46) hingewiesen.

Projektive Verfahren - thematischer Apperzeptionstest (TAT)

Unter Projektion versteht man im Zusammenhang mit den projektiven Verfahren die Tendenz eines Individuums, „einer anderen Person eigene Gefühle, Gedanken oder Einstellungen zuzuschreiben oder ... die äußere Wirklichkeit als Repräsentant solcher Gefühle zu betrachten" (5). *Murray* (78), der Begründer des thematischen Apperzeptionstests, formulierte kurzgefasst folgende Begründung:

„Der Test fußt auf der wohl bekannten Tatsache, dass eine Person bei der Interpretation einer mehrdeutigen sozialen Situation, dazu neigt, ihre eigene Persönlichkeit ebenso gut auszudrücken, wie das Phänomen, um das es sich handelt" (aus 53).

Der thematische Apperzeptionstest (TAT) von *Murray* besteht aus zwei Serien zu je zehn Bildern, die den Testpersonen nacheinander vorgelegt werden. Die dargestellten Bilder sind mehrdeutig. So geben sie dem Betrachter die Möglichkeit, eine subjektive Deutung des Bildgehalts vorzunehmen.

Die Testperson wird aufgefordert, zu jedem Bild eine möglichst dramatische Geschichte zu erzählen, aufgebaut nach folgenden Gesichtspunkten:

1. Was geschah vorher?
2. Was passiert im Moment auf dem Bild?
3. Was denken die Personen auf dem Bild?
4. Was geschieht nachher?

Trotz kritischer Gegenargumente bezüglich der Hauptgütekriterien, insbesondere der Objektivität, gelang es *Heckhausen* (53) und *Kornadt* (37) durch Verbesserung und Spezifizierung des Verfahrens zumindest eine Weiterentwicklung zur Messung und Erfassung der Persönlichkeit zu schaffen. In Anlehnung an *Heckhausen* konstruierte *Gabler* (29) eine Sportbildserie zur Leistungsthematik bei Schwimmern.

Kornadt wandte sich der Aggressionsproblematik zu. Varianten des Tests von *Kornadt* wurden zur Ermittlung spezifischer Aggressionstendenzen in einzelnen Sportarten (Fußball, Handball) konstruiert. Bisher existiert noch kein projektives Verfahren, das für Aussagen auf breiter Basis geeignet wäre. Bei der Einzelfalldiagnostik sollte der Trainer sein Urteil durch thematisch mehrdeutige spezifische Bilder ergänzen.

Weinzierl (134) legte einer Jugendfußballmannschaft sechs Bilder mehrdeutigen Inhalts vor, deren aggressionsanregender Gehalt von Bild zu Bild stärker zum Ausdruck kam. Eine ähnliche Serie wurde für eine Handballmannschaft erstellt (40) (Abb. 5).

Abb. 5: Projektive Verfahren

Beispiel einer TAT-Geschichte:
Vorher: Der Angreifer steigt hoch und denkt: „Das müsste ein Tor werden."
Während: Der Verteidiger erwischt den Angreifer am Knie. Dieser denkt: „Das war Absicht." Der Schiedsrichter pfeift nicht. Der Spieler beschwert sich. Der Schiedsrichter winkt ab.
Nachher: Der Angreifer denkt: „Das zahle ich ihm zurück."

Anstelle der frei erfundenen Geschichten können auch vorgefertigte Antworten vorgelegt werden. *Gabler* (29) begründet dieses Verfahren mit der ökonomischeren Handhabung, auch wenn durch die Antworten der projektive Charakter des Verfahrens reduziert wird. Ergebnisse projektiver Untersuchungen sollten in Verbindung mit zusätzlichen Erkenntnissen im Rahmen einer Testbatterie oder aus Anamnese, Beobachtung und anderen diagnostischen Erhebungen mit gebotener Sorgfalt interpretiert werden. Eine verbindliche Aussage über verdeckte Persönlichkeitsmerkmale kann nach dem jetzigen Stand der Verfahrenstechniken nicht getroffen werden. Für den engagierten Betreuer, insbesondere von Jugendlichen, können Sportbildserien eine wertvolle Hilfe zur psychologischen Beratung sein. Die Praxis zeigt, dass die Vorlage derartiger Bilder bei Jugendlichen mit Interesse aufgenommen wird, so dass kaum Probleme der Bereitschaft zur Mitwirkung auftreten.

4 Psychologisches Training

4.1 Psyche – Körper – Bewegung

Äußerlich beobachtbare Aktionen, Bewegungen und Handlungen stellen das Ergebnis vorbereitender, planender und regulierender psychischer Prozesse dar. Sportliche Aktionen sind nicht als isolierte Bewegungsmechanismen aufzufassen, sondern sie sind Ausdruck individueller Bedürfnisse, Emotionen und Zielvorstellungen. Der Körper fungiert dabei als Objekt und Subjekt, als Ursprung und Instrument der Bewegungen. Die Vielfalt der Wechselbeziehung zwischen Körper und Psyche, die gegenseitige Verflechtung von Wohlbefinden und Missbehagen, von positiven und negativen Beurteilungskriterien, von Erwartungshaltungen und Erfahrungen erfährt in jüngster Zeit durch vertiefte Kenntnisse neurophysiologischer Forschung eine zunehmend konkretere Strukturierung.

Psychologisches Training richtet sich auf die handlungsbedingenden und -regulierenden, auf die motivationalen, emotionalen und kognitiven Prozesse, mit der Absicht, einen aufgabenadäquaten und für den Sportler befriedigenden, aktiven Handlungsvollzug zu erreichen.

Bewegungen und Bewegungshandlungen beruhen auf Bewegungsvorstellungen bzw. Handlungsplänen, die ihrerseits von der jeweiligen emotionalen Befindlichkeit des Sportlers, seinen Motiven und Einstellungen, seinen kognitiven Voraussetzungen und intellektuellen Fähigkeiten bestimmt werden.

Zielorientierung und Aufgabencharakteristik stellen äußere Bezugskriterien dar, die über Erfolg und Misserfolg, über Befriedigung oder Unzufriedenheit entscheiden und damit unmittelbar auf die psychischen Instanzen zurückwirken. Handlungstheoretische Ansätze (z.B. 34) haben dazu geführt, dass das Ineinanderwirken psychischer Bereiche fassbarer und damit die Beeinflussung psychischer Leistungsfaktoren durch psychologische Verfahren auch für den wissenschaftlich weniger geschulten Trainer möglich wurde.

4.2 Motivation – Emotion – Kognition

Die formale Einteilung der handlungsregulierenden psychischen Instanzen nach Motivation, Emotion und Kognition erleichtert das Erstellen von Diagnosen, verbessert die Übersicht über die verschiedenen psychischen Einflussgrößen und begründet die Vielseitigkeit der psychologischen Verfahren.

Man sollte sich jedoch stets vor Augen halten, dass mit der Verwendung der Begriffe Motivation, Emotion, Kognition eine *verbale Abgrenzung* geschaffen wird, die jedoch nicht für die Existenz der Inhalte gilt, für die der Begriff geschaffen wurde (83).

In jede sportliche Handlung gehen emotionale, motivationale, intellektuelle und kognitive Faktoren mit ein. Sie sind aufeinander bezogen, wirken aufeinander ein und bedingen einander. Ein motivierter Sportler wird sich besser konzentrieren, er wird erfolgreicher sein und eine positivere emotionale Rückmeldung seiner Handlung erleben als ein lustloser oder niedergeschlagener Athlet.

Es ist deshalb anzuraten, die Definitionsfrage „Was ist Kognition, Emotion, Motivation?" zu ersetzen durch die Formulierung: „Was verstehen wir unter Kognition, Emotion und Motivation?"

Bedeutsam wird die Klarstellung dieser Gedanken bei der Anwendung psychologischer Trainingsverfahren. Sie verhindert eine eindimensionale, eine schematische Anwendung verbal abgrenzbarer Verfahren, die, wenn auch spezifisch ausgerichtet, in ihrer Auswirkung das gesamte Struktur- und Funktionsgefüge aller psychischen Bereiche beeinflussen und verschieben.

Auch wenn die einzelnen psychischen Bereiche in Abhängigkeit von der psychischen Grundbefindlichkeit oder von aktuellen Umwelteinflüssen in unterschiedlicher Intensität wirksam werden, bleibt der funktionale Zusammenhang dieser psychischen Instanzen bestehen.

Der integrative Funktionszusammenhang kognitiver, emotionaler und motivationaler Handlungsinstanzen stellt den Hintergrund dar, auf dem alle begrifflich abgrenzbaren psychologischen Trainingsverfahren verstanden, konstruiert und interpretiert werden müssen.

4.3 Vom mentalen Training zur Psychoregulation

Die Entwicklung psychologischer Trainingsformen hat in den vergangenen 30 Jahren einen stürmischen Verlauf genommen. Sowohl in angloamerikanischen, deutschen und skandinavischen als auch in östlichen Ländern hat man die Bedeutung der psychologischen Komponenten für die sportliche Leistung erkannt und Verfahren zur Trainingsgestaltung entwickelt. Dabei ist festzustellen, dass auf keine einheitliche Theorie des psychologischen Trainings zurückgegriffen werden kann. Die terminologische Vielfalt erschwert eine systematische Orientierung, so dass im Folgenden zunächst ein grober Abriss über die Praktiken und Begriffe psychologischer Verfahren gegeben wird, um die Problematik der anschließenden Verfahrensdarstellungen zu durchleuchten.

Die bekannteste Form psychologischer Verfahren im Sport stellt das *mentale Training* dar. Der Begriff geht auf *Ulich* (118) zurück und wurde in etwas abgewandelter Form von *Richardson* (94) als „mental practice" im angloamerikanischen Sprachraum verwendet. Das mentale Training ist hauptsächlich darauf gerichtet, sportliche Bewegungsabläufe, Techniken und Fertigkeiten zu erlernen bzw. zu verbessern. *Volpert* (130) spricht beim Vorstellungstraining vom „Training durch interne Realisation". *Ulich* (118) definiert mentales Training als planmäßige Wiederholung bewussten Sich-Vorstellens eines zu erlernenden Bewegungsablaufs. Auch für *Volkamer* (126) stellt das mentale Training das Erlernen oder Verbessern eines Bewegungsablaufs durch intensives Vorstellen ohne gleichzeitiges tatsächliches Üben dar.

Ähnliche inhaltliche Auffassungen gehen auf *Puni* (91) zurück, der die Kenntnisse über Bedingungen und Wirkungsweise des „ideomotorischen Trainings" maßgeblich erweiterte. Auch *Thomas* (114), *Ungerer* (123) und *Kunze* (58) sehen im mentalen Training in erster Linie ein Mittel zum Erlernen sportmotorischer Handlungen. In diesem Sinne äußern sich auch *Syer/ Connolly* (113), die verschiedene Techniken des mentalen Trainings beschreiben.

Eine entscheidende Ausweitung erfuhren diese auf die Bewegungsausführung abzielenden Verfahren durch die Erkenntnis, dass eine Optimierung sportlicher Leistungen nur durch die Bereitstellung und den Einsatz aller an der Handlung beteiligten psychischen Komponenten erreicht werden kann. Unter dem Einfluss psychotherapeutischer Methoden der allgemeinen Psychologie, aber auch durch ein immer deutlicher in Erscheinung tretendes neues *Körperbewusstsein* wurden die psychischen Verfahren durch *Visualisierungstechniken* erweitert.

Visualisierungstechniken zielen darauf ab, emotionale Störungsgrößen, Hemmungen, Ängste, mentale Sperren etc. zu vermeiden, auszuschalten bzw. zu mindern. Eine kategoriale Abgrenzung der Begriffe „Visualisierung" und „mentales Training" erscheint auch im Sinne der Verfahrensinhalte nicht sinnvoll (66, 90, 113).

Die Problematik einer vereinheitlichenden Systematisierung wird durch *Unestahl* (122) verdeutlicht, der in Schweden ein weit gespanntes mentales Trainingsprogramm leitet, das sowohl bewegungsorientierte Verbesserungen als auch Entspannungstraining, Training des Selbstvertrauens und der Konzentration beinhaltet. Inhaltlich betrachtet entspricht *Unestahls* Auffassung vom mentalen Training den in den letzten Jahren immer bedeutsamer werdenden Verfahren der Psychoregulation. Die Perfektionierung der biomechanischen Kenntnisse sportmotorischer Bewegungen und die wissenschaftliche Fundierung der Trainingsgestaltung aus medizinischer und biologischer Sicht haben offenkundig gemacht, dass eine entscheidende Leistungssteigerung in vielen Fällen nur noch durch die optimale Bereitstellung innerer, d.h. psychischer Leistungsbedingungen erreicht werden kann.

Alle Maßnahmen, die darauf abzielen, optimale psychische Voraussetzungen für bestimmte Bewegungshandlungen durch Selbst- oder Fremdbeeinflussung zu schaffen, werden als *Psychoregulation* bezeichnet.

Ursprünglich wurde der Begriff ausschließlich als Oberbegriff spezieller psychotherapeutischer Verfahren gesehen, deren Ziel es ist, Ängste, negative Stimmungslagen oder Stresszustände zu verhindern bzw. zu beseitigen. Darunter fallen alle bekannten Entspannungs- und Aktivierungsmethoden, die in den verschiedensten Ausführungen möglich sind und im Wesentlichen aus der Selbstbeeinflussung durch Autosuggestion bestehen. Die Fülle der heute verwendeten Praktiken, psychische Zustände sowohl in spezifischen Wettkampfsituationen als auch in allgemeinen, personalen Befindlichkeitslagen gezielt zu beeinflussen, lässt eine noch weiter gefasste Begriffsdefinition geraten erscheinen.

Psychoregulation bezieht sich sowohl auf die Aktivierung möglichst günstiger psychovegetativer Leistungsvoraussetzungen als auch auf die Bereitstellung neuer Energiereserven durch Erholungsprozesse.

Die Entwicklung vom mentalen Training über Visualisierung zur Psychoregulation spiegelt den Einfluss und die Bedeutung psychologischer Verfahren im Sport wider.

Der stürmische Verlauf in verschiedenen Ländern unterschiedlicher psychologischer Sprachauffassung hat eine einheitliche Theorie bisher verhindert. Auch auf eine systematisierende Modellvorstellung kann kaum zurückgegriffen werden, so dass im Folgenden auf eine kategorische Definition von mentalem Training, Visualisierung und Psychoregulation verzichtet wird. Die begriffliche Begrenzung stellt eine formale Hilfe dar, gibt jedoch nur bedingt den damit zu erfassenden psychischen Inhalt wieder. Für die Praxis der Trainingsgestaltung wird in jedem Fall eine Überlappung im Sinne eines Kombinationstrainings sinnvoll sein, dessen Schwerpunkt in Abhängigkeit von der diagnostischen Voraussetzung und der jeweiligen Zielsetzung gewählt werden muss.

5 Mentales Training

Abb. 6: Mentales Training

Ganz allgemein versteht man unter mentalem Training das Sich-Vorstellen eines Bewegungsablaufs ohne tatsächliche motorische Ausführung.

Dieses Sich-Vorstellen kann auf unterschiedliche Art und Weise geschehen, je nachdem, welchem Medium der Vorstellungsinhalt entnommen wird. Es besteht die Möglichkeit, sowohl eigene Bewegungen oder Erinnerungsbilder eigener Bewegungsausführungen als auch fremde Vorbilder der anzustrebenden Fertigkeit zu wählen.

Der Übergang zu Visualisierungstechniken zeigt sich darin, dass alle beteiligten Sinnesqualitäten in die Vorstellungsarbeit mit einbezogen werden. Wenn auch beim mentalen Training visuelle Schwerpunkte gesetzt werden, steht es heute außer Zweifel, dass sowohl die Einbeziehung von emotionalen Komponenten der Bewegungsausführung als auch Empfindungsqualitäten des Tast- und Bewegungssinns die Wirksamkeit des mentalen Trainings wesentlich erhöhen. Einschlägige Untersuchungen sind zusammenfassend bei Richardson (94) und Ulich (120, 121) dargestellt.

Volkamer/ Thomas (127) prüften die Wirksamkeit des mentalen Trainings beim Training für den Hürdenlauf, *Wiemann* (136) wies den positiven Lerneffekt bei Turnern nach. *Volkamer* kam ebenso bei der Untersuchung eines Hindernislaufs zu positiven Ergebnissen.

5.1 Ziele des mentalen Trainings

Nach den bisherigen Erkenntnissen lassen sich folgende Ziele, Anwendungsfelder und Kriterien des mentalen Trainings aufzeichnen:

Lernen

Durch mentales Training können Lernprozesse sportlicher Bewegungen wesentlich beschleunigt werden. Am wirksamsten hat sich dabei die Kombination von praktischem und mentalem Training erwiesen.

Präzisieren

Bereits in der Grobform erlernte Bewegungen erfahren durch mentales Training eine beschleunigte Feinformung. Das mentale Training bietet die Möglichkeit, Bewegungen in präziser Art wiederholt zu durchdenken und zu erleben. Schwachstellen, Fehlerquellen oder Abweichungen können mental sowohl auf visueller als auch auf kinästhetischer Ebene verbessert werden, wodurch günstige Programmbedingungen für die aktive Ausführung geschaffen werden.

Stabilisieren

Mentales Training erlaubt die *Festigung bzw. Stabilisierung* und die längerfristige Bewahrung von Bewegungen. Die stabilisierende und bewahrende Funktion des mentalen Trainings kann auf spezifischen Anwendungsfeldern genutzt werden:

- Sportler, die durch *Krankheit und Verletzung* vom aktiven Training abgehalten werden, finden im mentalen Training ein wirksames Mittel, Bewegungsmuster oder Technikpläne immer wieder zu aktualisieren, sie bereitzustellen und somit die Pause ohne Qualitätsverlust zu bewältigen. Geichzeitig wird ein hohes Niveau der Motivation bewahrt, wodurch ebenfalls positive Wirkungen auf die spätere Wiederaufnahme des Trainings zu erwarten sind.

- Bei Sportarten mit *hoher körperlicher Belastung* ist eine Intensivierung des Trainings durch mentales Training möglich. Zehnkämpfer, Stabhochspringer oder Eiskunstläufer können in den Erholungsphasen durch mentale Übungen eine wesentlich effektivere Trainingswirkung erzielen.
- Bei Sportarten, die aus *organischen oder organisatorischen* Gründen nur eine begrenzte Anzahl von praktischen Ausführungen erlauben, beispielsweise Abfahrtslauf, Turmspringen oder Skispringen, bietet das mentale Training eine bedeutende Ergänzung und Vertiefung des aktiven Trainings.
- Mentales Training verleiht sowohl dem aktiv Trainierenden als auch dem durch Krankheit oder Verletzung pausierenden Sportler *innere Sicherheit und Selbstvertrauen.* Das Erlebnis, die geforderte Aufgabe zumindest mental zu beherrschen, steigert die positive Leistungseinstellung und gibt dem Sportler auch im Falle des Misserfolgs das Gefühl, sein Bestes gegeben zu haben.
- *Ängste und Hemmungen* bei der Ausführung bestimmter Bewegungen können durch mentales Training erfolgreich bekämpft werden. Das erfolgreiche, angstfreie „Durchspielen“ z.B. eines Hochsprungs, ohne die Latte zu berühren, vermindert Höhenangst und Sprunghemmungen.
- Mentales Training führt zu einer verbesserten *konzentrativen Einstimmung* auf den Wettkampf.

5.2 Inhalte des mentalen Trainings

Die Inhalte des mentalen Trainings richten sich nach den spezifischen Fertigkeiten, Techniken und Handlungstypen der jeweils betroffenen Sportart.

Sportmotorische Bewegungshandlungen lassen sich nach normierter bzw. standardisierter oder komplexer, situationsabhängiger Ausführung beschreiben. Eine weitere Möglichkeit, qualitative Verschiedenheiten aufzuzeigen, besteht in den unterschiedlichen Anforderungen an die Koordinationsfähigkeit.

Volkamer/ Thomas konnten zeigen, dass das mentale Training um so effektiver ist, je mehr Koordination ein Bewegungsablauf verlangt.

Die Auswirkungen werden um so geringer, je einfacher die Bewegung strukturiert ist. Dies scheint durch die Mitteilungen von *Hug* (43) bestätigt zu werden, der beim Training der komplexen Bewegung des Stabhochsprungs positive Erfahrungen sammelte.

Je normierter die Bewegungen (Turnen, Leichtathletik, Tennisaufschlag) und je standardisierter die Handlungssituationen (Freistoß, Freiwurf, Vortaktik) sind, desto leichter fällt es, sie als anschauliche mentale Trainingsinhalte zu verwenden.

Grundlage ist die anschauliche Vorstellung einer klar definierbaren Bewegung. Insofern stellt das mentale Training ein systematisches „Probehandeln" dar, das willkürlich beliebig oft wiederholt werden kann.

Es können jedoch auch Situationen mental trainiert werden, bei denen sich die Inhalte nicht auf definierte Bewegungsstrukturen stützen können.

Je komplexer ein Handlungsplan wird, desto mehr sinkt die Anschaulichkeit seiner internen Repräsentation (130).

Es wird nicht mehr auf die Verwirklichung konkreter anschaulicher Bewegungsvorstellungen abgezielt, sondern auf die Antizipation, die Vorwegnahme von Situationen, zu deren Bewältigung flexible Handlungspläne vorliegen müssen. Der Akzent liegt mehr auf einem unanschaulich-begrifflichen Nachdenken über die Variablen der Situationsänderungen. Diese Antizipation möglicher Handlungen wird bei der Bewältigung taktischer Anforderungen oder unberechenbar eintretender Situationen bedeutsam.

Beispiel:
Ein Boxer, ein Fechter oder ein Tischtennisspieler kennen die Fähigkeiten ihrer Gegner, im Verlauf des Wettkampfes in überraschender Art und Weise spezifische Angriffsaktionen durchzuführen. Der Zeitpunkt dieser Aktionen lässt sich nicht genau festlegen. Die mentale Vorbereitung besteht darin, sich diese Aktionen zu vergegenwärtigen und eine *latente Bereitschaft* zur Reaktion zu entwickeln, die in der aktiven Auseinandersetzung Überraschungseffekte des Gegners ausschließt. *Schellenberger* (102) nennt diese latente Antizipation unvorhersehbarer Handlungen „Wahrscheinlichkeitslernen".

Taktische Pläne können mental durchdacht, erfolgreiche Spiele mental nachvollzogen und auf mögliche Veränderungen hin überprüft werden. Auch hier ist ein Durchspielen eines Handlungsplans möglich, jedoch nicht im Sinne der Antizipation einer fixen Bewegungsgestalt, *sondern als Antizipation eines in variierenden Situationen zu entwickelnden Könnens.* Eine Unterscheidung dieser beiden Arten des mentalen Trainings liegt darin begründet, dass bei unanschaulichen, flexiblen Denkinhalten das „ideomotorische Phänomen" ausgeschaltet bleibt, d.h., dass Innervationen der an der Vorstellung beteiligten Muskeln (Carpenter-Effekt) nicht auftreten.

Bei der im Folgenden gegebenen Einteilung bleibt zu berücksichtigen, dass diese kategoriale Systematisierung eine Hilfsmaßnahme für den Trainer oder Sportler darstellt. In der Praxis wird jedoch eine Akzentuierung oder Kombination der Methoden je nach Ziel und Inhalt erforderlich sein.

5.2.1 Bewegungsvorstellung

Alle mentalen Trainingsmethoden beruhen in irgendeiner Weise auf Vorstellungsprozessen. Darunter verstehen wir Bewusstseinsinhalte, die wir im Augenblick nicht als reale Tatsachen vor Augen haben. Vorstellungen beruhen auf Erfahrungen, Erinnerungsbildern oder der Vergegenwärtigung früherer Wahrnehmungen, aber auch von Emotionen.

Beim Erlernen oder Stabilisieren von Bewegungstechniken und ihrer wettkampfmäßigen Anwendung spielt das Vorhandensein bzw. die Aktivierung der betreffenden Bewegungsvorstellung eine entscheidende Rolle für das Gelingen und die Qualität der Ausführung, da der Sportler stets bestrebt ist, eine Bewegung so auszuführen, wie er sie sich vorstellt. *Puni* (91) hat in detaillierter Weise auf die Rolle der Bewegungsvorstellung hingewiesen.

Bewegungsvorstellungen entstehen zunächst durch *visuelle* Wahrnehmungen. Im Verlauf der Eigenrealisation tritt die *kinästhetische* Komponente hinzu, die in Verbindung mit *Sprech- und Denkfähigkeiten* die Einheit der Bewegungsvorstellung bedingt. Durch die sprachlich-begriffliche Fassung der visuellen und kinästhetischen Wahrnehmungsinhalte (z.B. Korbleger, Kippe, Slice) wird die Bewegung in allen zeitlichen, räumlichen und dynamischen Komponenten denkend erfasst.

Je höher das Lernstadium, je mehr sich das Können verbessert, desto geringer wird die Bedeutung der visuellen Vorstellung.

Sie wird immer mehr durch die kinästhetische Vorstellung abgelöst. Die visuelle Vorstellungskomponente spielt vor allem zu Beginn des Lernprozesses eine wesentliche Rolle, d.h., für Anfänger bzw. für Jugendliche bedeutet die Aneignung einer wirklichkeitsgetreuen visuellen Vorstellung eine wirksame Lernhilfe.

Beim Könner erfolgt die Verfeinerung und Aktivierung der kinästhetischen Vorstellung in Verbindung mit anschaulichen, begrifflichen Wortbildungen. So wird verständlich, dass bereits das Wort als Signal zu einer motorischen Antwortreaktion führen kann (Abb. 7).

Abb. 7: Komponenten der Bewegungsvorstellung

Die Bildung von Spezialbegriffen im Sport bedeutet das Aneignen von Wissen über eine bestimmte Bewegung.

Da Begriffe stets einen Inhalt besitzen, stellt die begriffliche Erfassung gleichzeitig die Aneigung ihres Inhalts dar. Die Begriffe „Aufschlag" oder „Rückschlag" beispielsweise, führen bei entsprechend erfahrenen Sportlern zur Einordnung in ein bestimmtes System, das für die Programmierung von Bewegungen verantwortlich ist.

5.2.2 Trainingswirkung der Bewegungsvorstellung

Nach *Pawlow* (88) können die für die kinästhetischen Reizverarbeitungen zuständigen Zellen der Großhirnrinde nicht nur durch eine Bewegung an der Peripherie gereizt werden, sondern auch durch zentralnervöse Impulse. Sie verbinden sich mit anderen Bereichen der Großhirnrinde und gehen dadurch eine Verknüpfung ein, die eine wechselseitige Impulsgebung ermöglicht.

Die Bewegungsvorstellung hat somit nicht nur die Funktion der inneren Abbildung einer Bewegung (Sollwertfunktion), sondern sie ist vor allem auch ein aktiver Mechanismus, ein gehemmter Impuls zum Vollzug der Bewegung.

Die Lern- und Trainingswirkung der Bewegungsvorstellung begründet das „ideomotorische Training" und stellt somit ein Handwerkszeug dar, das es erlaubt, motorische Fertigkeiten und sportliche Techniken zu erlernen, zu vervollkommen und umzubilden.

5.3 Methoden des mentalen Trainings

Die Einteilung der Trainingsmethoden lässt sich nach unterschiedlichen Kriterien vornehmen. *Kunze* (58) trennt das mentale Training vom observativen und verbalen Training. Mentales Training wird in subvokales, verdecktes Wahrnehmungstraining und ideomotorisches Training unterteilt.

Die zugrunde liegenden Kriterien bestehen in der Informationsaufnahme bzw. in der Informationsverarbeitung. Wenn der Übende noch nicht über eine Bewegungsvorstellung verfügt, so haben observatives, subvokales und verdecktes Wahrnehmungstraining mehr die Funktion einer Sollwertvorgabe (Informationsaufnahme).

Ist bereits ein Bewegungsmuster vorhanden, kommt es damit zu einer vergleichenden Verknüpfung (Istwertvorgabe) und zu einer Veränderung der motorischen Ausführung (Informationsverarbeitung).

Nach dieser Begründung dient das ideomotorische Training mehr der Stabilisierung und wettkampfmäßigen Vorbereitung einer Bewegung, während die Sollwertrealisierung beim subvokalen und verdeckten Wahrnehmungstraining dem Lernen, Verbessern und Umlernen dient (25). Die folgende Einteilung erfasst sowohl die Methoden der Informationsaufnahme, als auch der -verarbeitung und berücksichtigt das unterschiedliche Vorhandensein von Vorstellungskomponenten in verschiedenen Lernstadien.

5.3.1 Observatives Training

Das observative Training stellt eine Sonderform des Lernens durch Imitation dar. Es wird auf das Lernen motorischer Fertigkeiten reduziert und entfaltet seine Wirksamkeit durch das Aneignen bzw. Verbessern der visuellen Bewegungsvorstellung. Es besteht nach *Ulich* (121) in der planmäßigen gezielten Beobachtung von Personen, die die zu erlernende Fertigkeit ausführen.

Es gibt nur wenige genauere Untersuchungen über die Wirksamkeit personenspezifischer Trainingsvarianten. Jedoch können je nach persönlichen Erfahrungsvoraussetzungen und Zielstellungen folgende Varianten berücksichtigt werden:

1. Motorische Erfahrung des Beobachters (Lernstadium)
2. Qualität der Bewegungsausführung des zu Beobachtenden
3. Die Standardisierung des Beobachtungsmaterials (Reihenbild, Video, Film)
4. Beobachtungssituation (Entfernung, Blickwinkel)
5. Grad der Konzentration, mit der die visuelle Information aufgenommen wird.

Voraussetzung für die Wirkung des observativen Trainings ist eine Differenz zwischen dem Geübtheitsgrad des Beobachteten und des Beobachters (131). Eine höhere Geübtheit des Beobachteten führt zu einer „Sollwerteingabe“ beim Beobachter, d.h. zu einer Veränderung bzw. Verbesserung der Leitvorstellung einer Bewegung.

Beobachten beinhaltet nicht nur das visuelle Wahrnehmen eines Objekts, auch Denk- und Sprechprozesse wirken an der Steuerung mit. So hat *Ulich* beim observativen Training das ideomotorische Phänomen nachweisen können.

Die integrativen Verarbeitungsprozesse von Informationsaufnahme (observatives Training) und Informationsverarbeitung (ideomotorisches Training) lassen deutlich werden, dass zwischen den beiden Trainingsformen ein dimensionaler Zusammenhang besteht.

Je höher die Konzentration des Beobachters ist und je stärker die gedankliche Arbeit zum aktiven inneren Nachvollzug angeregt wird, desto mehr gehen Anteile des ideomotorischen Trainings mit ein.

Auch die emotionale Beziehung des Beobachters zum Beobachteten spielt eine Rolle. Innere Zuwendung, Sympathie, Idolfunktion oder Bewunderung wirken positiv motivierend, aktivierend und beschleunigend auf die Ausbildung des inneren visuellen Leitbildes ein. Allerdings besteht hier die Gefahr der subjektiven Gewichtung. Sofern die vertiefende Lernwirkung der emotionalen Beziehung beabsichtigt wird, soll das Vorbild auf seine Eignung für den jeweiligen Beobachter hin überprüft werden. (s. S. 77/78)

Hinweise zur praktischen Durchführung

- Eine längere Betrachtungsdauer vertieft den Übungseffekt. Reihenbilder, Filmschleifen, mehrfaches Vorführen durch einen aktiven Sportler, sind effektiver als kurzfristiges Beobachten.
- Welcher Teil der Bewegung wird vorrangig wahrgenommen? Die in der Beobachtung noch nicht erfassten Bewegungsteile sollen nach und nach durch Trainer oder Lehrer bewusst gemacht und in das Gesamtbild eingeplant werden.
- Komplexe Bilder (z.B. vom Stabhochsprung) mit hoher Informationsdichte können zeitlich gedehnt werden.
- Wenn es die Situation erlaubt, kann die Beobachtungsposition oder der Blickwinkel verändert werden, z.B. seitlich, von vorn oder hinten, nahe oder weite Distanz.
- Die Effektivität des observativen Trainings wird erhöht, wenn der Übende versucht, sich innerlich mit der Bewegungsfolge auseinanderzusetzen, sie mit seiner bisherigen Vorstellung zu vergleichen, zu ergänzen, gedanklich und bildhaft umzustrukturieren. Der damit geschaffene Übergang zum verdeckten Wahrnehmungstraining zeigt die Kombinationsmöglichkeit und den Zusammenhang der verschiedenen mentalen Trainingsmethoden auf.

- Die Aufmerksamkeit bei der Analyse des in der eigenen Vorstellung vorhandenen und zu beobachtenden perfekten Bewegungsablaufs eines anderen sollte sich auf unterscheidbare Merkmale richten.
- Die Bewegung wird in ihren schwierigen Phasen durchdacht und genau beobachtet. Wie vollzieht sich die Bewegung der verschiedenen Körperteile, der Arme, der Beine, des Oberkörpers oder der Schultern?
- Bewegungsbeginn und Bewegungsende sollen klar erkannt werden.

5.3.2 Verdecktes Wahrnehmungstraining

Der Begriff geht auf *Kunze* (58) zurück. Der Übende konzentriert sich nicht wie beim observativen Training auf eine zu beobachtende Vorlage, sondern er versucht, den Bewegungsablauf eines anderen in seiner Vorstellung zu beobachten.

Es wird vorzugsweise angewendet, wenn das eigene Bewegungsmuster fehlerhaft bzw. noch nicht vollständig ausgebildet ist. Es kann deshalb sowohl zum Erlernen neuer Bewegungen als auch zur Festigung einer bereits beherrschten Fertigkeit oder zur Korrektur bzw. zum Umlernen einer Technik eingesetzt werden.

Voraussetzung ist das Vorhandensein der Vorstellung des *perfekten Bewegungsablaufs* eines anderen. Die hierfür erforderliche Information erhält man durch das Beobachten eines Sportlers, der die Bewegung vollendet beherrscht, es können aber auch Filmstreifen oder Videobänder betrachtet werden. Das Vorbild sollte der eigenen Konstitution und dem eigenen Bewegungsstil ähneln, d.h., dass die Unterschiede zur eigenen Körpergröße, zum eigenen persönlichen Tempo oder zur eigenen rhythmischen Disposition möglichst gering sein sollten, so dass im späteren Verlauf des Trainings auch eine identifikatorische Nachbildung zur Verbesserung der Bewegungsausführung sinnvoll wird.

- Wesentlich ist die innere Vergegenwärtigung des idealen zeitlichen und rhythmischen Ablaufs des Vorbilds, das klare Erkennen von Beschleunigungsakzenten oder von verhaltenen, von langsam sich steigernden Bewegungseinsätzen. Man sieht beispielsweise einen perfekten Tennisspieler beim Aufschlag und beachtet den Beschleunigungsweg des Schlägers, die Bewegung der Schultern, den Ausschwung.

- Während der inneren Vergegenwärtigung ist darauf zu achten, dass man sich in einem Zustand der Entspannung befindet. Jede Verkrampfung oder Erregung ist zu vermeiden. Man konzentriert sich auf die Leichtigkeit und Mühelosigkeit der Ausführung und achtet auf die Zuversicht und Freude, die das innere Vorbild bei der Bewegungsausführung ausstrahlt.

- Durch mehrmalige Wiederholung wird das innere Bild immer klarer, es fällt leicht, sich die Bewegung in allen zeitlichen, räumlichen und dynamischen Kennzeichen zu vergegenwärtigen, mühelos und ohne Anstrengung.

- Das verdeckte Wahrnehmungstraining sollte nicht zu lange, jedoch mehrmals am Tage ausgeführt werden. Es genügen je nach Vorstellungsinhalt drei bis fünf Minuten. Das Beobachten kurzzeitiger Bewegungen, z.B. eines Tennisaufschlags, in der Vorstellung verlangt weniger Zeit als die Vergegenwärtigung eines Vorbilds im Rudern, das man über eine längere Strecke hinweg beobachten kann, um Rhythmus und Gesamtkoordination zu analysieren. Zeitpunkt und Ort des Trainings sollten unter dem Aspekt der Ruhe und Entspannung ausgewählt werden. Möglichkeiten ergeben sich, z.B. vor dem Einschlafen, nach dem Aufwachen, in Ruhepausen oder Trainingspausen. Günstige Körperhaltungen stellen entspanntes Sitzen (Droschkenkutscherhaltung) oder Rückenlage mit entspannt hochgelegten Beinen dar.

Durch das Verbalisieren (subvokales Training) kann das verdeckte Wahrnehmungstraining noch unterstützt werden.

5.3.3 Verbales Training

Das verdeckte Wahrnehmungstraining kann durch die Kombination mit dem verbalen Training in seiner Wirkung verstärkt werden, weil verbales Training die Bewegungsausführung auf einer höheren Regulationsebene beeinflusst. Die noch nicht gänzlich erschlossenen Funktionen der linken und rechten Hirnhälfte lassen vermuten, dass *Vorstellungen von Bewegungsabläufen nonverbal, d.h. ausschließlich bildhaft bestehen können.*

Die Regulationsebene der Sprache ordnet den Vorstellungsinhalt über das zweite Signalsystem in einen übergeordneten Funktionszusammenhang ein, so dass diese Wechselwirkung mit bildhaften Leitvorstellungen die situationsbedingte Anwendung von sportlichen Techniken vervollkommnet. Bereits *Puni* (91) hat auf die Bedeutung des Worts für die Aneignung von Bewegungen hingewiesen. Er stützt sich dabei auf die Lehre *Pawlows*, der in der Sprachfunktion den entscheidenden qualitativen Unterschied zwischen tierischen und menschlichen Verhaltensweisen sieht. Er teilt die Reize, die menschliche Verhaltensweisen auslösen, nach zweierlei Gesichtspunkten ein und unterscheidet je nach Art der Reize *ein erstes und ein zweites Signalsystem.*

Äußere reale Reize haben für den menschlichen Organismus eine Signalfunktion und lösen bestimmte Reaktionen aus. Das Kind sieht den Ball, der Skiläufer den Schnee oder der Schwimmer das Wasser, und sie reagieren nach bestimmten, bereits vorgebildeten Reaktionsmustern. Reale Reize werden durch die entsprechenden Sinnesorgane aufgenommen und verarbeitet. Diese Reize verbinden sich zu einem ersten Signalsystem, d.h. ein *Signalsystem der Wirklichkeit*, die wir mit unseren Sinnen erfassen.

Durch die Sprache, das Wort, ist der Mensch in der Lage, reale Reize stellvertretend zu erfassen und sie als „Signale der Signale" wirken zu lassen. Das Signal „wir gehen schwimmen", löst beispielsweise bei einem Kind die gleiche freudige Reaktion aus, wie der reale Anblick des Badestrands. Das zweite Signalsystem stellt eine zweite Ordnung von Signalen dar, es ist eine Abstraktion der Wirklichkeit, die sich durch unser spezifisch menschliches, höheres Denken bildet. Nach *Pawlow* kann das Wort alle Reize des ersten Signalsystems ersetzen, umwandeln und erweitern, d.h. man kann durch die sprachlich-begriffliche Fassung alle Wirkungen und Reaktionen des Organismus hervorrufen, die die Reize des ersten Signalsystems bedingen.

Da das zweite Signalsystem aus dem ersten hervorgegangen ist, kann es immer nur in Zusammenarbeit mit ihm funktionieren. Das Wort, die begriffliche Fassung einer Bewegung, ruft bei einem Sportler die Vorstellung hervor, die durch Verknüpfung mit dem ersten Signalsystem entstand.

Beispielsweise wird die innere Vergegenwärtigung auf das Signal „Block" bei einem Basketballspieler anders erfolgen als bei einem Volleyballspieler, „Schwingen" beim Turner eine andere Vorstellung auslösen als beim Skifahrer.

Das verbale Training kann entweder durch Mitsprechen bei der Vorbereitung und Ausführung von Bewegungen oder durch Mit-sich-selbst-Sprechen, auch in Form von Selbstbefehlen, praktiziert werden.

5.3.3.1 Mitsprechen

Voraussetzung für das Mitsprechen bei der Ausführung ist eine sprachliche Darlegung der Bewegung. Der Übende muss über eine klare Wort-Bild-Vorstellung verfügen. Der Begriff „L-Position" beispielsweise löst bei einem informierten Stabhochspringer die entsprechende Vorstellung der von ihm nachvollziehbaren Fertigkeit aus. Der Übende spricht den Bewegungsablauf durch, wobei er bei komplizierten Bewegungen die Schlüsselstellen besonders beachtet. In der Vorbereitung sollte die verbale Formulierung mehrmals wiederholt werden.

Es können auch Teile von Bewegungen verbalisiert werden. Dabei ist jedoch darauf zu achten, dass besonders diejenigen ausgewählt werden, die noch der

Verbesserung bedürfen. Die letzte Formulierung muss stets auf die erfolgreiche Ausführung bedacht sein, z.B.: „Ich fixiere das Hüftgelenk, strecke und spanne die Arme und tauche spritzerlos ein."

Die sportartspezifischen Fachausdrücke sollen bei zunehmendem Können mit einer differenzierten Bewegungsvorstellung verknüpft werden. Bei der Kombination mehrerer Teile (z.B. beim Turnen, Eislauf) werden auch die verbindenden Elemente sprachlich zum Ausdruck gebracht. Trainer oder Übungsleiter leisten bei der sprachlichen Formulierung Hilfe und überprüfen, ob der Übende die zutreffenden Bewegungsvorstellungen mit dem Wort verknüpft. Gelingt die Verbalisierung der Übungsfolge, wird sie mit dem verdeckten Wahrnehmungstraining oder mit dem ideomotorischen Training kombiniert, wobei die Verbalisierungskomponente mit zunehmendem Könnensstand reduziert wird.

Unter *motivationalem* Gesichtspunkt führt das verbale Training zu höherer psychischer Sicherheit und zum Abbau von Bewegungsängsten, da die sprachliche Formulierung gleichsam eine konkrete Rückmeldung über die zumindest kognitiv beherrschte Bewegung darstellt. Es ist anzunehmen, dass es sich bei den durch die Vorstellung ausgelösten propriorezeptiven Afferenzen (Tast-, Bewegungs- und Gleichgewichtssinn) zugleich um vorstellungsregulierende Rückmeldungen handelt (116).

5.3.3.2 Selbstbefehle

Die Versprachlichung von Handlungs- und Bewegungsplänen weist dem Wort die Funktion eines „Superzeichens" zu, das die Handlung sprachlich durch das zweite Signalsystem repräsentiert. *Signalwörter* können deshalb als Selbstbefehle das Verhalten ziel- und situationsgerecht steuern.

Verallgemeinernd lässt sich feststellen, dass der ungeübte Anfänger eine höhere Anzahl von Selbstbefehlen benötigt, die sich auf funktionale Bereiche der Bewegung beziehen und zu ihrem Gelingen notwendig sind, wie z.B. beim Tennis die Befehle „Ausholen!", „Zum Ball stellen!" oder „Durchziehen!" Je größer die Bewegungserfahrung eines Sportlers ist, je besser er eine Bewegung gedanklich durchspielen kann, desto sparsamer werden die Selbstbefehle angewendet.

Mit zunehmendem Können setzt eine Verallgemeinerung der signalimmanenten, strukturellen Bewegungskomponenten ein. Geübte Sportler geben sich sehr unterschiedliche Selbstbefehle. Ein Turner verwendet nur das Signal „Weit!" und signalisiert die Streckung von Armen, Schultern und Rumpf, ein Tennisspieler erreicht den langen Armschwung mit dem Selbstbefehl „Zieh durch!"

Das verbale Training verstärkt die bewusste Kontrolle der Bewegungsausführung. Es wirkt unterstützend im Rahmen anderer mentaler und psychoregulativer Maßnahmen, es erleichtert die Überwindung von Hemmungen und Barrieren und stabilisiert mit Hilfe der Selbstbefehle die Konzentration auf ziel- und situationsgerechte Bewegungsausführungen.

Eine Gefahr besteht darin, dass auch automatisierte Bewegungen der denkenden Kontrolle unterworfen werden könnten, wobei die höheren Steuerungszentren unökonomisch überlastet würden. Dieser Gefahr kann durch die Bildung von geeigneten Superzeichen und ihrer aktiv-verbalen Trainingsanwendung entgegengewirkt werden. Je höher der Könnensstand, desto generalisierender ist die Wirkung von Selbstbefehlen, so dass das Bewusstsein nicht durch Differenzierung der Aufmerksamkeit von der Zielsetzung abgelenkt wird.

5.3.4 Ideomotorisches Training

Bereits *Cheuvreville* (1854) und *Faradey* (1858) stellten fest, dass die intensive Vorstellung einer Bewegung die Tendenz zu ihrer Ausführung hervorruft.

Auch bei gedachten Bewegungen konnte eine verstärkte Durchblutung der Muskeln festgestellt werden. Insbesondere war es *Jacobsen,* der nachwies, dass bei der Vorstellung einer Bewegung eine schwache Kontraktion der Muskeln erfolgt. Hierauf gründet seine weit verbreitete Entspannungsmethode (s. S. 101 ff.). „Es ist unmöglich, sich eine Bewegung intensiv vorzustellen und gleichzeitig den zu ihrer Ausführung gehörenden Körperteil völlig zu entspannen“ (116).

Die Wirkung des ideomotorischen Trainings kann deshalb durch eine vorgeschaltete Entspannungsphase erhöht werden, da anzunehmen ist, dass nur diejenigen neuromuskulären Erregungskreise aktiviert werden, die für die vorgestellte Bewegung zuständig sind.

Die ideomotorische Reaktion wurde in der westlichen Literatur als „Carpenter-Effekt“ bekannt.

5.3.4.1 Voraussetzungen des ideomotorischen Trainings

Anwendung und Wirkung des ideomotorischen Trainings hängen von den jeweils herrschenden subjektiven Lernvoraussetzungen ab. Eine Trainingswirkung ist beim Anfänger kaum denkbar. Bei ihm erfolgt durch visuelle Betrachtung eine visuelle Vorstellung, die sich erst allmählich mit kinästhetischen und sprachlichen Komponenten assoziiert (s. S. 66).

Um einen positiven Trainingseffekt zu erzielen, sollten die Bewegungen in ihrem Grobablauf bereits realisiert worden sein. Dadurch wird es dem Übenden möglich, sich in sich selbst hineinzuversetzen, sich mit sich selbst zu identifizieren, um so auch Zug- und Druck-, Spannungs- und Entspannungsphasen in subjektiver Erlebnisweise nachvollziehen zu können.

5.3.4.2 Ideomotorisches Training und Erleben

Beim ideomotorischen Training sollte eine möglichst große „Ichbeteiligung" angestrebt werden (43). Der Übende versucht sich vorzustellen, dass er die Bewegung ausführt. Neben dem perfekten technisch-koordinativen Ablauf der Leitvorstellung soll er dabei besonders auf Empfindungen und Gefühle achten. Was empfinde ich, wenn ich die Bewegung leicht und spielerisch, rhythmisch und erfolgreich ausführe? Wie bewusst sind die an der Bewegungsausführung beteiligten Körperteile?

Eine Kombination des verdeckten Wahrnehmungstrainings und des ideomotorischen Trainings schlagen *Syer/ Connolly* (113) vor.

In entspanntem Zustand beginnt der Übende, sich die ausgewählte Bewegungshandlung in allen Einzelheiten und in ihrem rhythmischen Ablauf vorzustellen. Je bewusster Einzelheiten der Bewegung und der beteiligten Körperteile in das Vorstellungsbild eingehen, desto effektiver wird der Trainingseffekt ausfallen. Nach einer kurzen Pause beginnt der Übende, sich selbst bei der Bewegungsausführung zuzuschauen. Voraussetzung hierfür ist ein Erinnerungsbild, das durch Spiegel, Video oder Film entstanden sein kann. Nachdem der Bewegungsablauf in seiner technischen Abfolge mehrmals mental trainiert wurde, soll in einer zweiten Phase besonderes Augenmerk auf die Gefühle und Empfindungen gelegt werden, die bei der perfekten, leichten und mühelosen Ausführung zu spüren sind.

Der Übende kann auch den Standort des Sich-Selbst-Zuschauens wechseln, so dass er sich einmal von links, von rechts, von vorn und hinten oder aus wechselnder Entfernung beobachtet. Stets sind dabei die positiven Gefühle und Empfindungen bewusst zu erleben, besonders dann, wenn gerade diejenigen Übungsteile, die noch Schwierigkeiten bereiten, mit besonderer Leichtigkeit und ohne Anstrengung ausgeführt werden.

5.3.4.3 Auswahl der Übungen bzw. der Übungsteile

Vorstellungsinhalte können sowohl mehrphasige, rhythmische Bewegungsfolgen (z.B. beim Bodenturnen oder Eislauf) als auch herausgehobene Bewegungsphasen (z.B. der Absprung oder der Moment der Körperstreckung) sein. Einige Parameter zur Auswahl werden in Anlehnung an *Hug* genannt:

a) Veränderung der Bewegungszeit

Die Bewegungen können beliebig schnell oder langsam ausgeführt werden. Beim Anfänger empfiehlt sich häufig eine Verlangsamung, die sich sukzessive der realen Bewegungszeit annähert. Beispielsweise kann man sich einen Tennisaufschlag zunächst langsam und dann immer schneller vorstellen.

b) Veränderung des Bewegungsumfangs
Der Übende kann die Bewegung in verschiedene Abschnitte unterteilen und diese einzeln trainieren (z.B. beim Stabhochsprung Absprungphase und Lattenüberquerung).

c) Setzen eines Schwerpunkts
Spezifische Phasen können besonders intensiv durcherlebt werden, (z.B. Ausführung eines Stoppballs beim Tennis oder Tischtennis).

d) Bewusstmachen spezieller Körperteile
Manchmal werden Körperteile vernachlässigt (z.B. das Schwungbein beim Kugelstoß, die Fußstellung beim Tischtennis). Wiederholtes ideomotorisches Training führt zur bewussten Kontrolle dieser Aktionen.

e) Rhythmisieren
Besonderer Wert soll während des ideomotorischen Trainings auf den rhythmischen, mühelosen und ökonomischen Bewegungsablauf gelegt werden. Der Übende soll zur Überzeugung gelangen, dass er nun alle Faktoren der Bewegungsausführung beherrscht und alle Unsicherheiten ausgemerzt sind.

f) Häufigkeit und Wiederholung
Auch ideomotorisches Training verbraucht psychische Energie. Das geistige Durchschwimmen einer 100-m-Strecke oder das Durchlaufen einer 200-m-Strecke verbraucht erhebliche konzentrative Kraft. Das mentale Training sollte bei derartigen Sportarten deshalb nicht unmittelbar vor einem Wettkampf erfolgen. Bei weniger Energie verbrauchenden Inhalten (z.B. bei Sprüngen, Griffwechseln, Schlagarten) bietet das ideomotorische Training den Vorteil häufiger Wiederholung und damit der Stabilisierung und Verbesserung.

5.3.4.4 Anweisung zum ideomotorischen Training

Aufgrund seiner Erfahrung mit Stabhochspringern macht *Hug* folgende Vorschläge zur Durchführung:

- Das Erlebnis des ideomotorischen Trainings bleibt erhalten, wenn Kommentare, Bewertungen und Korrekturen nicht vorschnell gegeben werden. Sie könnten unter Umständen die Konzentration verlagern und den Vorstellungseffekt mindern. Ideomotorische Erlebnisse müssen nicht in jedem Fall verbalisiert werden; oft fehlen dafür die zutreffenden Begriffe.

- Bei Sportlern, denen es schwer fällt, sich die richtige Bewegung zu vergegenwärtigen, kann durch Vorstellen bewusster Fehler der Weg zur Korrektur gefunden werden.
- Um der Gefahr zu entgehen, dass der ideomotorisch Trainierende den Bezug zur Ausführung verliert, eignen sich bereits sicher beherrschte Techniken zur Anwendung. Der Sportler erhält die Aufgabe, eine Bewegung ideomotorisch zu trainieren und dann konkret zu bearbeiten.

5.3.4.5 Beginn des ideomotorischen Trainings

Es wurde schon erwähnt, dass im Zustand der Entspannung Bewegungserlebnisse tiefer erfasst werden und deshalb auch trainingswirksamer sind. Der Sportler sollte sich eine der in den folgenden Kapiteln dargestellten Entspannungsmethoden aneignen.

5.3.4.6 Zeitpunkt des mentalen Trainings

Mentales Training kann zu verschiedenen Zeiten durchgeführt werden. Diese hängen von den jeweiligen Zielvorstellungen ab, d.h., ob das Training mehr zur Einleitung und Verbesserung von Lernprozessen oder mehr zur Stabilisierung im Wettkampf dienen soll. In der Regel kommt es dabei zu einer Kombination von observativem Training, verdecktem Wahrnehmungstraining und dem ideomotorischen Training, so dass im Folgenden der übergeordnete Begriff mentales Training verwendet wird.

Mentales Training bzw. mentale Übungen können sowohl trainingsbegleitend als auch vor, während und nach dem Wettkampf durchgeführt werden.

5.3.4.7 Mentales Training vor der Ausführung

Alle bisher beschriebenen Techniken des verdeckten Wahrnehmungstrainings, des verbalen und des ideomotorischen Trainings sowie deren Kombination eignen sich zum mentalen Training vor dem aktiven Vollzug.

Als Vorstellungsinhalte können folgende Leitbilder dienen:

a) Sich sich selbst bei der Bewegungsausführung vorstellen und erleben
b) Sich selbst bei der Bewegungsausführung von wechselndem Standpunkt aus zuschauen
c) Sich mit einem idealen Vorbild identifizieren
d) Sich eine eigene perfekte Ausführung in die Vorstellung zurückrufen.

Sich sich selbst bei der Bewegungsausführung vorstellen und erleben
Die mentale Vorbereitung kurz vor dem Wettkampf dient der inneren Zuwendung, der Aktivierung spezieller Aktionspotentiale und der konzentrativen Einstimmung.

Besonders eignen sich Sportarten, die durch normierte Bewegungen (z.B. Turnen), zumindest jedoch durch vorhersehbare technische Bewegungshandlungen, wie dies z.B. beim Skilauf der Fall ist, gekennzeichnet sind. Bei Spielsportarten (z.B. Tennis) bereitet der erfolgreiche mentale Vollzug den Spieler auf das offene Spielgeschehen vor; er findet dadurch zu einer positiven inneren Einstimmung für die folgende Auseinandersetzung.

Die Dauer der mentalen Vorbereitung hängt von der jeweiligen Sportart ab und kann zwischen fünf Sekunden und drei Minuten liegen. Es ist dabei zu bedenken, dass auch die Vorstellungsarbeit Energie verbraucht und deshalb die Zeitspanne vor dem Wettkampf nicht zu lange währen darf. Man spielt die wesentlichen Schlüsselstellen der Bewegung durch, konzentriert sich vor allem auf diejenigen, die entweder noch Schwierigkeiten bereiten oder für die gesamte Ausführung von wesentlicher Bedeutung sind. Der Sportler wählt die für ihn persönlich angenehmste Vorstellungsart aus und achtet darauf, dass die Bewegung in vollendeter Qualität ohne Schwierigkeit und erfolgreich ausgeführt wird. Der erfolgreiche Abschluss sollte immer Bestandteil der mentalen Vorbereitung sein, d.h., der Skifahrer durchfährt das Ziel, der Tennisspieler trifft den angezielten Punkt, der Turner vollendet den Abgang oder der Hochspringer landet ohne Lattenberührung.

Sich selbst zuschauen
Für manche bedeutet die bildhafte Vergegenwärtigung der eigenen Person, das Sich-Hineinversetzen in die Rolle des Zuschauers, der sich selbst beobachtet, eine Möglichkeit, störende Einflüsse auszuschalten und die Bewegung als Zuschauer seiner selbst intensiv zu erleben. Insbesondere bei Risikophasen gewinnt man durch erfolgreiche Ausführung mentale Sicherheit und Offensivgeist.

Als Standort soll eine Position gewählt werden, die es erlaubt, schwierige Passagen besonders gut zu beobachten. Beispielsweise betrachtet sich der Tennisspieler von der Schlagarmseite, der Speerwerfer, um die geradlinige Speerabnahme zu erleben, von hinten, der Schwimmer von einer Seite, die er als die schwächere ansieht.

Treten Schwierigkeiten auf, sich alle Phasen der Bewegung klar vorzustellen, weil beispielsweise entsprechende Erinnerungsbilder fehlen, so sollte man dies hinnehmen, und sich vielleicht anschließend eine andere Position vorstellen, um sich besser beobachten zu können. Auf keinen Fall darf die Vorstellungsarbeit zu einem forcierten Bemühen gesteigert werden, da bei Misslingen des Vorstellungsbildes Enttäuschung eintritt und Unsicherheiten noch verstärkt werden können.

Sich mit einem Vorbild identifizieren
Nicht immer gelingt dem Sportler eine klare Bewegungsvorstellung seiner eigenen Bewegung in allen Phasen. Hier kann es hilfreich sein, sich mit einem Vorbild zu identifizieren, das die Bewegung perfekt beherrscht. Dabei sollte es sich um ein Leitbild handeln, das der eigenen Konstitution ähnelt, das motorisch subjektiv nachvollziehbar erscheint und das eine gefühlsmäßige Zuwendung erlaubt, d.h., man möchte so sein, so spielen und sich so bewegen können wie dieses bewunderte Vorbild. Je enger die persönliche Identifikation gelingt, je besser man sich in die Person hineinzuversetzen vermag und sich vorstellen kann, was sie bei der Bewegungsausführung empfindet, welche Zuversicht und Sicherheit sie entwickelt, desto wirksamer stellt sich der mobilisierende Effekt für die eigene Bewegung dar. Man verwirklicht in der Person des Idealbildes die perfekte Leistung; das Vorbild wird quasi zum mentalen Medium der eigenen Wunschbewegung. Auf die Bedeutung dieses Phänomens wurde bereits bei der Erläuterung der ideomotorischen Reaktion hingewiesen.

Sich seine eigene perfekte Leistung vorstellen
Sportler, die sich vor der Ausführung unsicher fühlen, die Schwierigkeiten haben, sich die kommende Bewegung klar vorzustellen, oder mit Konzentrationsproblemen kämpfen, rufen sich eine Leistung der Vergangenheit wieder ins Gedächtnis und stellen sich in allen Einzelheiten den damaligen erfolgreichen Ablauf vor. Das Bewusstmachen der damals besonders gut gelungenen Bewegungsphasen, das Sich-Vergegenwärtigen von Gefühlen der Leichtigkeit und Sicherheit, mit der die schwierigen Elemente absolviert wurden, soll sich mit der gegenwärtigen Aufgabe verknüpfen und helfen, psychische Probleme und Mängel in der Planung und Ausführung zu vermindern.

Diese Form der mentalen Vorbereitung wird hauptsächlich trainingsbegleitend eingesetzt, kann jedoch auch kurz vor der Ausführung positive Effekte erzielen. Dies ist vor allem dann der Fall, wenn die perfekte Leistung noch nicht allzu weit zurückliegt und es die Zeit vor der Ausführung erlaubt, z.B. in den Pausen des leichtathletischen Zehnkampfes, bei turnerischen Mehrkämpfen, beim Wiederholen eines gelungenen Tennisaufschlags oder Sprunges beim Eislaufen.

5.3.4.8 Mentales Training während der Ausführung

Mentale Übungen während der aktiven Ausführung verfolgen den Zweck, die im Training erlernten Bewegungen oder noch unsichere Bewegungsphasen im Wettkampf oder anderen Anwendungssituationen zu stabilisieren bzw. optimal zu realisieren. Hierzu bieten sich zwei Möglichkeiten an:

- Die Identifikation mit dem idealen Vorbild,
- Visualisierung von Symbolen.

5.3.4.8.1 Identifikation mit dem idealen Vorbild

Es gelten ähnliche Voraussetzungen wie für die Identifikation mit einem idealen Vorbild vor dem Wettkampf. Auch dabei soll eine Übereinstimmung des Denkens, Fühlens und Handelns mit einem Vorbild, dem eine besondere Zuwendung entgegengebracht wird, gegeben sein.

Schon im Verlauf vorangegangener Trainingszeiten kann das Identifizieren mit einem Vorbild geübt werden. Man beobachtet besonders die Bewegungen, die man an sich selbst verbessern möchte, und versucht anschließend, sich in den Körper des Vorbildes hineinzuversetzen. Bei mehrmaliger Wiederholung wird es gelingen, sich mit dem Vorbild eins zu fühlen, die Gefühle der erfolgreichen Ausführung zu erleben, die Leichtigkeit und Mühelosigkeit der perfekten Bewegungsausführung nachzuvollziehen. Ein Tischtennisspieler beispielsweise versetzt sich in das perfekte Vorbild eines Rückhandtopspins von *Stefan Fetzner*, ein Tennisspieler zieht in Bedrängnis die Rückhand wie *Boris Becker* durch oder ein Skifahrer identifiziert sich in der Vertikalen mit *Ingmar Stenmark* und fährt, fühlt und bewegt sich wie dieser in ähnlichen Torkombinationen.

Bei Sportlern, die zu bildhaftem Vorstellen befähigt sind, kann die Identifikation mit dem Bewegungsablauf des idealen Vorbilds eine Hilfe zur Technikverbesserung und -stabilisierung bedeuten.

5.3.4.8.2 Visualisierung von Symbolen

Folgt man der Auffassung *Freuds*, so stellen Symbole ein Zeichen für ein bekanntes Bild und dessen Begriff dar. Symbole sind Repräsentanten dessen, was sie symbolisieren. Der Gegenstand des Symbols ist ein umrissener Begriff, der in seiner Struktur und Funktion bekannt ist.

Für *Jung* hingegen bedeutet das Symbol ein Gleichnis für eine relativ unbekannte Sache. Alle sichtbaren Erscheinungen stehen für etwas anderes, für einen bestimmten Sinn, der ihnen zu Grunde liegt.

Die Vorstellung von Symbolen entfacht unbewusst Reaktionen, die dem Wesen des Symbolisierten entspringen und emotionale Zustände schaffen können, die der Sportler für seine Leistung benötigt.

Vorstellungen im Sport sind mehr im Sinne *Freuds* zu interpretieren. Die fünf olympischen Ringe zum Beispiel symbolisieren die fünf Kontinente, Fahnensymbole stehen für Nationen. Man kann auch Symbole für bestimmte Erlebnisweisen, für psychische Zustände oder Bewegungsformen finden. Der Tanz durch die Tore im Slalom symbolisiert Leichtigkeit und Mühelosigkeit, eine gespannte Feder Start oder Absprung, ein ruhig fließender Fluss Ruhe und Gelassenheit, die Vorstellung eines Sirenengeheuls Erregung und Unruhe. Auf die Wirkung der Gedanken auf die körperliche Reaktion wird an anderer Stelle hingewiesen (s. S. 223).

Das Vorstellen von Symbolen während der Bewegungsausführung soll den Sportler zur optimalen Ausführung der erlernten Technik bringen bzw. die psychischen Bedingungen zur bestmöglichen Realisierung schaffen. Visualisieren (s. S. 111) bedeutet hier, dass man sich im Verlauf der Bewegungsausführung mit einem Symbol identifiziert, das die Merkmale verkörpert, die man zur Ausführung benötigt. Um das richtige Symbol zu finden, sollte man sich entspannen, auf den gewünschten Zustand konzentrieren und darauf achten, welche Gleichnisse oder Symbole zuerst auftreten. Zum Beispiel fand ein Schütze das Symbol „der Felsen von Gibraltar" (113). Die Vorstellung während des Wettkampfes, er sei der Felsen von Gibraltar, verlieh ihm die nötige Ruhe beim Schießen.

Ein Skifahrer stellte sich vor, er „tanze durch den Slalom" und erreichte dadurch den optimalen Kanteneinsatz, ein Torwart identifizierte sich mit einem „Panther, der sprungbereit blitzschnell reagiert und sich streckt".

Einige Vorschläge sollen zur Selbstfindung von geeigneten Symbolen anregen:
- *Ruhe:* träge fließender Fluss, fließendes Öl, Felsen, ziehende Wolken, Mittagsruhe, verwurzelte Bäume, plätschernde Wellen, bestimmte Namen und persönliche Erlebnisse.
- *Reaktionsschnelligkeit:* gespannte Geräte, die sich blitzschnell lösen, wie Feder, Gummischnur, Bogen; Tiere wie Katzen, Panter; Personen; Ereignisse.
- *Schnellkraft:* wie Reaktionsschnelligkeit; leichtfüßiges Reh, Antilope, Explosion, abgeschossene Rakete, Vulkanausbruch, Vorbilder, Worte.

Es gibt eine große Vielfalt von symbolhaften Vorstellungen, zum Beispiel für Rhythmus, Aggressivität, Harmonie, Ruhe, Angstvermeidung, Beständigkeit.

Sportler sollten sich entsprechende Symbole suchen und sie mit ihren Leistungen in Verbindung bringen. Symbole haben nicht nur einen positiven Einfluss auf die konditionelle und koordinative Qualität, sondern sie vermitteln Ruhe, Sicherheit und Selbstvertrauen und verbessern somit die psychische Gesamtverfassung.

5.3.4.8.3 Mentales Training nach der Ausführung

Mentales Training nach der Ausführung beinhaltet die unmittelbare Wiederholung der gerade ausgeführten Bewegung in der Vorstellung. Eine gelungene Ausführung sollte auch im Training sofort mental wiederholt werden. Dadurch wird erreicht, dass neurophysiologische Bewegungsprogramme, positive Erlebnisse der gelungenen Ausführung und spezifische Aspekte des Bewegungsablaufs vertieft bzw. verstärkt ins Bewusstsein gerückt werden. Das Vergessen geglückter Versuche wird verhindert, wodurch die mentale Wiederholung eine wichtige, handlungswirksame Basis für weitere Versuche darstellt.

Der Sportler erhält die Aufgabe, sich unmittelbar nach der Ausführung noch einmal alle Wahrnehmungen und Erlebnisse zu vergegenwärtigen, die gesamte Bewegung noch einmal geistig nachzuvollziehen und nachzuerleben. Auch Gedanken und Konzentration werden erneut durchgespielt. Welche Gedanken haben sich positiv ausgewirkt? Wurden spezielle Körperteile besonders bewusst erlebt? Wo waren Spannungsmomente? Welche Gefühle waren mit der Ausführung gekoppelt?

5.3.4.8.4 Visualisieren offener oder unvorhergesehener Ereignisse

Während für bewegungszentrierte Sportarten (z.B. Turnen, Leichtathletik) das ideomotorische Training hervorragend geeignet ist, kann das ideomotorische Phänomen für Kampf- und Spielsportarten (z.B. Fechten, Judo, Handball) nicht nachgewiesen werden.

Dennoch ist das Durchspielen eines Plans bei komplexen Tätigkeiten im Sinne des mentalen Trainings möglich (130). Hier wird eine „Situationsantizipation“ vollzogen, die sich nicht auf spezielle Bewegungsausführungen richtet, sondern möglichst alle an einer Situation beteiligten Faktoren beinhaltet. Darunter fallen die äußeren Wettkampfbedingungen, Gegner, Publikum, Erfolg und mögliche Veränderungen.

Bei Kampfsportlern kommt es darauf an, sich nicht auf spezielle, stereotype Bewegungshandlungen zu konzentrieren, da diese an spezifische Situationen gebunden sind, deren Auftreten jedoch nicht verbindlich angenommen werden kann.

Das mentale Training betrifft dabei mehr das gedankliche Durchspielen sich verändernder, offener Situationen und die Antizipation des eigenen Könnens.

Diese Situationen werden meist weniger anschaulich erlebt, vielmehr handelt es sich um die Vergegenwärtigung einer latenten Reaktionsbereitschaft, die eine Veränderung von Handlungsplänen in komplexen Anforderungssituationen ermöglicht. (s. S. 64). Für den Wettkampfsportler stellt die antizipatorische Vergegenwärtigung unvorhergesehener Situationen einen oft vernachlässigten Teil des mentalen Trainings dar.

Beispiel:
Steffi Graf gewann 1988 gegen *Gabriela Sabatini* den ersten Satz, verlor den zweiten Satz knapp und den dritten und entscheidenden Satz mit 6:0. Auf die Gründe dieser überraschenden Niederlage befragt, sagte sie: „Ein dritter Satz war in meinem geistigen Programm des Spiels gar nicht vorgesehen."

Zu stark fixierte Vorstellungen von kommenden Situationen oder vorgefasste Zielvorstellungen können sich als hinderlich erweisen, wenn die erwarteten Ereignisse nicht eintreten. Deshalb sollten denkbare unvorhergesehene Situationen in das mentale Programm mit eingebaut werden.

Derartige unkontrollierbare Faktoren sind zum Beispiel *Zeitverschiebungen, unerwartete Gegner, Wetterverhältnisse* (z.B. Wind, Schnee), *Zuschauerreaktionen, Geräte, Bodenbedingungen* (z.B. beim Tennis), *taktische Verhaltensweisen der Gegner oder eigene Fehlleistungen.*

In die antizipierte Vorstellung unvorhergesehener Situationen geht die Lösungsstrategie mit ein. Auch hier sollte eine zu fixierte Vorstellung vermieden werden. Vielmehr muss sich der Sportler damit vertraut machen, die neue Lage mit den Mitteln zu meistern, die ihm zur Verfügung stehen – quasi ein Durchdenken möglicher Schwierigkeiten mit der Antizipation des eigenen Könnens.

6 Psychoregulation

Ziel jeden Sportlers ist es, seine körperlichen Fähigkeiten im Verlauf sportlicher Handlungen bestmöglichst zu verwirklichen. Zweierlei Bedingungen beeinflussen dabei das Ergebnis der Bewegungsausführung: die Qualität der koordinativen und konditionellen Bewegungsregulation und die optimalen inneren, also psychischen Bedingungen.

Psychoregulation verfolgt den Zweck, alle psychischen Faktoren, die eine Handlung beeinflussen, so zu aktivieren, dass sie zu einem optimalen Handlungsergebnis beitragen.

Psychoregulierende Maßnahmen können sowohl vom Sportler selbst *(Selbstregulation)* als auch von außenstehenden Personen *(Fremdregulation)* vorgenommen werden. Je nach individueller Belastungssituation kann auch ein zeitlicher Aspekt die Art der Maßnahme kennzeichnen, so dass zwischen *kurz-* und *langfristiger Psychoregulation* unterschieden werden kann (19). Weiterhin wird nach den Untersuchungen von *Nitsch* (82) u.a. zwischen *naiver* und *systematischer Psychoregulation* unterschieden. Unter naiver Psychoregulation werden Maßnahmen verstanden, die der Sportler selbst erfunden und an sich erprobt hat.

6.1 Anwendungsvoraussetzungen - Diagnose

Die Anwendung psychoregulativer Verfahren setzt die Kenntnis der individuellen Problemsituationen voraus. Um einen wirkungsvollen, positiven Effekt psychoregulierender Maßnahmen zu gewährleisten, ist die Diagnose des aktuellen psychischen Zustands bzw. der zu erwartenden psychischen Belastungen von wesentlicher Bedeutung.

Die Diagnose gibt Hinweise auf Ziele der regulierenden Maßnahmen, gleichzeitig können spezifische Inhalte, methodische Maßnahmen und Verfahren problembezogen ausgewählt werden.

Je nach psychischer Situation können die spezifischen individuellen Zielsetzungen durch allgemeine Entspannungs- oder Aktivierungstechniken erweitert werden. Die Verwendung psychoregulativer Maßnahmen ohne vorherige Aufdeckung der psychischen Störfaktoren kann nur zufällig erfolgreich sein. Die Gefahr, dass die Maßnahmen uneffektiv sind oder sich gar negativ auswirken, darf nicht unterschätzt werden. Das Unbehagen bei manchen Sportlern gegen Psychoregulationstechniken beruht häufig auf Unsicherheit oder Undurchschaubarkeit der Maßnahmen. Sportler sollen ihr Problem erkennen, über die

Wirkung psychoregulativer Maßnahmen aufgeklärt werden, den Zusammenhang zwischen Problem und Methode akzeptieren und einsehen, dass damit die bestmögliche Bedingung zum Leistungsvollzug ermöglicht werden kann (Abb. 8).

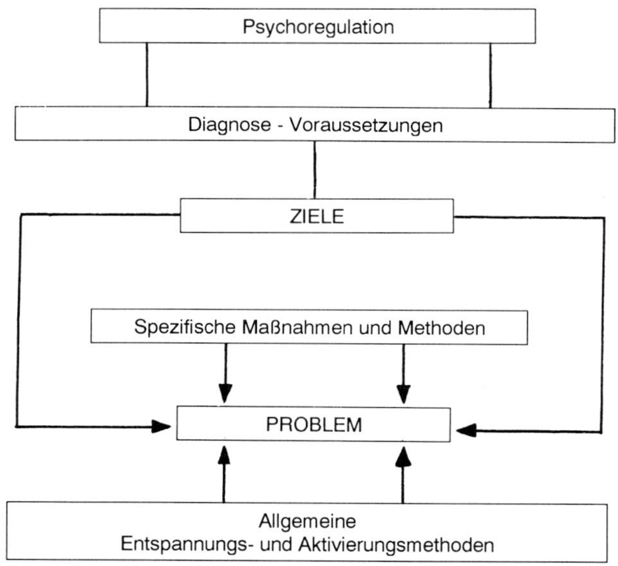

Abb. 8: Psychoregulation

6.2 Ziele der Psychoregulation - Überblick

Das Ziel psychoregulativer Maßnahmen besteht im optimalen Zusammenwirken aller an der sportlichen Leistung beteiligten psychischen Instanzen. Intellekuelle, steuernde, psychodynamische und motivationale Fähigkeiten und Merkmale der Persönlichkeit stehen miteinander in Wechselwirkung.

Die Verarbeitung psychischer Belastungen, der Verlauf und die Ausführung sportlicher Handlungen werden im Wesentlichen von den in Tabelle 10 genannten psychischen Komponenten beeinflusst, deren regulierende Wirkung im Wechselspiel mit den Einflüssen der Sportsituationen die individuelle Leistungsoptimierung bedingt.

Maßnahmen	*Ziele*
Regulation psychischer Steuerungsfähigkeiten	Verbesserung und Anwendung psychischer Steuerungsfähigkeiten
Emotionale Regulation	Veränderung, Stabilisierung und Kontrolle emotionaler Prozesse
Intellektuelle Regulation	Ausbildung intellektueller Fähigkeiten
Energieregulation	Wahrung und Steigerung der psychischen Energie
Antriebsregulation	Erzeugung und Steigerung der Motivation

Tab. 10: Psychoregulation im Sport

6.2.1 Regulation psychischer Steuerungsfähigkeiten

Neben Motiven und Zielen des Sportlers kennzeichnen psychische Steuerungsfähigkeiten den Handlungsverlauf.

Nicht jeder Sportler, der motiviert ist und Ziele verfolgt, besitzt die Fähigkeiten, die auf dem oft schwierigen und dornenreichen Weg zum Erfolg nötig sind.

Psychisches Steuerungsvermögen lässt sich nach der Art und Weise, wie Schwierigkeiten und Hindernisse auf dem Weg zum Ziel überwunden und bewältigt werden, beurteilen.

Willen, Entschlusskraft, Selbstbeherrschung, Konzentration und Konzentrationsausdauer sind in den verschiedenen Sportarten in unterschiedlicher Ausprägung erforderlich. Die Qualität der psychischen Steuerungsfähigkeiten (s. S. 183) eines Athleten zeigt sich z.B. auch darin, dass er bei Schwächezuständen durchhält, wegen Versagensängsten nicht aufgibt, bei Selbstzweifeln weitermacht oder sich nicht von anderen entmutigen lässt. Psychisches Steuerungsvermögen steht in unmittelbarer Wechselwirkung mit der psychodynamischen Eigenart des Sportlers, worunter die Dauer und die Tiefe seiner Gefühlsbeeindruckbarkeit verstanden wird.

6.2.2 Emotionale Regulation

Tiefe, Dauer und Eigenart emotionaler Prozesse spielen bei sportlichen Leistungen eine entscheidende Rolle, da ihre Steuerung von mehreren inneren und äußeren Faktoren beeinflusst wird. Psychoregulative Maßnahmen müssen die individuelle Eigenart der emotionalen Reaktionen berücksichtigen und diese im

Sinne der Bewusstmachung, der Sensibilisierung, der Meidung, der Stabilisierung oder der Kontrolle lenken. Eine Diagnose der individuellen Reaktionen in spezifischen Belastungssituationen und ihrer speziellen Ausprägungsart stellt die Voraussetzung für die Auswahl der geplanten Maßnahmen dar.

6.2.3 Intellektuelle Regulation

Intellektuelle oder kognitive Fähigkeiten stellen geistige Mittel dar, mit denen im Sport versucht wird, Ziele zu erreichen. Während Bedürfnisse und Motive das Handeln auslösen, psychisches Steuerungsvermögen dessen Verlauf bestimmen, beeinflusst die Qualität der geistigen Fähigkeiten die Art und Auswahl der Ziele sowie Einsatz der Mittel und Methoden. Wahrnehmungsqualitäten, Beobachtungsfähigkeiten, Gedächtnisleistungen, Wissen und Denken bestimmen in vielfacher Hinsicht die sportliche Leistungsfähigkeit. Intellektuelle Fähigkeiten können in zweifacher Hinsicht das Handeln beeinflussen:

- Handlungsantriebe bedürfen des Einsatzes geistiger Fähigkeiten, um das Erreichen angemessener Ziele zu gewährleisten. Sportler, die schneller wahrnehmen, Situationen richtig erkennen, optimale Lösungen auswählen oder die besten taktischen Pläne entwerfen, werden auch höhere Leistungen erbringen. In diesem Sinne besitzen intellektuelle Fähigkeiten *funktionalen*, also dienenden Charakter.
- Nur der Mensch kann sich selbst als Gegenstand bewusster Reflexion erleben. Er ist in der Lage, seine Wahrnehmungen oder Denkabläufe bewusst zu verändern und auf bestimmte Sachverhalte zu lenken. In diesem Sinn besitzen intellektuelle Fähigkeiten handlungssteuernden Charakter. Die bewusste Gedankenlenkung verändert unsere Erlebnisqualitäten, beeinflusst emotionale Erregungszustände und verändert das intellektuelle Niveau der Leistungsvoraussetzung. „Wer nicht weiß, was er tut, kann nicht tun, was er tun will!“ (24)

Die Lenkung bewussten Denkens stellt ein wesentliches Ziel der Psychoregulation dar.

6.2.4 Energieregulation

Es steht außer Zweifel, dass körperliche Energie eine Voraussetzung für sportliche Höchstleistungen darstellt. Sie kann durch Training und Ernährung geschaffen und reguliert werden.

Doch wie steht es mit der psychischen Energie? „Voller Energie“ zu sein, bedeutet nicht nur, körperlich fit zu sein, sondern auch das Gefühl zu haben,

„Bäume ausreissen zu können". Es gibt aber auch Situationen, in denen sich am körperlichen Fitnesszustand nichts geändert hat. Trotzdem fühlt sich der Sportler schlapp und „ohne Energie". Er kann sich nicht „aufraffen", trotz guter körperlicher Verfassung findet er nicht zu seiner normalen Leistungsfähigkeit.

Für Sportler und Trainer ist die Aufbereitung und Kontrolle der psychischen Energie von gleicher Bedeutung wie die Schaffung der körperlichen Energie. Fehlen psychische Energiereserven, können auch die körperlichen Fähigkeiten nicht voll ausgenutzt werden. Nervosität, Erregung, länger andauerndes ängstliches Grübeln oder permanente Spannungsgefühle verbrauchen wertvolle Energie, die dem Sportler dann im Wettkampf fehlt.

Die Regulation der psychischen Energie, ihre Aufladung, ihre Speicherung, ihr Verbrauch und ihre Dosierung stellen deshalb weitere Ziele psychoregulativer Verfahren dar.

6.2.5 Antriebsregulation

Das fünfte Ziel psychoregulativer Verfahren beinhaltet die Erzeugung und Steigerung der Motivation. Nur wer motiviert ist, handelt. Motivation stellt eine Quelle positiver Energie dar, ohne die sportliche Leistungen nicht vollbracht werden können. Sie entspringt den vorhandenen Bedürfnissen und Wünschen des Sportlers, etwas zu erreichen oder zu vermeiden.

Der mündige, selbstkompetente Sportler sollte möglichst unabhängig von äußeren Bedingungen werden. Seine Motivation entsteht aus der Bereitschaft, das Beste zu geben, sich selbst zu entdecken und in der Leistung zu verwirklichen. Indem er sich selbst motiviert, vollzieht der Sportler einen kreativen Akt, er entdeckt seine Stärken, entfaltet seine Fähigkeiten und findet im Erlebnis der Leistung die belohnende Befriedigung.

Motivationsprogramme und Motivationstechniken verändern den Person-Umwelt-Bezug, greifen vermittelnd in die Motiv-Ziel-Relation ein und lenken die psychische Energie durch neue Sinngebungen und Bedeutungsveränderungen.

6.3 Probleminhalte und Methoden der Psychoregulation

Die Aufhellung und Klarstellung der individuellen Problemsituation ermöglicht die konkrete Festlegung der Probleminhalte. Die ausgewählten Methoden verfolgen die Veränderung der Problematik im Sinne der Zielfestlegung.

Im Folgenden wird ein formaler Überblick über häufig auftretende, psychische Problemsituationen gegeben (Abb. 9). Die kategoriale Darstellung nach den

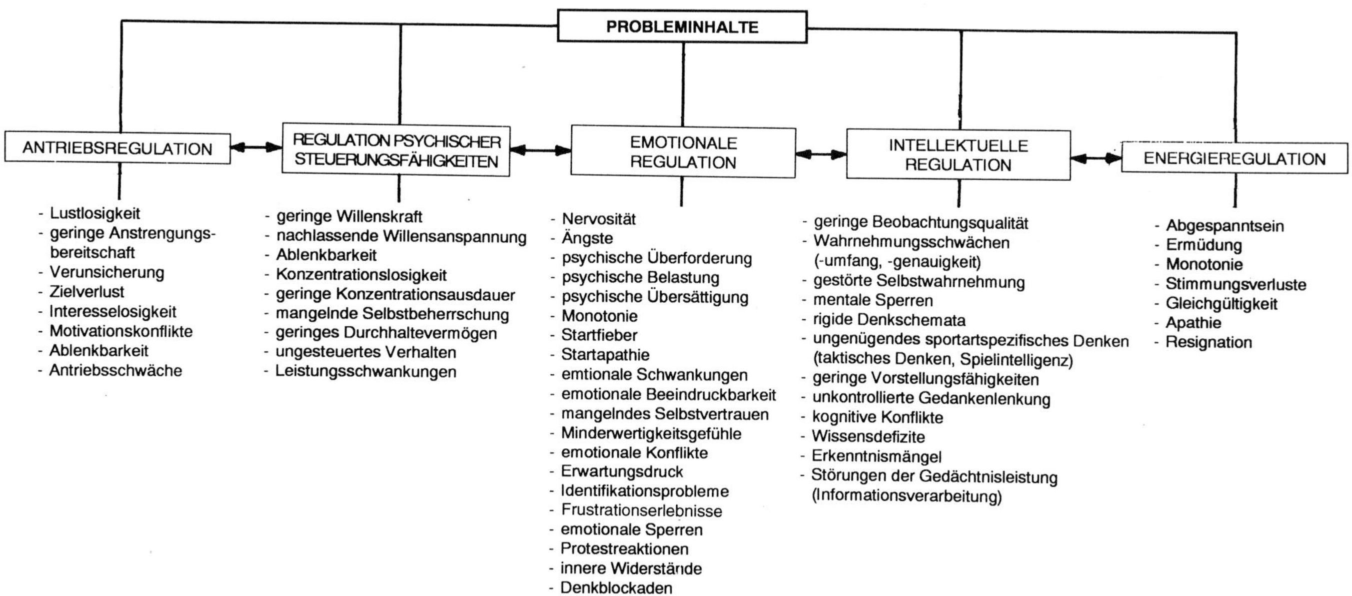

Abb. 9: Acht Probleminhalte

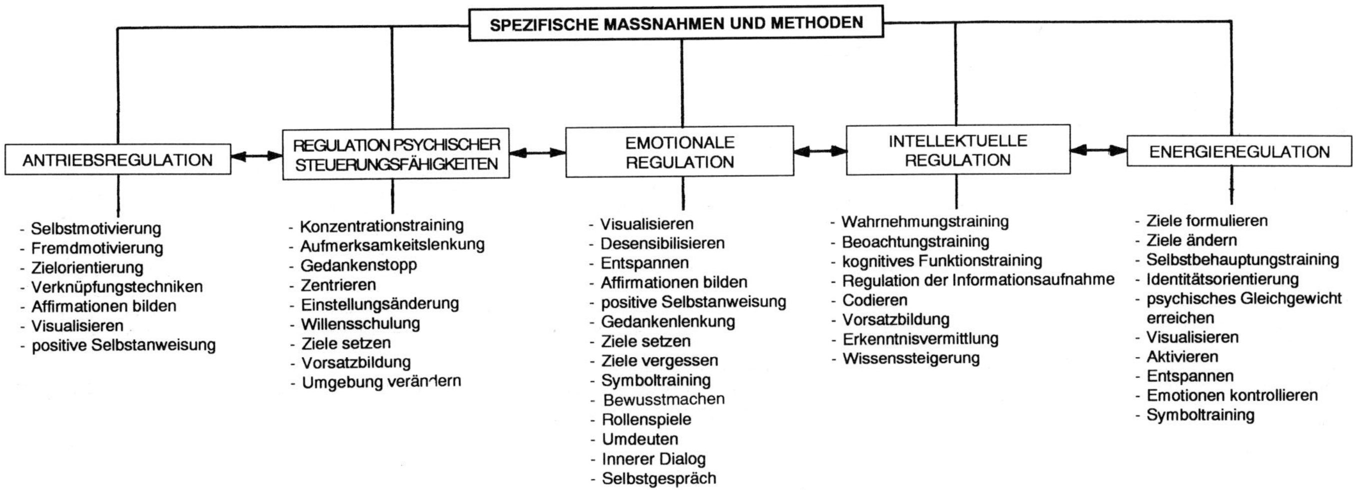

 Abb. 10: Methoden der Psychoregulation

fünf Zielbereichen darf jedoch nicht darüber hinwegtäuschen, dass jedes psychoregulative Vorgehen die Persönlichkeit des Sportlers in ihrer Ganzheitlichkeit berücksichtigen muss. Begriffliche Festlegungen bedeuten nicht gleichzeitig inhaltliche Abgrenzungen.

Die integrative, sich gegenseitig beeinflussende Ergänzung und Wechselwirkung handlungsrelevanter Instanzen, wie Motivation, Emotion, Kognition, Motorik, verlangen eine von Fall zu Fall variierende Reduzierung, Erweiterung oder Kombination der Methoden. Eine formale Übersicht soll spezifische methodische Verfahren bzw. Maßnahmen verdeutlichen (Abb. 10). Sie sind nur im unmittelbaren interdependenten Zusammenhang mit den Probleminhalten zu interpretieren.

Eine ergänzende und vielfach auch intensivierende Wirkung wird durch die zusätzliche Anwendung von Entspannungs- oder Mobilisierungsverfahren erreicht. Die im Folgenden dargestellten psychischen Regulationsmethoden verlangen ebenfalls die Diagnose des anstehenden Problems. Ein Entspannungstraining zeigt z.B. dann keine positive Wirkung, wenn es die Aktivierung in der Ausführungssituation beeinträchtigt.

7 Entspannungstraining

Das Wechselspiel von Spannung und Entspannung kennzeichnet das dynamische Geschehen der sportlichen Tätigkeit. Sowohl Spannung als auch Entspannung können sich positiv oder negativ auf die Leistung auswirken. Es ist deshalb sinnvoll, zunächst den Begriff der Spannung näher zu betrachten, um davon ausgehend die Anwendung von Entspannungsverfahren zu begründen.

7.1 Psychische Spannung

„Ich bin gespannt, ob ich heute die erforderliche Zeit zur Qualifikation schaffe." Wenn ein Sportler eine derartige Aussage macht, die auf der Freude und der Erwartung des Wettkampfs beruht, so wirkt sich diese Spannung in der Regel positiv auf das Leistungsergebnis aus. Spannung beruht meist auf einer Ungewissheit des Ergebnisses oder des Verlaufs eines zukünftigen Ereignisses.

Psychische Spannungen, die in der Erwartung einer positiven Leistung begründet liegen, mobilisieren die psycho-energetischen Leistungsreserven des Sportlers. Dabei sollte ein je nach Sportart angemessener, optimaler Spannungsgrad erreicht werden. Psychische Spannung darf jedoch nie zu einer erhöhten Spannung des Muskeltonus, zu einer verkrampften Bewegungsausführung oder zu gehemmten Koordinationsabläufen führen.

„Da bin ich aber mal gespannt, ob ich den Fehler vom vergangenen Wettkampf heute wieder mache." Die Vorstellung, einen Fehler wieder zu begehen, konzentriert die Gedanken in fataler Weise auf diese gefährdete Handlungsphase. Angst und Unsicherheit, gepaart mit dem Wunsch nach Erfolg, lassen den Aktivierungsgrad des Nervensystems unverhältnismäßig hoch ansteigen. Der erhöhte Spannungsgrad der Muskulatur verhindert das ökonomische Zusammenspiel aktiver und passiver Muskelgruppen. Spannungszustände, die durch Angst, zögernde Unsicherheit oder auch durch Aggression entstehen, verhindern die bestmögliche Leistung.

> Psychische Spannung muss auf Freude, froher Erwartung und auf Selbstvertrauen beruhen, soll sie als positive Voraussetzung sportlicher Leistung dienen.

Die Höhe des optimalen Spannungsgrads hängt von der Sportart und dem individuellen Könnensstand ab. Je höher das Können ist, je besser die Technik beherrscht wird, desto höher kann sowohl der negative als auch der positive Spannungszustand sein. Ein wenig geübter Sportler wird durch angstvolle Spannung kaum seine Trainingsleistung im Wettkampf realisieren können. Negative Spannungszustände verhindern allemal die bestmögliche Ausführung. Ihm ist deshalb zu raten, die mentale Wettkampfvorbereitung und die Anwendung psychischer Verfahren auf die Kombination mit einer Entspannungsübung oder -technik hin zu überprüfen.

7.2 Entspannung

Vor der gezielten Anwendung von Entspannungsübungen sollte zunächst die Wirkung des entspannten Zustandes geklärt werden. Wir befinden uns stets in einem mehr oder weniger gespannten oder entspannten Zustand. Gedanken, Vorstellungen, Wünsche oder Ereignisse unseres täglichen Lebens verändern fortwährend unser psychisches Spannungsniveau. Es fällt deshalb schwer, den „entspannten Zustand" zu fixieren. *Objektiv* kann man Entspannung an der Erhöhung des Hautwiderstands, der verminderten Herzfrequenz oder an geringen elektromyographischen, den Muskeltonus betreffenden Werten messen. *Subjektiv* erfahren wir ihn als emotional wohligen Körperzustand mit ruhiger, tiefer Atmung, herabgesetzter Denkfähigkeit, und dem Gefühl innerer Ruhe und Ausgeglichenheit.

7.3 Vom Nutzen der Entspannung

Ob ein Sportler Entspannungsübungen durchführen soll oder nicht, hängt von seinem jeweiligen Spannungszustand ab.

Für Menschen, die stets aktiv sind, nach jeder Tätigkeit schon die nächste Aufgabe suchen, oft auch überaktiv und hektisch reagieren und die Ruhepausen als Zeitvergeudung betrachten, kann das Erlernen von Entspannungsübungen einen wesentlichen Beitrag zu einer gelasseneren und ökonomischeren Lebensführung bieten.

In der Regel bringen Menschen, die „dauernd unter Volldampf stehen", der Aufforderung zur Entspannung eine positive Haltung entgegen. Menschen jedoch, die selten in Spannungszustände geraten, die auch in risikoreichen Situationen wenig sensibilisiert werden können und die das berühmte „dicke Fell" besitzen, stehen Entspannungsübungen häufig verständnislos, wenn nicht gar ablehnend gegenüber. Bei ihnen sollten Entspannungsübungen nur im Falle subjektiv erlebter Stresssituationen angewendet werden.

Abgesehen von diesen Extremen sind für die meisten Sportler entspannende Übungen, je nach Situation mehr oder weniger vertieft, von positiver Wirkung auf Leistungsverlauf und Leistungsergebnis. Entscheidend ist, dass die möglichen Auslöser von Spannungsreaktionen herausgefunden werden, um zeitliche Faktoren mit zu berücksichtigen und gezielte Verfahren, unter Umständen kombiniert mit anderen psychoregulativen Maßnahmen, auszuwählen.

Kurz gefasst können die Auswirkungen des Entspannungstrainings folgendermaßen deutlich gemacht werden.

Entspannungstraining
- öffnet den Weg zum Unterbewusstsein,
- verhindert Energieverlust,
- verhindert Schlaflosigkeit,
- verbessert die Wirkung von Affirmationen (s. S. 159) und
- vertieft das mentale Training (s. S. 61).

Der Weg zum *Unterbewusstsein* ist umso zugänglicher, je entspannter wir sind. Vor dem Einschlafen oder vor dem Aufstehen, also immer dann, wenn die Dominanz unseres Bewusstseins eingeschränkt ist, befinden wir uns ebenfalls in einem Zustand der Entspannung, der nicht durch erlernte Verfahren herbeigeführt werden muss. Die Entwicklung von Vorstellungsbildern oder Visualisierungsprogrammen, die Abwehr bzw. Veränderung negativer Einstellungen, die positive Lösung von Konflikten oder die Reduzierung von Angstzuständen etc. gelingen deshalb im Zustand der Entspannung am wirksamsten. Besonders günstig wirkt sich die Entspannung bei der Anwendung von positiven Selbstanweisungen und Affirmationen aus.

Zu hohe Spannungszustände *verbrauchen unnötig Energie*, die dem Sportler dann im Wettkampf fehlt. Durch Entspannungstraining kann eine *Organberuhigung*, eine Verminderung der Überaktivität und ein günstigeres Niveau des physiologischen Aktionspotentials erreicht werden. Körperliche Entspannung durch Herabsetzung des Muskeltonus führt auch zu psychischer Entspannung. Muskel- und Gemütserregungen verlaufen parallel und können nicht voneinander isoliert werden.

Entspannungstraining trägt dazu bei, dass Sportler den *dringend erforderlichen Schlaf* vor dem Wettkampf finden. Schlaflosigkeit wird häufig durch beunruhigende Gedanken an das bevorstehende Ereignis hervorgerufen. Muskelspannungen und innere Unruhe werden durch Entspannungstraining beseitigt.

Entspannung *schließt Angst aus*. Wir befinden uns während des Entspanntseins im Zustand körperlicher und geistiger Erholung. Befürchtungen und Konflikte verlieren ihre bedrohende Wirkung. Deshalb kann im Zustand der Entspannung eine Änderung von negativen Einstellungen und Verhaltensweisen in positive Haltungen am wirksamsten erreicht werden. Angstabwehr, Stärkung des Selbstvertrauens oder der Erfolgszuversicht lassen sich durch Entspannungstraining nachhaltig beeinflussen.

Mentales Training wird durch vorgeschaltetes oder gleichzeitig ablaufendes Entspannungstraining in seiner Wirkung vertieft. Die Aktivierung von Bewegungs- und Handlungprogrammen durch Vorstellen und die Ausschaltung äußerer und innerer Störfaktoren gelingen im entspannten Zustand am besten. In diesem Grenzbereich zum Unterbewusstsein entfalten sie ihre günstigste Wirkung.

7.4 Zeitpunkt der Entspannung

Zeitpunkt und Tiefe der Entspannung sind abhängig von der Persönlichkeit des Sportlers, von der Sportart, dem aktuellen Anlass und den spezifischen psychischen Stör- und Belastungsfaktoren.

Tiefe und länger währende Entspannung wird durch ein Entspannungsverfahren erreicht, das konsequent erlernt und geübt werden muss. *Bernstein* und andere schlagen eine tägliche Übungszeit von 15-20 Minuten vor.

Von entscheidender Bedeutung sind die dabei herrschenden äußeren Bedingungen. Es sollte stets eine Situation gewählt werden, die frei ist von Terminen oder Erwartungen an Dinge, die noch zu tun sind. Nach der Arbeit, nach dem Essen, wenn genügend Zeit zur Verfügung steht, oder vor dem Einschlafen sind zum Beispiel günstige Gelegenheiten.

Tiefe und langfristige Entspannung ist erforderlich bei starken Angstzuständen, überstarkem „Lampenfieber", extrem hohen Erregungen während des Vorstartzustandes, zum Verändern negativer Einstellungen, zur Beseitigung mentaler Barrieren oder zur Behebung bzw. Veränderung anderer negativer psychischer Fixierungen wie Minderwertigkeitsgefühle, Aggressionen oder innere Widerstände.

Kurzfristige und weniger tiefe Entspannung kann durch einfachere Methoden erreicht werden und ist deshalb auch in konkreten Sportsituationen anwendbar.

Vor dem Wettkampf

Kurzfristige Entspannung vor dem Wettkampf bietet die Gelegenheit zu einer letzten Selbstbewertung. „Wie fühle ich mich?", „Wie erregt bin ich?" Gedanken und Konzentration werden überprüft, die nächstliegene Aufgabe in das Bewusstsein gerückt, die wesentlichsten Handlungsphasen mental durchlebt. Nach dieser kurzen Entspannung werden die gedanklichen Vorbereitungen beendet, der Augenblick vor dem Wettkampfbeginn soll frei von bewussten Gedanken und Absichten sein. Nur noch der programmierte Körper agiert, er handelt nun „von selbst".

Im Training

Zwischen Aktivperioden und während längerer Ruhepausen eignet sich die Entspannung zur Erhaltung der psychischen Energie und zur Unterstützung des mentalen Trainings.

Nach dem Wettkampf oder zwischen Disziplinen

Entspannung stellt das psychische Gleichgewicht wieder her und hilft bei der Vorbereitung auf die nächste Disziplin. Hier sollte jedoch je nach Persönlichkeit auch eine rechtzeitige Mobilisation erfolgen, um nicht im Zustand herabgesetzter Energie und Reaktionsfähigkeit an den nächsten Start zu gehen.

7.5 Entspannungsmethoden

Für die Praxis des Sports haben sich die nachfolgenden Entspannungsmethoden bewährt. Sie werden in gedrängter Form wiedergegeben und ihre Funktionsweise für den Sportler erörtert (Abb. 11).

ALLGEMEINE ENTSPANNUNGS- UND AKTIVIERUNGSMETHODEN				
Atmung	Biofeedback-verfahren	Psychohygiene-Training (PT)	Progressive Muskel-entspannung	Aktivierungs-methode

Abb. 11: Entspannungsverfahren

7.5.1 Atmung

Die Bedeutung der Atmung kann in zweifacher Hinsicht beurteilt werden:

1. nach der physiologischen Funktion für den Gesamtzustand,
2. als Indikator der psychischen Verfassung.

Die Indikatorfunktion soll unter dem Aspekt der Entspannungswirkung näher betrachtet werden.

In der Art und Weise der Atmung spiegelt sich unser psychischer Zustand wider. Jede Gemütsveränderung, vom angenehmen Entspanntsein bis zur angstvollen Erwartung oder zum heftigen Erschrecken, zeigt sich in der Veränderung von Atemtiefe und Atemfrequenz. „Atemlos vor Spannung“, „Vor Schreck verschlug es mir den Atem“, der „stoßweise Atem“ des Ängstlichen, das „tiefe Atemholen“ nach einer Gefahr, all diese Beispiele psychischer Erlebnisse deuten darauf hin, dass unsere Atmung auf alles reagiert, was uns in irgendeiner Weise beeindruckt.

Für Entspannungsübungen ist die Ausatmung die wichtigere Phase.

Die Ausatmung erfolgt passiv, sie stellt deshalb einen Vorgang der Entspannung dar.

Der Brustkorb verkleinert sich, das Zwerchfell wölbt sich in der Ausatmungsphase nach oben. Die Luft wird aus der Lunge gedrückt, Herztätigkeit und Lungenkreislauf erfahren durch richtiges Atmen eine deutliche Erleichterung.

Die psychische Anspannung bestimmt also die Art und Weise, wie wir atmen, aber es ist auch möglich, diesen Prozess umzukehren: Durch tiefes Atmen kann die psychische Anspannung reduziert werden.

Lindemann (65) gibt folgende Anweisungen um das richtige Atmen zu erlernen:

- Jede Atemübung beginnt mit einer vertieften Ausatmung.
- Die Einatmung geschieht von selbst. Sie stellt einen aktiven Vorgang der Selbstregulation des Organismus dar.
- Keine Pause nach dem Einatmen, die Atmung „kippt“ einfach um, ein Vorgang, der ganz von selbst verläuft.
- Die Ausatmung erfolgt etwas langsamer und länger als normalerweise, wodurch ein Zusammenwirken von Zwerchfell und Bauchmuskeln erreicht wird.
- Die entspannende Wirkung von Lachen und Weinen beruht unter anderem auch auf der verlängerten Ausatmung und damit auf der verbesserten Zwerchfellatmung.
- Die Pause nach dem Ausatmen muss sich individuell einstellen und sollte nicht forciert werden. Anhaltspunkt: Beim Einatmen im Sekundentakt bis 3, beim Ausatmen weiter bis 15 zählen. Die Bauchmuskeln sind spürbar an der „gezügelten“ Ausatmung beteiligt. Bei häufiger Anwendung kann ein Sportler schon nach wenigen Atemzügen zur Ruhe kommen.

- Trotz anfänglicher bewusster Zuwendung soll die Atmung nicht zu zielstrebig, ehrgeizig oder mit der energischen Absicht „sich jetzt zu entspannen", ausgeführt werden. Ziel jeder Atemtechnik muss die Passivierung des Atmungsablaufs sein. Die Atmung geschieht einfach von selbst, mit „absichtsloser Absicht". Je unbewusster geatmet wird, desto geringer wird die Gefahr, durch zu bewusste Anstrengung wieder in einen Zustand erhöhter Aktivität zu gelangen.

Zeitpunkt der Atemübungen

Atemübungen im Sport werden in einer Zeitspanne von 1-2 Minuten durchgeführt. Sie zeigen ihre Wirkung besonders bei Erregungszuständen, Startfieber, Erwartungsängsten und bei mentaler Vorbereitung, beispielsweise vor dem 100-m-Start, zwischen den Sätzen beim Tischtennis, vor dem Aufschlag im Tennis, vor dem Rennen im Skilauf, zwischen den Disziplinen im Zehnkampf, oder vor dem Elfmeterschuss.

Der Vorteil der Atementspannung liegt hauptsächlich darin, dass sie in jeder Situation und in jeder Stellung ausgeübt werden kann. Vor dem Training oder Wettkampf, in den Pausen, aber auch während einer länger währenden Aktivität und nach ihrer Beendigung finden sich Gelegenheiten zu ihrer Anwendung. Obwohl eine entspannte Sitzhaltung die günstigste Voraussetzung bietet, kann die Atementspannung auch im Liegen, im Stehen oder im langsamen Gehen erfolgen. Sie stellt für jeden Sportler ein einfaches und wirksames Mittel der Psychoregulation dar.

Wesenliche Auswirkungen der Atementspannung

- Verbesserte Konzentration auf sich und seine Fähigkeiten.
- Erregungsabnahme, Gelassenheit.
- Ablenkung von Störungen, Konflikten, unangenehmen Gedanken.
- Verbesserung der Vorstellungskraft (mentales Training).
- Entspannung von Körper und Psyche.
- Verbesserte Lernfähigkeit.
- Vorbereitung des Einschlafens.
- Abbau von Erwartungsängsten (Wettkampf, Prüfung).
- Beruhigung nach einem Schreckerlebnis („Erst einmal durchatmen!")

7.5.2 Biofeedbackverfahren

Eine besonders wirkungsvolle Maßnahme, skeptische Sportler von der Wirkung der Entspannungsübungen zu überzeugen, stellt die Anwendung eines Biofeedbackgeräts dar (Abb. 12).

Durch Biofeedbackinformation erhält der Sportler eine sichtbare, bzw. hörbare, d.h., objektive Rückmeldung über seinen Spannungs- oder Entspannungszustand. Er erkennt die Wirkung der Gedanken auf die körperlichen Reaktionen, stellt oft mit Erstaunen motorische Reaktionen als Folge der Gedankenlenkung fest und erhält dadurch spürbare Motivationshilfen zur Anwendung psychoregulativer Verfahren. Biofeedbackgeräte sind heute in preiswerter Ausführung im Handel, so dass ihre Anschaffung für den Individualgebrauch in Vereinen, von Trainern oder Sportlern keine Schwierigkeiten bereitet.

Abb. 12: Biofeedback

Biofeedback (BFB) bedeutet das Sichtbarmachen körperlicher Reaktionen, deren Ursache in psychischen Erregungszuständen zu suchen ist, durch geeignete Apparaturen.

Psychische Erregungsprozesse schlagen sich in einer Vielzahl neurophysiologischer und motorischer Reaktionen nieder, deren Stärke gemessen und in Lichtpunkten, Tonwiedergaben oder Messfühlern der bewussten Wahrnehmung zugänglich gemacht werden kann. Auf diese Weise erhält der Sportler eine objektive Rückmeldung über seinen psychischen Erregungszustand bzw. über dessen Veränderung durch psychoregulative Maßnahmen.
Das BFB-Phänomen basiert auf den komplizierten neurophysiologischen Zusammenhängen des Zentralnervensystems (ZNS) und des autonomen Nervensystems (ANS) (56). Allerdings wäre die Vorstellung überzogen, autonome Funktionen durch BFB der Willkürkontrolle unterwerfen zu können. „Vermutlich bezieht sich die Trainierbarkeit auf die Auslösung bestimmer mentaler Zustände, deren Wahrnehmung im Zusammenhang mit subjektiven Gefühlen, Aufmerksamkeitsprozessen und verbalen oder bildhaften Vorstellungen stehen dürfte“ (16).

Folgende *Körpersignale* können gemessen und als Folge von psychischen Erregungs- und Hemmungsprozessen interpretiert werden (14): Blutdruck, Körpertemperatur, Muskelaktivität (Eletromyogramm EMG), Mikrovibration (Tremogramm), Hautwiderstand und Hautleitfähigkeit (elektrodermale Aktivität), elektrische Hirnaktivität (Elektroenzephalogramm), Augenaktivität (Elektrookulogramm EOG), Magen-, Darm- und Genitalmobilität.

Im Sport haben sich nach ökonomischen, wirtschaftlichen und methodischen Erfahrungen das Elektromyogramm und die Messung der elektrodermalen Aktivität (EDA) bewährt. Im Hinblick auf die Kontrolle und Veränderung psychischer Erregungszustände genügt die Anwendung des Verfahrens, dessen Einsatzmöglichkeiten im Folgenden kurz skizziert werden sollen.

7.5.3 Elektrodermale Aktivität (EDA)

Die Messung des Hautwiderstands und der Hautleitfähigkeit kann einerseits als Indikator für die Bedeutsamkeit eines Reizes (z.B. Wettkampf), andererseits aber auch direkt zur Angstbehandlung eingesetzt werden (56).

Neurophysiologische Grundlagen

Der Hautwiderstand stellt einen verlässlichen Indikator für den Erregungs- und Aktivierungszustand des vegetativen Nervensystems dar. Dieser Zustand kann dadurch beeinflusst werden, dass die Veränderungen des Hautwiderstands optisch oder akustisch rückgemeldet werden.

Die elektrodermale Aktivität hängt eng mit dem Vorhandensein von Schweissdrüsen in der Haut zusammen. Bedeutsam ist die Erkenntnis, dass es zweierlei Arten von Schweißdrüsen gibt, die sich in der Lokalisation auf der Haut und in ihrer Funktion unterscheiden (8). Die größte Dichte von Schweißdrüsen finden wir an den Handflächen und an den Fußsohlen. Darunter befindet sich eine große Anzahl von Schweißdrüsen, die vor allem auf emotionale Veränderungen und äußere Reize reagieren, wenn z.B. Angst feuchte Hände verursacht. Deshalb werden die Elektroden an diesen Stellen angebracht. Die übrigen Schweißdrüsen dienen hauptsächlich zur Regulierung des Wärmehaushalts. Eine Zunahme der Schweißdrüsensekretion führt zu einer Verringerung des elektrischen Hautwiderstands und zu einer Erhöhung der Leitfähigkeit der Haut.

Anwendungshinweise

Das Biofeedbackverfahren der hautgalvanischen Reaktion kann im Sport zu mehreren Zwecken angewendet werden:

- Die Signale der elektrischen Leitfähigkeit der Haut und ihrer Veränderung dienen als *Information über den Erregungsgrad* des Sportlers in bestimmten Situationen und können deshalb zur Behebung der Ursachen beitragen, z.B. bei der Angstbehandlung.
- Als *Lernhilfe beim Entspannungstraining:* auf Grund der hohen Sensibilität stellt die Messung der Hautleitfähigkeit eine hervorragende Lern- und Kontrollhilfe dar. Sportler, die mit Hilfe des BFB-Verfahrens gelernt haben, ihre Entspannungsfähigkeit zu schulen und ihren Erregungszustand objektiv zu kontrollieren, können auf die Hilfe des Apparats bald verzichten.
- *Beim Konzentrationstraining:* Der Sportler lernt, sich auf seinen Körper und seine Körperfunktionen zu konzentrieren.
- *Zur Gedankenlenkung:* Die Gedanken bedingen die Intensität der BFB-Signale. Der Sportler erkennt, dass die bewusste Gedankenführung spezifische körperliche Reaktionen zur Folge hat. Erregende oder beruhigende Gedankeninhalte spiegeln sich in den unterschiedlichen Licht- und Tonsignalen wider.
- *Beim Motivationstraining:* Der deutlich sichtbare Erfolg seiner Entspannungsübung motiviert den Sportler zur weiteren und regelmäßigen Ausübung.

Kurze Hinweise zum Entspannungstraining mit EDA

Die Elektroden werden am sauberen Mittel- und Zeigefinger angelegt, so dass die Kontaktflächen auf den Fingerkuppen liegen.

Anschließend wird das Gerät eingeschaltet und der jeweilige Empfindlichkeitsgrad gewählt. Die Messung des Hautwiderstands erfolgt durch einen konstanten Strom, der durch die beiden Elektroden geschickt wird. Bei der Messung der Hautleitfähigkeit bleibt die Spannung zwischen den Hautpunkten konstant.

Der Übende befindet sich in entspannter Sitzhaltung, seine Augen sind geöffnet und beobachten ohne Anspannung das Leuchtband. Das akustische Signal kann auch mit geschlossenen Augen aufgenommen werden. Die Aufmerksamkeit wird auf die Körperempfindungen gerichtet.

Entspannung kann nicht aktiv angestrebt werden. Gelassenheit, Absichtslosigkeit und Passivität sind erforderlich. Beginnen die Gedanken zu wandern, sollen sie ohne Anstrengung wieder in den Entspannungsprozess zurückgeholt werden. Gedankeninhalte, die Ruhe symbolisieren, die sich auf die Entspannung von Körperteilen richten (s. S. 101) oder entspanntes Atmen, unterstützen den Entspannungsprozess. Weitere Hinweise sind den Handbüchern der jeweiligen BFB-Geräte zu entnehmen.

7.5.4 Progressive Muskelentspannung

Die physiologische Methode der Progressiven Muskelentspannung wurde von *Jacobsen* 1934 entwickelt und von *Wolpe* 1948 zur systematischen Desensibilisierung weitergeführt.

Jacobsen erkannte, dass Angst stets mit der Zunahme der Muskelspannung einhergeht. Er konnte nachweisen, dass durch Behebung der Muskelspannung auch die Angst verschwindet. Seine Methode beruht auf der bewussten Anspannung und Entspannung verschiedener Muskelgruppen und auf der gedanklichen Konzentration auf die daraus resultierenden Gefühle der Spannung und Entspannung.

Sportler verfügen in der Regel über ein deutlich ausgebildetes Körperbewusstsein. Körperwahrnehmungen der Spannung oder Entspannung, der Schwere oder Leichtigkeit, des Wohl- oder Missbehagens, sind meist sensibler ausgebildet als bei Menschen, deren instrumentaler Bezug zum Körper weniger eng ist. Deshalb hat sich die Progressive Muskelentspannung als systematisch zu erlernende Entspannungsmethode bei Sportlern bestens bewährt. Insbesondere kann sie Sportlern empfohlen werden, die unter zu hoher Wettkampferregung, übermäßigem Startfieber, Angstzuständen und Schlaflosigkeit leiden.

Praktische Durchführung

Es sollte täglich 15-20 Minuten geübt werden, wobei zwei Sitzungen die optimale Wirkung zeigen. Entspannen muss gelernt sein, deshalb sollte man sich durch anfängliche Enttäuschungen nicht entmutigen lassen.

Es gibt zwei Verfahren: eine umfangreiche und eine verkürzte, direkte Form. Letztere wird angewendet, wenn die lange bereits vertraut ist. Beim langen Verfahren werden 16 Muskelgruppen entspannt, beim verkürzten sind es vier oder sieben Muskelgruppen.

Folgende Regeln sind bei der praktischen Durchführung zu beachten:

1. Konzentration auf die Muskelgruppe
2. Anspannung auf ein Signal
3. Spannung 5-7 Sekunden halten
4. Entspannen 30-50 Sekunden auf Signal, z.B.: „Jetzt!"
5. Konzentration auf die Muskelgruppe während der Entspannung

Reihenfolge der zu entspannenden Muskelgruppen (7):

1. Dominante Hand und dominanter Unterarm
2. Dominanter Oberarm

3. Nichtdominante Hand und nichtdominanter Unterarm
4. Nichtdominanter Oberarm
5. Stirn
6. Obere Wangenpartie und Nase
7. Untere Wangenpartie und Kiefer
8. Nacken und Hals
9. Brust, Schulter und obere Rückenpartie
10. Bauchmuskulatur
11. Dominanter Oberschenkel
12. Dominanter Unterschenkel
13. Dominanter Fuß
14. Nichtdominanter Oberschenkel
15. Nichtdominanter Unterschenkel
16. Nichtdominanter Fuß

Leitung des Entspannungstrainings: Der Sportler bedarf zunächst der Leitung durch einen Psychologen, kompetenten Trainer oder der hilfreichen Verwendung von Kassetten.

Die folgenden Praktiken der Progressiven Muskelrelaxation wurden von *Dacheneder* über Jahre hinweg erfolgreich an den Kaderschwimmerinnen des Deutschen Schwimmverbandes angewendet.
äußere Bedingungen:
- Bequem und locker auf einem Stuhl sitzen, Augen schließen
- Ruhig und gleichmäßig atmen, Ausatmung verlängert
- Vorstellen eines Ruhesymbols (z.B. ein weißer Würfel auf schwarzem Hintergrund, dessen Ecken man genau visiert)

Der Übende soll darauf hingewiesen werden, dass er erst auf das Signal „Jetzt!", mit der Anspannung beginnen darf. Im Folgenden wird die Durchführung exemplarisch dargestellt. Es werden jedoch nur die wesentlichsten Praktiken angeführt. (10):

1. „Schließen Sie die rechte Hand zu einer Faust!" – „ Jetzt! Beobachten und fühlen Sie, wie Ihre Muskeln fest und hart sind!" – „Gut!" – „Entspannen!" Der Leiter gibt in der Entspannungsphase Hinweise, z.B.: „Achten Sie auf den Unterschied zwischen Spannung und Entspannung, konzentrieren Sie sich auf die Empfindungen, während Sie immer lockerer werden!"
2. „Nun kommen wir zum rechten Oberarm. Wenn ich 'Jetzt!' sage, spannen Sie den rechten Oberarm fest an", oder: „ ... drücken Sie den Oberarm gegen die

Unterlage!" – „Jetzt!" – Nach 5-7 Sekunden: „Gut!" – „Entspannen!" – 45-50 Sekunden: „Fühlen Sie, wie sich die Muskeln mehr und mehr entspannen? Konzentrieren Sie sich auf die Gefühle, die mit der Entspannung verbunden sind!" – „Wir wiederholen das noch einmal. Achten Sie auf die Spannung und den Unterschied zur Entspannung!"

3. und 4. Wiederholung der Anweisungen für linke Hand und linken Oberarm.
5. „Als nächstes werden wir die Gesichtsmuskeln lockern. Wenn ich 'Jetzt!' sage, versuchen Sie, die Augenbrauen so stark wie möglich hochzuziehen!" 5-7 Sekunden: „Jetzt! Beobachten Sie die Spannung in der Stirngegend!" – Nach 5-7 Sekunden: „Gut!" – „Entspannen!" – 35-40 Sekunden: „Fühlen Sie, wie die Stirn wieder glatt wird und konzentrieren Sie sich auf die allmähliche Entspannung der Stirn!" Am Anfang das Ganze wiederholen!
6. „Nun gehen wir zu den Muskeln der mittleren Gesichtspartie über. Wenn ich 'Jetzt!' sage, versuchen Sie, die Muskeln anzuspannen, indem Sie die Augen fest zukneifen und gleichzeitig die Nase rümpfen!" - „Jetzt! Sie spüren die Spannung oben und rund um die Augen." – 5-7 Sekunden: „Gut!" – „Entspannen!" – 35-40 Sekunden. „Konzentrieren Sie sich auf das angenehme Gefühl, wenn die Muskeln wieder locker und weich werden!" Am Anfang das Ganze wiederholen!
7. „Als nächstes werden nun die Muskeln des unteren Gesichtsdrittels angespannt. Wenn ich 'Jetzt!' sage, beißen Sie die Zähne fest zusammen und ziehen die Mundwinkel stark nach hinten!" – „Jetzt! Achten Sie auf die Spannung in der Kieferpartie!" – 5-7 Sekunden: „Gut!" – „Entspannen!" – 35-40 Sekunden: „Achten Sie wieder auf den Unterschied von Spannung und Entspannung und erleben Sie, wie die Entspannung immer tiefer in Ihre Muskeln fließt!"
8. „Nun kommen die Nackenmuskeln an die Reihe. Wenn ich 'Jetzt!' sage, versuchen Sie, die Nackenmuskeln anzuspannen, indem Sie das Kinn auf die Brust drücken, gleichtzeitig aber sollen Sie verhindern, dass es die Brust tatsächlich berührt!" – "Jetzt! Sie spüren ein leichtes Ziehen der Muskeln. Achten Sie auf die Spannung der vorderen und hinteren Nackenmuskeln!" – 5-7 Sekunden: „Gut!" – „Entspannen!" – 35-40 Sekunden: „Beobachten Sie, wie sich die Entspannung ausbreitet und bis in den Rücken fließt!" Am Anfang das Ganze wiederholen.
9. „Jetzt wollen wir die Muskeln der Brust, der Schultern und der oberen Rückenpartie erfassen. Wenn ich 'Jetzt!' sage, atmen Sie tief ein, halten die Luft an und ziehen dabei die Schultern so weit wie möglich zurück, als ob sich die Schulterblätter berühren sollten!" – „Jetzt! Sie spüren deutlich die

Spannung in der Brust, in den Schultern und in der oberen Rückenpartie." – 5-7 Sekunden: „Gut!" – „Entspannen!" – 35-40 Sekunden: „Achten Sie auf den Unterschied zwischen Spannung und Entspannung! Konzentrieren Sie sich auf die Empfindungen, während Sie immer entspannter werden! Genießen Sie das wohlige Gefühl, wie Ihr Körper immer schwerer wird!" Am Anfang das Ganze wiederholen.

10. „Wir wenden uns nun den Bauchmuskeln zu. Wenn ich 'Jetzt!' sage, versuchen Sie, die Bauchmuskeln anzuspannen! Sie können sich dabei vorstellen, Sie fassen sich an den Bauch und machen die Bauchdecke hart." – „Jetzt!" – 5-7 Sekunden: „Gut!" – „Entspannen!" – 35-40 Sekunden: „Konzentrieren Sie sich auf den Übergang von Spannung zur Entspannung! Sie brauchen nichts zu tun, fühlen Sie nur, wie die Entspannung Ihren Körper erfasst!"

11., 12., 13. „Zum Schluss erfassen wir nun Gesäß-, Bein- und Fußmuskeln. Wir werden versuchen, diese Muskelgruppen alle auf einmal anzuspannen. Wenn ich 'Jetzt!' sage, strecken Sie das rechte Bein von sich, pressen die Ferse auf den Boden und ziehen die Zehen zum Körper hin!" – „Jetzt!" – 5-7 Sekunden: „Gut!" – „Entspannen!" – 35-40 Sekunden: „Beobachten Sie, wie die Entspannung durch Ihr Bein strömt, achten Sie auf den Unterschied von Spannung und Entspannung. Genießen Sie dieses angenehme Gefühl!"

14. und 15. „Nun wird das Ganze mit dem linken Gesäß, dem linken Bein und dem linken Fuß wiederholt."

Beendigung der Entspannung: „Bevor Sie die Augen wieder öffnen, bewegen Sie zuerst die Beine, dann die Arme und Hände, dann öffnen Sie die Augen!"

Kurzprogramm für vier Muskelgruppen
Das Kurzprogramm wurde von Skispringern und Skirennläufern vor dem Start und von Schwimmerinnen angewendet (14, 50). Aufgrund der äußeren Umstände wurde es nicht nur im Liegen oder Sitzen, sondern auch im Stehen praktiziert. Folgende Muskelgruppen werden zusammengefasst:

1. Hand, Unterarm und Oberarm rechts und links; es werden nun die vorher ausgeführten Einzelanspannungen beidseitig und gleichzeitig ausgeführt.
2. Gesichts- und Nackenmuskulatur werden gleichzeitig angespannt und entspannt.

3. Brust, Schultern, Rücken- und Bauchmuskeln; tief Luft holen, Luft anhalten, Schulterblätter nach hinten ziehen, Bauch wird gleichzeitig angespannt.
4. Beide Füße, Unterschenkel und Oberschenkel; es werden beidseitig die Übungen der Einzelanspannung ausgeführt.

Das Entspannungsverfahren für vier Muskelgruppen kann nach einiger Übung in zehn Minuten absolviert werden. Es geht hier jedoch nicht nur darum, eine möglichst rasche Entspannung zu erreichen, sondern auch darum, zu jeder Zeit, z.B. vor dem Einschlafen, vor dem Wettkampf, auf dem Sportplatz, im Freien oder in der Halle, eine tiefe Entspannung zu erreichen. Erst in zweiter Linie wirkt es sich positiv aus, dass die Entspannung rasch erreicht werden kann.

Wettkampftraining
Vor Wettkämpfen soll Entspannungstraining bis etwa 30-60 Minuten vor dem Start praktiziert werden, da sonst die Gefahr besteht, den optimalen Mobilisationszustand nicht mehr zu erreichen. Das Umschalten vom Entspannungs- in den Wachzustand gelingt am besten durch folgende Übung:
- Noch mit geschlossenen Augen: „Ich bin erholt und fit."
- Mit offenen Augen: „Ich fühle mich frisch und freue mich darauf, dass es losgeht."
- Zweck- und Aufwärmgymnastik wird bevorzugt mit schnellen und schwunghaften Bewegungen durchgeführt.

7.5.5 Das Psychohygiene-Training (PT)

Das Psychohygiene-Trainig (PT) ist ein Atmungs- und Entspannungstraining, das von *Lindemann* (65) entwickelt wurde. Es wurde von *Schultz* (105) schon um die Jahrhundertwende von der Hypnose abgeleitet. Das ursprüngliche Ziel des Psychohygiene-Trainings besteht in der Wahrung und der Verbesserung der Gesundheit.

Der Unterschied zum autogenen Training von *Schultz* besteht im Wesentlichen darin: Beim autogenen Trainig suggeriert man sich selbst Schwere, z.B.: „Der rechte Arm ist ganz schwer." Beim Psychohygiene-Training soll der Arm selbst die Schwere spüren und fühlen lernen. Damit ist ein weiteres Moment der Passivität gegeben.

Ebenso bei der Wärmeübung: Wärme wird nicht autosuggestiv erzeugt, sondern aufgespürt und erwartet.

Das Psychohygiene-Training hat sich als gute Methode erwiesen, Kräfte zu erneuern, sich zu erholen, Schmerzzustände zu lindern, Ängste abzubauen und Blutdruckwerte zu senken.

Im Bereich des Sports hat es sich bestens bewährt und ist vor allem durch *Kemmler* (50), *Frester* (27), *Nitsch* u.a. (81) und *Sonnenschein* (110) bekannt geworden. Es dient zur Wettkampfvorbereitung, zum Stressabbau, zur Konzentrationssteigerung und als Voraussetzung und Hilfe bei Visualisierungstechniken und mentalem Training.

Das Psychohygiene-Training baut auf der psychosomatischen Einheit des Menschen auf, d.h., der wechselseitigen Beeinflussung von Gedanken, Gefühlen und der Körperreaktionen, insbesondere des Muskeltonus. Gedankliche Konzentration ruft spezifische Gefühle hervor („Wenn ich nur daran denke, läuft es mir schon kalt den Rücken runter!"), die von Entspannungs- bzw. Spannungs- und Erregungszuständen begleitet sind. Beim Psychohygiene-Training wird durch Vorstellungsbilder eine Entspannung des Muskeltonus erreicht. Die Vorstellung „trockene Wärme" führt beispielsweise als Zeichen der Erregungsminderung zur Abnahme der elektrischen Leitfähigkeit der Handinnenfläche.

Folgende Entspannungsreaktionen werden durch das Psychohygiene-Training erreicht (65):

1. *Schwere (Eigengewicht)*
   Schwere bedeutet Muskelentspannung („Bettschwere"). Durch entsprechende Konzentration soll z.B. der Arm die Eigenschwere spüren und fühlen lernen.
2. *Wärme*
   Es ist eine alte Erfahrung aus dem Yoga, dass man durch Konzentration auf einen Körperteil Wärme fühlen kann. Das Psychohygiene-Training zielt darauf ab, die Eigenwärme des Körperteils zu empfinden. Wärme bedeutet Gefäßentspannung.
3. *Organberuhigung*
   Herz- und Atmungsfrequenz nehmen ab; weitere Organe, z.B. der Magen, zeigen die Tendenz zur Beruhigung.
4. *Wohlbehagen*
   Der angenehme Zustand der Entspannung führt zur psychischen Lösung, Befreiung und Zufriedenheit.
5. *Gelassenheit*
   Damit ist das Loslassen, das Sichlösen von Gedankengängen, vom Tagesgeschehen oder von festgefahrenen Einstellungen, Zwängen und Ängsten gemeint.

Das Psychohygiene-Training bedarf zunächst einer täglichen Übungszeit von etwa zehn Minuten. Es wird in der Regel in Sitzhaltung (Droschkenkutscherhaltung) ausgeführt oder in Rückenlage mit leicht erhöhter Kopfstütze praktiziert.

Praktische Durchführung

1. Atemübung

Sie besteht im Erlernen der ruhigen und beruhigenden Atmung. Sie entspricht der bereits beschriebenen Atementspannung (s. S. 95/96).

2. Übung: Eigengewichtsübung

Sie beginnt mit Unterarm, Schultern und Nackenbereich (65). Formeln und Anweisungen: „Ich bin vollkommen ruhig und heiter."

„Ich spüre meinen rechten Unterarm." – Verlängerte Ausatmung dorthin fließen lassen – rechter Unterarm entspannt – spürt Eigengewicht – spürt Eigengewicht – Eigengewicht. „Ich spüre meinen linken Unterarm." – Verlängerte Ausatmung dorthin fließen lassen – linker Unterarm entspannt – spürt Eigengewicht – spürt Eigengewicht – Eigengewicht. Arme entspannt – spüren Eigengewicht – spüren Eigengewicht – Eigengewicht. Schulter-Nacken-Bereich entspannt – spürt Eigengewicht – Eigenschwere – Schwere. Kopfhaut entspannt – Stirn glatt – Augenlider ruhig – Gesicht entspannt – Kaumuskeln, Unterkiefer locker und gelöst. „Ich bin vollkommen ruhig und heiter."

Anschließend werden auf die gleiche Weise Oberschenkel, Unterschenkel und Leibmitte entspannt.

3. Übung: Eigenwärmeübung

Hier geht es vornehmlich um die Entspannung der Gefäße. Das Lernziel besteht im Entwickeln der Eigenwärme, im Gewinn von mehr Ruhe und Gelassenheit. Formeln und Anweisungen: „Ich bin vollkommen ruhig und heiter."

„Ich fühle meine rechte Hand." – Verlängerte Ausatmung dorthin fließen lassen – rechte Hand fühlt Eigenwärme – Handinnenfläche fühlt Eigenwärme – strömend und trocken warm – Finger fühlen Eigenwärme. „Ich fühle meine linke Hand." – Linke Hand fühlt Eigenwärme – Handinnenfläche fühlt Eigenwärme – strömend und trocken warm – Finger fühlen Eigenwärme – trocken warm. „Ich bin vollkommen ruhig und gelassen."

„Ich lasse die warme Ausatmungsluft in die linke Schulter fließen." – Eigenwärme wird fühlbar. „Die warme Ausatmungsluft fließt in die rechte Schulter." – Angenehme Wärme tritt ein. Schulter- und Nackengebiet entspannt – Nacken fühlt Eigenwärme, – als ob jemand dorthin haucht. „Ich bin vollkommen ruhig und gelassen."

Anschließend werden Stirn, Kaumuskeln, Leibmitte, Oberschenkel, Kniekehle, linker und rechter Fuß entspannt.

4. Endübung
Sie enthält Atemübung, Schwereübung und Wärmeübung. Hier geht es vor allem um die rasche Umschaltung des Organismus. Formeln und Anweisungen: „Meine Aufmerksamkeit ist im rechten Arm." – Rechter Unterarm entspannt – spürt Eigengewicht – rechte Hand fühlt Eigenwärme – Handinnenfläche fühlt Eigenwärme, wenn die verlängerte Ausatmung dorthin fließt – strömend und trocken warm. „Ich bin vollkommen ruhig und gelassen." „Ich spüre meinen linken Unterarm." – Linker Unterarm entspannt – spürt Eigengewicht. – Linke Hand fühlt Eigenwärme – Handinnenfläche fühlt Eigenwärme – strömend trocken warm. Auf diese Weise werden die weiteren Körperteile in die Endübung aufgenommen: Schultergelenke, Schulter- und Nackenbereich, Kopfhaut, Stirn, Kaumuskeln, Leibmitte, Becken, Ober- und Unterschenkel, Fußsohle, Zehen.

Endformulierung für Erfahrene
Für bereits Erfahrene kann eine Kurzformübung schon den erwünschten Entspannungseffekt bringen. Da dies in sehr kurzer Zeit möglich ist, eignet sich das verkürzte Programm besonders gut für Sportsituationen, Wettkampfpausen oder mentale Übungen.

Lindemann nennt folgendes Kurzprogramm:

1. „Ich bin entspannt und heiter."
2. „Arme fühlen Schwere und Wärme."
3. „Beine fühlen Schwere und Wärme."
4. „Ich bleibe entspannt und völlig warm."

Zurücknehmen: recken – strecken – dehnen – gähnen.

Das Erleben des psychohygienischen bzw. des autogenen Trainings setzt systematisches und möglichst tägliches Üben voraus. Mit zunehmender Kenntnis und Beherrschung wird es gelingen, den Entspannungszustand in immer kürzerer Zeit zu erreichen. Gerade für geübte Sportler ist es möglich, durch eine „Blitzentspannung", die in wenigen Atemzügen erreicht werden kann, zum Beispiel in Wettkampfpausen, zu regenerieren und neue Energie zu schöpfen. Entspannung bedeutet nicht „schlapp" zu werden, d.h., in einen Erschlaffungszustand zu geraten. Eine totale Entspannung ist physiologisch nicht möglich. Entspannen bedeutet vielmehr, sich lösen, sich in den angenehmen Zustand des Wohlbehagens, des Schwere- und Wärmegefühls zu versetzen.

Differenzierte Entspannung

Für den Sportler ist es vorteilhaft, Muskeln und Muskelgruppen danach zu unterscheiden, ob sie für die Ausübung seiner Handlung benötigt werden oder ob sie nur eine begleitende Funktion haben. Für die spätere Durchführung ist es vor allem wichtig, die nicht unmittelbar zur Ausübung der sportlichen Handlung notwendigen Funktionsbereiche abzuschalten. Dadurch wird der Energievergeudung und Koordinationsmängeln entgegengewirkt. Die Bereitschaft zur Aktivierung der Funktionsmuskeln soll in den Entspannungszustand mit eingebracht werden, um die Aktionsbereitschaft der für den Wettkampf benötigten Muskelgruppen zu erhalten.

Differenzierte Entspannung heißt, zwischen primären und sekundären Spannungen zu unterscheiden. Die zur Ausübung notwendigen Muskelkontraktionen unterliegen der primären Entspannung, während die begleitenden oder unbeteiligten Muskelgruppen sekundär entspannt werden.

Die bewusste Konzentration auf die primär benötigten Muskelgruppen versetzt den Sportler in den entspannten Zustand, ohne die latente Bereitschaft zum aktiven Handeln auszuschalten.

Für Sportler, die Schwierigkeiten mit dem Umschalten in den Aktivierungszustand haben, hat *Frester* (27) die Aktiv-Therapie entwickelt. Weitere Verfahren, die ebenfalls aus einem Entspannungs- und einem Mobilisierungsteil bestehen, wurden von *Schmidt* (104) und *Gissen* (31) erprobt.

7.5.6 Aktiv-Therapie (ATP)

„Als ich an den Start ging, habe ich noch geschlafen." Dieser Ausspruch eines Sportlers deutet die Gefahr an, dass Entspannungsverfahren, sofern sie unsachgemäß oder unsystematisch angewendet werden, die optimale Reaktions- und Aktionsbereitschaft verhindern können. Aus der Erkenntnis heraus, dass nur Entspannung mit gleichzeitiger nachfolgender Aktivierung die optimale psychophysische Funktionsfähigkeit des Sportlers garantieren kann, hat *Frester* ein dreiteiliges Entspannungs- und Mobilisationsverfahren konstruiert:

1. Entspannung
2. Aktivierung durch formelhafte Vorsatzbildung
3. Schwunggymnastik

Der 1. Teil (Entspannung) beinhaltet sechs Übungen:

- „Ich bin ganz ruhig und entspannt."
- Schweregefühl in beiden Armen
- Schweregefühl in beiden Beinen

- Wärmegefühl beider Arme
- Wärmegefühl beider Beine
- „Ich bin jetzt nervlich ruhig und entspannt."

Aktivierungsformeln

In den Aktivierungsformeln stellt sich der Sportler die bestmögliche Bewältigung der sportlichen Aufgabe durch korrekt vorgegebene Sätze vor, die als *formelhafte Vorsätze* bezeichnet werden.

Beispiele: „Ich bin zuversichtlich und freue mich auf den Wettkampf." Jede bildhafte Formel soll mit dem Sportler besprochen werden. Für die Wirksamkeit der Aktiv-Therapie ist ebenfalls eine konsequente Wiederholung im Training und das Einhalten der korrekten Formeln Voraussetzung. Die praktische Zielrichtung des Verfahrens wird dadurch verdeutlicht, dass mit fortschreitender Dauer bewusst akustische und optische Störreize zugeschaltet werden, um den realen Trainings- und Wettkampfanforderungen gerecht zu werden. Ziel des Verfahrens ist die autosuggestive Selbstregulierung des Wettkampfverhaltens.

Zusammenfassung

Die dargestellten Verfahren wurden unter dem Gesichtspunkt der sportpraktischen Bewährung ausgewählt. Neuere Entwicklungen lassen die Vermutung zu, dass die Entspannungsverfahren in Zukunft immer stärker zur Leistungssteigerung durch Kombination mit spezifischen Visualisierungsprogrammen verwendet werden. *Eberspächer* sieht hierin eine Gefahr des „Psychodopings". „Es muss auf die Gefährlichkeit einer uneingeschränkten Anwendung solcher Methoden, insbesondere zur Mobilisation hingewiesen werden... Formen von Fanatismus und Trance sowie der Einsatz von posthypnotischen Aufträgen u.a. markieren denkbare Entwicklungen" (19).

Die drohende Gefahr, fundamentale, ethische Grenzen im Hochleistungssport zu überschreiten, kann heute von keinem Trainer mehr übersehen werden. Es steht im humanitären Verantwortungsbewusstsein aller an der Formung von Sportlerpersönlichkeiten beteiligten Menschen, Entwicklungen, die die Grenze ethischer Toleranz überschreiten, vorherzusehen und zu unterbinden. Der Einsatz psychologischer Verfahren kann nur gerechtfertigt werden, wenn sie zur Entwicklung einer stabilen Persönlichkeit und zur Aktivierung der bestmöglichen Leistungsfähigkeit eines Sportlers beitragen.

8 Visualisieren

„Habe ich mir das nur eingebildet oder habe ich das wirklich erlebt?" Vielen Menschen ist dieses Phänomen vertraut: War es ein Traum, das Ergebnis gedanklicher Versunkenheit, die Folge einer intensiven Wunschvorstellung oder ist es tatsächlich geschehen? Im Kapitel „Mentales Training" wurde bereits auf die untrennbare Beziehung von Vorstellung und Bewegung hingewiesen.

Visualisieren bedeutet mehr als nur das Sich-Vorstellen eines Bewegungsablaufs. Beim Visualisieren machen wir uns frei von Sprache und Begriffen und denken in Bildern.

Der Sportler vergegenwärtigt sich ein Erlebnis, eine Erfahrung, die er bereits gemacht hat, oder eine zukünftige Erwartung, wobei alle Sinne mit einbezogen werden. Nicht nur das visuelle Vorstellen, sondern auch das Hören, das Riechen, das Sich-Anfühlen und das Erleben der Bewegung gehen in dieses Bild mit ein. Wenn wir anstelle des Verbs „vorstellen" die Formulierung „sich einbilden" verwenden, wird der Begriff „Visualisierung" deutlicher (72).

Beispiel:
Ein Stabhochspringer kann seinen Sprung auf zweierlei Arten geistig vorwegnehmen:

1. Er stellt sich die Aufeinanderfolge der einzelnen Technikphasen vor und verwendet dafür die erforderlichen Begriffe (Anlauf - Einstich - Hang - Einrollen - Drehumstützen - Lattenüberquerung).
2. Er löst sich von den sprachgebundenen Bewegungsphasen. Er sieht das Bild des Sprunges in seiner Gesamtheit vor sich, das den zeitlichen und räumlichen Ablauf wiedergibt und gleichzeitig das Erlebnis des Sprungs in seiner Einmaligkeit und Gesamtheit vermittelt. Er erkennt bildhaft den Einstich nach vollem Anlauf, hört das dumpfe Geräusch, wenn die Stange den Einstichkasten trifft, sieht und spürt, wie sich sein Körper emporschwingt und die Stange ihn über die Latte katapultiert. Leicht und gespannt dreht sich sein Körper hoch hinaus und fliegt ohne Mühe zur Landung.

„Einbilden" bedeutet das Einschalten der Phantasie, das Produzieren von Bildern, die ohne Überlegung und ohne sprachliches Erfassen entstehen.

Denken kann also auf zwei Ebenen erfolgen: Es vollzieht sich entweder *sprachgebunden* und begrifflich oder in Form *innerer Bilder.*

Mit Worten und Begriffen verbinden wir bestimmte Erfahrungen, z.B. Bewegungserfahrungen oder sportliche Techniken. Sie sind abrufbereit und können unser Handeln programmieren.

Worte können aber auch wie Schubladen wirken. Sie trennen etwas, was sich nicht trennen lässt.

Bewegungen fließen ineinander. Die begriffliche Trennung von Bewegungsphasen bedeutet nicht, dass diese auch getrennt ablaufen. Häufig führt das Üben begrifflich abgrenzbarer Phasen zu einem unkoordinierten Ablauf.

Beispiel:
Wer eine ganze Schraube um 360° erlernen will, kann dies nicht erreichen, wenn er zuerst die erste Hälfte der Drehung um 180° und dann die zweite Hälfte erlernt. Oder: Die Trennung von Armbewegung und Beinarbeit beim Erlernen des Tennisschlags zerreißt den ganzheitlichen Ablauf.

Diese sprachgebundenen Vorbereitungsprozesse laufen in der *linken* Hirnhälfte ab. Um Bewegungen in ihrem rhythmischen Ablauf zu programmieren, genügt die sequenzielle Steuerung nicht. Neuere Forschungen zeigen, dass unsere *rechte* Hirnhälfte für nicht-sprachgebundene Erlebnisinhalte zuständig ist. Die Informationsverarbeitung ganzheitlicher Sinnzusammenhänge, gleichzeitiger bildhafter intuitiver und metaphorischer Erlebnisse, spielt sich hauptsächlich in der rechten Hirnhälfte ab (132). Die linke Gehirnhemisphäre denkt logisch, nacheinander und verbal. Beide Gehirnhälften ergänzen einander.

Sportarten unterscheiden sich in ihren Denkstrategien. Skifahren verlangt bildhaftes, nur wenig begriffliches Denken. Das Befahren einer Buckelpiste lässt sich mit einem tanzenden Teleskop vergleichen.

Worte sind nur sinnvoll, wenn sie sich in Bewegungen übersetzen lassen.

Das gelingt beim Turnen leichter, da hier die Bewegungen durch Begriffe symbolisiert sind, z.B. eine „Felge“ oder eine „Kippe“. Mit der Verknüpfung von begrifflichem Denken und geistigen Bildern verfügen wir über einen der wirksamsten mentalen Vorbereitungsprozesse, um das Zusammenspiel aller Bewegungskomponenten zu erreichen.

Ein Problem liegt darin begründet, dass die meisten Sportler gelernt haben, Bewegungen zu erklären und mit Worten und Begriffen zu beschreiben, dass sie aber erst lernen müssen, bildhaft zu denken, sich zu lösen von Vorstellungen, deren begriffliche Form oft nur ungenügend das damit gemeinte Bewegungsproblem widerspiegelt.

Visualisieren ist zweckfrei, der Sportler gibt sich dem ganzheitlichen Bild des beabsichtigten Handlungsablaufs hin, jegliche Gedanken an das „Wozu?" und „Warum?" bleiben ausgeschaltet. Es zählt nur die folgende Tätigkeit, losgelöst von ihrer zweckorientierten Ausführung. Es ist nicht notwendig, das Handlungsziel in die Visualisierung einzubeziehen, da die ideale Ausführung der Tätigkeit automatisch zum Ziel führt.

Man unterscheidet zwischen dem Ziel der Visualisierung und dem Zweck der Ausführung.

Ziel der Visualisierung ist z.B. die vollendete Bewegung des Stabhochsprungs oder des Tennisaufschlags. Der Sportler weiß genau, auf welches Ziel sich die Visualisierung richtet. Der Zweck der Handlung, z.B. 4 m zu überqueren oder den Gegner zu besiegen, stört das reine geistige Bild, das sich auf das Hier und Jetzt bezieht und nicht durch rationale Konsequenzen beeinträchtigt werden darf.

Visualisieren gelingt am besten im Zustand der Entspannung und Erwartungslosigkeit.

Kein psychischer Druck darf das Bild stören. Eine Verknüpfung von Mittel und Zweck würde die bildhafte Vorbereitung zerstören.

Bertl Sumser, der Altmeister deutscher Sprintertrainer, gab seinen Läufern den Hinweis: „Laufe in den Lauf hinein!" Vorrangig war nicht, das Ziel in möglichst kurzer Zeit zu erreichen. Das Aufgehen in der Bewegung, die völlige Hingabe an den Rhythmus, das Erleben der Lockerheit, der Kraft und der spielerischen Aktion des ganzen Körpers ließen den Menschen zum Läufer werden. Dieses Bild des totalen Lauferlebnisses kann geistig geschaffen werden. Der Athlet lernt, sich in das ideale Bild des Läufers zu verwandeln, der erfolgreich mit vollem Krafteinsatz, aber ohne Verkrampfung, leicht und locker die Ziellinie überquert.

Die wissenschaftliche Forschung liefert uns nur wenige Informationen über empirisch nachweisbare Visualisierungseffekte. Sie wurden bereits beim ideomotorischen Training genannt. Zahlreiche Autoren können jedoch auf erfolgreiche Anwendung von Visualisierungsstrategien verweisen (66, 71, 113).

8.1 Inhalte und Methoden

Die Inhalte der bildhaften Vergegenwärtigung können unter verschiedenen Aspekten ausgewählt werden:

1. Visualisieren von Bewegungsabläufen
Dieser Aspekt wurde bereits beim ideomotorischen Training angesprochen (s. S. 73). Das mentale Training kann in seinen verschiedenen Ausführungen mit weiteren Visualisierungsinhalten verknüpft werden, die sich aus der folgenden Aufstellung ableiten lassen.

2. Visualisieren des idealen Leistungszustandes
Mittels Visualisierung kann der Sportler ein optimales geistig-seelisches Klima für sich erzeugen. Er erreicht damit einen idealen Leistungszustand. In der Erzeugung und Aufrechterhaltung dieses Zustandes sieht Loehr (66) den Hauptzweck des Visualisierens.

3. Visualisieren von Informationen
Durch das Visualisieren hat der Sportler die Möglichkeit, schwierige Situationen in der Vorstellung zu simulieren. Durch das geistige Durchspielen wird die Wettkampfsituation vertrauter und damit weniger angstbesetzt. So kann z.B. auch der Beginn eines Rennens (Skilauf) oder eines Wettkampfs (Tennis) visualisiert werden, so dass die Realsituation dem Sportler schon vertraut, er darauf eingestellt ist und die Anfangsnervosität vermindert wird.

4. Visualisieren von emotionalen Zuständen
Durch Vorstellen oder Erinnern positiver Gefühle oder durch Identifikation mit einem emotional stabilen Vorbild können Erregungs- und Angstzustände vermindert werden. Die geeignete Auswahl von entsprechenden Visualisierungsinhalten, wie z.B. Schlüsselwörter, Vorsatzbildung, Vergegenwärtigung eigener Stärken und positiver Voraussetzungen, trägt zur Festigung des emotionalen Zustands und damit zur Wettkampfstabilität bei. Das Visualisieren von psychischen Zuständen richtet sich auf Konflikt- und Problemsituationen, die den Sportler an der bestmöglichen Leistung hindern, wie z.B. Ängste, Hemmungen, Ablenkungen, Motivationsprobleme. Sie werden im Verlauf der nächsten Kapitel differenziert dargestellt.

Folgende allgemeine Vorschläge können zur Erstellung von Visualisierungsstrategien aufgelistet werden:

Entspannen – Lösen
Wenn es die Situation erlaubt, sollte der Sportler im Zustand der Entspannung visualisieren. Geistige und körperliche Entspannung verstärkt die Wirkung der Vorstellungsbilder.

Subjektive Visualisierung
Man ist selbst der Darsteller der Bewegung, fühlt und erlebt, wie man selbst die Bewegung ausführt. Alle Situationsreize werden in das Programm aufgenommen, beispielsweise: „Ich erlebe die Situation, sehe die Menschen, erfasse die Wettkampfsituation, die Umgebung und fühle mich gut dabei“ (66).

Objektive Visualisierung
Hier wird man zum Beobachter seiner selbst. Man betrachtet sich, als sei man der Darsteller in einem Film. Beide Verfahren wurden schon erwähnt (s. S. 76/77).

Die objektive Visualisierung setzt voraus, dass man sich selbst bereits im Film, Video oder Spiegel beobachtet hat, so dass ein Erinnerungsbild des eigenen Körpers als Beobachtungsgegenstand vorhanden ist.

Visualisieren ohne Erwartung
Negative Gedanken, Erfolgserwartungen, Überlegungen wie „Was passiert wenn?“ müssen ausgeschaltet bleiben.

Visualisieren in Gegenwartsform
Nur die Gegenwart zählt. Visualisierungen nach dem Motto: „Ich bin“, „ich kann“, „ich fühle“ veranschaulichen die Bilder und entfernen Zweifel und Selbstunsicherheit.

Der Weg ist das Ziel!
Man vergegenwärtige sich das, was man tut und nicht das, was man mit seinem Tun erreichen will. Ein Ziel erreicht man nur, wenn der Weg dahin der richtige ist.

Alle Sinne einbeziehen
Visualisieren beinhaltet Gedanken, Gefühle, Erlebnisse und alle ansprechbaren Sinne visueller, akustischer, taktiler und kinästethischer Art, z.B.: „Was spüre ich?“, „Wie erlebe ich meinen Körper?“, „Wie ist die Atmosphäre (Licht, Wetter, Geräusche)?“

Positives Visualisieren
Das geistige Bild soll vollendet und subjektiv perfekt sein. Das Erlebnis des Gelingens, die Überzeugung, dass die Handlung leicht und locker, mühelos und perfekt ausgeführt wird, stellen Voraussetzungen für den positiven Effekt des Visualisierungstrainings dar. Niemals negative Begriffe in das Visualisierungsprogramm aufnehmen, wie z.B. „Ich werde diesen Fehler nicht mehr wiederholen." Dieser Satz rückt das Fehlerbild wieder in das Bewusstsein. „Fehler" und „nicht" bewirken negative Handlungsaspekte. Sie stellen Signale dar, die der positiven Ausführung unbewusst entgegenwirken. Auch die Gefühle sollen positiv formuliert werden: „Ich freue mich darauf, es macht mir Spaß, es fühlt sich toll an, ich spüre die Energie ..."

Visualisieren von Gefühlen
Man kann sich an vergangene Gefühle erinnern: „Welches Gefühl hatte ich, als ich meine beste Leistung vollbrachte?" Die Vergegenwärtigung der *Erfolgssituation* lässt sie wieder neu entstehen. Das Sich-Hinein-Versetzen in den euphorischen Gefühlszustand eines vergangenen Erfolgserlebnisses holt es in die Gegenwart zurück. Ängste und Befürchtungen oder Misserfolgsbilder werden durch die innere Rekonstruktion von Erfolgserlebnissen ausgeschaltet oder in ihrer Wirkung gemindert.

Visualisieren von Symbolen
Die rechte Hirnhälfte denkt metaphorisch und symbolisch. Der Einfluss der Symbol- oder Metaphervorstellung ist leicht nachweisbar (s. „Biofeedback"). Durch Visualisieren von Symbolen kann z.B. der Zustand der Ruhe oder der Explosivität erreicht werden. Das Symbol verkörpert eine Eigenschaft, die man in der eigenen Leistung noch mehr ausprägen möchte, wie z.B. eine Feder als Symbol der Leichtfüßigkeit, ein Tiger als Symbol des Kampfgeistes, „ ... ein Panther, der den Ball fressen will ..." als Symbol für den Return im Tennis.

Als-ob-Visualisierung
Wenn man mit seinem eigenen Bild, mit seiner eigenen Bewegungsausführung oder -technik nicht zufrieden ist, sucht man sich ein Vorbild, das dem Idealbild entspricht. Man identifiziert sich mit einer bestimmten Person oder mit einer Symbolfigur, z.B.: „Auf einer Buckelpiste ist eine Gemse das Tier der Wahl des Skifahrers: Mit ihrer enormen Sprungkraft springt sie übermütig von einem Buckel zum anderen." Oder: „Du schlängelst dich wie eine Schlange zwischen den Buckeln hindurch, auf dem Weg des geringsten Widerstands."

Man schlüpft in eine andere Gestalt, denkt und fühlt wie sie und versetzt sich vollkommen in sie hinein: „Vergegenwärtige dir den Topspin von Steffi Graf. Versuche, dich in sie und die Situation auf dem Tennisplatz hineinzuversetzen. Schlage den Ball wie sie und erlebe das tolle Gefühl, wie dieser Schlag gelingt." „Nun geh' auf den Platz, behalte das Bild in dir und spiele den Ball!"

Regelmäßiges Visualisieren
Häufiges und tägliches Visualisieren (3-5 Minuten) ist wirksamer als eine oder zwei lange Sitzungen. Tägliches Visualisieren kann negative und selbstzerstörerische Selbstbilder im positiven und konstruktiven Sinn umwandeln.

8.2 Konstruktion eines Visualisierungsprogramms

Porter und *Foster* geben grundsätzliche Hinweise zur Erstellung eines Visualisierungsprogramms:

1. Verwenden Sie eine Entspannungsmethode!
2. Die beste Wirkung wird erzielt, wenn man alle fühl-, seh- und hörbaren Details der Sportart auf Band spricht oder aufschreibt.
3. Die Visualisierung beginnt mit der Ankunft am Wettkampfort, dem Aufwärmprogramm, wenige Minuten vor dem Start.
4. Visualisierung aller lebendigen und klaren Details der Situation und des eigenen Erlebens, wobei Wetter, Geräusche, Gerüche, Menschen und die Atmosphäre eingeschlossen werden.
5. Konzentration auf den eigenen Körper, entspannt sein und Sicherheit fühlen, Kontrolle über Körper und Geist erleben; Schlüsselwörter und Affirmationen werden abgerufen.
6. Durchgehen des Wettbewerbs; Bewusstmachen der wesentlichen Punkte, die man sieht, hört und fühlt; die ideale Bewegung, leicht, vollendet, kraftvoll, in Harmonie mit der Umgebung bis zum erfolgreichen Abschluss.
7. Zum Abschluss notiert man alles und bearbeitet den Text. Anschließend kann man ihn auf Band sprechen und ihn an einem ruhigen, ungestörten Ort wenigstens einmal pro Tag abhören.

Beispiel eines Skirennläufers:

1. Du fährst zur Talstation des Rennens. Du empfindest das Gefühl der Erwartung. Du freust dich auf das Rennen, denn du hast hart trainiert und fühlst dich gut. Während du zum Start hochfährst, nimmst du die Umwelt wahr – das Wetter, die Sonne, die Wolken. Du fühlst dich ruhig und siehst dem Start gelassen und selbstsicher entgegen.

2. Du vergegenwärtigst dir dein Aufwärmprogramm. Du fühlst das Prickeln in deinem Magen, aber du bist bereit und weißt, dass dies normale Empfindungen sind. Deine Muskeln sind warm und geschmeidig, du bist hellwach, bereit und entspannt.
3. Du stehst am Start. Du siehst die Strecke vor dir, hörst das Startkommando und spürst, wie sich dein Körper spannt. Du fühlst dich stark und spürst den kraftvollen Abstoß mit den Stöcken. Du bist schnell und sicher und vergegenwärtigst dir deine Affirmation „tanzen".
4. Du spürst den Kantendruck, du fühlst dich als Tänzer, leichtfüßig und kontrolliert nimmst du die ersten Tore.
5. Du fühlst dich sicher und spürst, dass die Ski sehr gut liegen. Du setzt die Schwünge im richtigen Moment an und freust dich. Du bist gut und spürst den kleinsten Kantendruck. Du nützt die Schnelligkeit der Fahrt, das Rauschen der Kanten gibt dir Zuversicht, du meisterst die schwierigen Torstangen sicher und mühelos. Du spürst, dass dein Körper und die Ski eine Einheit bilden, bist vollständig in einem fließenden Gleichgewicht.
6. Du überquerst die Ziellinie und fühlst, dass dies deine beste Fahrt war. Öffne die Augen, werde dir deiner Atmung und deines Körpers bewusst. Fühle, dass du ein guter Skifahrer bist und spüre Selbstvertrauen und Energie!

8.3 Visualisieren von Methapern

Metaphern stellen bildhafte Vergleiche dar, die reale Handlungen auf eine abstrakte Ebene verlagern. Als Vorstellungsbilder wenden sie sich ebenfalls an die rechte Hirnhälfte. Sie helfen mit, die Vorstellung einer Bewegung zu sichern, insbesondere bei Bewegungen, die der Sportler visuell nur unvollkommen beobachten kann, wie z.B. bei einem Tennisaufschlag. Hier sind es hauptsächlich kinästhetische und taktile Vorstellungen, also Informationen aus dem Körper, die an der Erstellung der Bewegungvorstellung mitwirken.

Fischer hat einen Katalog von Metaphern erstellt, die sich bei der Ausführung des Tennisaufschlags bewährt haben, z.B.: „Schläger in den Rucksack stecken, dann schnell aus dem Rucksack ziehen und dem Ball hinterherfliegen lassen", „Rückenkratzen", „Eine Wolke vom Himmel schlagen".

Bei der Auswahl von Metaphern muss sich der Trainer überzeugen, dass der Schüler den Sinngehalt und das Bild der Metapher in sich trägt. Wenn das benutzte Bild dem Lernenden nicht vertraut ist, kann auch die beste Metapher nicht handlungswirksam sein (26). Trainer und Sportler müssen über das gleiche Zeicheninventar verfügen. Die Metapher, z.B. „wie einen Speer werfen", muss unwirksam bleiben, wenn der Lernende keine Vorstellung davon hat, wie man einen Speer wirft.

9 Motivierende Maßnahmen – Motivationstraining

Menschen, die Sport treiben, verwirklichen in diesem Tun ihre Wünsche, Bedürfnisse, Erwartungen und Ziele. Bei älteren Menschen sind es oft feste Gewohnheiten, die ihrem Leben Struktur und Halt verleihen. Handeln wird in irgendeiner Weise stets durch Antriebsfaktoren ausgelöst und aufrechterhalten. Die Frage nach diesen Antriebsfaktoren, nach dem Warum und Wozu des Handelns, aber auch die Frage nach den Ursachen von Vermeidungsverhalten, Passivität und Langeweile ist im Sport für Trainer von großer Bedeutung. Der Sportler selbst sollte sich über die Beweggründe seines Handelns im Klaren sein, um den Wert und den Sinn dieser Tätigkeit für sein Leben bewusst zu erkennen.

Es gibt eine ganze Reihe von Theorien, die das Motivationsgeschehen im Sport erklären und beleuchten (u.a. 30).

Auf handlungstheoretischer Grundlage hat *Nitsch* (82) die Antriebsregulation als Teil eines Funktionszusammenhangs aller an einer Handlung beteiligten Komponenten analysiert.

Nicht nur die Ursache (Kausalerklärung) des Handelns, auch die Absicht des Handelns (Finalerklärung) muss als Auslöser erkannt werden. Im Wesentlichen wird bei den folgenden Darstellungen der Motivierungsmaßnahmen auf das intentionale Handlungskonzept zurückgegriffen. Zunächst werden einige wesentliche Voraussetzungen motivierten Handelns aufgezeigt.

9.1 Freude – Vergnügen – Zufriedenheit

„Du musst das Turnier mögen. Trotz der lärmenden Düsenjets, trotz der Hitze und trotz der unmöglichen Zuschauer. Du musst Spaß haben, so wie *Jimmy Connors* das 18 Jahre lang gehabt hat. Das habe ich hier gelernt." Diese Antwort gab *Boris Becker* nach seinem großen Sieg in Flushing Meadows 1989 auf die Frage nach den Ursachen seiner großartigen Leistung. Auch andere Topathleten (z.B. *Wasmeier, Graf*) hatten in der Stunde ihrer größten Erfolge eines gemeinsam: Sie alle verwendeten den Satz „Es hat mir riesigen Spaß gemacht, ich habe mich auf den Wettkampf gefreut."

Die Erfahrung lehrt, dass Bestleistungen von Sportlern in der Regel dann erbracht werden, wenn sie sich wohl fühlen, wenn sie mit Freude, guter Laune, Spaß und Zufriedenheit erfüllt sind. Freude und Spaß stehen zu Angst und Nervosität in einem diametralen Verhältnis. Wer sich freut und zufrieden ist, kann nicht gleichzeitig ängstlich, nervös oder aggressiv sein. Unser Gehirn kann nicht gleichzeitig zwei völlig verschiedenartige Erregungsimpulse verarbeiten (Abb. 13) (93).

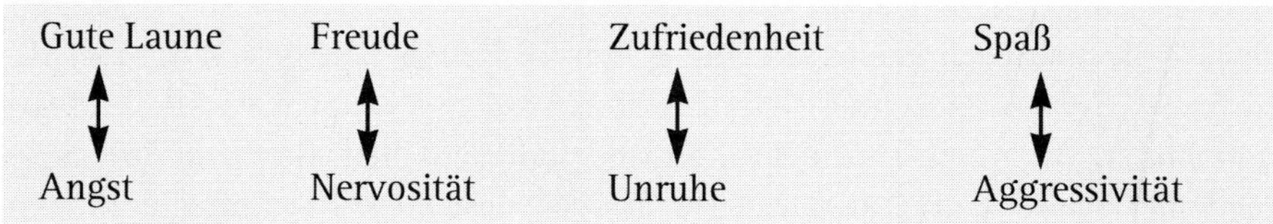

Abb. 13: Positive versus negative Gefühlslage

Freude und gute Laune sind Energiespender, die der Sportler zur optimalen Leistung braucht. Angst, Unruhe oder zu große Ernsthaftigkeit verbrauchen Energie. Es gibt Trainer, die der irrigen Vorstellung unterliegen, ihre Schützlinge würden das Training nicht ernst nehmen, wenn sie dabei guter Laune sind und ihrer Freude Ausdruck verleihen.

Das ideale Trainingsklima beruht auf freudvoller Grundstimmung und ernsthafter Leistungsbereitschaft. Beide schließen sich nicht aus. Zu große Ernsthaftigkeit führt rasch zu Hemmungen, denn sie ist meist ein Symptom für Bedenken, Sorgen und Unsicherheiten. Der Schritt vom „tödlichen“ Ernst zu negativen Gedanken und schwächeren Leistungen ist rasch getan. Gute Laune und Freude fördern die Bereitschaft zu schwierigem und hartem Training. Es sollte stets freudvoll aufgelockert werden, um neue Energie zu schöpfen. Nur der mit Freude erfüllte Sportler kann „über sich selbst hinauswachsen“.

Die Frage: „Wann entsteht Freude?“ kann nur beantwortet werden, wenn der Trainer die Wünsche und Bedürfnisse seiner Schützlinge kennt. Freude und Spaß sind begleitende Emotionen, die bei der Erfüllung individueller Wünsche auftreten. Deshalb steht eine große Auswahl von Maßnahmen zur Verfügung, die auf die einzelnen Sportler abgestimmt werden sollen, z.B. lustige Filme, Tanzen, Musik, Spiele, Geselligkeit, lustige Gespräche etc. Für den Wettkämpfer ist es möglich, aufkommende Langeweile, Unruhe oder Nervosität psychoregulativ durch mentale Übungen und Affirmationen (s. S. 160) zu verhindern. Als Beispiele freudvoller mentaler Übungen können genannt werden:

- Ich freue mich auf den Wettkampf.
- Der Wettkampf macht mir Spaß.
- Es macht mir Spaß, mein Können zu zeigen.
- Es macht mir Spaß, offensiv zu sein.
- Ich genieße es, mich zu freuen.

Jeder Sportler kann sich weitere, für ihn besonders angenehme und zutreffende Affirmationen suchen.

9.2 Motivationsarten

Sportler können motiviert sein, ohne dass ihnen die sportliche Tätigkeit Freude bereitet. Dies ist z.B. der Fall, wenn ein Profi seinen Vertrag erfüllt. Er soll bei einem Wettkampf eine gute Leistung erbringen, um mit dem dabei verdienten Geld seine Existenz materiell abzusichern.

Man könnte hier die Frage stellen, ob ein Berufsfußballer arbeitet oder spielt. Um sie zu beantworten, ist es erforderlich, Motive zu kennen. Spielt er nur, weil es ihm Spaß macht und sein Motiv „Spielen" durch die Tätigkeit unmittelbar befriedigt wird, so ist er primär motiviert. Spielt er jedoch nur um der Prämie willen, die er für das siegreiche Spiel erhält, so ist er sekundär motiviert. In diesem Fall überwiegen Arbeitsanteile die Spielanteile. Er verfolgt mit seinem Spiel ein zweckrationales Ziel.

Motive sind auf den Menschen bezogen, Ziele auf die Handlung (98). Stimmen Ziel und Motiv überein, handelt der Mensch zweckfrei, er vollzieht eine Handlung um ihrer selbst willen. Klaffen Ziel und Motiv auseinander, so verfolgt er mit seiner Handlung einen Zweck. Die Tätigkeit des Sportlers ist in diesem Fall mehr durch den „Arbeitscharakter" gekennzeichnet.

Im ersten Fall sprechen wir von *primärer* oder *intrinsischer*, im zweiten Fall von *sekundärer* oder *extrinsischer* Motivation. Wenn z.B. jemand Sport treibt, um in den Medien bekannt zu werden oder um Geld zu verdienen, ist er sekundär motiviert. Derjenige, der durch seine sportliche Tätigkeit eine unmittelbare Befriedigung erfährt, handelt dagegen primär motiviert.

Menschen mit *primärer* Motivationslage sind stärker motiviert als sekundär motivierte, da sie durch das Handeln eine unmittelbare Befriedigung ihrer Motive erleben.

Sekundär Motivierte benötigen Bestätigungen von außen, z.B. Anerkennung oder Bezahlung. Der primär Motivierte erlebt sein Handeln deshalb tiefer und befriedigender. Gelingt es, einen Sportler primär zu motivieren, bedarf es keiner äußeren Belohnung mehr, um ihn zu aktivieren. Die sekundäre Motivation birgt die Gefahr, dass Angst vor dem Ausbleiben der Bestätigung entsteht.

Unter Verstärkung oder Bekräftigung versteht man die Befriedigung eines Motivs oder Bedürfnisses. Kennt man diese Motive, kann durch ihre Verstärkung eine Handlung in Gang gebracht und aufrechterhalten werden.

Durch eine systematische Verstärkung ist es deshalb möglich, sekundäre Motivation in primäre überzuführen. Auch der umgekehrte Prozess ist möglich.

Wenn wir einen jungen Menschen motivieren wollen, eine Sportart zu betreiben, die er noch nicht kennt, z.B. Squash zu spielen, so ist nicht zu erwarten, dass bei ihm das Motiv „Squashspielen" als Handlungsantrieb bereits vorhanden ist. Um ihn zu motivieren, sich dieser Sportart zuzuwenden, ist es notwendig, diejenigen Motive anzusprechen und mit der Sportart Squash zu verknüpfen, die in der Motivhierarchie des jungen Menschen bereits handlungswirksam gegeben sind. Diese bereits vorhandenen Motive können als Primärmotive bzw. -bedürfnisse bezeichnet werden. Ein Jugendlicher, bei dem das Bewegungsbedürfnis einen starken Antrieb, also ein Primärbedürfnis darstellt, wendet sich, um dieses Bedürfnis zu befriedigen, der Sportart Squash zu. Er ist im Hinblick auf Squash sekundär motiviert. Mit der Erfahrung dieses Spiels kann es zu einer Änderung der Motivationslage kommen, d.h. einer Umwandlung von sekundärer in primäre Motivation.

Die meisten Menschen, die sich dem Sport zuwenden, sind zunächst sekundär motiviert. Es kommt darauf an, ihre vorhandenen, individuellen Primärbedürfnisse anzusprechen. Dies geschieht durch die Schaffung subjektiver Anreizwerte.

9.2.1 Subjektiver Anreizwert

Wenn das Sportangebot so beschaffen ist, dass die Befriedigung eines Wunsches wahrscheinlich wird, dann sprechen wir von subjektivem Anreizwert. Dieser wird durch das Ansprechen eines individuellen Primärbedürfnisses geschaffen. Der Anblick einer heiteren Sportgruppe hat beispielsweise bei einem kontaktbedürftigen Menschen einen höheren subjektiven Anreizwert als das Bild eines einsamen Langstreckenläufers, da der Wunsch nach Geselligkeit sein vorrangiges Primärbedürfnis darstellt.

Um effektive Motivierungsmaßnahmen unternehmen zu können, ist die Frage zu klären, auf welche Bedürfnisse und Motive man bei motivierenden Maßnahmen abzielen kann.

Es sind einmal Grundbedürfnisse, die bei allen Menschen anzunehmen sind, und zum anderen aktuelle Primärbedürfnisse und -motive, die sich als Folge gesellschaftlicher Entwicklungen und Prozesse im Lauf der individuellen Lebensgeschichte gebildet haben.

9.2.2 Aktuelle Primärbedürfnisse und -motive

Die folgenden Primärbedürfnisse können interindividuell verschieden ausgeprägt sein. Sie unterliegen der biographischen Entwicklung jedes einzelnen Menschen und lenken sein Handeln in bestimmte Richtungen. *Rieder* (96) nennt einen, wenn auch noch ergänzungsbedürftigen Katalog von Primärbedürfnissen bzw. -motivationen:

- Freude und Lust an der Bewegung
- Leistung (Technik, Steigerung, Vergleich, Herausforderung, Überwindung)
- Kommunikation (Anschlussmotiv, Geselligkeit)
- Kompensation (Ausgleich, Austoben)
- Regeneration (Erholung)
- Gesundheit (Prophylaxe, Therapie)
- Körpererfahrung (Körperbeherrschung, Bewusstsein, Selbsterfahrung)
- Aussehen (Fitness, Figur)
- Selbstvertrauen (Bewusstsein des eigenen Könnens, Sicherheit)
- Sozialprestige (Jugendlichkeit, Anerkennung, Image)

Zur Befriedigung dieser Bedürfnisse und Motive kann der Sport einen wesentlichen Beitrag leisten, sofern es gelingt, eine emotionale Verknüpfung mit der sportlichen Tätigkeit herzustellen. Können die vorhandenen Bedürfnisse auf ein Ziel gelenkt werden, das deren Befriedigung verspricht, kommt es zu einer Übereinstimmung der beiden Komponenten und damit zu einer hoch motivierenden Handlungsbedingung (Abb. 14).

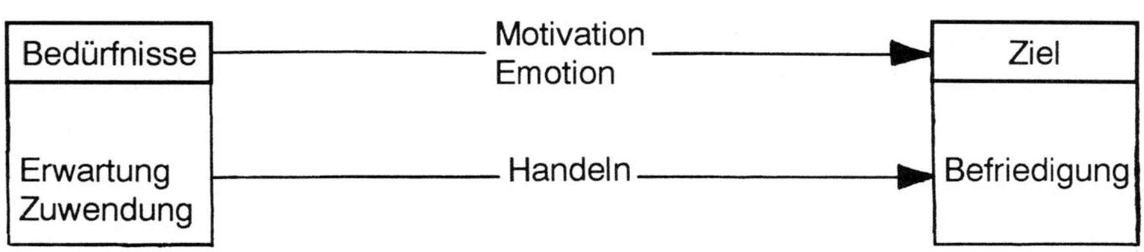

Abb. 14: Zielorientierung von Bedürfnissen

Die Tatsache, dass sekundäre Motive in primäre durch die Zweckbezogenheit umgewandelt werden können, reicht jedoch noch nicht aus, um die Verinnerlichung der Primärmotivation zu begründen. Nicht nur der Zweck bestimmt das Handeln, sondern auch die Frage nach dem Sinn.

Nitsch differenziert die Intentionalität des sportlichen Handelns auf drei Ebenen, der Ziel-, Zweck- und Sinnebene, die durch folgende Fragen gekennzeichnet sind (Tab. 11):

Handlungsebenen	*Absicht*
Zielebene	Ergebnis (z.B. Technik, Fehlervermeidung, Ausdauer, Taktik)
Zweckebene	Effekt (z.B. Leistung, Erfolg)
Sinnebene	Wert (subjektiver Sinn)

Tab. 11: Intentionalität des sportlichen Handelns (nach Nitsch)

1. Welches konkrete Ziel soll erreicht werden?
Mögliche Absichten könnten sein: Erlernen einer Technik, Fehlervermeidung, Steigerung der Ausdauer oder Anwendung der richtigen Taktik.

Diese Ebene wird als Zielebene bezeichnet. Sie enthält das angestrebte Handlungsergebnis.

2. Welcher Zweck wird mit diesem Ergebnis verfolgt?
Der Zweck ist hinter dem Ziel angeordnet, er stellt quasi die Honorierung der Zielerreichung dar, z.B., wenn man in eine Mannschaft aufgenommen wird, einen Spitzenplatz erreicht oder Anerkennung findet.

Handlungszweck und Handlungsziel können auch auseinanderklaffen. Dies ist z.B. der Fall, wenn ein Turner das Ziel, keinen Fehler zu machen, erreicht hat und trotzdem durch die Kampfrichter nicht die gebührende Bewertung erhält.

Der Zweck beinhaltet also die individuelle Bewertung der *Handlungsfolgen.*

3. Welchen Sinn hat es überhaupt, z.B. einen Wettkampf zu betreiben oder ein Rennen zu fahren?

Dieser Sinn lässt sich nur aufgrund persönlicher Werthierarchien erkennen. Nur die individuelle Sinngebung erklärt, warum ein Läufer an einer Stelle losläuft, um so schnell wie möglich wieder dahin zu gelangen, wo er gerade gestartet ist. Unter „Sinn“ wird der angestrebte Wertbezug einer Handlung verstanden (82).

Die Frage der Motivation stellt sich also auf den drei Ebenen der Ziel-, Zweck- und Sinnfindung.

Grundsätzlich ist zu überlegen, ob jemand zu einer Tätigkeit motiviert werden soll, die er bisher noch nicht ausgeübt hat, oder ob es darum geht, eine bereits vorhandene Motivationslage zu bewahren bzw. noch zu erhöhen.

Der erste Fall betrifft in der Regel den Beginn einer sportlichen Tätigkeit. Hier stellt sich die Frage, durch welche Maßnahmen es gelingt, den Jugendlichen überhaupt in persönlichen Kontakt mit der Sportart zu bringen, womit erreicht werden kann, dass er Mut bekommt, in einen Sportverein einzutreten bzw. sich einer Sportart zuzuwenden.

Bei Maßnahmen, um einen bereits sportlich tätigen Menschen, beispielsweise einen Jugendlichen in der Krisenzeit der Pubertät, „bei der Stange zu halten", sind zusätzliche Faktoren der Persönlichkeitsentwicklung, vor allem die entwicklungsbedingte Veränderung der Bedürfnishierarchie, zu beachten.

9.2.2.1 Methodische Konsequenzen

Wenn wir einen Menschen motivieren bzw. sein Handeln erklären wollen, sollten wir nicht fragen: „Warum verhält er sich so?" oder: „Warum soll ich mich so verhalten?", sondern die finalorientierten Fragen stellen: „*Wozu* verhält er sich so?" oder: „*Wozu* soll ich mich so verhalten?"

Der Unterschied zwischen den beiden Formulierungen besteht darin, dass im ersten Fall nach den *Ursachen* und im zweiten Fall nach den *Absichten* des Handelns gefragt wird (Tab. 12, 13).

Handeln	*Fragen*	*Antworten*	*Aspekte*
Kausalerklärung	Warum?	Ursachen	Vergangenheit, Erfahrung
Finalerklärung	Wozu?	Wirkung	Zukunft, Erwartung

Tab. 12: Erklärungsmöglichkeiten sportlichen Handelns

Die Frage nach dem Wozu zielt auf die zukünftige Wirkung des Handelns und auf die Einbeziehung in eine subjektive Sinngebung ab. Der Anreiz zum sportlichen Handeln besteht jedoch meist in der Wahrnehmung der die Bedürfnisse ansprechenden Umweltreize.

Motivationsebenen		
Zielgerichtet	→	Ergebnis - Parallelschwung
Zweckbezogen	→	Effekt - Ästhetik - Naturerlebnis - Gesundheit
Sinngehalt	→	Wert - subjektive Bewertung nach Schönheit, Leistung, Gesundheitsbewusstsein

Tab. 13: Handlungsleitende Motivationsebenen am Beispiel des Parallelschwungs beim Skilauf

9.2.3 Grundbedürfnisse

Neben den gesellschaftlich und biographisch bedingten Primärbedürfnissen ist eine noch grundlegendere Kategorie von Bedürfnissen zu erwähnen.

Es sind Grundbedürfnisse, die bei jedem Menschen mehr oder weniger vorhanden sind. Nicht immer treten sie in das Bewusstsein, oft sind sie verdrängt, tabuisiert oder werden nicht gerne angesprochen.

Um die Bedeutung von Bedürfnissen für sportliches Handeln ermessen zu können, ist eine inhaltliche Klärung erforderlich.

Der Begriff „Bedürfnis" bezeichnet einen erlebten Mangelzustand.

Dieser als subjektives Bedürfnis auftretende Zustand des Angetriebenseins umfasst sowohl körperliche als auch psychische Mangelzustände. Man spricht beispielsweise vom Bewegungsbedürfnis, vom Bedürfnis nach Anerkennung oder vom Bedürfnis nach sozialem Kontakt.

Vor allem bei Jugendlichen wird das Handeln hauptsächlich durch Bedürfnisse gesteuert. Der Jugendliche befindet sich in einem Zustand des Werdens, des Aufnehmens und Verarbeitens, er hat in allen Lebensbereichen noch Mängel und Unvollkommenheiten zu kompensieren. Deshalb sind gerade beim Jugendlichen Bedürfnisse zentrale Antriebskräfte, deren Ignorierung oder Missachtung eine Verhaltensänderung im Sinne von Abwendung, Ausweichen und Abneigung zur Folge haben kann.

Ignorieren schafft Bedürfnisse nicht aus der Welt – im Gegenteil, sie werden zumindest anfangs durch das Ausbleiben von Verstärkungen noch intensiver.

Bedürfnisse stellen keine energetischen Behälter dar, die wie ein Motor das Handeln antreiben.

Das Entstehen von Bedürfnissen hängt weitgehend von der gesellschaftlichen, insbesondere der familiären Situation ab. Bedürfnisse werden durch Umstände, unter denen Menschen leben, geweckt. Für einen bewegungsentwöhnten Büroangestellten kann ein abendliches Jogging die Erfüllung seines stärksten Bedürfnisses darstellen, während für einen stressgeplagten Verkaufsleiter die entspannende Ruhe eines Spaziergangs seinem größten Bedürfnis entgegenkommt.

Da sich die Umstände und ihre Einflüsse auf den Menschen fortwährend ändern, treten auch die Bedürfnisse in unterschiedlicher Stärke auf. Generalisierend könnte man sagen, der Mensch strebt immer nach den Dingen, die er gerade nicht besitzt, d.h. er versucht stets, das aktuell dringlichste Bedürfnis zu stillen. Daraus lässt sich die Erkenntnis ableiten, dass der Mensch nie ganz zufrieden ist, da durch Befriedigung eines Bedürfnisses stets ein neues wirksam wird.

Eine weitere Erkenntnis liegt darin begründet, dass Bedürfnisse nur wirksam sind, solange sie nicht befriedigt werden.

Auch der größte Wunsch verliert seinen Anreiz, wenn er erfüllt ist.

Es ist deshalb zu überlegen, welche Bedürfnisse erfüllt werden müssen und bei welchen man ihre Antriebskraft erhalten sollte, indem man sie beispielsweise nur teilweise befriedigt.

Beispiel:
Das Bedürfnis nach Sicherheit muss erst erfüllt sein, bevor riskante Handlungen in Angriff genommen werden sollen. Das Bedürfnis nach Wettkampf in einer Kampfsportart darf nicht durch zu viele Wettkämpfe befriedigt und damit unwirksam gemacht werden, da sonst die Motivierung zu weiteren Wettkämpfen kaum noch gelingt.

Die *Umweltbezogenheit* der Bedürfnisse erfordert es, die Umgebung der Menschen kennen zu lernen, um ihre Wünsche und Bedürfnisse zu verstehen.

Auch die Grundbedürfnisse der Menschen unterliegen dem Wandel. Je nach den Lebensumständen werden sie in wechselnder Intensität wirksam. Die Suche nach den Grundbedürfnissen oder -motivationen hat in der Psychologie zu vielfältigen Auflistungen geführt. Sportliche Grundbedürfnisse sind hauptsächlich im körperlichen und sozialen Bereich zu suchen. Die Liste der folgenden fünf Grundbedürfnisse kann durchaus noch erweitert werden. Durch eine Bedürfnispyramide soll ihre handlungswirksame Funktion dargestellt werden.

Folgende Grundbedürfnisse lassen sich unter anderem nennen:

- Sicherheit
- Anerkennung
- Bewegung
- Vertrauen
- Selbstachtung

Diese Grundbedürfnisse entfalten ihre handlungswirksame Intensität in Abhängigkeit von der Sportsituation und der Lebenserfahrung. Beispielsweise hat ein Turner nach einer anstrengenden Wettkampfreise nicht mehr das Bedürfnis nach Anerkennung, sondern nur noch nach Ruhe oder Zuwendung seiner Freunde. Nach der Erholungsphase tritt das Bedürfnis nach Aktion wieder in den Vordergrund.

Charakteristisch für die Grundbedürfnisse ist es, dass sie nur wirksam sind, solange sie nicht befriedigt werden.

Man kann z.B. einen nach Sicherheit strebenden Menschen nicht zum Skilauf motivieren, indem man ihm eine Fülle von Abenteuern verspricht, solange das vorrangige Sicherheitsbedürfnis unberücksichtigt bleibt.

Die Bedürfnisse unterliegen einem Wechsel, der sich am Modell einer Pyramide darstellen lässt (Abb. 15) (17).

Das vorrangige Bedürfnis steht an der Spitze der Pyramide. Es beinhaltet den stärksten Wunsch, dessen Erfüllung am längsten versagt blieb. Wird er befriedigt, sinkt er auf eine niedrigere Stufe der Pyramide ab und ein anderes Bedürfnis nimmt nun die Spitze der Pyramide ein. Dadurch verändert sich die gesamte Bedürfnishierarchie bis zum fünften Bedürfnis. Daraus ist zu ersehen, dass unsere Bedürfnisse nicht starr etabliert sind, sondern dass sie, je nach Erfüllung und Verstärkung, einer dauernden Umstrukturierung unterworfen sind. Immer dann, wenn das erste Bedürfnis befriedigt ist, macht es einem neuen Bedürfnis Platz. Deshalb ist der Mensch nie ganz zufrieden.

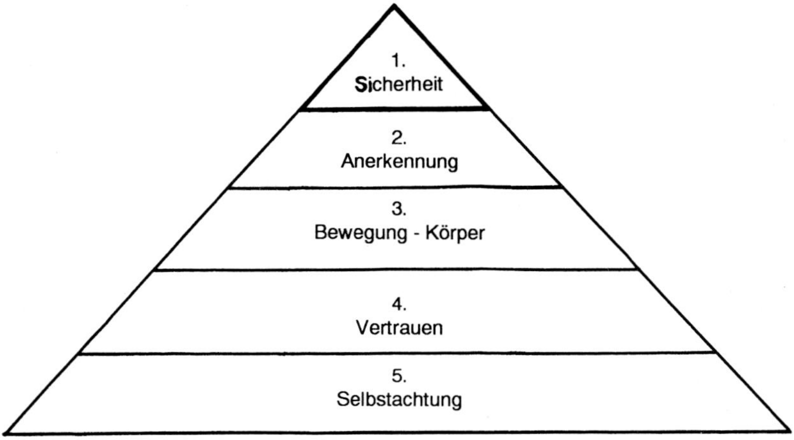

Abb. 15: Bedürfnispyramide

Diese Bedürfnisrotation ermöglicht es, jeweils das wichtigste Bedürfnis anzusprechen und mit sportlichen Anreizen zu verknüpfen. Ein rundum zufriedener Mensch, der über keinerlei Bedürfnisse und Wünsche mehr verfügt, wäre letztendlich nicht mehr motivierbar. Für das sportliche Angebot und den subjektiven Anreiz ist das Entdecken und Erkennen des an der Spitze stehenden Bedürfnisses eine Voraussetzung für den Erfolg des motivierenden Bemühens.

Allerdings bedarf es einiger Grundkenntnisse über das Wesen der interindividuell verschieden ausgeprägten Grundbedürfnisse. Deshalb seien einige besonders handlungssteuernde Motivationsvoraussetzungen kurz charakterisiert.

Das Bedürfnis nach psychischer Sicherheit

Unsicherheit ruft Besorgnis hervor. Aus der Besorgnis kann das Gefühl der Bedrohung und der Angst erwachsen. Flucht- und Vermeidungsverhalten können die Folge sein. Das Bedürfnis nach innerer Sicherheit wurzelt letztlich in dem Wunsch, angstfrei zu leben und zu handeln.

Psychische Sicherheit setzt Selbstvertrauen voraus, d.h., das Bewusstsein, durch eigenes Können und eigene Fähigkeiten Anforderungssituationen kontrollieren und bewältigen zu können. Helfende Funktion haben weiterhin Gruppenzugehörigkeit mit gleichen Normen und Zielsetzungen, die Gewissheit, sich nicht blamieren zu können, das Verständnis von Außenstehenden, die Überzeugung, dass die eigene Persönlichkeit geachtet bleibt und nicht durch einen möglichen Leistungsabfall abgewertet wird, oder Informationen, die Unbekanntes ausschalten u.a.

Der nach Sicherheit Strebende vermeidet gerne Veränderungen, scheut unbekannte Situationen, verlangt nach Information, setzt die Anforderungen in Beziehung zu seinem Können und steckt seine Ziele so, dass er sie ohne Risiko und Wagnis erreichen kann.

Bedürfnis nach Anerkennung
Bei Jugendlichen und Erwachsenen führt die Befriedigung des Bedürfnisses nach Anerkennung zu einem inneren Gleichgewichtszustand. Vor allem Jugendliche entwickeln durch die Anerkennung ihrer Leistung, ihrer Position oder ihrer Gedanken und Verhaltensweisen ihre soziale Identität, d.h., durch die positive Rückmeldung erfahren sie ihre Persönlichkeit in der Interaktion mit anderen.

Allerdings darf die Übernahme der Erwartungen anderer und die damit verbundene Anpassung nicht grenzenlos sein. In diesem Fall würde sich der Mensch zu einem völlig angepassten Wesen entwickeln (s. S. 17/18). Wird der Jugendliche zu sehr von seiner Umgebung abhängig, tritt die Wirkung des Ichs auf andere in den Vordergrund. Das eigene Verhalten richtet sich dann nur noch auf die Reaktion der sozialen Umwelt: „Wie wirke ich auf Zuschauer?“, „Wie beurteilt man mich?“, „Wie erlange ich Beifall?“, „Bewundern mich die anderen?“

Diese Verhaltensbedingungen gründen meist im Mangel an sozialer Anerkennung in der Kindheit. Bestätigungen, die dem Menschen in der kindlichen Entwicklung versagt blieben, können in späteren Jahren zu nachholender Kompensation führen. Das Bemühen, die Beachtung der anderen auf sich zu ziehen, zeigt sich oft auch darin, dass ständige Verletzungsanfälligkeit, betonte Hilflosigkeit, übertriebene Bescheidenheit oder auch betonte Hilfsbereitschaft demonstriert werden.

Der Einzelne muss auf die Erwartungen der anderen reagieren. Er tut dies, kraft seines Selbstbewusstseins, seiner individuellen Einstellungen und Überzeugungen und bringt damit seine persönliche Identität zum Ausdruck. Persönliche Identität und soziale Identität stehen miteinander in Wechselwirkung. Die Aneignung der Erwartungen anderer und ihre persönliche Umgestaltung führen zu einem konstruktiven, kooperativen Prozess, in dem sich der Einzelne als unverwechselbares Mitglied der Gruppe darstellt. Das Grundbedürfnis nach Anerkennung darf deshalb gerade bei jugendlichen Sportlern nicht ignoriert werden, da das sportliche Erleben einen wesentlichen Beitrag zur Entwicklung einer emotional gefestigten und selbstbewussten Persönlichkeit bieten kann. Soziale Anerkennung bedeutet nicht, dass der Jugendliche ständig gelobt werden soll. Das

Lob dient als Bekräftigung, als positive Rückmeldung für eine erbrachte Leistung, die individuelles Bemühen voraussetzt. Es spornt zu weiterer Anstrengung an. Übertriebenes Lob kann diese Funktion verfehlen. Man sollte folgende Gedanken beachten:

- Wenn Kinder mit besonders niedrigem Selbstvertrauen allzu häufig gelobt werden, könnten sie daraus den Schluss ziehen, dass der Trainer die Leistung eigentlich gar nicht von ihnen erwartet hat (126). Das Ausbleiben von Lob kann dem Kind auch das Vertrauen des Lehrers signalisieren, dass er ihm diese Leistung zugetraut hat. Durch den Verzicht auf zu häufiges Loben geben wir dem Kind einen Hinweis auf seine eigene Tüchtigkeit. Auch zwischen dem Lob und dem sportlichen Handeln des Jugendlichen, zwischen der Vermeidung sozialer Abhängigkeit des Tuns und der selbstkompetenten Absicht, die ihre Rückmeldung im Gelingen der Ausführung findet, muss die Balance gefunden werden.
- Anerkennung wird vermittelt durch Beachtung von Meinungen, durch das Ansprechen der Jugendlichen mit ihrem Namen („Ich möchte noch mal auf den Einwurf von Jochen zu sprechen kommen ...“), durch Hervorheben kreativer Handlungen, die von den Jugendlichen selbst bestimmt wurden, durch Loben besonders engagierter Einsatzbereitschaft, oder durch Würdigungen, wenn persönliche Hemmungen und Ängste überwunden wurden oder für die Mannschaft ein konstruktiver Beitrag geliefert wurde.

Das Bedürfnis nach Bewegung und Körpererfahrung
Ein grundlegendes, vitales Bedürfnis stellt das Bewegungsbedürfnis dar. Die bei der Entwicklung des Menschen ablaufenden Körperfunktionen spiegeln sich in den vitalen Gefühlszuständen wider. Kinder, deren Bewegungsleben durch großstädtische Bewegungsfeindlichkeit nicht gehemmt wird, zeichnen sich durch eine ausgeprägte motorische Funktionslust aus. Einen zweiten Höhepunkt erfährt das vitale Streben nach Bewegung um das neunzehnte Lebensjahr. Die organische Entwicklung des Bewegungsapparats drängt nach dessen Erprobung in lustvoller Auseinandersetzung mit den Bewegungsanreizen der Umgebung. Die Unterdrückung dieses Funktionsbedürfnisses nach Bewegung kann zu kompensatorischen Reaktionen führen, die durch Aggressivität, Gereiztheit, Unausgeglichenheit u.a. gekennzeichnet sind.

Neben dem vitalen Bewegungsbedürfnis ist in den letzten Jahren ein neu erwachtes Bewusstsein gegenüber dem eigenen Körper zu beobachten. Dieses sich in vielen Bereichen (z.B. in Körpertherapien, fernöstlichen Kampfkünsten, in

Tanz, Entspannung und Meditation) zeigende neue Körperverständnis ist zum Teil auf eine neue Wertschätzung des Körpers zurückzuführen, die sich im bewussteren Umgang mit ihm zeigt und zu einer alternativen Körperkultur geführt hat. Der Körper wird nicht mehr als funktionierendes Instrument erlebt, das bis an die Grenze der Belastbarkeit strapaziert werden kann. Vielmehr ist dieses neue Körperbewusstsein durch den einfühlsamen, behutsamen, gesundheitsbewussteren und rücksichtsvolleren Umgang mit dem Körper gekennzeichnet. Körper und Psyche sollen in ihrer ganzheitlichen Einheit und als innere Kraft zur Selbstfindung einer bewussteren Identität erfahren werden.

Die Hochschätzung des Körpers als ganzheitliche Komponente der Persönlichkeit steht im Widerspruch zu den Zerreißproben des Hochleistungssports und den dort zu beobachtenden Körperschäden. In Zukunft werden diese Grundbedürfnisse sensibler Körpererfahrung an Bedeutung zunehmen und damit in starkem Maß das Bewegungsangebot in Vereinen und Institutionen mitbestimmen.

Bedürfnis nach Vertrauen

Es gibt Sportler, für die es wichtiger ist, das Vertrauen des Trainers gerechtfertigt zu haben, als dass ihre Leistungen von anderen Beobachtern kritisiert wurden. Hier wird das Grundbedürfnis des Menschen spürbar, jemanden zu vertrauen bzw. das Vertrauen eines anderen zu erhalten. Vor allem Sportler, die weder in der Familie noch in Partnerbeziehungen die Erfüllung dieses Bedürfnisses erfahren haben, können eine hohe Erwartung gegenüber dem Trainer oder anderen Bezugspersonen im Sport mitbringen. Der Trainer übernimmt damit als Person vertrauensvoller Zuwendung eine hohe Verantwortung für das emotionale Gleichgewicht seines Schützlings.

Kinder und Jugendliche wollen um ihrer selbst willen akzeptiert und geliebt werden. Die Zuwendung des Trainers darf nicht nur erkennbar sein, wenn sie Erfolg haben, gewinnen, seinen Erwartungen entsprechen oder folgsam und angepasst seinen Anordnungen nachkommen. Kinder, die nur geliebt werden, wenn sie erfolgreich sind oder sich anpassen, werden alles tun, um diese Liebe zu erhalten, d.h., sie werden Ängste vor Misserfolgen und Niederlagen entwickeln und diese zu bemänteln und zu kompensieren versuchen. Sie werden nicht lernen, Fehlschläge zu akzeptieren und stets die Angst verspüren, als Person wegen schlechter Leistungen weniger wert zu sein. Dieses Gefühl darf ein verantwortungsbewusster Übungsleiter niemals aufkommen lassen. Ein Missbrauch oder ein Vertrauensbruch können zu tief greifenden Frustrationen oder langfristiger Niedergeschlagenheit führen.

Vertrauen stellt eine motivierende Beziehung zum Trainer dar. Mitarbeit und Einsatzbereitschaft des Sportlers sind ungestört, wenn er davon überzeugt ist, dass der Trainer ihn weder menschlich noch fachlich enttäuschen wird und dass dessen Anordnungen seinen eigenen Wünschen entgegenkommen.

Bedürfnis nach Selbstachtung

Das Bedürfnis nach Selbstachtung drückt sich darin aus, dass der Mensch in seinem Handeln mit seinen Gewissensnormen übereinstimmt. Sobald er etwas tut, das er selbst nicht bejaht, kommt es zu einem Konflikt mit dem Bedürfnis nach Selbstachtung. Wenn beispielsweise ein Trainer von einem Spieler verlangt, den Gegner auch mit unfairen Mitteln am Torschuss zu hindern, und damit gegen die persönliche Fairnessnorm des Spielers verstößt, entsteht ein Konflikt, der das Bedürfnis nach Selbstachtung noch verstärkt und sich z.B. in aggressiven Verhaltensweisen gegenüber dem Trainer lösen kann.

Menschen mit ausgeprägter Selbstachtung zeichnen sich durch klare Grundsätze und Normen ihres Handelns aus. Sie sind meist wenig kompromissfähig und auch unter Druck nicht bereit, ihren Standpunkt zu überprüfen. Durch geschickte Formulierung und Aufgabenvariation kann es dem Trainer gelingen, auch abweichende Zielvorstellungen zu verwirklichen, wenn dabei keine deutlichen Widersprüche zum Selbstverständnis des Sportlers erkennbar sind.

Bedürfnis nach Unabhängigkeit

Das Bedürfnis nach Unabhängigkeit zeigt sich in dem Wunsch, einen subjektiv unterschiedlich ausgeprägten Bereich eigener Zuständigkeit und Entscheidungskompetenz zu besitzen. Jugendliche bedürfen der Führung und Lenkung durch Vorbilder und Führungspersonen, die sie akzeptieren.

Bevormundung führt meist zur Ablehnung. Gängelung und Maßregelung durch Erwachsene verstärken das Bedürfnis nach Unabhängigkeit. Auch die freiwillige Zuwendung des Sportlers zu Trainer oder anderen Führungspersonen kann als Ausdruck des Bedürfnisses nach Unabhänigkeit im Entscheidungsverhalten gewertet werden. Viele Sportler wollen ihre Entscheidungsfreiheit bewahren. Der angestrebte und selbstkompetente mündige Sportler kann sich nur bei Berücksichtigung des Bedürfnisses nach Unabhängigkeit entwickeln.

Da die Grenzen dieser persönlichen Unabhängigkeit bei den einzelnen Sportlern sehr unterschiedlich verlaufen können, bedarf es vor allem bei sozial sehr abhängigen Menschen einer sorgsamen und sensiblen Behandlung, um sie nicht zu überfordern. Beispielsweise hat ein „Spielmacher“ im Fußball einen größeren Entscheidungsfreiraum als ein Vorstopper, der hauptsächlich den gegnerischen

Mittelstürmer zu bewachen hat. Das Bedürfnis nach Unabhängigkeit ist meist mit Entscheidungsfreudigkeit gekoppelt. Je geringer Ersteres ausgeprägt ist, desto weniger verlangt der Mensch nach selbständiger Entscheidung. Dementsprechend verhält es sich umgekehrt. Gelingt es, die Aufgaben des Sportlers in das richtige Verhältnis mit seiner Entscheidungsfreudigkeit zu setzen, kann er seine bestmögliche Leistung in bester psychischer Verfassung erbringen.

9.2.4 Wünsche

Die Befriedigung wesentlicher Grundbedürfnisse beseitigt unangenehme Mangelzustände körperlicher oder psychischer Art und versetzt den Menschen in den Zustand der Ruhe und des inneren Gleichgewichts. Durch Bedürfnisbefriedigung wird ein als unlustvoll erlebter Zustand beseitigt. Wünsche hingegen zielen auf einen erwarteten Lustzustand. Sie richten sich auf Gegenstände, Personen oder auf als lustvoll erlebte Sachverhalte. Sie zielen auf Tätigkeiten ab, die Annehmlichkeit und Amüsement versprechen. Allgemein kann man sagen, dass Bedürfnisse unlustmeidend und Wünsche lustgerichtet sind, wenn man die Begriffe Lust und Unlust sehr allgemein fasst. Wer im Sport erfolgreich sein will, muss lernen, Wünsche zu zügeln und auf Annehmlichkeiten zu verzichten, wenn sie die Leistung mindern. Es ist nicht immer einfach zu erkennen, ob Bedürfnisse vorliegen, deren Befriedigung der Stabilisierung der Persönlichkeit dient, oder ob es sich um Wünsche handelt, deren stete Erfüllung zu Verweichlichung und zu überhöhtem Anspruchsdenken führen kann.

Wünsche zu zügeln führt zu Disziplin,
Bedürfnisse zu erfüllen führt zu Ausgeglichenheit (67).

9.3 Techniken der Motivierung

Motivierende Maßnahmen erweisen sich immer dann als erfolgreich, wenn sie jeweils vorhandene Grundbedürfnisse berücksichtigen und an bereits aktuell vorhandene Primärmotive anknüpfen.

9.3.1 Verknüpfungstechniken

Durch die Verknüpfung der durch Bedürfnisse und Wünsche auftretenden Emotionen mit der Sportsituation schaffen wir eine neue Motivstruktur (Abb. 16).

Die Schwierigkeiten für den praktisch tätigen Betreuer liegen hauptsächlich im Erkennen der jeweils an der Spitze der Motivhierarchie stehenden Antriebe.

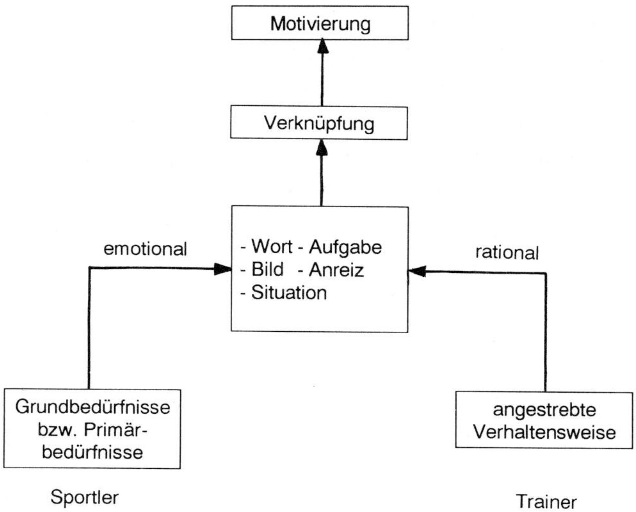

Abb. 16: Verknüpfungsschema

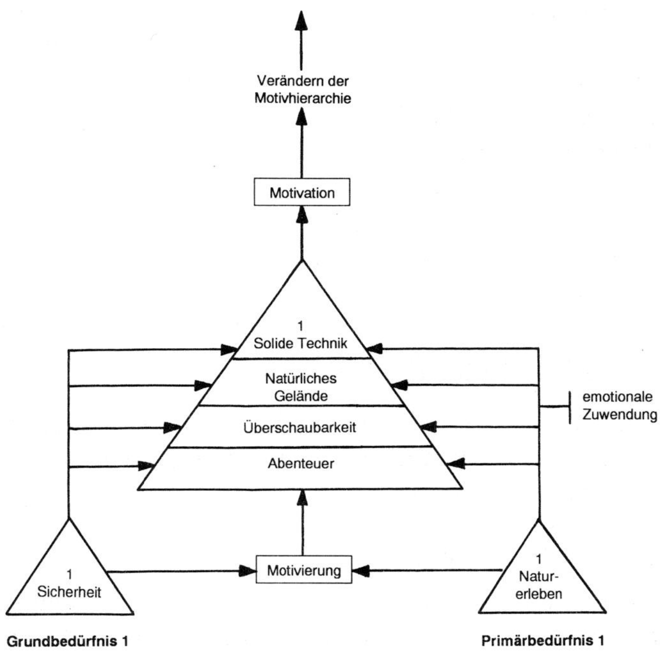

Abb. 17: Verknüpfungskomponenten am Beispiel Skilauf

Ein Beispiel aus dem Skilauf soll die Verknüpfungsstrategie erläutern (Abb. 17): Als Verknüpfungskomponenten werden das Grundbedürfnis Sicherheit, das Primärbedürfnis Naturerlebnis und die Sportart Skilauf gewählt. Ein motivierter Urlauber möchte das Skilaufen erlernen und meldet sich zu einem Skikurs an. An der Spitze der Bedürfnispyramide seiner Grundmotivationen steht das Bedürfnis nach Sicherheit, da er schon einmal eine Verletzung davongetragen hat. Naturerlebnis und Erhalt der Gesundheit bilden seine Primärmotive.

Das Angebot des Skikurses ist nun auf diese Erwartungen hin abzustimmen, und die Alternativen dieser Sportart sind entsprechend dem subjektiven Anreizwert zu betonen. Der Sicherheitsdenker verlangt risikofreies Handeln, Überschaubarkeit des Angebots und der Organisation, Pünktlichkeit, angemessene Schwierigkeitsgrade der Aufgaben und die Gewissheit, sich nicht zu blamieren. Sein Ehrgeiz, höhere Schwierigkeiten zu bewältigen, ist gering, Abenteuer lehnt er ab. Einfache Abfahrten durch landschaftlich schönes Terrain zieht er dem Übungshang vor.

Das Pyramidenmodell stellt die vorrangige Motivationskomponente jeweils in der Spitze dar. Eine Motivierung erfolgt, wenn diese Bedürfnisse und Motive mit den Alternativen des Skilaufs, die deren Befriedigung und Verstärkung versprechen, verknüpft werden.

Dieses Prinzip kann für jedes sportliche Tun bzw. für jede Art körperlicher Freizeitbetätigung geltend gemacht werden.

Beispiel:
Sport verliert für junge Menschen in der Pubertät oft an Reiz. Die Bedürfnisse von Jugendlichen unterliegen nicht nur situationsspezifischen Anreizen, sondern sie wandeln sich auch im Verlauf der puberalen Phase. Die Sportbegeisterung der 10-jährigen flaut vielfach mit 14 und 15 Jahren ab. Warum verlassen sie in diesem Alter ihre Vereine, warum beklagen Trainer plötzlich einsetzende Unlust, mangelnde Einsatzbereitschaft und unzureichende Motivation?

Diese Frage ist nach den vorangegangenen Ausführungen relativ einfach zu beantworten. Mit dem Beginn der puberalen Entwicklung, d.h. mit dem Einsetzen der sexuellen Reifung, treten Bedürfnisse auf, die bisher keine bzw. eine andere Bedeutung besaßen. Die Kontaktsuche mit dem anderen Geschlecht nimmt in ihrer facettenreichen Vielfalt eine Spitzenposition in der Bedürfnispyramide ein. Gruppenkontakte, z.B. gemeinsame „Sessions“, „Feten“, „Parties“, erste Treffen in Schüler- und Studentenkneipen, erhalten einen höheren Stellenwert und drängen die sportlichen Interessen in den Hintergrund.

Die Berücksichtigung der neuen Bedürfnisstruktur stellt den Trainer vor das Problem, neue Anreize zu schaffen. Seine Aufgabe ist es nun, die drängenden Bedürfnisse der Jugendlichen, die keinesfalls durch Ignorieren aus der Welt geschafft werden, mit den sportlichen Zielen zu verknüpfen. Das stellt praktisch eine Rückkehr zur Sekundärmotivation dar.

Wie müssen Training, Vereinsstruktur und Aufgabenstellungen gestaltet werden, dass primäre Bedürfnisse der Jugendlichen, wie Geselligkeit, Kontakt, Zuwendung zum anderen Geschlecht, Kommunikation, mit den jetzt nur noch sekundär bedeutsamen sportlichen Aktivitäten verknüpft werden? Der Trainer sollte sich darüber im Klaren sein, dass es sich bei seinen Schützlingen um eine zeitlich begrenzte „Identitätskrise“ (s. S. 16/17) handelt, die es zu überbrücken gilt.

Anläßlich eines Trainerseminars des Deutschen Judoverbandes 1990 in München wurden folgende Vorschläge unterbreitet, die sich als positive Motivationsmaßnahmen erwiesen haben, weil sie Sportinteressen und Kontaktbedürfnisse von Jugendlichen verknüpfen:

- Gespräche zwischen Trainer und Jugendlichen über die neue Situation, einen Freund bzw. eine Freundin zu haben;
- Verständnis des Trainers für die neue Situation verdeutlichen;
- Kompromissbereitschaft und Handlungsflexibilität signalisieren;
- Gemeinschaftsfeste, z.B. Grill- oder Gartenparties im Anschluss an Sportveranstaltungen mit außersportlichen Freunden und Bekannten;
- außersportliche Veranstaltungen organisieren, beispielsweise Tagesausflüge, Wochenendveranstaltungen, Fahrradtouren, Eisenbahnreisen u.a.;
- gemischte Wettkampffahrten;
- bei Freundschaftswettkämpfen bzw. -spielen die Teilnahme von Jungen- und Mädchenmannschaften organisieren. Besonders zu beachten bei Individualsportarten (Judo, Tischtennis, Leichtathlethik u.a.);
- Besuch von sportartfremden Veranstaltungen, z.B. Rock- und Popkonzerte, zeitgenössische Theateraufführungen;
- Organisation von Veranstaltungen („Sessions“, „Feten“, Parties, Treffen) ohne Trainer und Erwachsene;
- „Wir“-Veranstaltungen, beispielsweise ein Fußballspiel gegen eine andere Abteilung;
- Gemeinsame Kurse, z.B. Erste-Hilfe-Kurs;
- Kontaktveranstaltungen mit der Schule wahrnehmen.

Wer Jugendliche „bei der Stange halten“ will, bedarf eines feinen Gespürs für deren Wünsche. Es ist nicht leicht, immer zu erkennen, ob es sich um ernst zu nehmende Bedürfnisse oder nur um kurzzeitig aufkeimende Wünsche handelt, deren Antriebswirkung rasch wieder verpufft. Eine ständige Kommunikation des Trainers mit seinen Schützlingen über außersportliche Tätigkeits- und Interessensfelder schafft hierzu die beste Voraussetzung.

Zusammenfassung

Sportarten und andere Bereiche der Körper- und Bewegungserfahrung bieten immer dann subjektive Anreizwerte, wenn sie ihr Angebot so präsentieren, dass vorhandene Grund- und Primärbedürfnisse positiv angesprochen werden. Die durch das Handeln und Erfahren erfolgende emotionale Verknüpfung lässt eine Wiederholung wahrscheinlich werden. Auf diese Weise kann die Bindung verstärkt und zu einer bleibenden, in der Person immer stärker verankerten Verhaltensweise führen. Die bereits vorhandenen Bedürfnisse und Motive bilden die Basis dafür, dass die aus der Umgebung aufgenommenen Informationen als subjektive Handlungsanreize die Motivation in eine bestimmte Richtung lenken. Die Vermittlung der Anreizwerte geschieht hauptsächlich durch die äußere Informationsaufnahme, d.h. durch Hören oder Sehen. Demzufolge können wir eine sprachliche und eine wahrnehmungsgebundene, bildhafte Motivierung unterscheiden.

9.3.2 Sprachliche Motivierung

Durch Worte und Begriffe kennzeichnen wir unsere Gefühle und Bedürfnisse. Das Aussprechen des Begriffs vermittelt den Inhalt, den wir uns darunter vorstellen. Werden Motive und Bedürfnisse durch das Wort auf die konkrete Ebene des Bewusstseins gehoben, so wirkt es als Auslöser, als zündender Funke für den Handlungsvollzug. Das Wort stellt quasi das Etikett für ein Gefühl dar.

Der Trainer motiviert seine Schützlinge mit den Worten: „Ihr werdet gewinnen!“, „Freut euch auf dieses Spiel!“ Die Begriffe „gewinnen“ und „freuen“ sprechen positive Gefühlsregungen an und aktivieren den Sportler, sein Bestes zu geben.

„Ihr werdet nicht verlieren!“, „Ihr braucht vor diesem Spiel keine Angst zu haben.“ In diesen Aussagen ist zwar die gleiche Zielsetzung enthalten. Die gewählten Begriffe „verlieren“ und „Angst“ können jedoch mit negativen Erfahrungen assoziiert werden und Befürchtungen wachrufen, die zunächst gar nicht vorhanden waren.

Ein Trainer sollte bei all seinen Maßnahmen, Anweisungen und Stellungnahmen auf die richtige Auswahl seiner sprachlichen Formulierungen, auf seine Worte und Begriffe achten. Die Sprache wirkt als Stellvertreter für alle inneren Gefühls- und Antriebsprozesse, die wir durch sie ansprechen und mitteilen oder von anderen mitgeteilt bekommen. Sprachliche Assoziationen zu unangenehmen Erlebnissen und negativen Gefühlen tragen nicht zu positiven Motivationsimpulsen bei.

Am Beispiel eines Tischtennisspielers sollen Einflussmöglichkeiten und sprachliche Formulierungen des Trainers aufgezeigt werden.

„Nicht"-Anweisungen greifen nicht

Für den Trainer kommt es darauf an, erkannte Fehler sprachlich in positive Anweisungen umzuwandeln, die vom Spieler unmittelbar verwendet werden können. Negative Handlungsanweisungen, wie z.B. „Tue das nicht!", „Unterlasse das!" wirken sich nur selten positiv auf das Spielverhalten aus. Zur Begründung kann man zweierlei Aspekte aufzeigen.

1). Der Hinweis darauf, etwas nicht zu tun, führt beim Spieler zu einem Vermeidungsverhalten. Die Annahme, dass er diese falsche Verhaltensweise nun durch eine erfolgreiche ersetzen wird, hängt davon ab, welchen Bereich der Handlungssteuerung der Trainer angesprochen hat.

a) Die emotionale Beeinflussung

Der aufmunternde Zuruf: „Hab' keine Angst!" kann gerade das Gegenteil bewirken, wenn das Selbstvertrauen des Spielers nicht ausreicht, um die Angst zu bewältigen. Die Verwandlung einer negativen Emotion in eine positive gelingt nur, wenn das positive, wünschenswerte Gefühl unmittelbar angesprochen wird. Beispielsweise knüpft das Wort „Ruhe" an das wünschenswerte Verhalten an und liefert dem Spieler die notwendige Orientierung.

b) Die kognitive, mentale Veränderung

Hier geht es um das Verhalten am Tisch, speziell um die Verbesserung des taktischen Verhaltens. Der Hinweis „Du spielst taktisch falsch!" kann nur bei einem erfahrenen Spieler wirken. Der unerfahrene verfügt meist nicht über die Fähigkeit, eine erfolglose Taktik situationsangemessen in eine erfolgreichere umzuwandeln.

c) *Die motorische Anpassung*
Zeigt der Spieler technische Mängel, genügt es nicht, ihn auf die ungünstige Ausführung aufmerksam zu machen. „Zieh' den Topspin nicht so steil!" „Halte den Schläger nicht so verkrampft!" Solche Hinweise sind nicht hilfreich, da sie dem Spieler nur aufzeigen, dass er so nicht zum Erfolg kommt. Dadurch kann er unter Umständen noch weiter verunsichert werden. Der Gedanke. „Au weh, ich mache schon wieder was falsch!" verringert sein ohnehin angeschlagenes Selbstbewusstsein noch mehr. Nur Spieler, die über ein gut ausgeprägtes Körper- und Bewegungsgefühl verfügen, und in der Lage sind, ihre Spielweise kurzfristig zu verändern, können derartige negative Handlungsanweisungen erfolgreich in positive umsetzen. Worte des Trainers haben nur einen Sinn, wenn sie der Spieler direkt in Handlungen umsetzen kann.

2). Noch ein weiterer, psychologisch interessanter Aspekt, spricht gegen Negativ-Anweisungen. Wenn man fordert, „Spiele nicht in die Rückhand!" geht man davon aus, dass der Spieler zunächst gegen die Rückhand des Gegners gespielt hat. Verallgemeinernd kann man sagen: „Bevor man eine Handlung verbietet bzw. zu vermeiden sucht, muss man sie zuerst darstellen." Beispielsweise weist ein Schild – „Radfahren verboten" – erst auf das Radfahren hin, um es dann zu verbieten. Ähnlich ist es mit den zu vermeidenden Verhaltensweisen im Tischtennis. „Lass' den Schläger nicht hängen!", Dieser Hinweis zeigt zuerst die fehlerhafte Bewegung auf, um sie dann zu verbieten. „Hab' keine Angst!" vergegenwärtigt erst die Bedrohung, um sie anschließend zu bewältigen. Für die meisten Spieler ist diese „Nicht-Anweisung" zu abstrakt. Damit der Satz „Zieh' den Topspin nicht so steil!" einen Sinn ergibt, muss man erst mit der Bewegung „Steiler Topspin" zurechtkommen und sich dann dafür einen Ersatz ausdenken. Je nach Können und Spielsituation fällt dies dem Spieler schwerer oder leichter. Meist bleiben die Spieler auf der untersten Ebene dieser Umwandlung stecken. Die abstrakte Verneinung einer schon ausgeführten Bewegung bleibt ohne Wirkung, so dass der Hinweis „*Spiele nicht* in die Rückhand!" für den Spieler die gleiche Bedeutung hat wie: „*Spiele* in die Rückhand!" Die eigentliche Absicht des Trainers, den Spieler zu veranlassen, in die Vorhand des Gegners zu spielen, wird deshalb nicht erreicht. Sowohl für die Worte des Trainers als auch für das Selbstgespräch der Spieler gilt:

Wähle die Worte so, dass sie als Programm und Orientierungshilfen für die beabsichtigte Handlungs- bzw. Verhaltensweise dienen können.

Im Folgenden werden einige Beispiele aufgelistet.

So nicht!	**So!**
Negativ	*Positiv*
„Lass' dich nicht vom Tisch drängen!"	„Bleib' nahe am Tisch!"
„Nimm' den Schläger nicht so weit zurück!"	„Nimm' den Schläger nach vorn!"
„Du bist nicht schnell genug!"	„Versuche, dich schneller zum Ball zu stellen!"
„Halte den Schläger nicht so verkrampft!"	„Spüre den Schläger in deiner Hand. Fasse ihn spielerisch und leicht!"
„Reg' dich nicht auf!"	„Bleibe ruhig!"
„Kommt nicht zu spät zum Training!"	„Seid bitte pünklich um 18.00 Uhr da!"
„Sei nicht so unkonzentriert!"	„Konzentriere dich auf den Ball!"
„Lass' dich nicht einschüchtern!"	„Sei selbstbewusst!", „Du kannst es!"
„Nicht nachlassen!"	„Halte durch!"
„Hab' keine Angst!"	„Trau' dich!"
„Spiele nicht so oft in die Rückhand!"	„Spiele überraschend in die tiefe Vorhand!"
Im Doppel: „Euer Zusammenspiel klappt nicht!"	„Einigt euch über eure Laufwege!"

Unterlassungshinweise und Nicht-Anweisungen sind in unserer Alltagssprache weit verbreitet. „Sei nicht so aggressiv"!", „Lass' dich nicht stören!" usw. Ein Trainer sollte sich deshalb selbst beobachten und kontrollieren, ob er sich in der Kommunikation mit den Spielern positiver oder negativer Hinweise bedient. Es ist nicht immer einfach, eine situationsgerechte positive Wortwahl zu treffen, die vom Spieler umgesetzt werden kann. Deshalb sollte jeder Trainer seine Formulierungen überwachen und bereit sein, sie zu korrigieren und spielerorientiert zu verändern.

9.3.3 Wahrnehmungsgebundene Motivierung

Auch bei der wahrnehmungsgebundenen Motivierung gilt das gleiche Prinzip wie bei der sprachlichen Motivierung: Wir versuchen, durch eine bildhafte Darbietung Grund- und Primärbedürfnisse anzusprechen und sie mit zunächst nur rational begründeten Handlungszielen zu verknüpfen.

Besondere Bedeutung kommt der Verknüpfung von Grundbedürfnissen mit Wort, Bild und Situation in der Reifezeit zu. Das starke Geselligkeitsbedürfnis, die mehr oder weniger bewusst vorhandenen Neigungen, mit dem anderen Geschlecht in Kontakt zu treten und das Bedürfnis nach Erweiterung des persönlichen Erfahrungsfeldes stellen wirksame Verknüpfungskomponenten für bildhafte Motivierung dar. Dies kann durch Filme, Bilder, aber auch durch Miterleben oder durch Beobachten von Vorbildern geschehen.

Beispiel:
Ein Junge, der keine Lust hat, an Wettkämpfen teilzunehmen, sieht einen Film, in dem gezeigt wird, wie die Mannschaft, nachdem sie verloren hat, in lustiger und geselliger Runde zusammensitzt, sich amüsiert und tanzt. Diese Wahrnehmung weckt in ihm den Wunsch, doch in die Mannschaft aufgenommen zu werden, um an den sozialen Erlebnissen teilhaben zu können. Später kann eine Motivverschiebung erfolgen, so dass, z.B. anstelle des Geselligkeitsmotivs das Leistungsmotiv an die Spitze der Motivhierarchie gelangt.

9.3.4 Konflikte erzeugen – Neugier wecken

Konflikte drängen nach Lösung. Gelingt es dem Trainer, beim Sportler einen inneren Konflikt zu erzeugen, der seine Lösung in der positiven Bewältigung findet, kann eine hohe Motivation erzeugt werden. Ein Konflikt kann z.B. dadurch entstehen, dass der Sportler ein bestehendes Fähigkeitskonzept in Frage zu stellen beginnt, um eine neue Handlungsdimension zu erproben.

Beispiel:
Ein Tischtennisspieler wechselt seinen Schlägerbelag, da er technisch veraltet ist. Den Konflikt, ob er den Belag wechseln soll oder nicht, löst er mit dem Versuch, das Neue zu erproben. Sein nächster Gegner ist etwas schwächer als er, so dass er das Spiel gewinnt und sich das Vertrauen zu seinem neuen Spielgerät verstärkt. – Ein Fußballspieler schießt einen Strafstoß. Er steht vor dem Konflikt zwischen Plazierung und Schnelligkeit des Balls. Er muss den Konflikt lösen, indem er den Ball nicht zu stark schlägt, da hierunter die Zielgenauigkeit leiden würde, aber auch nicht zu schwach, da sonst der Torwart auch den gut plazierten Ball noch erreichen könnte.

Künstlich erzeugte Unsicherheiten, Zweifel oder Widersprüchlichkeiten erzeugen Wachheit und Neugier, die darauf abzielen, Wissen und Mittel zu erwerben, um die konflikthafte Situation zu bewältigen. Die Motivation hält solange an, bis der Konflikt erfolgreich gelöst wurde oder bis die Suche nach einer Lösung frustrierend oder langweilig wird. Deshalb muss der Trainer darauf achten, dass die konflikthaften Strategien dem Sportler eine zeitlich begrenzbare Lösungsmöglichkeit bieten, die vor dem Einsetzen von Langeweile und Unlust Erfolg verspricht. Die Erzeugung künstlicher Konflikte muss in einer fein abgestimmten Weise mit dem eigenen Können erfolgen, denn auch dessen Bewusstmachung kann als Mittel der Motivierung herangezogen werden.

9.3.5 Anwendung von bereits Gelerntem

Bewahren des Bekannten und Erwerben von Neuem stellen Grunddimensionen menschlichen Strebens dar.

Die Anwendung bereits erlernter Fertigkeiten und Techniken verleiht das Gefühl des Könnens und der psychischen Sicherheit. Bereits erworbene Reaktionen werden verstärkt und bereiten die Lernbereitschaft für neue Lerninhalte vor. Insbesondere bei verunsicherten Sportlern, die durch Formschwankungen, Verletzungen oder andere Einflüsse ihre innere Sicherheit und ihr Selbstvertrauen verloren haben, hilft der Rückgriff auf sicher beherrschte Aktionen, um das gestörte Gleichgewicht wieder herzustellen.

Sei es bei Lektionen des Taktiktrainings, beim Verbessern technischer Fertigkeiten oder bei der Einführung neuer Spielstrategien, stets sollte der Bezug zum Erlernten bewahrt bleiben, um das Gefühl der Sicherheit des eigenen Könnens nicht zu beeinträchtigen.

9.3.6 Verringerung konkurrierender Motivationssysteme

Für einen Spieler kann es wichtiger sein, die Zuschauer durch auffällige Eskapaden zu beeindrucken, als mannschaftsdienliches und kooperatives Verhalten an den Tag zu legen. In diesem Falle konkurriert der Wunsch nach Akzeptanz durch die Mitspieler mit dem Bedürfnis nach Anerkennung durch die Zuschauer.

Ein anderes konkurrierendes Motivationssystem könnte auch ein Bedürfnis sein, das nicht durch die sportliche Aktivität befriedigt wird, z.B. andere Hobbies, Gelderwerb oder Partnerschaft. Die einfache Erkenntnis, dass Bedürfnisse nur handlungswirksam sind, solange sie nicht befriedigt werden (s. S. 127), kann auch in diesem Fall helfend herangezogen werden. So wird der eigensinnige Spieler leichter geneigt sein, in Zukunft mannschaftsdienlicher zu spielen, wenn sein Bedürfnis nach Anerkennung durch eine entsprechende Aufgabe befriedigt wird, z.B. dadurch, dass er als Elfmeterschütze auftreten darf oder seine Leistung auf andere Weise anerkannt wird.

Durch die Analyse und Kenntnis derartiger konkurrierender Motivationssysteme sollte es dem Betreuer gelingen, Mittel und Wege zu finden, um Konflikte im Sinne von Kompromisslösungen oder einseitiger Verschiebung ohne Einbuße der Leistungsbereitschaft zu lösen.

9.3.7 Einplanung sozialer Bedürfnisse

Unterschiedliche soziale Bedürfnisse sind im Sport sowohl beim Betreuer als auch beim betreuten Sportler vorhanden.

Soziale Bedürfnisse des Trainers

Der Trainer sollte sich seiner Wirkung auf das soziale Verhalten seiner Schützlinge stets bewusst sein.

Insbesondere verlangt man von ihm, dass er mancherlei eigene Bedürfnisse nach Anerkennung und vordergründiger Selbstbestätigung den Wünschen und Bedürfnissen der Sportler unterordnet. Wenn Trainer von „ihrer" Mannschaft sprechen oder von „ihren" Vorstellungen, die die Sportler verwirklicht haben, so zeigen sie damit an, dass sie nicht geneigt sind, den Sportlern ein Mitspracherecht oder ein gewisses Maß an Eigenverantwortlichkeit einzuräumen. Als Folge kommt es langfristig zur Abnahme oder Zerstörung intrinsischer Motivation, da in der Regel Vergnügungen und Eigenentscheidungen unterdrückt werden.

Der Betreuer ist Führer, Fachmann und Bezugsperson für Leistung und Misserfolg, Vorbild und Vertrauensmann in einer Person. Als solcher steuert er die Beziehungen zu den Sportlern und die Beziehung der Sportler untereinander.

Geselligkeit
Die Verarmung unserer Gesellschaft an Sozialbeziehungen hat eine Zunahme der Isolierung oder Einengung des Lebensraums vieler Menschen mit sich gebracht. Sportgruppen innerhalb und außerhalb der Schule, Betriebs- und Vereinssport, organisierte und informelle Zusammenschlüsse auf sportlicher Ebene bieten eine vorzügliche Plattform, Bedürfnisse nach sozialen Kontakten, nach Geselligkeit und Gemeinsamkeit zu befriedigen.

Bei Mannschaften, die durch eine Interaktionsstruktur gekennzeichnet sind, ist das gesellige Moment im gemeinsamen Spiel enthalten. Darunter fallen alle Spielsportarten, wie Fußball, Handball usw., bei denen das wechselseitige Miteinander eine optimale Leistung ermöglicht.

Anders ist es bei Gruppen, die durch Addition der Einzelleistungen zum Erfolg gelangen. Hierzu zählen beispielsweise Tennismannschaften, Leichtathletik- oder Ringermannschaften. Für sie ist es besonders wichtig, dass durch gemeinsame Zusammenkünfte geselliger Art außerhalb des Trainings oder nach dem Sportereignis der Kontakt untereinander vertieft und erweitert wird. Ein gutes soziales Klima und die positive Rückmeldung der anderen erleichtert in hohem Maß die Überwindung von Leistungseinbrüchen, Minderwertigkeitsgefühlen oder Motivationsproblemen.

Betreut der Trainer Einzelsportler, so sollte er dafür sorgen, dass diese in Trainingsgruppen oder -gemeinschaften aufgenommen werden. Durch die Einbeziehung interessierter Freunde oder Bekannter bei gelegentlichen Zusammenkünften oder bei Trainingsbesuchen kann man Monotonieerscheinungen und damit Trainingsunlust vorbeugen.

9.3.8 Vermeidung unangenehmer Konsequenzen und sozialer Diffamierung

Positive Rückmeldungen der sozialen Umgebung, vor allem von Bezugspersonen im Sport, wie Trainer, Übungsleiter, fachkompetente Personen, stärken das sportliche Selbstkonzept und leisten einen wesentlichen Beitrag zur Stabilisierung der Gesamtpersönlichkeit.

Reaktionen der anderen, die unser Handeln in Frage stellen, uns „an der Ehre packen", diffamierenden oder diskriminierenden Charakter besitzen, unsere Würde und persönlichen Stolz missachten, untergraben den Leistungsfortschritt. Sport betreiben heißt, auf allen Ebenen optimistisch handeln. Deshalb sollte alles vermieden werden, was den Optimismus des Sportlers zerstören könnte, wie z.B.:

- *Verlust der Selbstachtung*, z.B., wenn ein Spieler eine selbst gestellte Aufgabe aufgrund überhöhter Fremderwartung nicht meistert.
- *Monotone Trainingsarbeit*, keine Herausforderungen, Langeweile, Ineffektivität.
- *Unangemessener Umgangston* des Trainers; Formulierungen, wie „Wenn du weiterhin so lahm herumstehst, kannst du schnell deine Koffer packen" oder „So wirst du es nie lernen", provozieren keine positive Lernbereitschaft, vielmehr werden sie leistungshemmende, aggressive oder aversive Reaktionen zur Folge haben.
- *Frustrationen*, die durch mangelnde positive Verstärkung ausgelöst werden; ein Jugendlicher strengt sich z.B. besonders an, um die vom Trainer gestellte Aufgabe endlich zu bewältigen. Als er es wirklich schafft, versagt ihm der Trainer die positive Verstärkung der Anerkennung.
- *Mitteilungen, die Misserfolge vorhersagen*; ein Skitrainer sagt beispielsweise zu seinem Schützling: „Du kannst es ja mal probieren, aber wahrscheinlich wirst du scheitern!"
- *Änderung von erfolgversprechendem Training*; ein Trainer bricht z.B. das Training ab, indem er mitteilt: „Es gibt eine bessere Methode, wir beginnen deshalb mit einer neuen Strategie!" Solange der Sportler Lern- und Leistungsfortschritte erfährt, sollte man das Training nur nach sorgfältiger Abwägung der Motivationslage verändern.
- *Zu schwierige Aufgabenstellungen*, die nicht erfolgreich bewältigt werden können.
- *Zu frühe Wettkampfbelastungen*, die durch das Training noch nicht vorbereitet wurden, beispielsweise zu lange dauernde Turniere (Kondition), zu starke Gegner, zu schwierige Aufgaben.
- *Zwang zu einer Verhaltensweise*, die dem eines akzeptierten Vorbildes widerspricht.

9.4 Zielsetzungen

Sich Ziele zu setzen, stellt eines der wirksamsten Antriebsmittel zum sportlichen Handeln dar. Ziele lenken unser Leben und unser Handeln in eine bestimmte Richtung. Sie wirken als Leitlinie unserer Antriebe, setzen Handlungsenergien frei und erhöhen unsere Beharrlichkeit und Anstrengungsbereitschaft.

Ziele können so hoch gesteckt sein, dass sie kaum realisierbar erscheinen, es kann aber auch die nächsterreichbare Handlung ins Auge gefasst werden.

Wenn Ziele von heute die Wirklichkeit von morgen sein sollen, so muss ihre Festlegung unter Abwägung der zur Verfügung stehenden Mittel und Wege erfolgen. Ziele können kurz- oder langfristig gestellt oder nach persönlicher Priorität formuliert werden.

Das Erreichen eines Ziels beinhaltet das Erlebnis des Erfolgs und fordert neue Zielsetzungen heraus.

Motivieren durch Zielsetzungen im Sport bedeutet, konkrete Ziele zu finden, sie stets neu zu überprüfen und neu zu formulieren. Es heißt aber auch, sie einzubetten in zunächst unerreichbar scheinende Wunschziele, von denen man nicht weiß, ob man sie je erreichen wird, und deshalb auch nicht enttäuscht ist, wenn sie nicht in Erfüllung gehen.

Für die Motivierung des jugendlichen Sportlers sind beide Dimensionen von Bedeutung: Wunschbild und konkretisierbare, realistische Ziele.

Sie setzen einen Motivierungsprozess in Gang, der sich immer wieder erneuert und sich nicht im Zufriedensein mit einer schwachen Leistung erschöpft. Die stete Erneuerung realistischer Ziele verhindert, dass psychische Energie, Freude und Lust an der Herausforderung erlahmen.

9.4.1 Traumziele

Träume und Wünsche junger Sportler sind oft auf Ziele gerichtet, die unerreichbar erscheinen. Sie handeln von fernen Bildern, mit denen wir uns in unserer Phantasie identifizieren, von denen wir jedoch nicht erwarten, dass wir sie jemals realisieren werden. Ein junger Tennisspieler träumt vielleicht davon, gegen *Boris Becker* zu gewinnen; für einen jungen Fußballspieler wäre es das Schönste, vor 100.000 Zuschauern in der Mannschaft des FC Bayern München zu spielen; das Traumziel eines jungen Skifahrers wäre der Gewinn des schwersten Abfahrtsrennens der Welt in Kitzbühl.

Eine jugendliche Tennisspielerin gewann überraschend den 1. Satz gegen eine hoch favorisierte, sehr bekannte Gegnerin. Den 2. und 3. Satz verlor sie dann klar. Nach dem Spiel berichtet sie: „Ich konnte es gar nicht glauben, gegen sie den 1. Satz gewonnen zu haben, das war so unvorstellbar. Im 2. Satz machte ich dann zu viele Fehler!" Das höchste Ziel, das sich diese junge Spielerin bisher vorstellen konnte, war der Gewinn von Spielen, die weit unter dem Niveau des gerade absolvierten lagen. Nur wenn die Spielerin psychisch auf den unerwarteten Erfolg vorbereitet gewesen wäre, hätte sie ihn auch handelnd verwirklichen können.

Einen Sieg, den man sich nicht vorstellen kann, wird man auch dann, wenn die körperlichen Fähigkeiten dazu ausreichen, nicht erringen.

Das Träumen von Wunschbildern, das Sich-Vorstellen, etwas zu erreichen, ohne dass man es wirklich erwartet, verhindert das Auftreten von begrenzenden Leistungsbarrieren. *Orlick* formuliert: „Stelle dir die Möglichkeit unbegrenzter Möglichkeiten vor!", und *Railo* (93) weist darauf hin, dass im Kindes- und Jugendalter Denkkategorien geschaffen werden, die als obere Leistungsgrenzen wirken.

Wunschträume sind die Wegbereiter ungehemmten Handelns. Sie treiben uns zur Suche nach der Herausforderung schwieriger, aber realisierbarer Ziele. Wunschträume sind wie ein Fluss, der uns trägt, dessen Mündung noch nicht erkennbar ist, der uns aber dauernd neue Leistungsforderungen auferlegt, deren Erfüllung uns dem endgültigen Ziel immer näher bringt.

9.5 Konkrete Ziele

Konkrete Zielsetzungen sind dadurch gekennzeichnet, dass der Sportler aufgrund seiner Mittel und Fähigkeiten eine gute Chance hat, sie zu erreichen. Manche Zielsetzungen leiden darunter, dass der Sportler sich auf etwas konzentriert, ohne dabei die Mittel und Wege zu kontrollieren, die zur Zielerreichung notwendig wären. Hier zeigt sich ein Unterschied zwischen Trainings- und Wettkampfzielen. Ziele bedürfen deshalb der Beachtung spezifischer Bedingungen.

9.5.1 Bedingungen konkreter Zielsetzungen

- *Kontrolle*

Ziele im Training haben eine Motivationssteigerung zur Folge, auch wenn sich die Konzentration zu sehr auf das Handlungsergebnis richtet.

Beispiel: Ein Stabhochspringer möchte im Training 4,20 springen, eine Höhe, die er noch nie übersprungen hat. Er denkt nur an die Höhe und die aufgelegte Latte. Er vergisst dabei, sich auf seine bestmögliche Technik zu konzentrieren, die als Voraussetzung der angestrebten Leistung nötig wäre. Trotz Misslingens bleibt er motiviert, um es im nächsten Training noch einmal zu versuchen.

Erfolgreiches Handeln im Wettkampf hingegen erfordert eine weitaus höhere Kontrolle des Ziels in allen Phasen.

Unter Kontrolle hat der Sportler nur eine unmittelbar vor ihm liegende Handlung, beispielsweise den Aufschlag, das nächste Dribbling, den Wurf, Stoß oder Sprung, den Antritt oder die taktische Aktion.

Konkrete Ziele können nur dadurch erreicht werden, dass man sie selbst kontrolliert. Der Sportler hat weder auf die Zuschauerreaktion noch auf das Urteil seiner Bekannten noch auf die Leistung seiner Konkurrenten Einfluss. Nur er selbst und die eigene Leistung unterliegen seiner persönlichen Kontrolle! Ziele, wie z.B. einen Gegner zu schlagen oder eine bestimmte Zeit zu unterbieten, stellen sekundäre Ziele dar, denen primär die Konzentration auf die eigene, selbst kontrollierte Handlung vorangehen muss.

Setze dir Handlungsziele, nicht Ergebnisziele!

Handlungsziele sind leistungs- und verhaltensorientiert und können vom Athleten direkt kontrolliert werden. Er allein ist dafür verantwortlich, seine Leistung ist vom Fremdverhalten unabhängig. Die Summation der besten Handlungsziele ergibt das eigentliche Ergebnis. So ist es verständlich, dass Spieler, Schwimmer und andere auch nach einer Niederlage sagen, sie seien zufrieden, wenn sie der Überzeugung sind, ihr Bestes gegeben zu haben. Die Schwimmerin hat z.B. ihre Bestleistung erreicht, der Basketballspieler seinem Gegenspieler keinen Punkt gegönnt; der Ausgang des Wettkampfes oblag nicht ihrem Einfluss, wohl aber ihre selbst kontrollierte Eigenleistung.

Trainer und Sportler sollen sich das Prinzip zu Eigen machen:

Erst die Leistung verbessern, dann das Ergebnis!

Höher gesteckte Ziele bedürfen, auch wenn sie realistisch sind, der Zieletappen, d.h. der Setzung von Zwischenzielen, die sich an der Kontrollierbarkeit ausrichten. Nur wenn der Sportler Ziele verfolgt, deren Erreichung einzig und allein vom ihm selbst abhängt, d.h., dass er sowohl die Höhe der Zielsetzung als auch die Mittel und Wege zur Realisierung kontrolliert, kann von einer realistischen und damit kontrollierten Zielsetzung gesprochen werden.

- Beachtung von Bedürfnissen und Wünschen
Bedürfnisse und Ziele stehen in einem unmittelbaren motivationalen Funktionszusammenhang. Wird für den Sportler klar, dass er erst bestimmte Teilziele erreichen muss, damit seine Wünsche in Erfüllung gehen, so wird er eher geneigt sein, mit hohem Einsatz die auferlegten Belastungen hinzunehmen. Ein Ringer nimmt z.B. die ungeliebte, harte Konditionsarbeit auf sich, wenn er dadurch seinem Ziel, in die Mannschaft aufgenommen zu werden, näher kommt.

- Klarer Handlungsbezug

Ziele zur Verbesserung der sportlichen Handlungsfähigkeit basieren auf dem persönlichen Leistungsniveau. Ein Sportler sollte sich mit seinem Trainer beraten und zunächst folgende Fragen beantworten:

- Wie ist der augenblickliche Leistungsstand?
- Wo liegen die relativen Stärken und Schwächen?
- Wie stark kann die Leistung verbessert werden, wenn man den Trainingsaufwand des vergangenen Jahres mit dem jetzigen vergleicht?

Daraus ergeben sich realistische Zielsetzungen, die so klar umrissen sein müssen, dass sie als Richtschnur des Handelns dienen können. Formulierungen, wie: „Mein Ziel ist es, mein Bestes zu geben", „Mein Ziel ist es, gut auszuschauen", „Mein Ziel besteht darin, mitreden zu können", stellen zu vage Aussagen dar und wirken nicht im Sinne einer Herausforderung. Diese Funktion erfüllen nur Ziele, die der Sportler als konkrete Bilder vor Augen hat, die ihn magisch anziehen, quasi eine Sogwirkung auf ihn ausüben, denen er sich innerlich voll zuwendet in der zuversichtlichen Hoffnung, sie ergreifen und fassen zu können.

- Schwierigkeitsgrad

Zu leichte Ziele führen zur Langeweile, zu schwierige zu Resignation und Abkehr. Ziele, die eine Herausforderung bedeuten, müssen gepaart sein mit Bemühen und Selbstüberwindung. Dies ist nur gegeben, wenn sie höher gesteckt werden als bisher Erreichtes.

Erfolgserlebnisse hängen vom Grad der Anstrengung, vom erbrachten Aufwand und von der Überwindung vorhandener Hindernisse ab.

Die Hoffnung, das Ziel zu erreichen, bleibt bestehen, wenn es auf einer Schwierigkeitsstufe angesiedelt ist, die sich an der oberen Grenze der momentanen Leistungsfähigkeit bewegt.

- Übereinstimmung mit dem Unbewussten

„Das persönliche Unbewusste enthält verloren gegangene Erinnerungen, verdrängte (absichtlich vergessene) peinliche Vorstellungen, unterschwellige Wahrnehmungen, die noch nicht bewusstseinsreif sind ..." (48).

Aus der positiven Auseinandersetzung zwischen Unbewusstem und Bewusstem entwickelt sich das Selbst. Ein Sportler, der „zu sich selbst gefunden hat", hat den Prozess der Individuation vollzogen, d.h., er ist zu einer voll verantwortlichen, entscheidungsfähigen Persönlichkeit herangereift.

Das negative Ergebnis der Auseinandersetzung zwischen Unbewusstem und Bewusstem zeigt sich in labilen Stimmungslagen, in Unsicherheit und Minderwertigkeitsgefühlen bis hin zu neurotischen Phänomenen. Ziele, die wir uns setzen, dürfen deshalb nicht den Widerspruch des Unbewussten provozieren.

Auch nach *Freud* ist das Unbewusste der Sitz von Erlebnissen, denen im Laufe des Lebens auf Grund von Tabus, von Gewissensängsten oder von Peinlichkeiten, der Zutritt zum Bewusstsein verwehrt wurde.

Ohne auf tiefenpsychologische Hintergründe weiter einzugehen, erweist auch die Praxis, dass Ziele nur dann mit voller Überzeugung verfolgt werden, wenn sich das Unbewusste nicht dagegen sträubt. Stimmen bewusste Zielsetzung und Unbewusstes nicht überein, können sich daraus innere Protestreaktionen entwickeln, die sich im Widerwillen dagegen ausdrücken, was gerade geschieht.

Beispiel:
Ein junger Spieler mit wenig Selbstvertrauen zu seinen Fähigkeiten, aber erfüllt von dem Wunsch, das Vertrauen seines Trainers zu rechtfertigen, wird von diesem in das Spiel genommen mit der Aufmunterung: „Du bist stark und schnell, du wirst ein Tor erzielen!“ Der Spieler nimmt sich vor, das Vertrauen des Trainers zu rechtfertigen, er fasst den Vorsatz, keine Angst vor den starken Gegenspielern zu haben. Sein Unterbewusstsein signalisiert jedoch: „Ich bin doch viel zu schwach, das schaffe ich nie und nimmer.“ Deshalb ist eine weitere Bedingung von Zielsetzungen zu beachten:

- *Ziele selbst festlegen*

Sollen sich Ziele positiv auf das Handeln auswirken, müssen sie vom Sportler selbst gesteckt werden und dürfen ihm nicht von außen vorgegeben oder gar aufgezwungen werden.

> Nur wenn der Sportler mit voller innerer Überzeugung und Zuwendung sagt: „Das will ich erreichen, das ist mein Ziel!“, übernimmt er selbst die Verantwortung für sein Tun.

Wird das Ziel z.B. vom Trainer festgelegt, so kann im Falle des Nichterreichens beim Sportler die Reaktion entstehen: „Es war ja nicht mein Ziel, der Trainer wollte es ja so!“ Die Übereinstimmung der Ziele des Sportlers mit den Ansichten des Trainers bietet die besten Voraussetzungen für ein ungehemmtes Motivationsgeschehen. Betreuer und Trainer sollten dem Sportler beratend zur Seite stehen, aber darauf achten, dass die Ziele vom Sportler selbst unter bewusster Abwägung seiner Wünsche, seiner Mittel und Fähigkeiten gewählt werden.

- Selbstbewusstsein und Ziel
„Er hat Angst vor seiner eigenen Courage." Dieser weit verbreitete Ausdruck sagt nichts anderes aus, als dass ein motivierter Sportler ein Ziel anstrebt und im Verlauf des Handelns zweifelt, ob er die Situation der Zielerreichung überhaupt bewältigen kann.

Beispiel:
Ein Skiabfahrtsläufer nimmt sich vor, all seine Fähigkeiten einzusetzen, um eine gute Zeit zu erreichen. Unterwegs stellt sich die Angst vor dem Sturz ein, sein Selbstvertrauen, sein Glaube an sich und sein Können werden erschüttert. Das Ziel war im Verhältnis zu seinem Selbstbewusstsein zu hoch gesteckt, seine Fahrt wird gehemmt und er stürzt.

Selbstbewusstsein und Selbstvertrauen dürfen auf dem Weg zur Zielerreichung nicht oder nur in geringem Maße schwanken. Durch mentales Vorbereiten, realistische Beurteilung des eigenen Könnens und der Zielanforderung sollte es dem Sportler gelingen, das Ziel mit seinem Selbstbewusstsein abzustimmen.

9.5.2 Gefahren der Zielsetzung

Trotz der positiven Auswirkung auf den Motivationszustand können durch die Zielsetzung auch Gefahren bzw. negative Effekte auftreten:
- Ziele haben mentale Blockierungen zur Folge,
- schaffen Erwartungsdruck,
- führen zur Abhängigkeit von personaler Wertschätzung und Leistung und
- können das Ignorieren wesentlicher Faktoren zur Folge haben, die zu ihrer Erreichung notwendig wären.

9.5.2.1 Blockierung

„Ich war deutscher Schülermeister. Später habe ich keinen Erfolg mehr gehabt. Deshalb habe ich mit dem Leistungssport aufgehört." Dieser Junge hatte sein sehnlichst erstrebtes Ziel erreicht. All sein Denken, Fühlen und Wollen war auf dieses eine Ziel hin gerichtet. Andere, weiter gesteckte Ziele gab es für ihn nicht. Durch das Erreichen dieses Ziels entstand eine neue Situation der Ziellosigkeit. Seine psychische Energie reichte nicht aus, um das einmal Erreichte durch ein noch höher gestecktes Ziel im nachfolgenden Jugendbereich zu erweitern. Die Deutsche Meisterschaft war sein Endziel. Es entpuppte sich als eine mentale Grenze nach oben, eine Vorstellungsbarriere, die er nicht mehr durchbrechen konnte.

Die völlige Zufriedenheit mit dem Erreichten verhindert weiter führende Zielsetzungen. Deshalb sollten jüngere Sportler ihre Wunschträume und Konflikte pflegen. Sie halten das Tor zur stetigen Weiterentwicklung offen und verhindern die Barrierebildung durch Zielerreichung.

9.5.2.2 Erwartungsdruck

In dem Augenblick, da man sich ein Ziel erwählt und sich entschließt, es mit aller Macht anzustreben, gerät man unter den Erwartungsdruck der anderen und der eigenen Person, denn die Zielsetzung schließt gleichzeitig die Möglichkeit des Scheiterns mit ein. Frustrationen, Resignation oder auch Aggressionen können Folgen des Nichterreichens eines Ziels sein.

Ziele dürfen deshalb nicht als starre Gebilde gesehen werden, die unverrückbar feststehen. Sportler sind ständigen entwicklungsbedingten psychischen und körperlichen Veränderungen unterworfen. Ziele können sich als zu schwierig oder zu einfach erweisen, neue Aspekte verändern die Wertigkeit von Zielsetzungen. Deshalb sollten Ziele zwar als Leitlinie des Handelns dienen, aber trotzdem veränderbar, verschiebbar und in ihrer Wertigkeit überprüfbar bleiben.

9.5.2.3 Abhängigkeit

Jeder Sportler entwickelt im Laufe seines Lebens Fähigkeitskonzepte. Sie beziehen sich auf Aussagen, wie z.B. „Ich bin ..." oder „Ich kann ...". Im Kreuzungsbereich aller Fähigkeitskonzepte entwickelt sich das Selbstkonzept, das als Grundlage sportlicher Einstellungen und spezifischer Leistungserwartungen die subjektive Bedeutung gesetzter Ziele wesentlich beeinflusst.

Ein *stabiles Selbstkonzept* beinhaltet das Bewusstsein des eigenen Könnens und der realistischen Leistungsfähigkeit. Es wird durch Niederlagen, Misserfolge oder negative Ergebnisse nicht erschüttert.

Das persönliche Wertbewusstsein, die Selbstakzeptanz, darf nicht in eine unmittelbare Abhängigkeit vom erzielten Leistungsergebnis führen. Jeder Sportler freut sich, wenn er gewinnt, aber er sollte sich nicht verurteilen oder verdammen, d.h. die Wertschätzung seiner eigenen Persönlichkeit vermindern, wenn er eine Niederlage erleidet. Er muss sich darüber im Klaren sein, dass sich früher oder später Niederlagen einstellen werden. Tritt dieser Fall ein, so soll er ihn als sportimmanentes Phänomen akzeptieren, ohne sich selbst in Frage zu stellen.

Railo fordert, „einen Plan zur Persönlichkeitsentwicklung“ zu erarbeiten, „der klar unterscheidet zwischen Stimmung und Leistung“ (93). Dadurch soll verhindert werden, dass der Sportler das Opfer äußerer Umstände wird und in seiner Persönlichkeitsbewertung in Abhängigkeit von schwankenden Leistungsergebnissen gerät.

Persönlichkeitsbewusstsein und Stimmung unabhängig von der Zielerreichung zu entwickeln, wird endgültig kaum zu erreichen sein. In Extremsituationen jedoch, bei Niederlagen oder durch offen zutage tretende Probleme verunsicherte Sportler kann der Trainer durch aufklärende und bewusst machende Gespräche zur Wiedergewinnung des Selbstvertrauens motivieren (Abb. 18).

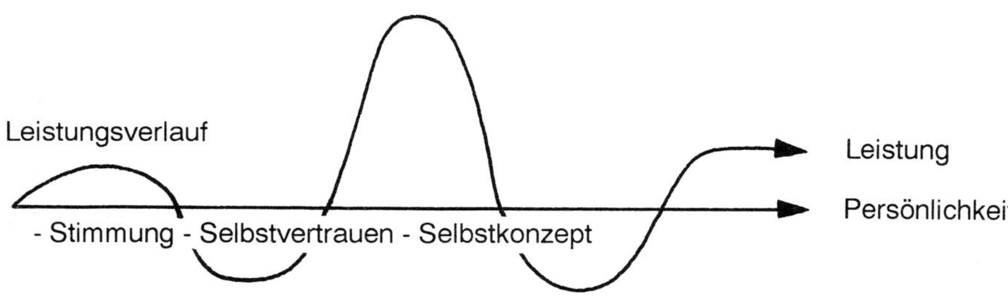

Abb. 18: Leistungsverlauf und Persönlichkeit

9.5.2.4 Ignoranz

Sportler, die mit aller Gewalt ein Ziel erreichen wollen, geraten in Gefahr, Schwierigkeiten, die auf dem Weg dahin zu überwinden sind, zu verkennen, zu missachten oder zu ignorieren.

Wer mit Gewalt siegen will, erhöht die Angst vor der Niederlage!

„Der Weg ist das Ziel“, damit erklärt *Reinhold Messner* seine Lust am Bergsteigen. Er drückt damit aus, dass Ziele nicht dauernd als konkrete Bilder vor Augen sein müssen. Jedes Ziel bedarf der Überwindung einer mehr oder weniger langen Wegstrecke, bis es erreicht ist. Wer den richtigen Weg wählt, kommt von selbst ans Ziel. Deshalb kann man Ziele auch „vergessen“, d.h., sie rutschen in unserem Bewusstsein auf die Ebene des Mitbewussten ab (97). Das Ziel lenkt dann unser Handeln auf einer latenten Stufe des Mitbewussten, es verleiht unserer Tätigkeit Sinn und Richtung, ohne als bewusste Vorgabe dauernd gegenwärtig zu sein.

„Lass' es einfach geschehen!" sagt *Mc Cluggage*; das bedeutet, starre Ziele fallen zu lassen und sich auf den Weg zu konzentrieren. Zu hoher Ehrgeiz oder es „mit Gewalt", „mit der Brechstange" zu versuchen, zerstören die innere Gelassenheit, die zur Freisetzung optimaler Leistungsreserven notwendig ist.

Mit „Zähne zusammenbeissen" kann man keine Qualitätsverbesserung des Handelns erreichen. Nur wer sich gelöst, freudvoll und hellwach ganz dem augenblicklichen Geschehen hingeben und seine Umwelt mit allen Sinnen in sich aufnehmen kann, wird ohne unökonomischen Kraftaufwand unter Beachtung aller Hinweisreize den Weg zum Ziel bewältigen.

Stenmark, der geniale Skifahrer, liebte den Slalom, er genoss jedes Tor und dachte nicht: „Schnell ins Ziel!" Es zählte nur das Bewusstsein der Einheit von Technik, Slalom und Gelände. All sein Können kam zum Ausdruck, indem er „es einfach geschehen ließ".

Etwas erzwingen zu wollen löst Gegenreaktionen, Ängste und Blockaden aus. Nur das Sich-Hingeben in die augenblickliche Situation kann alle Energie in die Handlung einfließen lassen und alle Sinne darauf richten. Gedanken an handlungsferne Ziele stören die innere Wahrnehmung und lenken sie vom gegenwärtigen Tun ab.

9.6 Nahziel und Fernziel

Traumziele sind zu fern, als dass sie unmittelbar handlungswirksam werden könnten. Zur Aufrechterhaltung der Motivation und langfristiger Zielorientierung bedarf es der Formulierung von Zwischenzielen, deren sukzessive Verfolgung dem Handeln stets neuen Realitätsbezug verleiht. Außerdem ist die Wertigkeit der Ziele zu berücksichtigen. Welche Ziele sind besonders wichtig? Sie erhalten die Priorität der Zielentscheidung, da nur sie motivierend wirken.

Orlick (87), *Syer/ Connolly* (113), *Loehr/ Porter/ Foster* (90) bieten Methoden an, die dem Sportler bei der Konkretisierung seiner Zielsetzung helfen sollen. Danach können Ziele durch folgende Vorgehensweisen systematisch formuliert werden:

9.6.1 Schriftliche Aufzeichnung

Alle Ziele, die mit der Sportart im Zusammenhang stehen, werden schriftlich aufgezeichnet. Der Sportler schreibt spontan alle Wünsche und Ziele auf, die ihm zu seinem Sport einfallen. Sie können sich auf die nächste Leistung im Training beziehen, auf Punkte oder Bewertungen, auf Fertigkeiten oder Techniken, auf taktische Varianten oder auch auf psychische Zustände, beispielsweise darauf, beim nächsten Wettkampf „cool zu bleiben", sich mentale Schwerpunkte zu setzen etc. Ohne systematische Berücksichtigung sollen alle Ziele, die am sehnlichst erwünschten und auch die kleineren, aufgeschrieben und weiter geordnet werden.

9.6.2 Ordnen der Ziele

Die notierten Ziele werden nach ihrer Wertigkeit und ihrer zeitlichen Erreichbarkeit geordnet. Man unterteilt sie zunächst nach zeitlichen Kriterien in Nahziele, mittelfristige Ziele und Fernziele.

Anschließend ordnet man die drei Zielgruppen nach dem Gesichtspunkt der Priorität. Man wählt z.B. jeweils drei Ziele aus und schreibt das wichtigste an die erste Stelle.

9.6.3 Nahziele

Nahziele stellen die Grundlage der Übungs- und Trainingsarbeit dar. *Railo* (93) bezeichnet sie deshalb als „Trainingsleiter". Es können damit zwei Absichten verfolgt werden:

1. sportartspezifische, d.h. konditionelle, technische oder taktische Verbesserungen,
2. Steigerung der mentalen Stabilität.

Nahziele sollen sich auf keinen längeren Zeitraum als zwei Wochen erstrecken und können auf Training oder Wettkampf ausgerichtet sein.

Von besonderer Bedeutung ist die Überprüfbarkeit der Ziele. Nur bei klar umrissenen, realistisch formulierten Zielen ist gewährleistet, dass der Fortschritt erkennbar wird.

Sportartspezifische Nahziele

Beispiel Tennisspieler:

Ziel 1: „Ich werde ohne Zögern nach dem ersten Aufschlag ans Netz gehen."

Ziel 2: „Beim Grundlinienspiel werde ich mich darauf konzentrieren, die Naht des Balles zu erkennen."

Ziel 3: „Ich erlaufe auch schwierige Bälle."

Beispiel Judokämpfer:

Ziel 1: „Ich lasse mich von Finten nicht beeindrucken."

Ziel 2: „Ich greife an."

Ziel 3: „Meine Griffe sitzen."

Mentale Nahziele
Beispiel Fußballspieler:
Ziel 1: „Auch bei Fouls und Aggressionen des Gegners bleibe ich cool."
Ziel 2: „Ich akzeptiere es, wenn ich einen Fehler mache."
Ziel 3: „Ich konzentriere mich auf meine taktische Aufgabe."

Bei der Formulierung von Nahzielen hilft die Beantwortung folgender Fragen:
- Soll man konditionelle Schwerpunkte setzen oder Technikarbeit betreiben?
- Auf welche Art und Weise kann man die Ziele am besten erreichen, z.B. durch Konzentration, durch vollen Einsatz oder submaximal, durch positive Hinwendung der Gedanken und Kontrolle meiner Gefühle?
- Was kann man heute tun, um seine mentale Stärke zu verbessern? Welche psychologischen Trainingsziele kann man sich setzen?

Die motorischen Trainingsinhalte sollen stets mit den psychologischen Trainingszielen verknüpft werden. Es reicht nicht aus, nur zu laufen, zu springen, Übungsteile zu verbessern oder Schlagtechniken durchzuführen. Ausgewählte Phasen oder Teile des Trainings sollten mit 100prozentigem Einsatz, mit voller Konzentration und innerer Gelassenheit unter Einbeziehung mentaler Programme oder Visualisierungen oder mit dem Willen zur höchsten Qualität ausgeführt werden.

9.6.4 Mittelfristige Ziele

Auch die mittelfristigen Ziele werden nach persönlicher Bedeutung geordnet, so dass an erster Stelle das wichtigste Ziel steht.

Mittelfristige Ziele werden für die nächste Trainings- oder Wettkampfsaison gesetzt, können sich aber auch auf Inhalte beziehen, die man zu realisieren wünscht, auch wenn sie zum gegenwärtigen Zeitpunkt noch zu schwierig sind. Sie erfassen einen überschaubaren Zeitraum, von etwa drei Monaten bis zu zwei oder drei Jahren.

In der Regel werden sie weniger präzise formuliert und in Zwischenziele unterteilt. Auch bei mittelfristigen Zielsetzungen sollen sportartspezifische und psychische Absichten aufeinander abgestimmt werden.

Sportartspezifische mittelfristige Ziele
Beispiel Stabhochspringer:
Ziel 1: „Ich möchte im nächsten Jahr meine Bestleistung um 40 cm erhöhen."

Ziel 2: „Mein Anlauf muss locker, aber konzentriert erfolgen, um die letzten Schritte zu rhythmisieren."

Ziel 3: „Ich muss die Schleuderkraft der Glasfiberstange noch mehr zu nutzen lernen."

Mentale mittelfristige Ziele

Beispiel Stabhochspringer:

Ziel 1: „Ich werde mich nur auf mich selbst und meine Technik konzentrieren."

Ziel 2: „Ich möchte meine Trainingsleistungen auch im Wettkampf realisieren."

Ziel 3: „Ich werde im Training jeden gelungen Sprung mental wiederholen."

Zwischenziele

Sie sollen helfen, den Lern- und Leistungsfortschritt festzustellen. Wo tauchen besondere Schwierigkeiten auf, was fällt besonders leicht? Nach diesen Überprüfungen können Zwischenziele verändert oder verschoben werden, sie müssen jedoch als Herausforderung und als weitere Stufe zur Fernzielerreichung bestehen bleiben.

Sportartspezifische Zwischenziele

Beispiel Basketballspieler:

Ziel 1: „Ich möchte die Wurfgenauigkeit der schwächeren Hand verbessern."

Ziel 2: „Ich möchte beim Rebound immer die bessere Position einnehmen."

Ziel 3: „Unser Zusammenspiel im Angriff muss noch schneller werden."

Mentale Zwischenziele:

Beispiel Basketballspieler:

Ziel 1: „Ich weiß, dass ich genauso gut bin wie die anderen; ich traue mir zu, ein Spiel zu entscheiden."

Ziel 2: „Während des Spiels werde ich gelassen und ruhig sein, aber hellwach und reaktionsbereit."

Ziel 3: „Ich akzeptiere es, wenn ich einen Fehlwurf begehe."

9.6.5 Fernziele

Die motivierende Funktion des Fernziels wurde bereits diskutiert (s. S. 147). Als Wunschträume sind sie auf Zeiträume gerichtet, die keinen unmittelbaren Handlungsbezug besitzen: „Was wünsche ich mir in vier, fünf oder sechs Jahren?" Als motivierende Leitidee und mitbewusstes Medium bettet das Fernziel Nah- und mittelfristige Ziele in zukunftsorientierte Aktivität.

Zusammenfassung
Der Sportler soll mit Zielsetzungstraining lernen, realistische Ziele auszuwählen und diese in Nahziele, in mittelfristige und Fernziele zu unterteilen. Die Ziele sollen so konkret formuliert werden, dass ihr Erreichen zur Leistungsmessung dienen kann bzw. als Erfolgserlebnis das Handeln positiv verstärkt. Ein weiteres Lernziel ist die realistische Beurteilung von Erfolgs- und Misserfolgsursachen, um Wege und Ziele aufeinander abstimmen zu können.

9.7 Selbstsuggestion

Folgendes Beispiel soll die Bedeutung der Selbst- oder Autosuggestion beleuchten: Zwei gleich starke Spieler bereiten sich seit Tagen mental auf ein Match vor, das sie beide gewinnen wollen. Der eine zweifelt an seinem Erfolg. Seine Befürchtungen schlagen sich in seinen Gedanken nieder, indem er sich selbst beschwört:

„Ich darf nicht verlieren. Hoffentlich verliere ich nicht!"

Er kommt von dem Gedanken zu verlieren nicht los, sieht sich schon als Verlierer und beginnt das Match zaghaft, ohne Offensivgeist und ohne Elan.

Sein Gegner hegt ebenfalls Zweifel an seinem Sieg: Der Wunsch zu gewinnen gipfelt jedoch in den Gedanken:

„Ich bin stark, ich gewinne das Match. Ich bin topfit und habe optimal trainiert!"

Siegessicher und selbstbewusst beginnt er das Spiel, seine Schläge gelingen präzise und kraftvoll, ohne durch Verspannungen oder Hemmungen beeinträchtigt zu sein.

Die meisten Menschen haben schon erlebt, dass sie daran zweifelten, eine Aufgabe bewältigen zu können, obwohl sie objektiv in der Lage dazu gewesen wären. „Du redest dir das nur ein!" „Wenn du dir das auch noch einredest, dann schaffst du es tatsächlich nicht!" Gut meinende Betreuer, die versuchen, durch derartige Redewendungen eine Änderung der Gedankenführung zu erreichen, haben letztlich erkannt, dass es sich hier um die Auswirkungen einer negativen Selbstsuggestion handelt.

Selbstsuggestion bedeutet, „sich selbst etwas einzureden", an sich selbst eine Forderung oder eine Bitte zu richten.

„Selbstsuggestionen sind ein machtvolles Instrument zur Steuerung der eigenen psychischen Zustände" (32).

Sie können in negativer Hinsicht Ängste und Schmerzen provozieren, auf der anderen Seite aber auch eine wirksame Heilmethode bedeuten. Selbstsuggestionen beinhalten stets eine emotionale Komponente. Im negativen Sinn schwingen Ängste und Zweifel mit, in positiver Hinsicht richten sie sich auf die Sphäre der Freude, der Zuwendung und des Selbstvertrauens.
Die Wirkung von Selbstsuggestionen hängt von folgenden Voraussetzungen ab:

- *Wiederholung*
Selbstsuggestionen wirken dadurch, dass sie mehrmals über Stunden oder Tage hinweg wiederholt werden.

- *Klarheit*
Eine klare Formulierung und präzise inhaltliche Definition stellt ebenfalls eine wesentliche Voraussetzung dar. Der Situationsbezug sollte stets mit berücksichtigt werden, z.B.: „Ich greife an und bleibe eiskalt!", „Ich freue mich auf den Zielschuss der Abfahrt!"

- *Entspannung*
Da sich Selbstsuggestionen auf den emotionalen Bereich beziehen, kann ihre Wirksamkeit im Zustand der Entspannung stark erhöht werden. Suggestionen vor dem Einschlafen, nach dem Aufwachen oder in Verbindung mit einfacheren Entspannungsübungen steigern ihre Wirkung erheblich. Das heißt aber nicht, dass man sie nicht auch im Wachzustand anwenden könnte. Auch durch die bewusste Aktivierung der Hirnrinde entfalten Selbstsuggestionen ihre Wirkung auf die Gefühls- und Stimmungslage des kommenden Tages.

- *Positive Formulierung*
Selbstsuggestionen dürfen keine negativen Aspekte oder Zweifel enthalten. Beispielsweise kann die Suggestion „Ich rege mich nicht auf!" unwirksam sein, ja sogar erregungssteigernd wirken, wenn der Sportler spürt, dass er sich trotzdem erregt. Dadurch wird das Bewusstsein der eigenen Unzulänglichkeit erhöht und die Erregung weiter gesteigert. Die positive Formulierung „Ich bleibe ruhig!" knüpft weder an den Erregungszustand an noch beinhaltet sie die Alternative, sich doch aufzuregen.

9.7.1 Selbstbestätigung – Affirmationen

Affirmationen zielen darauf ab, negative Bilder, Vorstellungen, Gedanken oder Gefühle durch positive zu ersetzen. Sie beruhen auf der Annahme, dass Gedanken unabhängig von der realen Umwelt sein können, dass es unerheblich ist, ob man sich in einer Situation tatsächlich befindet, oder ob man sie sich nur intensiv vorstellt.

Selbstsuggestionen können Gedanken unterbrechen, sie umwandeln und in eine positive Richtung lenken. Auf der Grundlage der kognitiven Verhaltenstherapie (75) haben *Railo* (93), *Gorbunow* (32), *Porter/ Foster* (90) ihre Bedeutung für sportliche Verhaltensmodifikation aufgezeigt.

Der Begriff „Affirmation" stammt aus dem Lateinischen und bedeutet „Bejahung" oder „Bekräftigung".

Im Sport versteht man darunter einen bekräftigenden Satz, der autosuggestiv das Vertrauen in die eigene Fähigkeiten steigern soll.

Affirmationen dienen dazu, destruktive und störende psychische Erscheinungen, Ängste, Selbstzweifel, Unsicherheiten, Hemmungen, negative Fähigkeits- und Selbstkonzepte in positive Selbstbestätigungen und positive Gefühls- und Erwartungslagen umzuwandeln, die mit den als negativ empfundenen Gefühlen und Gedanken unvereinbar sind. Affirmationen ändern noch nicht das aktuelle Handeln, da sie sich auf eine Handlung oder ein Ziel beziehen, das erst erreicht werden soll. Sie verändern jedoch die innere Situation des Augenblicks.

Aus „Ich habe Angst!" entsteht „Ich traue mich!", aus „Ich fühle mich schwach!" wird „Ich fühle mich sicher und stark!"

Damit verwirklicht man in Gedanken einen Wunsch, ein Motiv, und konstruiert damit einen Teil seiner Wirklichkeit.

Der Gedanke „Ich trau mir zu!" schließt den Gedanken „Ich versage!" aus, verdrängt ihn aus der gedanklichen Wirklichkeit.

Durch häufige Wiederholung dieser Affirmationen übernimmt man das positive Gedankengut und integriert es in die mentale Trainingsvorbereitung. Je nach Sportart wird es dann im Wettkampf eingesetzt und bei Bedarf abgerufen. Auf diese Weise lernt der Sportler, sich ruhig, sicher und stark zu fühlen. Damit schafft er die psychische Voraussetzung, um in der sportlichen Leistung sein Bestes zu geben.

Bei der Erstellung von Affirmationen sollen folgende Regeln beachtet werden.

- Formulierung in Gegenwartsform

Affirmationen werden in Gegenwartsform formuliert, da unsere Gedanken nur im Hier und Jetzt Wirklichkeit sind, z.B.: „Ich bin gut vorbereitet." „Ich habe Selbstvertrauen." „Ich bleibe cool."

- Positive Aussage
Da Affirmationen einen positiven Effekt anstreben, muss auch der Inhalt positiv formuliert werden. Negierende oder negative Aussagen und Begriffe, wie: „Ich sollte nicht", „Ich versuche, keine Fehler zu machen" oder „Hoffentlich kann ich meine Nervosität überwinden", werden mit den vorhandenen Ängsten und Hemmungen assoziiert und können sogar die gegenteilige, negative Wirkung erzielen. Sie werden umformuliert in: „Ich kann ...", „Ich spiele sicher und präzise", „Ich bleibe ruhig", „Ich fühle mich stark", „Ich habe gut trainiert!"

- Ichbezug
Alle Aussagen haben sich auf die eigene Person zu beziehen, d.h., es wird die Ichform verwendet.

- Symbolgehalt
Affirmationen können auch positive Symbole beinhalten. Das Vorstellen von Symbolen übt in Verbindung mit entspannenden Übungen unter Umständen eine starke suggestive Wirkung aus. Das Symbol sollte stets vom Sportler selbst gewählt werden, z.B. „Ich explodiere wie ein Katze", „Ich stehe wie ein Fels", „Ich bin unerschütterlich wie ein Baum", „Ich fühle mich leicht wie eine Feder" oder „Ich starte wie eine Rakete".

Bildhafte Symbole richten sich an unsere rechte Hirnhälfte, die unser Handeln unabhängig von begrifflicher Fassung lenkt. Das Symbol steht für einen erwünschten Zustand oder eine Reaktionsweise; es wirkt durch das Bild und die Vorstellung ohne Worte.

- Schriftliche Formulierungen
Es kommt darauf an, die positiven Formulierungen oft zu wiederholen und sie zur Grundlage einer neuen Überzeugung zu machen. Deshalb hat es sich bewährt, sie schriftlich zu formulieren und häufig zu lesen und in das Visualisierungsprogramm mit einzubeziehen.

Methodik der Selbstbekräftigung

Die Bildung und Anwendung von Affirmationen kann in drei Stufen geschehen:

1. Selbstbeobachtung,
2. Umwandlung der negativen Verhaltensbedingungen in positive,
3. Anwendung.

Selbstbeobachtung
Zuerst soll sich der Sportler seiner negativen Gedanken und Gefühle bewusst werden. Es wird ihm klar, dass die dauernde Beschäftigung mit Ängsten und Problemen unproduktiv ist und ihm keinen Weg zum erfolgreichen Handeln zeigt. Er soll einsehen, dass der Gedanke zu versagen oder daran, „was sein könnte, wenn es nicht klappt", nutzlos ist. Sein negativer Denkstil wird ihm durch schriftliche Formulierung bewusst.

Umwandlung in positive Selbstbestätigungen
Der Sportler wird aufgefordert, seine negativen Gedanken untereinander zu schreiben. Anschließend wandelt er mit beratender Hilfe des Trainers die negativen Aussagen in positive Sätze um, die dann als mentale Übungen weiter verwendet werden (Tab. 14).

Negative Gedanken	*Affirmationen*
Ich fühle mich schwach.	Ich fühle mich stark und fit.
Das kann ich nicht schaffen.	Ich akzeptiere mich. Ich schaffe es.
Ich kann dagegen nichts unternehmen.	Ich geb' mein Bestes.
Ich bin ein Versager.	Ich bin genauso gut wie jeder andere.
Ich bin nervös und zittrig.	Ich bin ruhig und zuversichtlich.
Das traue ich mir nicht zu.	Ich bin stark und denke vorwärts.
Ich verliere die Kontrolle.	Ich weiß, was ich tue.
	Ich beherrsche meine Technik.

Tab. 14: Beispiele für Umwandlungen negativer Gedanken in positive Selbstbestätigungen

Bei manchen negativen Gedanken wird es schwierig sein, sie in positive Selbstbestätigungen umzuwandeln. Aber gerade in diesem Fall ist es besonders bedeutsam, eine positive Formulierung zu finden, denn hier zeigt sich, dass die negative Assoziationskette schon so ausgeprägt ist, dass erfolgversprechendes Gedankengut kaum noch Raum erhält.

Positive Selbstbestätigung, sportliche Technik bzw. Taktik, Leistungsvermögen und Situation sind aufeinander abzustimmen. Der Sportler soll seine Gedanken mit der jeweiligen Problemsituation assoziieren und die positive Umwandlung situationsbezogen vornehmen.

Therapeutischer Aspekt
Häufig kommt es vor, dass durch die negative Formulierung bereits eine Bewusstseinsveränderung eintritt. Ein Sportler formuliert z.B.: „Ich habe Angst vor dem nächsten Spiel!" Dabei wird ihm erst seine wahre Befürchtung bewusst: „Eigentlich habe ich gar keine Angst vor dem Spiel. Ich möchte nur nicht schuld sein, dass die Mannschaft wegen mir verliert." In diesem Fall können andere Maßnahmen der Mannschaft oder des Trainers („Wir akzeptieren dich, auch wenn du verlierst!") eingesetzt werden.

Anwendung
In der dritten Stufe werden die Gedankenübungen zur positiven Bewältigung von Angst, Unsicherheit und Aggression in konkreten Situationen angewendet. Der Sportler soll nun in klar vorgegebenen Trainings- und Wettkampfsituationen in zeitlich und inhaltlich abgestimmter Weise ausprobieren, ob er durch Anwendung der Affirmationen eine Änderung seines psychischen Zustands erreichen kann. Das Üben der positiven Selbstbestätigung kann zu jeder Tageszeit erfolgen und sollte mehrmals täglich wiederholt werden.

Beispiel:
Der Sportler sucht sich einen Raum, in dem er ungestört ist. Er legt sich auf ein Sofa oder setzt sich entspannt und bequem auf einen Stuhl. Mit einer einfachen Übung (z.B. Atmung) versucht er, sich so weit wie möglich zu entspannen und in der Anfangsphase des Entspannungszustandes an nichts mehr zu denken. Anschließend richtet er seine Gedanken auf die ihn belastende Vorstellung und wendet nun die entsprechenden Affirmationen an. Hierzu führt er einen inneren Dialog, wobei er z.B. zu sich selbst sagt: „Ich bin zuversichtlich." „Ich bin bereit und freue mich auf den Wettkampf." „Ich kann mein Bestes geben!"

Porter/ Foster schlagen vor, die notierten Affirmationen vor dem Schlafengehen oder vor dem Aufstehen mehrmals durchzulesen. Weiterhin können sie immer dann herangezogen werden, wenn sich Ängste und Selbstzweifel, Müdigkeit oder Unlust ankündigen. In diesen Situationen können Affirmationen helfen, das Selbstvertrauen zu erhalten und die Konzentration wiederzufinden.

9.7.2 Positive Selbstanweisung

Wenn man zu sich selbst sagt: „Tue das!" oder „Verhalte dich so!", so reicht das noch nicht unbedingt zu einer Verhaltensveränderung aus.

Selbstanweisungen zielen darauf ab, in Situationen der Angst, der Unsicherheit und Nervosität, aber auch der aufkommenden Wut und Aggression ein als wünschenswert erkanntes Verhalten zu realisieren.

Voraussetzung dafür ist die Zustimmung des Unterbewusstseins, d.h., es dürfen keine unbewussten Widerstände gegen das erstrebte Verhalten vorhanden sein. Der Sportler muss mit voller innerer Zustimmung versuchen, sein Handeln gemäß der positiv formulierten Selbstanweisung zu steuern. Positive Selbstanweisungen werden für die individuelle Belastungssituation konstruiert. Es muss also erst eine klare Analyse und Beschreibung des problematischen Verhaltens vorausgehen. Die methodische Abfolge gleicht der im Abschnitt „Methodik der Selbstkräftigung" beschriebenen Dreistufenfolge.

Beispiele für positive Selbstanweisungen:
- Skifahrer: „Ich erkenne den Steilhang. Ich kontrolliere das Tempo und fühle mich sicher."
- Tennisspieler: „Ich bleibe offensiv. Es macht mir nichts aus, wenn er mich unter Druck setzt. Ich kann jeden Ball erreichen."
- Turner: „Ich turne voller Spannung, bleibe aber innerlich locker. Ich konzentiere mich auf den Griffwechsel und fange meinen Körper sicher und beherrscht ab."
- Fußballer: „Ich bin genauso schnell wie mein Gegener. Ich werde ihn in jeder Sekunde kontrollieren."
- Schwimmer: „Ich schwimme locker und entspannt. Ich fühle meine Kraft. Ich konzentriere mich nur auf mich selbst. Es macht mir nichts aus, müde zu werden. Ich akzeptiere es, dass meine Beine schmerzen."

Auch wenn sich der Sportler müde, ängstlich oder nervös fühlt, sollte er eine Umwandlung in die positive Bedeutung vornehmen und den inneren Dialog unter Verwendung der positiven Anweisung führen. Die Praxis zeigt, dass eine Leistungsstabilisierung bzw. -verbesserung erreicht werden kann, auch wenn die psychische Ausgangssituation von negativen Faktoren gekennzeichnet war.

Beispiel der Trainingsausführung
1. *Entspannung*: Atemübung oder eine erlernte Entspannungstechnik
2. *Mentales Training*: Visualisieren der Bewegungstechnik
3. *Positive Selbstanweisung oder Affirmation*: „Ich bin gut vorbereitet und fühle mich sicher. Ich bin offensiv und vertraue meinen Fähigkeiten. Ich nutze auch die kleinste Chance!"
4. *Anwendung*

Im Training oder in Wettkämpfen werden die erworbenen mentalen Bewältigungsfertigkeiten erprobt und angewendet. Das Üben und Anwenden in der praktischen Situation erhöht die Wirksamkeit.

Durch die konsequente Wiederholung in der Trainings- und Wettkampfpraxis erreicht der Sportler eine Verknüpfung seines positiven psychischen Zustands mit der sportlichen Aktion. Gedanken bestimmen die Ausführung. Der positive Gedanke „Ich kann“ verknüpft sich mit der Tat, auch wenn die Ausführung misslingt. Entscheidend ist das Akzeptieren der eigenen Person. Affirmationen und die positive Selbstanweisung öffnen den zukünftigen Weg zur besseren persönlichen Leistung.

9.7.3 Selbstüberzeugung

Die Selbstüberzeugung, die auf Verhaltensänderung durch rationale Einsicht und Überzeugung abzielt, ist von der Selbstsuggestion abzugrenzen. Die Selbstüberzeugung ist die höchste, schwierigste, aber auch radikalste Methode der Selbstregulation (32). Die Selbstüberzeugung bezieht sich nicht nur auf die spezielle sportliche Tat, sondern sie soll auch bei der Regulation unangenehmer emotionaler Zustände helfen.

Zur Anwendung gelangen sowohl Monolog, Dialog, Informationen und Erfahrungen anderer Menschen, fremde Meinungen und Überzeugungen, als auch die Einflüsse aus Literatur, Presse, Fernsehen oder Rundfunk.

Selbstüberzeugung setzt die Diskussion und die Auseinandersetzung über die Ursachen des eigenen emotionalen Zustands voraus. Unter Einbeziehung aller Meinungen und Informationen soll der Sportler selbst Argumente entwickeln, die er zur Grundlage seiner persönlichen Überzeugung macht.

„Ich bin jetzt überzeugt, dass ich meine Nervosität in den Griff kriege, wenn ich mich von der Erwartung anderer löse!“ Es ist nicht leicht, sich zu einer solchen Aussage aus voller Überzeugung durchzuringen. Es bedarf eingehender Gespräche und rationaler Analysen, bis ein derartiger Therapieeffekt erzielt werden kann. Das intellektuelle Niveau des Sportlers spielt ebenso eine Rolle wie die optimistische oder persönliche Grundhaltung.

9.8 Einstellungen

Der Begriff „Einstellung“ ist einer der am häufigsten verwendeten Bezeichnungen im sportlichen Alltag. Trainer verwenden ihn, um die „lasche Einstellung“ ihrer Schützlinge anzuprangern, die „hervorragende Einstellung“ zu loben oder die Notwendigkeit einer „Einstellungsänderung“ hervorzuheben. Häufig zeigt sich darin eine gewisse Hilflosigkeit, nämlich immer dann, wenn Ursachen für Versagen oder Erfolg nicht klar akzentuiert werden können. Es ist deshalb sinnvoll, die Einstellung im Sport aus verschiedenen Sichtweisen zu beschreiben, ihre Bedeutung hervorzuheben und ihre Veränderung zu erwägen.

Einstellungen lenken unser Verhalten und unser Handeln in allen Lebensbereichen. Sie umfassen unsere Ansichten und Überzeugungen auf den Gebieten der familiären Umgebung, des Berufs, der Politik, der Religion, gegenüber Minderheiten und Freunden. Als Vorurteile und Stereotype lenken sie die geistige Haltung des Menschen in eine bestimmte Richtung, auch wenn eigene Erfahrungen nicht vorliegen. Einstellungen sind Gewohnheiten des Denkens und Fühlens, die sich aus der Übernahme von Meinungen im Elternhaus, von Gleichaltrigen, von Vorbildern oder aus eigenen Erfahrungen in Kindheit und Jugend entwickelt haben. So gesehen kann man sie als überdauernde Verhaltensdispositionen verstehen, deren Veränderungen nur schwer zu bewerkstelligen sind.

Einstellungen selbst sind mehr oder weniger bewusst. *Rohracher* (97) umschreibt ihre Funktion als „mitbewusst“ und meint: „Eine Einstellung liegt vor, wenn unter dem Einfluss mitbewusster Faktoren aus den objektiv gegebenen Erlebnismöglichkeiten nur ausgewählte Inhalte in spezifischer Bedeutung aufgefasst werden.“ Beispielsweise nimmt der Bergsteiger nur die günstigsten Aufstiegsmöglichkeiten wahr, während der Skifahrer am gleichen Ort zur gleichen Zeit nur die Abfahrtsschneisen erkennt.

9.8.1 Einstellungsdimensionen

Einstellungen beziehen sich auf Personen, Sachverhalte, Objekte, Werte oder Lebenssituationen. Im Sport regulieren sie das Verhalten langfristig oder aktuell jeweils in Abhängigkeit von Interessen, Motiven oder Erwartungen. Abbildung 19 zeigt Einstellungen, die Richtung, Verlauf und Intensität des sportlichen Handelns bestimmen können.

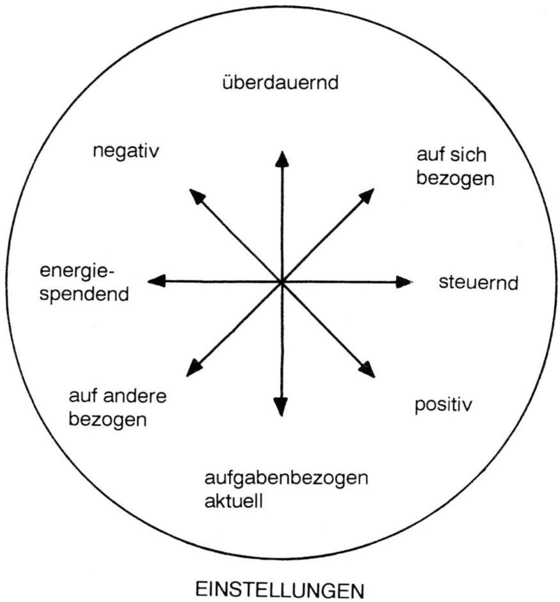

Abb. 19: Einstellungsdimensionen

Überdauernde, langfristige Einstellungen

Überdauernde Einstellungen sind meist nicht an Situationen gebunden. Sie bilden ein System von Werthaltungen und Überzeugungen, die einen wesentlichen Einfluss auf die individuelle Lebensgestaltung ausüben. So stellt z.B. die Einstellung gegenüber dem Leistungssport eine grundsätzliche Weichenstellung für späteres sportliches Verhalten und für die Leistungsorientierung dar. Aufgrund der Kenntnis solcher charakteristischer Einstellungen kann der Trainer individuelle Maßnahmen ergreifen bzw. vermeiden, um die handlungswirksame Energie bestehender Einstellungen positiv zu nutzen.

Aufgabenbezogene, aktuelle Einstellungen

Dabei werden die Handlungen des Sportlers durch Fremd- oder Selbstinstruktion auf bestimmte Aufgaben oder Ziele gelenkt. Er wird auf Informationen und Ereignisse eingestellt, d.h. angewiesen, in einer ganz spezifischen Art und Weise zu handeln. Diese Art der Einstellung ist wahrnehmungs- bzw. aufgabengebunden. Sie schafft eine latente Handlungs- und Reaktionsbereitschaft, die bewirkt, dass sich der Sportler beim Auftreten der antizipierten Reize in einer vorausgeplanten und vorstrukturierten Art und Weise verhält.

Beispiele

- Defensiv eingestellter Fußballspieler: Sein Handeln wird durch die Einstellung mit beeinflusst, Tore zu verhindern, den Gegner zu stören.
- Sicherheitsbewusster Skiläufer: Die Einstellung, in erster Linie sturzfrei zu bleiben, bewirkt latent eine reduzierte Risikobereitschaft.
- Der Gegnerbezug: Ein Basketballspieler entwickelt die Einstellung, sich nicht durch Finten zu falschen Abwehrhandlungen verleiten zu lassen.

Aufgabenbezogene Einstellungen produzieren eine spezifische, subjektive Leistungserwartung. Siegen und Gewinnen dürfen jedoch nicht die einzigen Bezugskriterien der Einstellung sein. Die Einstellung „Nur der Sieg zählt, der Gedanke zu verlieren ist unerträglich!“ setzt den Sportler unter emminent hohen psychischen Druck, steigert bei Gefahr einer Niederlage die Erregung, verbraucht unnötig Energie, die für den Erfolg dringend benötigt wird. Richtige innere Einstellungen sollen darauf gerichtet sein, das Beste zu geben, optimale Bedingungen für die Leistung zu schaffen, sich seiner Fähigkeiten bewusst zu werden und die Überzeugung zu festigen, diese auch in der Belastungssituation einsetzen zu können. Jeder Sieg oder jede Niederlage sollte nach ihrem Bezug zur eigenen Leistungsfähigkeit bewertet werden und darf nicht der Grund für persönliche Verdammnis oder euphorische Überbewertung sein.

Mobilisierende und steuernde Einstellungen

Einstellungen können Energiespender sein und den Sportler zum Einsatz aller Kräfte veranlassen. Ein Trainer kann kraft seiner Persönlichkeit und seiner Argumente seine Mannschaft „aufheizen“ und sie „kämpferisch“ einstellen. Die Spieler werden mit der Einstellung auf den Platz gehen, ihre letzten Kräfte zu mobilisieren und sich durch den Gegner nicht beeindrucken zu lassen. Einstellungen, die den Sportler mobilisieren, ihn zum Einsatz aller Kräfte bringen, seine Energie freimachen, beinhalten eine hohe emotionale Komponente. Solchermaßen eingestellte Spieler sind zwar hoch motiviert, unterliegen jedoch auch der Gefahr der „Übermotivation“.

Einstellungen, die als Energiespender wirken und mit hohem Gefühlsanteil ausgestattet sind, bedürfen psychischer Steuerungsfähigkeiten zur Kontrolle, um den Sportler trotz hoher Antriebsenergie vor unkontrolliertem Verhalten zu bewahren.

Beispiele für mobilisierende Einstellungen:

- „Ich werde meine beste Leistung bringen.“
- „Ich verfolge mein Ziel mit aller Energie.“

- „Ich werde bis zum Schluss kämpfen."
- „Ich werde mich an meinem Gegner 'festbeißen'."
- „Ich bin offensiv und freue mich auf diesen Wettkampf."
- „Ich werde zeigen, was ich kann."

Einstellungen können verstärkt auf die rationale Komponente des Handelns gerichtet sein. In diesem Fall ist das Handeln in jeder Phase, auch über längere Zeiträume hinweg, einer geplanten Zielvorstellung untergeordnet. Der Trainer stellt seine Mannschaften ein: „Haltet den Ball möglichst sicher in den eigenen Reihen. Lasst euch nicht zu riskanten Alleingängen hinreissen. Unsere Taktik hängt davon ab, dass alle ihre Aufgabe konsequent erfüllen." Steuernde Einstellungen betreffen also das Einhalten taktischer Marschrouten, das Beherrschen von Emotionen und Handlungsimpulsen, das Befolgen von Programmen und Absprachen. Um handlungswirksam zu sein, muss auch die steuernde Einstellung vor dem Ereignis aufgebaut werden.

Emotionale, energiespendende oder steuernde, rational gelenkte Einstellungen hängen vor ihrer Bildung und Akzeptanz von Argumenten und Zielen ab. Zwischen den Extremen emotional und rational lassen sich eine Vielfalt von Einstellungsvarianten anordnen, die sich durch die Beziehung von psychischer Energie und rationaler Kontrolle mehr in die eine oder andere Richtung verschieben lassen.

Beispiele für steuernde Einstellungen:

- „Ich behalte meinen kühlen Kopf."
- „Ich lasse mich durch nichts und niemanden provozieren."
- „Ich verzögere das Spiel und warte auf meine Chance."
- „Ich konzentriere mich darauf, meine beste Technik zu zeigen."
- „Ich spiele ruhig und cool."

Positive und negative Einstellungen

Negative Grundhaltungen verhindern Offensivgeist, selbstbewusstes Auftreten und Begeisterung.

Eines der wichtigsten Ziele des Sportlers und des Betreuers muss es sein, sich negativer Gemütslagen und Einstellungen bewusst zu werden und sie in eine optimistische positive Einstellung umzuwandeln. Wer die Entscheidung trifft, sich einer leistungsthematischen Auseinandersetzung zu stellen, z.B., einen Wettkampf zu bestreiten, muss sich darüber im Klaren sein, dass nur eine positive, optimistische Einstellung die Voraussetzung für erfolgreiches Abschneiden sein kann. Negative Einstellungen höhlen die innere Stärke aus, vermindern die psychische Energie und lassen keinen Raum für die Entfaltung bestmöglicher persönlicher Leistungsfähigkeit.

Mögliche Techniken der Einstellungsänderung bestehen in der bereits erläuterten positiven Selbstbekräftigung, in der positiven Zielverschiebung, in der Änderung subjektiver Wertvorstellungen im Sinne der Selbstakzeptanz und in der bewussten Beobachtung der Situationen und Zeitspannen, in denen negative Einstellungen auftreten.

Selbstbezogene Einstellungen

Einstellungen zu sich selbst beziehen sich auf das Selbstverständnis und auf persönliche Fähigkeits- und Selbstkonzepte. Sie gründen in persönlichen Erfahrungen mit Situationen, Gedanken und Gefühlen oder mit Auseinandersetzungen und Konflikten.

Das Selbstbild, das wir aus der Summe all dieser Erlebnisse entwickeln, wird als Selbstkonzept bezeichnet. Seine Bewährung und Behauptung wird als Identität subjektiv erlebt. Das Selbstkonzept des Sportlers bezieht sich auf Aussagen wie: „Ich bin ..." oder „Ich kann ...". Je nach Sportart und sportlichen Lernergebnissen entwickeln sich unterschiedliche Fähigkeitskonzepte.

Ein Fähigkeitskonzept kann als subjektive Erlebniserwartung umschrieben werden. Es wird durch Inhalte und Grenzbereiche subjektiver Leistungsmöglichkeiten individuell geprägt.

Bei einem Sportler, der bestimmte Aufgaben nicht bewältigen kann bzw. glaubt, sie nicht bewältigen zu können, entwickeln sich reduzierte Fähigkeitskonzepte, die sein objektives Leistungsvermögen nicht widerspiegeln. Aussagen, wie z.B. „Ich kann nicht turnen", „Ich kann nicht spielen, wenn jemand zuschaut", „Ich kann gegen diesen Gegnertyp oder dieses Material nicht gewinnen", verweisen auf tief verwurzelte Fähigkeitskonzepte, die sich auf ausgewählte Situationen beziehen. Globale Selbstkonzepte beziehen sich auf erweiterte Fähigkeitskonzepte. Beispielsweise zeigt die Einstellung „Ich bin ein schlechter Sportler", dass ein undifferenziertes Selbstbild vorliegt, in dem sich das Verhältnis zum Sport im Allgemeinen widerspiegelt.

Einstellungen gegenüber anderen

Sie sind leichter kontrollierbar. Ihre Veränderlichkeit hängt in hohem Maß von den Einstellungsursachen ab. Einstellungen, die sich als Vorurteile in frühester

Kindheit durch Erziehung und primäre Sozialisationsfaktoren gebildet haben, widersetzen sich hartnäckig dem Versuch, sie zu ändern. „Farbige sind bessere Läufer!", „Chinesen sind einfach bessere Tischtennisspieler!", „Er sieht aus wie Muhamed Ali, da kann ich sowieso nichts machen!" Solche auf festen Überzeugungen beruhenden Einstellungen sind oft veraltet und erstarrt. Sie führen zu psychischen Barrieren, untergraben Selbstvertrauen und Energie und schüren die Zweifel an der eigenen objektiven Leistungsfähigkeit.

Einstellungen, die sich auf Grund von aktuellen, einmaligen Erlebnissen gebildet haben, können durch Informationserweiterung verändert werden.

Je kürzer die Zeitspanne währt, in der sich eine Einstellung ausbildet, desto leichter ist sie einer Veränderung zugänglich. Einstellungen, die längerfristig entwickelt werden, verfestigen sich bis zur Gewohnheit und erstarren zu einer fixierten Grundhaltung.

9.8.2 Funktionen der Einstellung

Die Kenntnis der verhaltenswirksamen Funktionen von Einstellungen erleichtert dem Trainer die Auswahl der individuellen Maßnahmen und stellt für den Sportler eine Grundlage für zukunftsorientierte Planung dar. Einige wesentliche Funktionen von Einstellungen sollen dies verdeutlichen (Abb. 20):

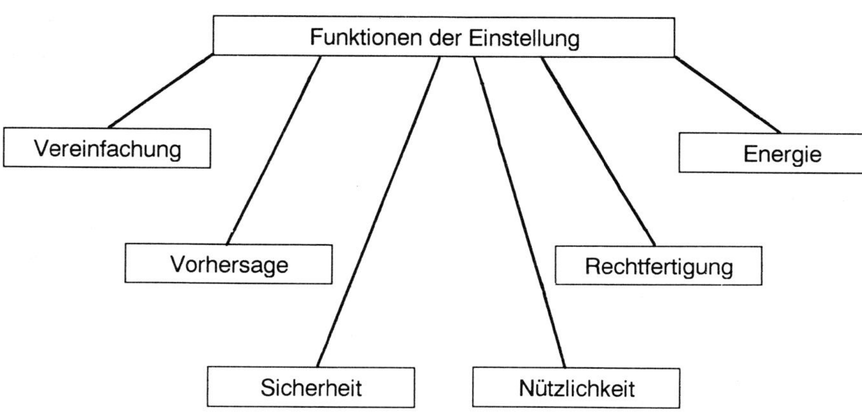

Abb. 20: Funktionen der Einstellung

Vereinfachung
Einstellungen schaffen Klarheit und Vereinfachung. Die Kenntnis der Einstellung seines Schützlings erleichtert dem Trainer die Trainingsarbeit. Sportler mit konsequenter Trainingseinstellung halten den Trainingsplan ein und sind zum Verzicht auf andere Interessen bereit. Eine Gruppe von Sportlern mit gleicher Einstellung lässt sich leichter führen als eine Gruppe, die durch heterogene, individuelle Grundhaltungen gekennzeichnet ist.

Vorhersage
Da Einstellungen wesentliche verhaltensbeeinflussende Größen darstellen, lässt sich aus ihrer Kenntnis zukünftiges Verhalten vorhersagen. Sportler mit klar formulierten Einstellungen sind in ihren Handlungen berechenbar und vorhersehbar. Der Trainer kann vorausahnend Trainingsmittel und Maßnahmen anwenden, von denen er annehmen darf, dass sie bei seinem Sportler auf positive Resonanz stoßen werden. Deshalb ist für zukunftsorientiertes Planen die Schaffung stabiler Einstellungen eine wichtige Voraussetzung.

Sicherheit
Einstellungen schaffen psychische Sicherheit. Sie stellen ein psychisches Gerüst dar, das Gedanken und Gefühlen Richtung und Halt verleiht. Wir orientieren uns an unseren Einstellungen und verfolgen Ziele, die sie uns vorgeben. Ältere Menschen halten an ihren Grundeinstellungen fest, da diese für ihr Leben richtungsweisend waren und ihre Wertbezüge geprägt haben. Die Erkenntnis, dass lange für richtig erachtete Einstellungen nicht mehr mit den aktuellen Wertvorstellungen übereinstimmen, kann zu schwer wiegenden Identitätskrisen führen.

Nützlichkeit
Die pragmatische Funktion der Einstellung zeigt sich darin, dass Ziele schneller und ökonomischer erreicht werden. Vor allem bei Mannschaften und Gruppen bewirken gemeinsame Einstellungen, dass Aufgaben zielstrebig mit optimalem Arbeitsaufwand gelöst werden können, und erweisen sich dadurch als nützlich für die Befriedigung individueller und gemeinsamer Wünsche.

Rechtfertigung
Je älter der Mensch wird, desto mehr hält er an bewährten Einstellungen fest. Es besteht die Gefahr, dass neue gesellschaftliche Entwicklungen und Wertvorstellungen oder Neuerungen, z.B. im Bereich der Trainingsmethoden und -mittel, Altbewährtes in Frage stellen. Das Festhalten an überholten Verhaltenweisen

und Handlungen wird dann mit festgefügten Einstellungen gerechtfertigt: „Das habe ich immer so gemacht, das werde ich auch weiterhin so halten!" Der Sportler sollte deshalb seine Einstellungen überprüfen, damit sie im Einklang mit seinem Verhalten und mit sozialen und sportlichen Entwicklungen stehen, um der Gefahr von Isolation, Konfliktbelastung oder Verunsicherung vorzubeugen.

Energie
Einstellungen vereinen Gedanken, Gefühle und Bewegung und lenken sie auf ein gemeinsames Ziel. Dadurch verhindern sie, dass unnötige Energie verbraucht wird. Einstellungen bündeln vor allem die emotionale Energie auf Grund vorangegangener Strategien und geben sie frei, damit man sich einer Aufgabe mit aller körperlichen und psychischen Kraft widmen kann. Die richtige Einstellung stellt einen Energiespeicher dar, der die volle Aufmerksamkeit und die vitalen Kräfte zum gezielten Einsatz führt.

9.8.3 Stabilisierung und Änderung der Einstellung

Der Sportler muss bestrebt sein, bewährte und erfolgversprechende Einstellungen zu stabilisieren und erstarrte, nicht mehr den Voraussetzungen und Entwicklungen angemessene Einstellungen zu verändern.

Die Stabilisierung von Einstellungen ist eng mit der emotionalen Befriedigung verknüpft. Die meisten Einstellungen sind oder waren in irgendeiner Weise an Bedürfnisse gebunden und erhalten von dort her ihre subjektive Wertorientierung. Die Erfüllung von Bedürfnissen wird stets von positiven Gefühlen begleitet, die mit der inneren Gleichgewichtsfindung einhergehen. Je länger und nachhaltiger eine sportliche Aktivität individuelle Bedürfnisse und Wünsche befriedigt, desto stabiler wird die sich daraus bildende Einstellung sein.

Die Einstellung kann sich längerfristig vom auslösenden Bedürfnis abspalten und als eigenständiger, gewohnheitsmäßiger Antrieb wirken.

Die Veränderung von Einstellungen, die sich als falsch, negativ, unzweckmäßig oder unbefriedigend erweisen, kann sowohl vom Sportler selbst als auch durch Beratung und Einwirkung von Außenstehenden erfolgen. Auch Betreuer und Trainer können dazu beitragen, die Einstellung ihrer Schützlinge zu ändern.

9.8.3.1 Informationen

Bereits vorhandene Einstellungen können durch positive Informationen noch mehr gefestigt werden. Weiter führende Zusatzinformationen bieten die Möglichkeit zur Veränderung der Einstellungen.

Dabei ist folgendes Problem zu lösen: Einstellungen zeigen den Effekt, dass Informationen, die mit ihnen übereinstimmen, bevorzugt aufgenommen werden. Demzufolge versucht ein Sportler, Informationen, die seine Einstellung gefährden, zunächst abzuweisen, zu ignorieren, sie also erst gar nicht anzunehmen.

Ein Trainer, der die Einstellung seiner Mannschaft oder seines Schützlings verändern will, muss sich zunächst deren Aufmerksamkeitsbereitschaft sichern. Um dies zu erreichen, ist es zweckmäßig, mit einer Informationsart zu beginnen, die aus der Sicht des Sportlers so viel Attraktivität und Anreiz bietet, dass sie seine Aufmerksamkeit fesselt. Die wesentlichsten Inhalte der Information zur Einstellungsänderung sind:

- Der Anreizwert
Die Argumente des Trainers werden immer dann bevorzugt angenommen, wenn sie aus der Sicht des Sportlers positiven Inhalts sind. Spricht der Trainer über Möglichkeiten und Maßnahmen, die auch der Sportler gutheißt, so ist dieser gerne geneigt, zuzuhören. Positive Informationen sollten also stets an den Anfang des Gesprächs gestellt werden. Sie stoßen beim Sportler das Tor auf, weiteren Argumenten zugänglich zu sein. Im umgekehrten Fall, wenn der Trainer beispielsweise schon zu Beginn der Unterhaltung seine unangenehmen Eröffnungen ausbreitet, besteht die Gefahr, dass der Sportler Abwehrmechanismen aufbaut, gar nicht zuhört oder dagegen protestiert.

- Die Glaubwürdigkeit
Ein Trainer, der von seinen Sportlern verlangt, frühzeitig schlafen zu gehen, und selbst Nächte hindurch feiert, verliert an Glaubwürdigkeit. Betreuungspersonen aller Ebenen haben für Jugendliche eine mehr oder minder ausgeprägte Vorbildfunktion. Insbesondere Trainer, die das Verhalten der Sportler unmittelbar lenken, üben bewusst oder unbewusst eine Vorbildwirkung aus. Außerdem ist es notwendig, dass der Trainer von allen Maßnahmen persönlich überzeugt ist. Jugendliche haben ein feines Gespür dafür, ob der Trainer selbst von der Wirksamkeit seiner Argumente überzeugt ist, oder ob er nur ein aufgepfropftes Rollenverhalten an den Tag legt. Echtheit und Wahrhaftigkeit im Umgang mit jugendlichen Sportlern stellen die Basis für die Glaubwürdigkeit der Argumente dar.

- Kompetenz
Die fachliche Kompetenz des Trainers spielt vor allem bei leistungsbereiten Sportlern eine wichtige Rolle. Für Sportler, die eine Verbesserung ihrer Technik

oder Taktik, ihrer Position oder Mannschaftszugehörigkeit anstreben, stellt das fachliche Wissen und Können des Trainers einen entscheidenden Faktor der positiven Beziehung dar. Der Trainer ist eng mit den Wünschen und Zielen des Sportlers verknüpft, da er in der Lage ist, kompetente Hilfen bei der Bewältigung von Schwierigkeiten zu geben. Gerade im Leistungssport zeigt sich häufig eine Übertragung der Einstellungen fachkundiger Trainer auf heranwachsende Sportler.

- *Macht*

Auch die Macht des Informationsvermittlers kann bei Einstellungsänderungen mitwirken. Trainer, Lehrer und Übungsleiter sind insofern im Besitz von Macht, als sie die Kontrolle über Sanktionen und Belohnungen haben. Labile Sportler ohne zielgerichtete Orientierung übernehmen bevorzugt die Einstellungen von vermeintlich Mächtigeren, da sie offensichtlich zum Erfolg führen. Es kann auch vorkommen, dass Sportler zunächst widerwillig fremde Einstellungen übernehmen, z.B. eigene Einstellungen zugunsten von Mannschaftszielen aufgeben oder ändern. Zunächst erzwungene Einstellungsänderungen können im Falle des Erfolgs als feste Überzeugungen verinnerlicht werden.

9.8.3.2 Denken und Affirmationen

Negative Einstellungen sind die Resultate früherer Erfahrungen und Erlebnisse. Durch die längere Entwicklungszeit bedingt, haben sie den Charakter von Denkgewohnheiten angenommen.

Wir denken negativ, weil wir uns daran gewöhnt haben.

Diese Denkgewohnheiten führen dazu, dass zukünftige Aufgaben in Verbindung mit den negativen Erlebnissen der Vergangenheit gebracht und mit ähnlichen Gedanken assoziiert werden.

Solche negativen Einstellungen machen sich im Sport bei Wettkämpfen, im sozialen Bereich oder bei der Beurteilung von zukünftigen Anforderungen bemerkbar. „Ich werde mich genauso dumm anstellen, wie beim letzten Mal!", „Wenn ich am Ball bin, wird ja doch nur gepfiffen!", „Ich habe das Gefühl, dass ich mit dieser Aufgabe überfordert bin!", „Meine Nervosität wird mir wieder einen Strich durch die Rechnung machen!"

Negative Einstellungen beinhalten häufig auch eine Schutzfunktion gegen Enttäuschungen. Wenn man den Erfolg nicht erwartet, ist man im Falle der Niederlage auch nicht enttäuscht. Die negative Einstellung „Ich gewinne ja doch nicht!" liegt in der eigentlichen Angst begründet, positive Erwartungen nicht erfüllen zu können.

Gegen diese negativen Gedanken können wir angehen, indem wir bewusst eine positive Denkstrategie entwickeln. Voraussetzung ist die klare Vorstellung der positiven Einstellung, die man zu erlangen wünscht. Negative Haltungen und positive Gedanken stehen in einem unvereinbaren Gegensatz.

Durch die ständige Wiederholung von positiven Gedanken gelingt deshalb eine Auflockerung der negativen Denkweisen und später die Umwandlung zur positiven Einstellung. Die negative Einstellung stellt dann nicht mehr das alleinige „innere Probehandeln" der nachfolgenden Handlungsausführung dar.

Positive Gedanken wirken wie ein Keil, der sich zwischen negativem Programm und Ausführung schiebt.

Konsequentes Training positiver Denkinhalte lässt diesen Keil immer tiefer eindringen, um die Wirkung der negativen Grundhaltung langsam auszuschalten. Tägliches Denken an das, was man gerne sein möchte, oder wie man gerne empfinden und fühlen würde, führt allmählich zu einer positiveren Gefühlslage. Gedanken machen keinen Unterschied zwischen Vorstellung und Realität.

Intensives Denken kann den Einfluss der Situation ausschließen, so dass der Augenblick des Denkens zur realen Welt wird. Der Gedanke „Ich fühle mich sicher und stark!" schließt im kurzen Moment der Gedankenaktualisierung das Angstgefühl aus. Je häufiger diese Gedanken wiederholt werden, desto dominierender werden sie das Handeln beeinflussen. Loehr empfiehlt, alle Gelegenheiten des täglichen Leben zu nutzen, um eine positivere Einstellung zu entwickeln. Als besonders wirksam hat sich die schriftliche Niederlegung und Umwandlung in positive Sätze erwiesen.

Beispiele:
Aus „Ich habe keine Lust, gegen diesen Gegner zu spielen!" wird „Ich freue mich auf diesen Gegner! „Hoffentlich mache ich keine Fehler!" wird zu „Ich akzeptiere es, wenn ich einen Fehler mache. Ich konzentriere mich darauf, mein Bestes zu geben!"

Aus „Ich weiß, dass ich im Wettkampf nichts bringe!" wird „Ich bin zuversichtlich und freue mich auf den Wettkampf!"

Diese ganz persönlich bedingten und formulierten Sätze werden aufgeschrieben und am besten an gut zugänglichen Stellen deponiert, z.B. an der Zimmertür, auf dem Schreibtisch, an der Küchenwand, so dass sie mehrmals täglich gelesen werden können.

Die Selbstbeobachtung spielt dabei eine wichtige Rolle. Bemerkt man, dass die negative Einstellung in den Vordergrund tritt, stoppt man diese Gedanken durch den Selbstbefehl „Halt!" und setzt an seine Stelle die positive Formulierung.

9.8.3.3 Symboltraining

Auf die Bedeutung von Symbolen wurde schon im Rahmen des mentalen Wettkampftrainings hingewiesen (s. S. 117).

Symbole stellen geistige Bilder dar, die sowohl die tatsächliche Wirklichkeit als auch den Sinngehalt der Dinge enthalten.

„Alles ist ja nur symbolisch zu nehmen und überall steckt noch etwas anderes dahinter" (Goethe).

Symbole haben sowohl am Rationalen wie am Irrationalen teil. Sie stellen Verknüpfungen zwischen dem Bewussten und dem Unbewussten dar.

Da sie in beide Bereiche hineinragen, enthalten sie auch bewusste und unbewusste Inhalte. Das Symbol geht über den sprachlichen Begriff hinaus, es ist mehr als nur ein Gedanke, da es eine Ahnung von unserer Ideenwelt und dem Sinngehalt der Dinge enthält. Wenn es uns gelingt, Symbole für ein positives Leben, für erwünschte psychische Zustände zu finden, schlagen wir einen Weg ein, Verhalten über den irrationalen Weg des Unbewussten zu ändern.

Ein weinendes Kind ist eine reale Tatsächlichkeit, es hat darüber hinaus auch noch eine symbolische Bedeutung. Es ist das Sinnbild der Hilflosigkeit und der Hilfsbedürftigkeit. Eine Taube ist nicht nur ein Vogel, sie ist auch ein Symbol für Frieden und Friedfertigkeit. Ein Baum symbolisiert Schutz, Geborgenheit und Leben („Baum der Erkenntnis"). Wenn wir aggressiv gestimmt sind, kann die Vorstellung einer in der Sonne liegenden Katze das Symbol für Entspannung und Ruhe sein und uns friedfertig stimmen.

Symbolisches Denken kann vor allem angewendet werden, um Einstellungen der Aggression, der Unterlegenheit, der Laschheit, der Unsicherheit oder der Unvollkommenheit zu begegnen.

Es ist wichtig, dass der Sportler die Symbole selbst benennt: „Welche Symbole siehst du, wenn du an Friedfertigkeit, an Sicherheit oder an Ruhe denkst?" Es sollen jeweils Sinnbilder gewählt werden, die die positive Seite der zu verändernden Einstellung verdeutlichen. In diesem Fall könnten es die Symbole sein: einsame Landschaft, spielende Kinder, Baum, Felsen, bekannte Person, Vorbild, Gemälde, Gegenstand, der Freude bereitet.

Spieler, die z.B. ihre Aggressionen nicht beherrschen, können durch langfristiges, häufiges bildhaftes Vorstellen ihres Friedenssymbols eine Änderung erreichen, wenn sie mit dieser Vorstellung bereits in die bedrohliche Situation hineingehen: „Nimm deine Friedenstaube mit aufs Spielfeld. Betrachte sie, wie sie sanft und friedfertig auf deiner Hand sitzt. Sie vertraut dir. Ihr Friede wird sich auch bei dir ausbreiten!"

Symbole der Kampfbereitschaft, der Reaktionsschnelligkeit oder Explosivität können sein: „Ich springe ab, wie ein Pfeil, der vom Bogen fliegt!", „Ich greife an wie ein Panther!", „Ich explodiere!", „300 PS!", „Turbo 2000!", „Ich schwebe wie ein Schmetterling.", „Ich steche wie eine Biene" (Muhamed Ali).

Je häufiger Symbole der Gegensätzlichkeit in die Vorstellung gerufen werden, desto deutlicher wird der Einfluss auf die zu verändernde Verhaltenweise sein.

Bei Entspannungsübungen oder in entspannten Situationen, z.B. in der Mittagspause, vor dem Einschlafen, kurz vor dem Aufstehen oder wenn man ungestört ist, sollte man sich innerlich mit den Symbolen der Sicherheit, der Stärke, der Spannung, der Leichtigkeit etc. beschäftigen.

9.8.3.4 Rollentausch mit dem Gegner

Einstellungen, die man anderen Personen gegenüber hat, beruhen häufig auf Annahmen, die keine reale Begründung haben. „Ich glaube, die lehnen mich alle ab. Mit mir will keiner was zu tun haben!" Eine derartige Einstellung eines Neulings kann völlig unbegründet sein. Sie beruht unter Umständen auf einer Situation, in der die Mannschaft durch Niederlagen oder andere Konflikte belastet und abgelenkt wurde, so dass vielleicht sogar ein Gruß unterblieb. Einstellungen entbehren deshalb oft der realen Basis. Sie sind zwar vorhanden, entsprechen aber nicht der objektiven Wirklichkeit.

Die Wirklichkeit braucht deshalb auch nicht verändert zu werden, da sie nicht die Ursache der Interpretation darstellt. Es geht vielmehr darum, die Einstellung zu hypothetischen Annahmen zu ändern, um dadurch Einfluss auf das Verhalten zu nehmen. Eine Voraussetzung besteht darin, dass man sich Gedanken darüber macht, ob die Annahme aufgrund gegebener Umstände berechtigt ist oder ob sie auf der subjektiven Auslegung einer spezifischen Situation oder Verhaltensweise anderer beruht. Wenn z.B. ein Gegner unbekannt ist, so lässt sich keine schlüssige Begründung dafür finden, dass man mit einer vorgefassten Meinung oder Einstellung in den Wettkampf geht.

Um die negative Einstellung zu ändern, kann man sich in die Rolle des Gegners versetzen. Man versucht sich z.B. vorzustellen, welche Gedanken und Gefühle er einem gegenüber hegt: „Was kann er von mir wissen? Kennt er meine Stärken? Wenn ja, wie wird er sich mir gegenüber verhalten? Ob ihm meine Schwachpunkte bekannt sind? Wie wird er sie nutzen? Er ist unsicher, sein Selbstbewusstsein ist gering. Ich weiß, dass jeder Sportler Lampenfieber hat, also muss auch er nervös sein. Ich versuche, mich in seine Person zu versetzen und seine Vorbereitung gegen mich zu erleben. Ich fühle, dass ich mindestens genauso stark, so sicher und selbstbewusst bin wie er. Es gibt keinen Grund für mich, an mir und meinen Fähigkeiten zu zweifeln. Ich werde selbstbewusst und cool auftreten."

9.8.3.5 Die „Verwandlung" des Gegners

Es gibt Gegner, die man bewundert, gegen die man sich keine Chance ausrechnet, von denen man annimmt, dass sie einfach besser sind. Dadurch begibt man sich von Anfang an in eine innere Verteidigungshaltung. Um eine Umwandlung in selbstbewusste Energie und in Offensivgeist zu erreichen, schlagen *Syer/ Connolly* (113) vor, sich das Selbstbewusstsein vom Gegner zurückzuholen.

Dies gründet auf dem bekannten Phänomen der *Gefühlsübertragung*. Das Beobachten und Interpretieren von Verhaltensweisen anderer, die bestimmte Emotionen signalisieren, löst beim Beobachter ähnliche Gefühle aus. Ein weinendes Kind oder hilflose Menschen lösen Gefühle des Mitgefühls aus, freudvolle und antriebsstarke Vorbilder provozieren Unternehmungslust und aktive Stimmungslagen.

Um Gefühle der Minderwerigkeit, der Unsicherheit und der Defensive zu überwinden, stellt man sich im Zustand der Entspannung einen Gegner vor, dem man sich unterlegen fühlt. Man beobachtet ihn mental, man visualisiert besonders bewundernswerte Verhaltensweisen, stellt sich vor, wo seine Stärken liegen und woher sein Selbstbewusstsein rührt. Anschließend reflektiert man die eigenen Verhaltensmerkmale und vergleicht sie mit denen des Gegners.

Besonders wirkungsvoll ist dieses Vorgehen, wenn man die Aufmerksamkeit auf die Stärken des Gegners lenkt, die man selbst nicht zu besitzen glaubt. Man beobachtet z.B. seinen Angriffsgeist, sein Selbstbewusstsein oder seine Sicherheit. Das sind Eigenschaften, die man dem Gegner überlässt und sich dann mental zurückholt.

Sportler, die derartige Visualisierungen durchgeführt haben, berichten, dass sie mangelnde eigene Qualitäten vom Gegner auf sich übertragen konnten. Sie fühlten, wie sich die Stärke des Gegners auch in ihrer Leistung niederschlug, so als hätten sie eine energetische Beziehung zum Gegner geschaffen.

Auf diese Weise gewinnt man neue Selbsterfahrungen, erkennt die Haltlosigkeit der eigenen Minderwertigkeitskomplexe und holt sich die verloren gegangenen Eigenschaften, die man dem Gegner überlassen hatte, wieder zurück.

10 Psychische Steuerungsfähigkeiten

„Schmerzt Dich in tiefer Brust das herbe Wort 'Du musst!', so macht Dich eins nur still, das stolze Wort 'Ich will!'" (Autor unbekannt)

Erfolgsorientierte Sportler müssen lernen, ihre Handlungen bewusst zu kontrollieren. Ziele, die man sich setzt, sind meist nur durch Anstrengung, dauerhaftes Bemühen und durch Überwindung innerer Schwierigkeiten oder äußerer Hindernisse zu erreichen. Es genügt nicht, sich etwas zu wünschen, wenn das Gewünschte nur durch hohe Konzentration oder dauerhafte Beharrlichkeit verwirklicht werden kann. Bewusstes Wollen, Entschlusskraft, Mut und Konzentrationsfähigkeit sind die Voraussetzung dafür, dass der Sportler seine körperlichen Fähigkeiten in der sportlichen Leistung zum Ausdruck bringen kann.

Die psychischen Steuerungsfähigkeiten schlagen eine *Brücke zwischen Motiv und Ziel.* Auf dem schwierigen Weg von den Wünschen und Bedürfnissen zu ihrer Erfüllung werden Willens-, Konzentrations-, und Ausdauerfähigkeit benötigt.

Besonders der Wille gründet in einer ausreichenden Motivation und klarer Zielsetzung. Seine Stärke und seine Qualität lassen sich an den zu überwindenden subjektiven Hindernissen und Schwierigkeiten ermessen (Abb. 21).

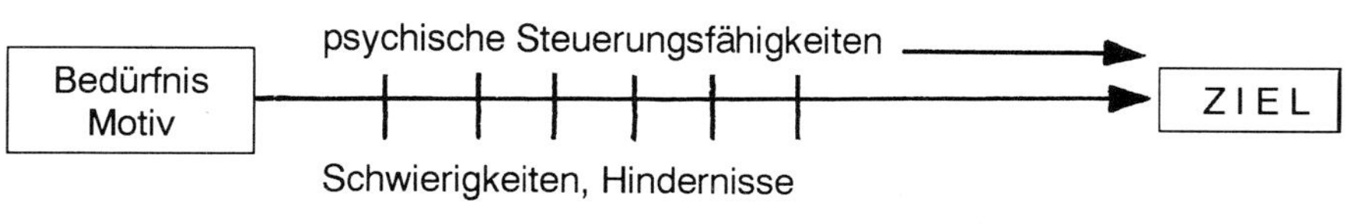

Abb. 21: Bedingungen psychischer Steuerungsfähigkeiten

Psychische Steuerungsfähigkeiten unterliegen der Kontrolle des Bewusstseins.

Ihre Schulung und Verbesserung setzt eine dauerhafte Motivation und klare Zielbezogenheit voraus.

Die Überwindung nach der Schwierigkeit soll dem methodischen Prinzip vom Einfachen zum Schwierigen erfolgen, d.h., die vom Sportler subjektiv erlebten Schwierigkeiten müssen für ihn lösbar und zu bewältigen sein. Die damit verknüpften Erfolgserlebnisse spenden Energie für das weitere bewusste Wollen, für die verstärkte Konzentration oder den Mut zum selbstbewussten Risiko. Abbildung 22 zeigt die Hindernisse und Schwierigkeiten, deren Überwindung als Gradmesser für die Beurteilung der Qualität psychischer Steuerungsfähigkeiten dienen kann.

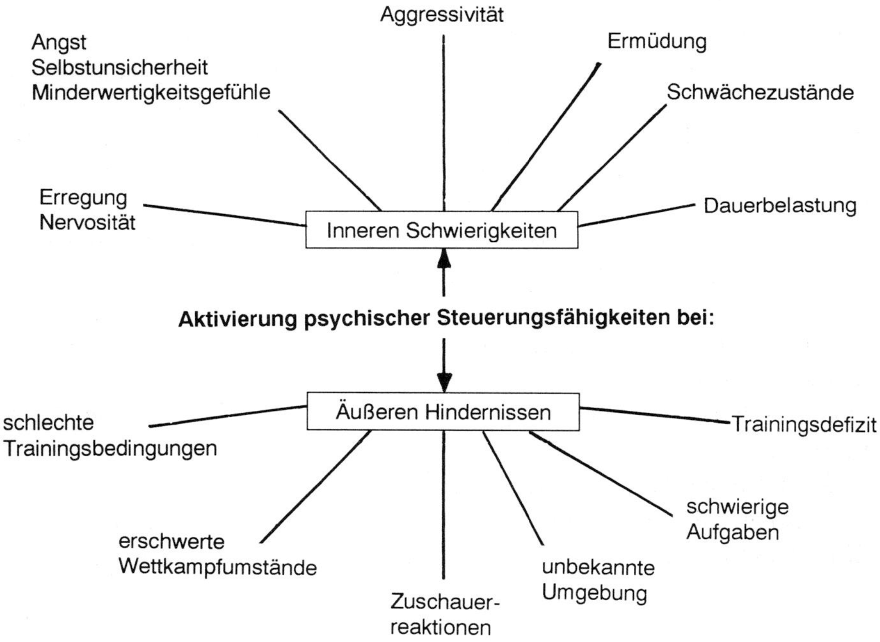

Abb. 22: Aktivierung psychischer Steuerungsfähigkeiten

10.1 Psychische Steuerungsfähigkeiten im Sport

Unterschiedliche Handlungsumstände und -ziele verlangen die Aktualisierung spezifischer psychischer Steuerungsfähigkeiten. Dabei spielen die auftretenden emotionalen Begleitprozesse eine entscheidende Rolle. Angst und Minderwertigkeitsgefühle bedürfen ebenso der psychischen Kontrolle wie Impulse der Aggressivität, der Unlust oder der überschäumenden Begeisterung.

Da Steuerungsfähigkeiten stets im Zusammenhang mit den Motivationsbedingungen und den Zielsetzungen des Sportlers zu sehen sind, unterliegen sie der Einflussnahme psychoregulativer Verfahren, wie sie bei den einzelnen Problembereichen vorgestellt werden.

Wille
Der Wille stellt die Fähigkeit dar, subjektiv erlebte Schwierigkeiten und Hindernisse bewusst zu überwinden.

„Ich fühle mich heute faul und träge, aber ich gehe trotzdem zum Training."
„Ich würde am liebsten aufgeben, aber ich will es nicht!"

Diese häufig gehörten Sätze zeigen uns, dass der Wille eine bewusste Kraft ist, die man aufwendet, um einen Entschluss zu fassen. Allerdings enthält diese Definition nicht alle Charakteristika. Auch Fähigkeiten, sich Ziele zu setzen, Entscheidungen zu fällen, zielgerichtete Handlungen auszuführen und zu kontrollieren, sind Kennzeichen der Willenshandlung (92).

Der Wille selbst stellt weder ein Motiv noch eine lokalisierbare Fähigkeit mit körperlicher oder phsyiologischer Repräsentanz dar.

Als Phänomen leistungssportlichen Handelns lässt sich der Wille als Fähigkeit erkennen, die zwischen subjektiver Antriebslage und Zielorientierung vermittelt.

Puni bezeichnet den Willen deshalb als „tätige Seite des Verstandes und der moralischen Gefühle, er ist die Funktion des arbeitenden Gehirns, die es dem Menschen erlaubt, sich selbst zu lenken, besonders unter den Bedingungen der Überwindungen von Hindernissen bei persönlichen Schwierigkeiten" (92).

Die Schulung und Verbesserung der Willenskräfte sollte als Prozess in der Trainings- und Wettkampfgestaltung zielstrebig verfolgt werden. Im Mittelpunkt des Willenstrainings steht die Überwindung von Hindernissen und Schwierigkeiten, die aus der subjektiven Sicht des Sportlers das Erreichen der Zielstellung erschweren oder gefährden. Aus der Abwägung der eigenen Mittel und Wege und der Beurteilung ihrer erfolgreichen Anwendung bilden sich im Laufe der Zeit Fähigkeiten bewussten Wollens.

Die Willensbildung steht in enger Beziehung zur Leistungsmotivation, die durch erfolgreiches Bestehen schwieriger, aber lösbarer Aufgaben gesteigert wird. Die Leistungsmotivation stellt eine wesentliche Voraussetzung zur Verbesserung der Willensstärke dar. Auch Visualisierungsprogramme, mit deren Hilfe die Überwindung der Schwierigkeiten bewusst durchgespielt wird, tragen zur Willensverbesserung bei.

Entschlusskraft

In der Entschlusskraft zeigt sich die Fähigkeit, Entscheidungen zu fällen und sie in Bewegungshandlungen zu verwirklichen. Unzählige Situationen stellen den Sportler vor Entscheidungen, die er unmittelbar in sportliche Aktionen umsetzen muss. Der Entschluss vermittelt zwischen der inneren Entscheidung und der zu Tage tretenden Ausführung. Der Langstreckenläufer entscheidet sich z.B. zu einem Zwischenspurt und verwirklicht ihn entschlossen; der Spieler entscheidet sich für einen Pass oder eine Schlagvariante und darf keine Sekunde mit der Ausführung zögern.

Menschen mit hoher Entschlusskraft setzen innere Entscheidungen in die Tat um. Es gibt aber auch Plänemacher mit vielgestaltigen Ideen. Sie fällen Entscheidungen und revidieren sie, da sie nicht in der Lage sind, sie entschlossen ohne Zaudern und Zögern auszuführen.

Entschlossenheit in der Entscheidungsausführung sollte schon im Kinder- und Jugendtraining bewusst angestrebt werden. Sie beruht auf der pädagogischen Dimension der Persönlichkeitsentfaltung. Sportler, die das Gleichgewicht zwischen persönlicher und sozialer Identität gefunden haben, werden entschlossener zu ihrer Entscheidung stehen, als solche, die durch Vorbehalte, Hemmmungen oder Ängste an der Ausführung gehindert werden. Bewusste Selbständigkeit, die Fähigkeit, Entscheidungen zu fällen und die Konsequenzen zu vertreten, sind Ziele der Erziehung zu persönlicher Entschlusskraft. Diese Aufgaben können sowohl im Bereich der Technik, der Taktik oder der Trainingsorganisation als auch im Verhalten zu Trainings- und Spielpartnern gestellt werden. „Spiel' doch endlich den Ball!" ruft der Betreuer, wenn ein Fußballer sich nicht entschließen kann, den Ball abzugeben.

„Geh' doch ans Netz!" befiehlt ein Trainer, der erkennt, dass sein Schützling zwar einsieht, am Netz zu spielen, um erfolgreich zu sein, dass er jedoch nicht den Entschluss zur Ausführung fasst.

Je nach Sportsituation sollten die spezifischen Aufgaben besonders trainiert werden, um die Entschlusskraft zu steigern und Gedanken in Handlungen umzusetzen. Der Fußballspieler stellt sich beispielsweise die Aufgabe, den Ball nur ein- oder zweimal zu berühren, der Tennisspieler nimmt sich vor, nach jedem vorbereitenden Grundlinienschlag einen Netzangriff durchzuführen.

Selbstbeherrschung
Unkontrollierte Emotionen, Affektreaktionen und ungezügelte Gefühlskonflikte gefährden das Zusammenleben der Sportler untereinander und auch die Entwicklung einer stabilen, selbstsicheren Persönlichkeit.

Wenn von einem Sportler verlangt wird, dass er seine Gefühle unter Kontrolle bringen soll, so ist das nicht gleichbedeutend mit Unterdrückung der emotionalen Impulse.

Verneinung, Ignorieren oder Unterdrückung schaffen die affektiven Reaktionen nicht aus der Welt, sondern können sogar eine Erhöhung des Erregungspegels bewirken. Das Unterdrücken von Gefühlsregungen wirkt oft wie ein Staudamm, der, wenn er dem wachsenden Druck nicht mehr standhält, den aufgestauten Inhalt explosionsartig freigibt.
Andererseits führt auch das ungezügelte Ausleben von Gefühlen nicht zu einer mündigen, gesellschaftsfähigen Persönlichkeit. Insbesondere das unkontrollierte Ausleben von Aggressionsimpulsen bewirkt, dass sich diese Reaktionen immer häufiger wiederholen, was letztendlich ein Zerbrechen aller sozialen Bindungen und emotionalen Strukturen zur Folge haben kann.

Das *Beherrschen von Erregungszuständen*, wie Wut, Zorn oder Aggressivität, spielt bei Sportarten, die durch soziale Auseinandersetzung gekennzeichnet sind, eine wesentliche Rolle. Andauerndes Schimpfen, Meckern, Sich-Ärgern, Herumschreien, aber auch übertriebene Kundgabe der Freude und des Erfolgs können sich in mehrfacher Hinsicht negativ auswirken:
- *Sie vermindern die kognitive Funktionsfähigkeit*, d.h., Denken und Wahrnehmung werden beeinträchtigt, Planung und Entscheidung gestört, Handlungsfolgen nur unvollkommen vorausgesehen und berücksichtigt.
- Affektive Ausbrüche *verbrauchen sehr viel Energie*, die dem Sportler dann beim Leistungsvollzug fehlt. Häufige emotionale Reaktionen führen frühzeitig zu einem mehr oder minder starken Erschöpfungszustand.

Die Voraussetzung zur Verbesserung der Fähigkeit, sich zu beherrschen und unangemessene, leistungsmindernde Gefühlsausbrüche zu verhindern, besteht in der eigenen Einsicht und dem Wunsch nach Korrektur der falschen Verhaltensweisen.

Folgende Mittel zur Behebung können erprobt werden:
- *Aufzeigen des abweichenden Verhaltens durch Videoaufzeichnung*
- *Tonbandaufnahmen*

- Einholen von Meinungen der anderen
Die Kritik von Mannschaftskameraden kann eine positive Wirkung haben. Vor allem bei jungen Sportlern stellt die Gruppenzugehörigkeit, die sie nicht gefährden wollen, ein starkes Bedürfnis dar.

- Gemeinsames Gespräch
Dadurch kann es dem Trainer gelingen, neue Verhaltensstrategien überzeugend darzulegen, Einsichten zu erwirken und andere, vom Sportler bisher nicht erkannte Aspekte aufzuzeigen.

- Psychoregulative Vorbereitung
Situationen, die eine starke Erregung erwarten lassen, wie z.B. Wettkämpfe gegen aggressive Gegner oder der ungewisse Ausgang eines Wettbewerbs, können durch eine Kombination von Entspannungsübungen und Visualisierungsmaßnahmen wirksam vorbereitet werden. Der Sportler visualisiert die zu erwartende Situation, stellt sich bildhaft das aggressive Verhalten seines Gegners vor und beantwortet es auf positive Art und Weise. Er stellt sich z.B. vor, wie er den Gegner gelassen beurteilt, dabei seine eigene Handlung zielstrebig fortsetzt. Er empfindet seine eigene Cleverness angenehm und fühlt sich sicher, weil er die Situation und seine Gefühle bewusst kontrolliert.

Auch das Visualisieren nach dem Wettkampf kann nützlich sein. Man überlegt, ob die beabsichtigte Beherrschung gelungen ist, sucht die Gründe und Anlässe, die doch zur Erregung geführt haben oder gar einen Gefühlsausbruch zur Folge hatten. Diese Situation sollte man sich noch einmal ins Gedächtnis zurückrufen und sie dann durch Affirmationen umdeuten und dies mehrmals wiederholen. Die mentale Nachbereitung der Selbstkontrolle dient gleichzeitig als Vorbereitung für die nächste Bewährungssituation.

Mut
Es gibt zahllose Situationen, in denen der Sportler Mut beweisen muss. Ob es Situationen sind, denen er sich nicht gewachsen fühlt, oder ob Unsicherheit darüber besteht, ob sein Können ausreicht, ein Ziel zu erreichen oder eine Aufgabe zu bewältigen, stets ist ein gewisses Maß an Mut erforderlich, um Ängste, Hemmungen und Unsicherheiten zu überwinden und das Handeln optimal zu steuern.

Mut setzt voraus, dass der Sportler ein klares Handlungsziel anstrebt und ausreichend motiviert ist.

Angst stellt die bedrohende Vorstellung dar, dass das Nichterreichen des Ziels mit negativen Folgen, seien es Verletzungen, soziale Missachtung oder Diffamierungen, verknüpft sein wird.

Mut ist immer dann erforderlich, wenn der Sportler objektiv in der Lage ist, die Aufgabe zu bewältigen, subjektiv daran jedoch zweifelt. Erst die bewusste Erkenntnis: „Ich kann es! Ich weiß, dass ich dazu in der Lage bin!" ermöglicht es ihm, seine Angst bewusst zu akzeptieren und sie ebenso bewusst zu bewältigen.

Mutiges Verhalten gründet auf Nachdenken über die Ursachen, Mittel und Folgen von Handlungen. Es bedarf des Wissens, der Einsicht, der Phantasie und der Erfahrung.

Die Erziehung zu mutigem Verhalten ist deshalb eine gesamtpädagogische Aufgabe.

Der junge Sportler lernt, mit seinen angstbesetzten Emotionen umzugehen und sie mit positiven Gedanken und objektiv gegebenen Anforderungen zu verknüpfen. Das realistische Abschätzen der eigenen Mittel und Wege, die Beurteilung des Risikos gefährlicher und bedrohlicher Situationen sollen den Sportler befähigen, seine Angst zu beherrschen und sein Handeln zuversichtlich und selbstbewusst zu steuern. Auch bei der psychoregulativen Vorbereitung nimmt das Visualisieren mutigen Verhaltens einen wesentlichen Anteil ein.

10.2 Aufmerksamkeit und Konzentrationsfähigkeit

Aufmerksamkeit und Konzentration sind die beiden Begriffe, mit denen wir die Richtung und das Maß der psychischen Funktionen umschreiben. Diese umfassen sowohl Fähigkeitsbereiche der Wahrnehmung (Hören, Sehen, Tasten) als auch Gedanken und Vorstellungen. Aufmerksam sein heißt, die Dinge der Umwelt mit einem besonders hohen Grad an Wachheit aufzunehmen. Je höher dieser Wachheitsgrad ist, desto klarer und bewusster spiegelt sich das Wahrgenommene im Inneren wider.

Die Fähigkeit, unsere Aufmerksamkeit bewusst auf einen spezifischen Ausschnitt unseres Wahrnehmungsfeldes zu lenken, bezeichnen wir als Konzentrationsfähigkeit.

Die durch die Konzentration hervorgerufene Erhöhung der Bewusstseinshelligkeit geht einher mit der Hemmung derjenigen Bereiche des Großhirns, die außerhalb dieser bewussten Aktivierung liegen. Sich zu konzentrieren bedeutet, gehirnphysiologisch betrachtet, die Schaffung spezifischer, dominanter Erregungskreise, die mit der gleichzeitigen Erregungsminderung benachbarter Felder des Gehirns gekoppelt sind.

Wenn sich z.B. ein Hochspringer so stark auf seinen Sprung konzentriert, dass er Umgebung, Zuschauer, Stadionansage und Konkurrenten nicht mehr wahrnimmt, ist es ihm gelungen, alle störenden Reize „auszuschalten".

„Aus- oder abschalten" ist in diesem Sinne durchaus realistisch zu begreifen, da es sich um ein tatsächliches Abschalten neurophysiologischer Erregungskreise, die nicht an der Handlungsausführung beteiligt sind, handelt.

Der Mensch ist in der Lage, seine Aufmerksamkeit bewusst auf einen spezifischen Sachverhalt zu richten. Dieser kann in der Umgebung zu finden sein, beispielsweise der Ball, der Gegner, das Gerät, die taktische Situation, es kann aber auch die eigene Person betreffen, wenn der Sportler versucht, alle Kräfte in sich zu vereinen, die er zur optimalen Ausführung benötigt.

Bewusste Lenkung bedeutet, dass der Sportler sich über die Beweggründe, die Ziele und Wege seines Handelns im Klaren ist. Er ist sich seines konzentrierten Handelns bewusst und deshalb auch befähigt, diese Konzentration wieder aufzugeben, sie auf andere Gegenstände zu richten, sie zu verändern, auszuweiten oder noch enger zu fassen.

Das bewusste, willensgeleitete, konzentrierte Handeln ist nicht nur wie beim Tier von wahrnehmbaren Reizqualitäten abhängig, sondern auch vom Sinngehalt subjektiver Ziele. Das Sich-selbst-bewusst-Sein befähigt den Menschen, sich von den Reizeinflüssen seiner Umgebung zu lösen und sich ihnen je nach persönlicher Wertschätzung und Interpretation bewusst zuzuwenden oder sie abzulehnen.

10.2.1 Bedingungen der Konzentrationsfähigkeit

Die Konzentrationsfähigkeit kann durch Lernen, Üben und Trainieren verbessert werden. Sie unterliegt jedoch gewissen Voraussetzungen, ohne die ein derartiger Lernvorgang nicht in Gang gesetzt werden kann.

Beispiel:
„Konzentriere dich!" Diese Aufforderung wird häufig von Lehrern, Eltern oder Trainern gegeben, ohne dass dadurch eine deutliche Verhaltensänderung oder Leistungsverbesserung erreicht wird. Vergleichbar ist diese Aufforderung mit einem Scheinwerfer, der in den dunklen Nachthimmel strahlt und trotz hoher Leuchtkraft keine Helligkeit zu erzeugen vermag. Erst wenn der Strahl auf einen

Gegenstand oder eine Person gerichtet wird, erscheinen diese in hellem Licht. Es ist einfach, zu sagen, dass sich ein Athlet konzentrieren soll. Aber als Trainer muss man auch beschreiben können, wie man sich konzentrieren soll. Konzentrieren ist nicht etwas, was wir können oder nicht können.

Der Athlet muss lernen, was er beachten soll, wann er etwas tun soll und wie er es anstellen muss, um die Konzentration in einer kritischen Phase aufrechtzuerhalten.

So sollte auch die Aufforderung, sich zu konzentrieren, stets mit dem *Gegenstand*, dem *Ziel*, dem *Weg* und der *Richtung* der Konzentration verknüpft sein.

Folgende Bedingungen der Konzentration können in Abhängigkeit von der jeweiligen Situation verbessert bzw. vertieft werden:

Bedürfnisse, Motive, Wünsche

Da sportliches Handeln nur in Gang kommt, wenn ein Antrieb die energetische Regulation übernimmt, wird auch die konzentrierte Handlung von der Bedürfnislage in ihrer Richtung und Intensität gesteuert.

Kinder sind in ihrer Konzentrationsfähigkeit weit mehr von der Bedürfnislage abhängig als Erwachsene. Ein spielendes Kind kann beispielsweise über Stunden hinweg eine spezielle Tätigkeit ausüben, während es in anderen, weniger motivierenden Situationen kaum fähig ist, sich länger zu konzentrieren. Wenn es dem Betreuer gelingt, das Interesse der Kinder zu wecken, ihren Wünschen zu entsprechen und ihren Erwartungen gerecht zu werden, wird er kaum über mangelnde Konzentration zu klagen haben.

Kinder sind sich ihrer Konzentration weniger bewusst als der Erwachsene. Dieser kann sich auch konzentrieren, wenn die Tätigkeit nicht seiner augenblicklichen Gefühlslage entspricht. Er entschließt sich aus rationaler Einsicht zu einer bewussten Konzentrationsleistung, d.h., dass in diesem Fall nicht das emotionale Bedürfnis, sondern die rationale Zielsetzung als Voraussetzung der Konzentrationsfähigkeit dient.

Ziel

Das Ziel als Voraussetzung der Konzentrationsfähigkeit ist für Sportler bedeutsam, die, obwohl sie keine Lust haben, davon überzeugt sind, dass nur konzentriertes Üben zum Ziel führt, z.B. Üben der Pflicht im Eiskunstlauf, Aufschlagtraining beim Tennis oder Tischtennis, Korbwurftraining im Basketball u.ä.

Das Ziel erfordert, die Aufmerksamkeit auf einen Gegenstand, eine Person oder eine Handlung zu richten, die zu einem bewertbaren Ergebnis führt. Wünsche, die sich auf konkrete Ziele richten, stellen die wesentlichsten Voraussetzungen für die bewusste Konzentration auf Wahrnehmungs-, Denk- und Vorstellungsprozesse dar.

Eigenes Ich

Bei manchen Sportarten existiert weder ein Gerät, auf das man sich konzentrieren muss, noch ein Mit- oder Gegenspieler, dem die Aufmerksamkeit zu gelten hat. Es sind Sportarten, bei denen es darauf ankommt, eine optimale Koordinations- oder Konditionsleistung zu vollbringen, d.h., der eigene Körper steht im Zentrum aller Wahrnehmungs-, Denk- und Vorstellungsprozesse.

Sensorische Wahrnehmungen, z.B. beim Turmspringen, beim Sprint oder beim Weitsprung, konzentrieren sich auf propriozeptive, d.h. vom Körper ausgehende Informationen des Tast- und Bewegungssinns. Äußere Sinnesreize des Sehens und Hörens spielen nur eine untergeordnete Rolle. Deshalb stellt die Richtung der Konzentration nach innen und die Sammlung aller psychischen Kräfte zur Ausführung der bestmöglichen Körperbewegung in diesen Sportarten eine wesentliche Bedingung dar.

Zeit

Das Training der Konzentrationsfähigkeit erfordert Zeit. Die bewusste Hinlenkung auf trainings- und wettkampfrelevante Inhalte muss immerwährend Bestandteil der Übungs-, Trainings- und Wettkampfphasen sein.

Weiterhin ist es nicht möglich, die Konzentration unbeschränkt aufrechtzuerhalten. Manche Sportarten verlangen höchste Konzentration über einen längeren Zeitraum hinweg, z.B. ein Tischtennisturnier über mehrere Tage.

Die Konzentrationsfähigkeit beruht auf der willkürlichen Schaffung dominanter Erregungskreise im Gehirn und der Hemmung nichtbeteiligter Erregungszentren. Je stärker diese Erregungen sind, desto höher ist der lokale Energieverbrauch in diesem spezifischen Bereich des Gehirns. Höchste Konzentration kann deshalb nicht unbegrenzt aufrechterhalten werden.

Es bedarf einer zweckdienlichen Pausengestaltung, um die verbrauchte Energie wieder aufzubauen. Bei manchen Sportarten genügen die Pausen zwischen den Belastungen, um die erforderliche Regeneration zu gewährleisten. Auch Entspannungsmaßnahmen können zur Wiederherstellung des Energieverlustes beitragen.

Entspannung
Der Zehnkämpfer kann sich beispielsweise zwischen den Disziplinen entspannen; der Tischtennisspieler trocknet sich beim Aufschlagwechsel das Gesicht und entspannt sich kurzfristig; ähnliche Möglichkeiten besitzt der Fußballspieler, wenn er am Spiel nicht unmittelbar beteiligt ist. Entspannung und Ablenkung in der Pause zwischen den Belastungen beschleunigen den Aufbau neuer konzentrativer Energie. Zu beachten ist jedoch, dass die erforderliche Mobilisation zu Beginn der Handlungsphase wieder gewährleistet sein muss.

10.2.2 Dimensionen der Aufmerksamkeit und der Konzentrationsfähigkeit

Ein Athlet muss sich auf verschiedene Dinge konzentrieren können.

Die Konzentration eines Spielers kann z.B. mehr dem Ball, dem Gegner, der eigenen Bewegung, der Technik des Gegners oder auch allen Faktoren gleichzeitig gelten. Es gibt Sportarten, die eine Konzentration nach innen verlangen, bei anderen muss der Sportler seine Aufmerksamkeit der Außensituation zuwenden.

Auch die Zeitfrage spielt eine entscheidende Rolle. Ein Biathlet oder ein Elfmeterschütze beispielsweise muss sich kurzzeitig konzentrieren und alle Störfaktoren ausschalten, beim Schachspielen oder Tischtennis ist eine längere Dauerkonzentration notwendig.

Auch der Könnensstand muss ebenfalls beachtet werden. So bedürfen Bewegungen, die bereits automatisiert sind, nur eines geringen Aufwands an bewusster Aufmerksamkeitszuwendung.

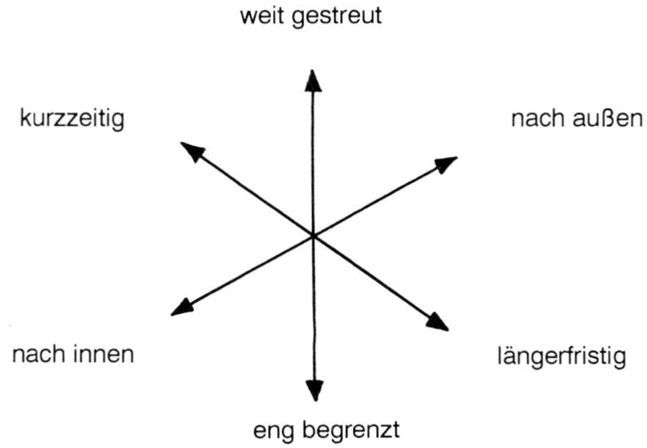

Abb. 23: Dimensionen der Konzentrationsfähigkeit

Abbildung 23 zeigt die Dimensionen der Konzentrationsfähigkeit. Die Veränderung der Sportsituationen erfordert eine Vielzahl gegenseitiger Wechselbeziehungen und Kombinationen dieser drei Dimensionen. Die Abbildung demonstriert, dass Konzentrationsfähigkeit auch beinhaltet, die Aufmerksamkeit bewusst in verschiedene Richtungen, auf weite oder enge Wahrnehmungsausschnitte zu lenken oder sich kurzzeitig bzw. länger zu konzentrieren.

Der Athlet muss lernen, die für seine Sportart spezifische Konzentrationsfähigkeit auszubilden.

10.2.2.1 Aufmerksamkeitsstreuung – Aufmerksamkeitsverengung

Der Sportler muss fähig sein, sein Konzentrationsfeld abzustecken, d.h., die Breite (Streuung) der Aufmerksamkeit zu kontrollieren. Damit steht die Menge der Informationen, die er in sein Bewusstsein dringen lässt, in engem Zusammenhang.

Situationen können so gestaltet sein, dass der Sportler seine Aufmerksamkeit erweitern und eine große Informationsmenge verarbeiten muss, wie dies z.B. beim Abschätzen eines taktischen Problems der Fall ist.

Verwendet beispielsweise ein Tischtennisspieler unterschiedliche Beläge, variiert er sein Spielsystem und greift mit verschiedenartigen Schlagtechniken an, muss sich sein Gegenspieler auf mehrere spielbestimmende Faktoren konzentrieren. Man könnte diese Fähigkeit mit der eines Zoomobjektivs vergleichen, das die Brennweite verändert, je nachdem, ob ein spezifischer Ausschnitt besonders genau betrachtet werden soll oder ob die Konzentration auf das Umfeld ebenso wichtig ist.

Die Streuung der Aufmerksamkeit auf ein erweitertes Konzentrationsfeld wird auch als Distribution bezeichnet. Es ist dabei zu berücksichtigen, dass die Beachtung mehrerer Faktoren zur Verminderung der Bewusstseinsklarheit und Wahrnehmungsgenauigkeit führt.

Sich auf mehrere Dinge gleichzeitig zu konzentrieren, bedeutet eine Reduktion des klar bewussten Erkennens.

Die Fähigkeit, die Konzentration von einem weiten Aufmerksamkeitsfeld auf einen begrenzten Ausschnitt zu verengen und gegebenenfalls wieder zu erweitern, ist vor allem bei Sportarten erforderlich, die einer wechselnden Anpassung an äußere Veränderungen bedürfen. Dies betrifft vor allem die Spielsportarten. Ein Spieler, der das Spielgeschehen beobachtet, muss sich im Falle einer Tor- oder Korbsituation blitzschnell auf einen eng begrenzten Ausschnitt mit höchster Wachheit seines Bewusstseins konzentrieren und störende Faktoren ausschalten.

Ähnlich wie der Strahl eines Scheinwerfers sich mit größter Helligkeit auf ein kleines Wahrnehmungsfeld richten kann und alles andere im Dunkeln versinken lässt, kann auch die Aufmerksamkeit auf einen eng begrenzten Punkt gelenkt werden. Fokus bedeutet Brennpunkt. Wir bezeichnen deshalb diese höchste Stufe der Konzentration als „Fokussieren".

Fokussieren bedeutet, sich im Hier und Jetzt mit höchster Bewusstseinsklarheit auf eine Sache der Umgebung zu konzentrieren.

Wenn wir eine Aktion noch nicht abgeschlossen haben und uns schon auf die nächste konzentrieren, begehen wir überhastet und hektisch Fehler.

Ein Tennisspieler beispielsweise, der im 1. Satz in Führung liegt und schon an den Gewinn des gesamten Matches denkt, läuft Gefahr, den Satz doch noch zu verlieren.

Nur wenn sich der Sportler auf die nächstfolgende Handlung konzentriert, gelingt es ihm, alle störenden Einflüsse und Ablenkungen auszuschalten. So kann er jeweils im Augenblick des Handelns sein Bestes geben.

10.2.2.2 Innenkonzentration – Außenkonzentration

Ob der Sportler seine Konzentration mehr auf den eigenen Körper und dessen Bewegung oder auf äußere Bedingungen, Personen, Gelände oder Geräte lenkt, hängt von seinem Können und den spezifischen Bedingungen der Sportart ab.

Es gibt Gelegenheiten, die einen inneren Aufmerksamkeitsfokus erfordern. Dabei muss der Sportler gegenüber seinem eigenen Körper sensibel werden und dessen Signale verarbeiten können. Er muss sich in solchen Situationen auf sich selbst konzentrieren, die Aufmerksamkeit nach innen richten, um seine Empfindungen, seine Körperlage oder Körperstellung richtig deuten zu können.

Die Innenkonzentration teilt dem Athleten auf Grund der Körpersignale mit, ob er müde wird, Schmerz empfindet, ob er sich fit oder schlaff fühlt. Das feine Abstimmen der Geräteführung (Tennis, Ski etc.), das sensible Schlagen eines variiert geschnittenen Balls, das Stabilisieren des Körpergewichts (Schwebebalken, Judo) erfordern ebenfalls ein hohes Maß an Innenkonzentration. Die Korrektur von Körperhaltung und Körperstellung verlangt kurzfristige, aber hohe Konzentration auf den eigenen Körper. Diese wird hauptsächlich durch die Körpersinne (Bewegungssinn, Tastsinn, Gleichgewichtssinn) ermöglicht.

Als Beispiele können angeführt werden:
Die Ausholbewegung bei Spinbällen im Tennis und Tischtennis, die Beinschlagfrequenz beim Schwimmen, die Körperstreckung beim Trampolin- oder Turmspringen, die Beuge- und Streck-Bewegungen beim Skilauf oder Variationen der Körperhaltung in der Gymnastik.

Die Innenkonzentration kann der Außenkonzentration entgegenwirken, z.B., wenn sich ein Spieler so stark auf die eigene Schlägerführung konzentriert, dass er den Drall des Balles, die Taktik oder die gegnerische Variante nicht beachtet und dadurch eine Fehlleistung begeht.

Innen- und Außenkonzentration wechseln sehr häufig. Für den Sportler bedeutet es einen stetigen Balanceakt, weder die eine noch die andere Aufmerksamkeitsrichtung überzubetonen.

10.2.2.3 Könner und Anfänger – Anteil des Bewusstseins

> „Kannst du mir sagen, warum deine Vorhand heute so phänomenal gut ist?" fragt ein unterlegener Tennisspieler nach dem 1. Satz seinen Gegner. Dieser antwortet: „Darüber habe ich noch nicht nachgedacht." Im 2. Satz lenkt er seine Aufmerksamkeit bewusst auf die Vorhand, versucht, sie gedanklich zu begleiten und begeht von nun an Fehler über Fehler.

Auch *Steffi Graf* sagte einmal, nachdem sie einen 1. Satz verloren hatte: „Ich muss an meiner Vorhand arbeiten!" Ihre Vorhand war bis zu diesem Zeitpunkt die beste der Welt. Als sie versuchte, ihre Bewegungsausführung bewusst zu lenken, wirkte ihr Spiel verkrampft und gezwungen.

Es gibt einen wesentlichen Unterschied in der Konzentrationslenkung zwischen dem geübten Könner und dem lernenden Anfänger. Abbildung 24 zeigt ein vereinfachtes Modell, das zum besseren Verständnis dienen soll. Der Anfänger nimmt einen Lernanreiz wahr und programmiert über das Bewusstsein einen Bewegungsentwurf, der als Leitbild für die Bewegungsausführung dient. Nach Rückmeldungen äußerer Reize (Sehen, Hören) oder innerer Informationen (Bewegungssinn, Tastsinn, Gleichgewichtssinn) vergleicht er das Ergebnis der Ausführung mit dem Bewegungsentwurf und nimmt entsprechende Korrekturen vor. Dieser Vorgang erfolgt bewusst über den 1. Regelkreis.

Durch häufiges Üben entsteht allmählich in einem tiefer liegenden Bereich des Gehirns ein Handlungsmuster, das die Steuerung der Bewegung ohne bewusste Aufmerksamkeit übernimmt. Wenn man beispielsweise geht, denkt man nicht über die Koordination von Arm- und Beinbewegung nach. Mit der Zeit übernimmt der 2. Regelkreis die Handlungssteuerung und das Bewusstsein wird frei für andere Informationen.

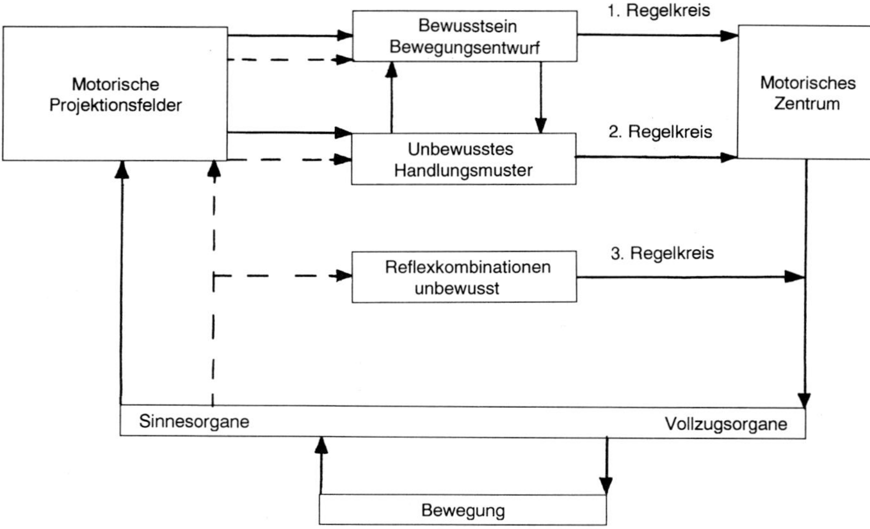

Abb. 24: Bewusste und unterbewusste Bewegungsprogrammierung

Beide Systeme stehen miteinander in Wechselwirkung, d.h., das Bewusstsein kann eingeschaltet werden, um dem 2. Regelkreis die Bewegungssteuerung wieder abzunehmen, z.B., wenn man auf Glatteis gerät und nun bewusst Schritt an Schritt setzt.

Die Rückmeldungen über den 2. Regelkreis erfolgen rascher als über das Bewusstsein, deshalb kann man die Bewegung zwar bewusst ausführen, ihre Steuerung aber nicht gleichwertig ersetzen. Die koordinative Steuerung obliegt weiterhin dem 2. Regelkreis.

Beide Regelkreise arbeiten kooperativ: Der 1. gibt die Anhaltspunkte, der 2. Regelkreis sorgt für die Ausführung.

Der 3. Regelkreis erfasst reflektorische Rückmeldungen, die dem Bewusstsein nicht unterliegen. Durch häufiges Wiederholen entwickeln sich z.B. das „Ballgefühl“, das „Wassergefühl“, das „Gleitgefühl“. Sie sind der bewussten Einwirkung nicht zugänglich.

Wird nun das Bewusstsein eingeschaltet, um dem Unbewussten des 2. Regelkreises die Steuerung der Bewegungsausführung zu entziehen, so greift man in einen Prozess ein, der durch unzählige Wiederholungen automatisiert und ökonomisiert wurde.

Man spricht von sensomotorischer Regulation, da der Körper die Regelung und Steuerung der Bewegung übernimmt.

Das Bewusstsein arbeitet langsamer und schwerfälliger. Der Versuch, dem Unbewussten das Steuer zu entreißen, zerstört den hundertfach bewährten Ablauf der sensomotorischen Reaktionsmuster.

Die Rolle des Bewusstseins umfasst beim Könner in erster Linie die Zielvorgabe und die Rückinformation über das Ergebnis. Die Steuerung der Ausführung erfolgt mit unterschiedlichem Anteil des Bewusstseins je nach intellektueller Anforderung der Situation. Durch ungewohnte äußere Veränderungen (z.B. Tiefschnee beim Skifahren, Bodenverhältnisse) kann ein verstärktes Einschalten der intellektuellen Regulation des 1. Regelkreises erforderlich werden.

Fazit: Der Ungeübte muss sich mehr auf die Bewegungsausführung, auf die Körperstellung und die Körperhaltung konzentrieren als der Geübte.

Bezüglich des Tennisspiels bezeichnet *Gallwey* die Einwirkung des 1. Regelkreises als *„Selbst 1"*. Es befiehlt dem Unbewussten, dem *„Selbst 2"*, was es zu tun hat, und greift dabei störend in den Bewegungsablauf ein. „Zieh' doch den Schläger durch!", „Achte auf deine Beinarbeit!", damit ordnet eine übergeordnete Persönlichkeitsinstanz einer untergeordneten an, was sie tun soll. Dies führt nach *Gallwey* zum Protest von *Selbst 2* oder zur Überfremdung. *Selbst 2* kann nicht mehr frei agieren, die Bewegungen werden krampfhaft, unrhythmisch und unzweckmäßig. Sie verlieren ihre ökonomische Leichtigkeit und Lockerheit.

Es ist offensichtlich, dass gleichzeitiges Überdenken der Ausführung die Qualität der Bewegung und damit die Leistung vermindert.

Sportler, die eine Technik beherrschen, müssen lernen, die Ausführung der Technik ihrem Körper zu überlassen. Das Ausschalten der bewussten Gedanken, die korrigierend, mahnend oder befehlend in den *Handlungsablauf* eingreifen, ist eine Voraussetzung für die perfekte Ausführung. Diese Forderung gilt, das soll noch einmal betont werden, für den Sportler, der seine Technik bereits perfekt beherrscht, diese aber auf Grund äußerer oder innerer Störfaktoren nicht zur gewohnten, erfolgreichen Anwendung bringt.

„Versuche es nie mit Gewalt!", formuliert *Mc Cluggage* (72). Damit soll die fordernde Stimme des bewussten Ichs abgeschaltet werden. Es „einfach geschehen lassen" bedeutet, der sensomotorischen Regulation des Körpers zu vertrauen, um die Gelöstheit der Bewegung zu bewahren. Unter diesem Gesichtspunkt ist auch *Railo* zu verstehen, der den Ratschlag erteilt, sich während des Lernprozesses der Technik zu widmen und sich beim Wettkampf nur auf diesen zu konzentrieren.

Beispiel:
Der Biathlet muss nach höchster körperlicher Anstrengung in Sekundenschnelle zur Ruhe kommen und seine volle Konzentration auf die Schießscheibe fokussieren. Um dies zu erreichen, sollte er folgende psychischen Voraussetzungen schaffen:

- Visualisieren des bestmöglichen Schießergebnisses ohne Belastung in Kombination mit einer Entspannungsübung,
- Visualisieren unter Einbeziehen der Laufbelastung,
- Erzeugung eines „Kontrollraums“ der Konzentration,
- Ausschalten der bewussten Kontrollinstanz (*Selbst 1*).

Erzeugung eines „Kontrollraums“ heißt, sich imaginär einen Raum schaffen, der nur von mir selbst kontrolliert werden kann.

Beispiel:
Man visualisiert, dass man sich in einer Glaskugel oder einer Telephonzelle befindet, deren durchsichtige Wände abschirmen und alles Störende fernhalten.
Ein Sportler kann sich durch wiederholtes Visualisieren seinen eigenen Kontrollraum schaffen, den er jederzeit betreten kann, um sich damit von den Einflüssen der Umwelt zu lösen. „... in diesem Raum bin ich zuversichtlich und stark!“

Gelingt es z.B. dem Biathleten, in einen derartigen Kontrollraum zu fahren, so macht er sich frei von äußeren Störungen. Er fühlt, wie er trotz der Anstrengung auf den letzten Metern locker und entspannt bleibt. Er begibt sich in Schussposition, als sei er allein auf der Welt; niemand ist in seinem Kontrollraum, den nur er allein beherrscht, in dem er sich sicher fühlt. Entscheidend für ihn ist es dann, die Konzentration auf die Scheibe zu lenken und dabei „gedankenlos“ zu werden. Er muss die Schießaktion seinem Körper überlassen; Gedanken, wie z.B. „Soll ich abdrücken?“, „Meine Hand muss ruhiger werden!“, „Ich darf nicht danebenschießen!“, wirken als Störfaktoren auf die perfekte Ausführung des Körpers ein.

Die sensomotorische Regulation des Körpers funktioniert unabhängig von der Trainings- oder Wettkampfsituation. Sie ist immer gleich perfekt. Nur die Störungen von *Selbst 1* mindern ihre Qualität im Wettkampf. Deshalb findet der Könner zur höchsten Konzentrationsstufe, indem er seinem Körper vertraut und nicht von oben herab versucht, ihn zu korrigieren, zu verbessern oder zu kontrollieren.

10.2.2.4 Zentrieren

Eine besondere Art der Innenkonzentration stellt das Zentrieren dar. Im Unterschied zu Entspannungsmethoden erfolgt beim Zentrieren eine kurzfristige, augenblickliche Verinnerlichung. Man könnte sie als entspannte Kontrolle des augenblicklichen Ich-Zustandes bezeichnen. Man weiß und fühlt, dass man in sich versammelt ist, der Kontakt zur Außenwelt ist kurzzeitig abgeschaltet, man ist „ganz bei sich", um in voller Konzentration die nächste Handlung zu beginnen.

Nideffer (80) beschreibt das Zentrieren als die beste Möglichkeit, über physische Anspannung und mentale Ablenkung augenblickliche Kontrolle zu gewinnen. Es ist deshalb immer dann anzuwenden, wenn Erregungen, Unsicherheit, mangelndes Selbstvertrauen oder Ablenkungen die Konzentration auf die nächste Aufgabe beeinträchtigen. Sportler, die selbstsicher und mit hohem Selbstvertrauen ausgestattet sind, brauchen nicht zu zentrieren.

Durch Zentrieren werden Gedanken konzentrisch in die Körpermitte, in das Zentrum der Schwerkraft gelenkt. Dieses Zentrum ist ein Punkt, der sich direkt unter dem Bauchnabel befindet: Ein Sportler ist zentriert, wenn es ihm gelingt, seine Gedanken auf diesem Punkt ruhen zu lassen. Dieser Prozess schließt die Kontrolle der Gedanken, der Atmung und der Muskelspannung mit ein. Nach einiger Übung gelingt die Zentrierung nach wenigen Atemzügen. Geraten Atmung und Muskelspannung außer Kontrolle, führt das Zentrieren den Sportler wieder zu sich selbst.

Nach innen gerichtete Gedanken und bewusste Atmung schließen gleichzeitige Ablenkungen oder Ängste aus.

> Zentrieren bedeutet also eine momentane Innenlenkung, eine Basis, um sich voll auf die nächste Aufgabe konzentrieren zu können.

Am einfachsten wird das Zentrieren im Stehen erlernt. *Nideffer* schlägt die Methode des Zentrierens durch einen Atemzug vor: Füße schulterweit auseinander stellen, leicht gebeugte Knie, tiefes Luftholen, möglichst Bauchatmung; beim Einatmen entspannt man vor allem die Waden und Schenkel und spürt die Schwere des Körpers. Am Ende dieses Atemzugs ist der Sportler wieder bereit, sich auf die nächste Anforderung zu konzentrieren.

Diese Umstellung der Innenkonzentration vom Spüren der eigenen Körperschwere zur hellwachen Konzentration auf die spezifische Aufgabe, z.B. des Wettkampfs, stellt ein wesentliches Kennzeichen des Zentrierens dar. Nach dem Zentrieren muss also eine sofortige Umstellung der Konzentration nach außen erfolgen, auf eine Situation, eine Person, eine Technik o.a.

Zwischen dem Zentrieren und dem Handlungsbeginn darf keine Pause erfolgen, da sie wieder neue Ablenkungen schaffen würde!

Man muss deshalb das Zentrieren zeitlich und örtlich so planen, dass der verinnerlichte Prozess unmittelbar in das Außengeschehen übertragen werden kann.

Auch beim Auftreten unerwarteter und überraschender Ereignisse kann das Zentrieren gute Dienste leisten. Unvorhergesehene Ereignisse führen vielfach zu unüberlegtem und spontanem Handeln. Durch Zentrieren bleibt Zeit, eine kompetente Entscheidung zu fällen, vorschnelles Reagieren zu verhindern oder sich der neuen Situation anzupassen und sie zu bewältigen.

Die Enge des Bewusstseins

Ein Sportler sollte lernen, seine Konzentration rasch von einer Sache auf die andere zu lenken und diese stets mit höchster Bewusstseinsklarheit aufzunehmen. Es ist aber nicht möglich, mehrere Sinne gleichzeitig maximal zu beanspruchen.

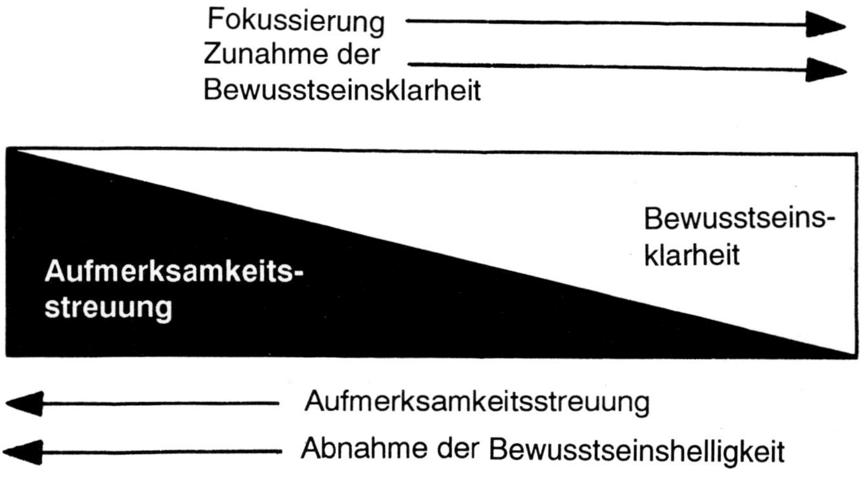

Abb. 25: „Enge" des Bewußtseins

Ein Spieler kann sich gleichzeitig visuell auf das Spiel und auditiv auf die Zurufe des Trainers konzentrieren, aber er wird beide nur mit verminderter Deutlichkeit wahrnehmen. Man kann seine Aufmerksamkeit zwar auf mehrere Dinge gleichzeitig lenken, muss dabei jedoch in Kauf nehmen, dass eine psychische Funktion durch gleichzeitiges Einschalten einer anderen leidet.

Diese „Enge des Bewusstseins“ bedeutet, dass unterschiedliche psychische Bereiche nicht gleichzeitig für zwei verschiedene Aufgaben mit höchster Bewusstseinsklarheit aktiviert werden können.

Je geübter ein Sportler ist, desto geringer wird der Anteil seines Bewusstseins an der Bewegungsausführung. Dadurch kann er seine Aufmerksamkeit verstärkt anderen Dingen zuwenden. Das in Abbildung 25 gezeigte Modell gibt den Zusammenhang von Aufmerksamkeitsstreuung und Bewusstseinsklarheit wieder (6).

10.2.2.5 Kurzzeitkonzentration – Konzentrationsausdauer

Durch willentliche Anstrengung gelingt es dem Sportler, kurzzeitig seine Wahrnehmung und seine Gedanken mit äußerster Aufmerksamkeit auf eine Aufgabe zu lenken. Diese kurze, aber höchste Konzentration ist z.B. bei einem Bogenschützen oder einem Elfmeterschützen erforderlich.

Bei Aufgaben, die über einen längeren Zeitraum Aufmerksamkeit erfordern, kann die Konzentration nicht in höchster Intensität aufrechterhalten werden. Es kommt zu Konzentrationsschwankungen, d.h., die Konzentration nimmt nach einiger Zeit ab, um dann wieder anzusteigen. Die Erklärung für die Konzentrationsschwankung liegt in den dabei ablaufenden gehirnphysiologischen Prozessen.

Bei langer bewusster Konzentration wird die Energie, die von den Ganglienzellen bei der Erregungsproduktion verbraucht wird, in den Erholungsphasen zum Teil wieder ersetzt. Allerdings nicht in dem Maße, wie es zur vollständigen Energieaufladung erforderlich wäre. Durch längere Konzentration entsteht ein ständiges Defizit an Energie, da der Nachschub nur für eine kurzfristige Wiederherstellung ausreicht. Es kommt schließlich zu einer Unterversorgung der Ganglienzellen und damit zum Absinken der objektiven Leistung, verbunden mit dem subjektiven Wunsch, die Tätigkeit zu beenden.

Bei Trainings- und Wettkampfformen, die eine derartige Konzentrationsausdauer verlangen, sollte diesen nicht willentlich beeinflussbaren Vorgängen Rechnung getragen werden.

Als Beispiel können das konzentrative Systemtraining im Tennis und Tischtennis oder länger andauerndes Korbwurftraining im Basketball bzw. alle systematischen Wiederholungen von Trainingsübungen in den meisten Sportarten genannt werden.

Die Konzentrationsausdauer hängt stark vom Motivationszustand ab.

Vor allem bei Kindern muss das Interesse durch attraktive Anreize wach gehalten werden. In späteren Jahren sind subjektive Zielsetzungen, die jeweils neu formuliert werden, eine entscheidende Voraussetzung für die Aufrechterhaltung der Konzentration. In jedem Fall beruht die Konzentrationsausdauer auf dem bewussten Willen, Unannehmlichkeiten, Hindernisse und Schwierigkeiten zu überwinden, um an das gewünschte Ziel zu gelangen.

Da der Sportler höchste Konzentration nicht über einen längeren Zeitraum aufrechterhalten kann, ergeben sich folgende Auswege:

- Das Nervensystem reagiert mit Ermüdung, reduziert selbst die Aufmerksamkeitsleistung und erzwingt dadurch die erforderliche Regenerationsphase.
- Der Sportler muss die entsprechenden Erholungsphasen selbst einlegen und ihren Zeitpunkt bestimmen, um den Konzentrationsabfall zu verhindern.

Letzteres ist immer in solchen Phasen der Tätigkeit möglich, bei denen eine geringere Konzentration oder gar ein völliges Abschalten die Leistung nicht beeinträchtigt. Gelegenheiten dazu gibt es z.B. in Spielpausen oder in Phasen, die keine Aktion verlangen, wenn etwa Fußball- oder Handballspieler nicht unmittelbar am Spielgeschehen teilnehmen. Halbzeit- oder Wettkampfpausen können ebenfalls genutzt werden. Als Erholungstechniken eignen sich kurzfristige Entspannungsübungen oder das bewusste Abschalten der Gedanken im Sinne des Zentrierens. Insbesondere die bewusste Lenkung der Aufmerksamkeit auf die Atmung bietet die Möglichkeit der kompensativen Regenerierung verbrauchter Energien.

Diese Erholung sollte bewusst erlernt werden und Bestandteil des Trainings sein. Gibt sich der Sportler nur seiner Ermüdung hin, indem er z.B. in den Wettkampfpausen schläft, besteht die Gefahr, dass er sich nicht schnell genug aktivieren kann, nicht mehr „voll da“ ist, wenn es darauf ankommt, sich erneut zu konzentrieren.

Als Beispiel kann auch der Zehnkämpfer in der Leichtathletik genannt werden. Der Zehnkampf erstreckt sich über zwei Tage und verlangt eine permanente Konzentration auf den gesamten Verlauf. Die Pausen zwischen den Disziplinen nutzt der Zehnkämpfer zur konzentrativen Entspannung. Er löst seine Gedanken von der Aufgabe, entspannt sich, lässt seine Gedanken zur Ruhe kommen, ohne das wache Bewusstsein einzubüßen, sich in kurzer Zeit wieder voll auf die nächste Konkurrenz vorbereiten zu können.

Dieser Prozess, sich kurzfristig mit höchster Wachheit auf eine Handlung zu konzentrieren, sollte im Training wiederholt geübt und verbessert werden.

Voraussetzung ist, dass sich der Sportler über den Fokus, das Ziel seiner Aufmerksamkeit, vollkommen im Klaren ist. Je exakter dieser Fokus gewählt wird, desto höher wird die Konzentration sein, desto mehr steigt jedoch auch die Gefahr des Konzentrationsabfalls.

Ein Tennisspieler beispielsweise, der sich auf den Drall des Balles konzentriert, indem er die Naht des Balles zu erkennen versucht, kann sich diese äußerste Aufmerksamkeit nur kurzfristig erhalten. Er sollte lernen, nach dem Schlagen des Balles oder in Pausen während des Bälleholens durch Zentrieren oder Kurzzeitentspannung unnötigen Energieverlust zu vermeiden.

10.2.2.6 Konzentrationsstörungen

Vereinfacht lassen sich zwei Einflussfaktoren darstellen, die als Störgrößen der Konzentrationsfähigkeit wirken und die entweder aus inneren Erlebnissen des Sportlers erwachsen oder in äußeren Ablenkungen zu suchen sind.

Innere Faktoren

Wenn wir das Gleiche denken, wie das, was wir tun, so haben wir den richtigen Fokus (66).

Gedanken sind die Wegbereiter der Konzentrationsfähigkeit. Gelingt es nicht, die Gedanken im erforderlichen Maß zu konzentrieren bzw. unter Umständen auszuschalten, so dass sie abschweifen und sich auf andere Dinge richten, kommt es zur Beeinträchtigung der Konzentrationsfähigkeit.

Gedanken sind meist funktional abhängig von inneren Wünschen, Bedürfnissen und Interessen, so dass auch diese einen negativen Einfluss ausüben, wenn sie nicht mit dem Handlungsziel übereinstimmen.

Auch emotionale Faktoren, wie Stimmungs- und Gefühlszustände, die uns „aus dem Gleichgewicht" bringen, können die gedankliche Kontrolle überfordern. Sie beeinflussen in hohem Maß unsere Handlungen und können im Extremfall, dem Affekt, die gedankliche Kontrolle außer Kraft setzen und damit Konzentrationsunfähigkeit bewirken. Einfache Ängste, Nervosität vor dem

Wettkampf, Konflikte (z.B. mit Angehörigen, Freunden oder dem Trainer), Motivationsverlust („nicht mehr heiß sein") und mangelndes Selbstvertrauen können ebenfalls die Konzentrationsfähigkeit beeinträchtigen.

äußere Ablenkungen
Eine verminderte Konzentrationsfähigkeit kann auch durch äußere Bedingungen der Umgebung und der Personen verursacht werden, über die man keine Kontrolle hat. Darunter fallen Zuschaueräußerungen, Raum- und Lichtverhältnisse, taktische Manöver des Gegners, die Anwesenheit beliebter oder störender Personen etc.

Häufig finden wir auch eine Kombination äußerer und innerer Störfaktoren. Dies ist z.B. bei einem Spieler der Fall, der wegen anderer Interessen nur wenig Konzentration für das Spiel aufbringt und sich deshalb leichter durch äußere Geschehnisse ablenken lässt. Auch zu hohe Erwartungen des Trainers oder anderer Bezugspersonen können ablenkend wirken. Sie führen besonders leicht zu aggressiven oder resignativen Reaktionen mit negativen Folgeerscheinungen für die Konzentrationsfähigkeit. Bei manchen Sportlern kann die Ursache von Konzentrationsschwächen auch in der Selbstüberschätzung zu finden sein, wenn dadurch z.B. im Angesicht eines sicher geglaubten Sieges äußere Ablenkungen stärker wirksam werden und das Wahrnehmen der gegnerischen Aktionen vernachlässigt wird.

10.2.2.7 Kontrolle der Aufmerksamkeit – Konzentrationstraining
Konzentration wird nicht durch eine allgemeine Aktivierung unseres Geistes erreicht, sondern durch das Ausschalten von Störeinflüssen und durch das völlige Sich-Hingeben im Hier und Jetzt.

Ihre Verbesserung ist immer von der speziellen Aufmerksamkeitsanforderung der jeweiligen Sportart abhängig. Deshalb soll das Training der Konzentrationsfähigkeit immer auf die Anforderungssituation hin ausgerichtet sein bzw. unter deren Bedingungen betrieben werden.

Das bewusste Wollen spielt zwar eine wichtige Rolle, doch soll der Athlet auch bei höchster Konzentration gelöst und entspannt bleiben, flexibel genug, um von enger auf weite oder von innerer auf äußere Konzentration fließend umschalten zu können. Die Maßnahmen und Ratschläge des Betreuers müssen auf die sportartspezifischen Anforderungen, auf die Bedürfnisse und Ziele des Athleten und auf die Schwächen seiner Konzentrationsfähigkeit abgestimmt werden.

Die folgenden Vorschläge sollten nach diesen Gesichtspunkten auf ihre Anwendbarkeit überprüft werden:

a) Pausengestaltung

In Trainingseinheiten soll je nach Zielsetzung möglichst die gleiche Konzentration aufgebracht werden, wie sie der Wettkampf erfordert. Nach konzentrierten Aktionen körperlicher Art, aber auch nach mentalen Konzentrationsbelastungen bedarf es deshalb einer angemessenen Pausengestaltung, um den hohen Energieverbrauch in speziell belasteten Bereichen des Gehirns wieder auszugleichen. Phasen hoher und höchster Konzentration sollten sich deshalb mit entspannenden und kompensatorischen Pausen abwechseln.

b) Konzentration auf die nächste Aktion

Wenn eine Handlung alle psychischen Fähigkeitskomponenten in sich vereinen soll, ist die Konzentration auf die nächstfolgende Aktion erforderlich.

> Konzentriere dich auf die folgende Spielsituation und denke nicht daran, was danach kommt oder was geschehen könnte, „wenn es schief geht!“

Nur der nächste Punkt zählt. Gedanken, die sich mit der vergangenen Spielsituation oder mit zukünftigen Möglichkeiten beschäftigen, stören. Taktische Konzepte müssen vorher verarbeitet worden sein. Sie steuern dann auf mitbewusster Ebene das Handeln, ohne die Konzentration auf die gegenwärtige Situation zu beeinträchtigen. So können sich die Gedanken darauf konzentrieren, was man als Nächstes tun wird. Jeder Sportler sollte für sich eine Methode finden, mit der er lernt, sich auf den nächsten Schlag, Sprung oder Anlauf zu konzentrieren.

c) Konzentration auf die Technik oder den Wettkampf

Geübte Sportler, die bereits eine Technik beherrschen, sollen sich auf den Wettkampf und die Taktik konzentrieren. Im Gegensatz dazu ist es beim Erlernen oder Verbessern einer Bewegung von Vorteil, die Aufmerksamkeit auf Aspekte der Bewegungsausführung zu lenken.

Erst im Stadium der fortschreitenden Übung und des Könnens wird die Aufmerksamkeit zunehmend auf äußere Faktoren gerichtet, z.B. auf den Drall des Balls oder auf die Flugbahn, um dem Körper die richtigen Signale zu einem angepassten Schlag geben zu können. Der wechselnde Spielverlauf, die Wirkung verschiedener Beläge oder unterschiedliche Schneeverhältnisse beim Skilauf können rasch wechselnde Konzentrationsverlagerungen von der Eigenbewegung auf äußere und taktische Erfordernisse des Wettkampfs erfordern.

Die Konzentration auf die eigene Bewegungsausführung sollte aber nicht analysierend und beobachtend sein, sondern hinwendend und fließend im Sinne von „das kann ich" oder „diesen Ball spiele ich auf diese Weise".

d) Konzentration auf Technik und Taktik und nicht auf die Person des Gegners

Man spielt nicht gegen die Person, sondern gegen deren Technik bzw. Taktik. Deshalb sollte man alle Gedanken ausschalten, die sich mit der Person des Gegners beschäftigen. Wenn man beispielsweise denkt: „Jetzt versucht er, mich reinzulegen" oder „Der hat ein Glück!" oder „Sein überheblicher Gesichtsausdruck ärgert mich", so entsteht die Gefahr, dass sich die Gedanken auf die Person richten und die Konzentration auf die Spielhandlung darunter leidet.

e) Positives Denken

Die Gedanken sollen immer darauf gerichtet sein, was man tatsächlich tun wird, z.B. „Ich greife an", „Ich bleibe offensiv", „Ich blocke sicher". Zu vermeiden sind alle Gedanken daran, was man unterlassen sollte, oder gar an Fehler, die durch Unterlassungshandlungen entstanden sind. Alle Gedanken und Gefühle sollen sich auf diejenige nächstfolgende Handlung konzentrieren, von der man überzeugt ist, dass sie richtig und erfolgversprechend sein wird.

Ein Fußballspieler, der sich vornimmt: „Ich gehe rechts am Gegner vorbei", bewahrt sich seinen Offensivgeist. Der Gedanke: „Ich darf nicht links vorbeigehen" würde den selbstbewussten Vollzug seiner Handlung hemmend beeinflussen.

f) Fokussierung

Der Spin des Tischtennisballs verlangt „brennende" Aufmerksamkeit. Der Ball wird zum Brennpunkt der Wahrnehmung, besonders beim Spiel gegen unterschiedliche Beläge.

Übung:

Man markiert einen Ball mit drei schwarzen Punkten, spielt einen Satz und konzentriert sich nicht nur auf den Ball, sondern auch auf den Drall des Balls. Man versucht, die schwarzen Punkte zu erkennen und wiederholt diese Konzentrationsübung mit einem ungezeichneten Ball.

Beim Fokussieren vergisst der Sportler die eigene Person. Er verschmilzt mit dem Ziel und erreicht einen Zustand höchster Konzentration, wobei er aber innerlich gelöst und gelassen bleibt. Ein Stabhochspringer läuft erst an, wenn er diesen Zustand des entspannten Geistes, das „Einswerden mit dem Anblick der Sprunglatte", erreicht hat.

Voraussetzung dafür ist das Ausschalten jeglicher negativer Gedanken und Gefühle. Die Blickrichtung spielt dabei eine wichtige Rolle. Man konzentriert sich aktiv auf einen Punkt und spürt dann sehr rasch, wie mit der Zunahme des „Einswerdens mit dem Ziel" die Konzentration passiver wird, d.h., müheloser und unbewusster.

> Ein Hochspringer drückte es so aus: „Wenn ich loslaufe, habe ich vergessen, dass ich mich konzentriert habe!"

g) Umgang mit Ablenkungen

Innere Ablenkungen durch Gefühle der Unsicherheit, des Selbstzweifels, der Ängstlichkeit oder durch negative Gedanken („Das kann ich ja doch nicht") stören die Konzentrationsfähigkeit.

Der Athlet soll deshalb diejenigen Situationen und Umstände herausfinden und klären, in denen die innere Ablenkung auftritt. Am besten eignet sich dazu ein Tagebuch. Durch konsequentes Beobachten wird dem Sportler bewusst, wann und wo seine Befürchtungen auftreten und ob sie berechtigt sind oder nicht. „Wenn ich den anderen beim Einlaufen zuschaue, denke ich immer: 'Niemals kannst du sie schlagen'", berichtet z.B. eine Sprinterin.

Der Abbau dieser Ablenkung geschieht durch konsequente Selbstbeobachtung. Sind die Ursachen ermittelt und erkannt, beginnt man mit Entspannungsübungen und einem Visualisierungsprogramm. Dieses enthält positive Bilder des eigenen Könnens und gelungener Aktionen in der Vergangenheit, die Vorstellung der auslösenden Situation ohne Erhöhung der Muskelanspannung oder die Formulierung selbst konstruierter Schlüsselsätze, wie z.B. „Ich bin ruhig", „Ich freue mich darauf, zu zeigen, was ich kann", „Nichts kann mich in meiner Konzentration stören." Sind äußere Ablenkungen gegeben, die man nicht ignorieren bzw. kontrollieren kann, so ist es besser, sich ihnen voll zuzuwenden. Dadurch verlieren sie die Funktion der Ablenkung.

Man wendet sich beispielsweise dem Zuschauer zu, wartet bis die störende Tür geschlossen ist oder setzt sich mit den schlechten Lichtverhältnissen auseinander und akzeptiert sie. Man kann sich auch mit den störenden Ablenkungen anfreunden, indem man z.B. Verständnis für den Störenden aufbringt. Die störenden Spieler am Nachbartisch werden kommentiert: „Auch sie werden durch mich gestört, aber sie akzeptieren mich; das kann ich auch“, die störenden Photographen: „Ich weiß, wie scharf sie auf Bilder aus dem Spielgeschehen sind; ich habe es selbst schon versucht“, die unruhigen Kinder: „Lass' sie herumtollen, es macht mir nichts aus!“

Ablenkungen sind die Folgen von verminderter Aufmerksamkeit auf das Spielgeschehen. Man kann deshalb dem Spiel neue Konzentrationsanreize geben, indem man andere Wahrnehmungsziele setzt, z.B.: „Ich werde genau seine Handbewegung beobachten, um den Drall des Balles zu erkennen.“ Auch durch Zentrieren zwischen den Ballwechseln oder durch Kurzzeitentspannung gelingt es, Ablenkungen vorzubeugen.

h) Konzentration vor dem Wettkampf

Einer der Gründe, warum Sportler im Wettkampf nicht die optimale Leistung bringen, besteht darin, dass vor dem Wettkampf störende oder unwichtige Gedanken die Konzentrationsfähigkeit herabsetzen. Zur Verminderung von Nervosität und Ablenkbarkeit vor dem Wettkampf können folgende Strategien gewählt werden:

- Konzentration auf etwas, das kontrollier- und planbar oder angenehm ist: Dabei kommt der Wert von rituellen Handlungen zum Tragen. Die Einhaltung eines chronologisch ablaufenden Aufwärmprogramms, das der persönlichen Kontrolle unterliegt, vermittelt das Gefühl der Sicherheit und ruhigen Konzentration. Auch das Visualisieren von gelungenen Aktionen vergangener Spiele oder die Konzentration auf die Atmung oder Musik vermindert die Ablenkbarkeit.
- Entspannungsübungen bis 15 Minuten vor dem Wettkampf:
  Um sich kurzfristig zu entspannen, sucht sich der Spieler einen Platz, wo er sich wohlfühlt, z.B. eine Ecke in der Sporthalle, einen Stuhl oder die Bank. Er schließt die Augen, atmet tief und regelmäßig und stellt sich vor, was er als Nächstes tun wird. Er vergegenwärtigt sich die Halle, die Umgebung; er denkt: „Ich bin fit, ich habe gut trainiert, ich freue mich auf das Spiel.“ Nach dieser positiven Entspannungsphase begibt er sich an den Tisch.

i) Konzentration auf sich selbst

Orlick beschreibt das Erlebnis amerikanischer Ruderer mit dem starken Gegner aus der ehemaligen DDR: „Es fiel ihm auf, dass sie alle einheitlich gekleidet waren. Die Boote waren augenfällig blau, ebenso wie die Kleidung. Sie sprachen mit niemandem. Man sah sie nur geschlossen in der Gruppe. Niemals traf ich einen DDR-Ruderer allein. Ihr Gesichtsausdruck war siegessicher, sie strahlten 'Power' aus. Beim Abendessen saßen sie als geballte Mannschaft an einem Tisch. Sie verließen schon nach kurzer Zeit gemeinsam den Saal. Im Training wirkten sie wie unschlagbare Roboter. Wer sollte sie besiegen?" (88).

Das Verhalten der DDR-Ruderer zielte bewusst auf die Einschüchterung des Gegners, was auch gelang. Gleichzeitig stärkten sie durch ihre Geschlossenheit die eigene Psyche, erzeugten bei sich selbst das Gefühl des Starkseins. Das Beobachten dieser Gegner führte bei beeindruckbaren Sportlern zu Minderwertigkeitsgefühlen. Dadurch, dass sie sich durch den Gegner ablenken ließen, verminderten sie die Konzentration auf die eigene Leistungsfähigkeit.

Die Aufmerksamkeitslenkung auf Äußerlichkeiten des Gegners trägt nicht zur Verbesserung der Eigenleistung bei. Man muss sich auf sich selbst konzentrieren, an die eigenen Stärken denken und sich bewusst sein, dass man sich wohl fühlt, dass man jeden schlagen kann. Man darf sich nicht durch Äußerlichkeiten beeindrucken lassen. Sie bedeuten nichts für das kommende Spiel!

j) Langfristige Konzentrationsaufgaben

Je länger man sich in Gedanken mit einer Sache beschäftigt, desto klarer bilden sich stabile Handlungspläne aus.

Man kann sich schon Tage vorher auf ein Spiel konzentrieren. Durch Selbstbeobachtung stellt man fest, aus welchen Gründen und zu welchem Zeitpunkt Angst oder Nervosität auftreten. Diese Vorstellungsbilder werden bevorzugt in ein Visualisierungsprogramm aufgenommen.

Es kann so durchgeführt werden, dass der Spieler eine Entspannungstechnik ausführt, meist genügt eine Atemübung in ruhiger Umgebung. Er visualisiert diejenigen Spielszenen, die ihn besonders verunsichern. Diese Vorstellung beinhaltet nicht nur den äußerlich beobachtbaren Bewegungsablauf, sondern auch die innere Mitbewegung, als würde er selbst das Spiel vollziehen. Der Spieler versucht dabei, die Schlagempfindungen und die positiven Gefühle beim Punktgewinn zu erleben. Gleichzeitig hört er den Lärm in der Halle und stellt sich die freudvolle Gelöstheit vor, wenn er den Satz erfolgreich beendet. Von entscheidender Bedeutung ist es, dass das Visualisieren des Spiels ohne Angst, mit Selbstvertrauen und Zuversicht durchgeführt und erfolgreich beendet wird. Fehler werden erwartet, akzeptiert und keine Gedanken an „Hätte ich doch ..." oder „Es wäre besser gewesen ..." verschwendet.

Das wiederholte positive Durchdenken, Erleben und Erfühlen eines kommenden Ereignisses lässt es vertrauter werden und verhindert Ängste und Unsicherheit. Die Konzentration positiver Gedanken und Gefühle schließt das gleichzeitige Auftreten negativer Spannungszustände aus.

k) Persönlicher Raum

Ein Athlet, der sich auf den Wettkampf konzentriert, muss sich einen Raum schaffen, den er ganz allein kontrolliert. Dieser persönliche Raum darf durch niemand berührt werden (s. S. 198). Der Sportler kann sich z.B. vorstellen, allein auf einer kleinen Verkehrsinsel zu stehen, die er unter Kontrolle hat. Er sieht und hört den Verkehr um sich herum, der ihn aber nicht berührt, der keinen Einfluss auf ihn und seinen Raum ausübt.

l) Dosierung der Informationsmenge

Jugendliche Sportler sind häufig überfordert, weil sie zu viele Dinge gleichzeitig beobachten wollen bzw. beachten sollen.

Ein junger Sportler, der während des Spiels an die hoch geschraubten Erwartungen des Trainers, der Mannschaft oder der Eltern denkt, kann schon nach wenigen Fehlern die Selbstkontrolle verlieren. Unerfahrene Sportler sind in ihrer Fähigkeit, Informationen zu verarbeiten, eingeschränkt.

Der Trainer sollte dies berücksichtigen, indem er ihre Aufmerksamkeit auf Dinge lenkt, die sie kontrollieren können und die sie nicht überfordern. Weiterhin muss der Sportler lernen, alle Faktoren zu ignorieren, die keinen Beitrag zur Bewältigung der Aufgabe leisten. Gerade hierbei bedarf es der Hilfe des Trainers.

Es sollte beispielsweise vermieden werden, einem unerfahrenen Spieler eine Position zuzuweisen, auf der er eine entscheidende Rolle für den Verbleib in der Spielklasse einnehmen könnte. Der Gedanke an die Erwartung der anderen hilft ihm nicht bei seinem Spiel und stört seine Konzentrationsfähigkeit. Hingegen würde ihm die Aufforderung „Versuche dein Bestes zu geben; wenn du verlierst, wird dich niemand verurteilen!“ Sicherheit verleihen und seine Konzentration auf das Spiel verstärken.

m) Selbstbefehl

Selbstbefehl und Selbstsuggestion sind wirksame Mittel zur Aufrechterhaltung der Konzentrationsfähigkeit.

Sie sollen besonders in solchen Situationen angewendet werden, in denen die Gefahr des Nachlassens der Aufmerksamkeit besteht, z.B. bei der letzten Schussabgabe der Biathleten, bei der abschließenden Geräteübung des Turnmehrkampfes oder beim letzten Spiel eines Turniers.

Die Aufforderung an die Psyche kann durch verbale Befehle verstärkt werden, (s. S. 165): „Konzentriere dich wie beim ersten Schuss!", „Ich turne mit vollem Einsatz." „Ich fühle mich noch fit. Ich bleibe offensiv und konzentriert."

n) Korrektur

Auch bei der Korrektur ist es empfehlenswert, nur einfache, leicht umsetzbare Informationen zu geben. Hinweise zur Taktik eines Tischtennisspielers („Spiele den ersten Topspin auf den Ellbogen!", „Bleib nahe am Tisch!") oder zur Fahrt des Skiläufers („Fahre das Tor höher an!") sind von relativ geringer Informationsmenge, so dass sie der Sportler konzentriert befolgen kann, ohne dass es seine Informationsaufnahmekapazität übersteigt.

Die Wort- und Begriffswahl soll vom Trainer stets auf das Können und den Wissensstand seines Schützlings abgestimmt sein, um zwischen Denken und Handeln keine Störfaktoren zu schaffen.

Zusammenfassung

Konzentration umfasst die Übereinstimmung von Motivation, kontrollierter Erregung, bewusster Gedankensteuerung und klarer Zielorientierung.

Die Konzentrationsfähigkeit kann durch konsequentes Üben und Trainieren verbessert werden. Da Konzentration das Ausschalten innerer und äußerer Störfaktoren bedeutet, kann durch bewusstes Herstellen derartiger Ablenkungen ein Trainingsprogramm zur Verbesserung der Konzentrationsfähigkeit geschaffen werden.

Je nach Sportart sind diese Bedingungen zu variieren. Enge und weite, kurzzeitige und langfristige, innen- und außengerichtete Konzentrationsleistungen stehen in unmittelbarem Zusammenhang mit der spezifischen Aufgabenstellung und den Bedingungen der Umwelt.

Durch Kombination von Selbstbeobachtung, Selbstanalyse sowie von Kenntnissen der Ablenkungsmöglichkeiten und der Konzentrationsschwerpunkte sollte jeder Sportler individuell passende Entspannungsübungen und Konzentrationsstrategien entwickeln und konsequent verfolgen.

11 Emotionalität im Sport

Reize, die aus der Umgebung oder vom eigenen Körper empfangen werden, sind mehr als bloße Tatsachenberichte. Informationen, die in unser Bewusstsein dringen, sind nur selten neutral; meistens stellen sie etwas dar, über das wir uns freuen, das uns erregt, vor dem wir uns fürchten, das uns beruhigend vorkommt, uns selbstsicher oder unsicher macht.

Auch jede Aktion im Sport wird in hohem Maß von Emotionen begleitet, deren inhaltliche Richtung und Intensität in engem Zusammenhang mit Motivation und Gedankenführung stehen.

Emotionen aktivieren den Menschen. Angst- und Schmerzgefühle z.B. lösen Vermeidungsreaktionen aus, Freude und Spaß haben Zuwendung und ein höheres Aktivationsniveau zur Folge.

Sowohl die Vermeidung leistungsmindernder Emotionen, wie Selbstunsicherheit, Stress, Ängste, Zweifel oder Konfliktgefühle in sozialen Situationen, als auch die Aktivierung leistungssteigernder Gefühle, wie Selbstvertrauen, Zuversicht, Freude, Zufriedenheit stehen im Mittelpunkt sportpsychologischer Aufgabenstellungen.

In den vorangegangenen Kapiteln wurde bereits deutlich, dass der Sportler durch verschiedene Maßnahmen der Entspannung, des Visualierens oder der Verbesserung psychischer Steuerungsfähigkeiten eine Regulation negativer Emotionen erreichen kann.

11.1 Emotionen und Gefühle

Jeder Sportler sollte sich über seinen emotionalen Zustand im Klaren sein. Das Bewusstwerden von emotionalen Befindlichkeiten ist die Voraussetzung für sprachliche Erfassung und Kommunikation.

Die Erfahrung zeigt, dass es Sportlern nicht immer möglich ist, ihre Gefühle in Worte zu fassen. Sie versuchen, dieses Problem durch Umschreibungen, Metaphern oder symbolhaftes Kodieren zu lösen. Verbalisierungen, wie z.B. „Der Wettkampf liegt mir im Magen“, „Schon der Gedanke daran regt mich auf“, „Ein mulmiges Gefühl“ oder „Ich kann gar nicht beschreiben, wie ich mich fühle“, zeigen, dass es vielerlei emotionale Zustände gibt, die sich schwer in Worte kleiden lassen. Es ist deshalb ratsam, zwischen Emotionen und Gefühlen zu differenzieren, um die Mitteilbarkeit und Bewusstmachung von Emotionen zu erleichtern.

Mit „Emotionen“ wird der Gesamtbereich dessen erfasst, was vom Erleben und von der Erfahrung her als „Stimmung“, „Gefühl“, „Gefühlserregung“ und „Affekt“ bezeichnet wird (86).

Unter dem Begriff „Gefühle“ ordnen wir diejenigen Emotionen ein, für die wir einen Namen besitzen, z.B. Angst, Hoffnung, Freude, Abneigung oder Enttäuschung.

Mit dem Wort erhält die Emotion ein Etikett. Es gibt uns die Möglichkeit, sie als Gefühl abgrenzbar, unterscheidbar und mitteilbar zu machen. Deshalb verfügen Menschen mit geringem Wortschatz über weniger differenzierte Gefühle und können sie daher auch weniger gut steuern. Emotionen, die kognitiv, d.h. gedanklich und bewusst, nicht interpretiert werden können, bleiben unbestimmt, diffus und deshalb wenig greifbar und kontrollierbar.

Sowohl für den jugendlichen, ängstlichen Sportler als auch für den erwachsenen Hochleistungssportler ist die Regulation des psychischen Zustands weitgehend vom Bewusstseinsgrad seiner emotionalen Verfassung abhängig. Das Aufdecken der Ursachen von Gefühlen oder das Antizipieren zukünftiger Emotionen ermöglicht es, Emotionen in ihrem Intensitätsgrad und in ihrer Qualität und Richtung zu verändern. Dies ist besonders zur Vermeidung von Affekthandlungen von Bedeutung.

Unter Affekt verstehen wir einen extremen Erregungszustand, in dem das Handeln außer Kontrolle gerät.

Affekte können in drei Formen auftreten: als Angst, Wut oder Ekstase.

Zum besseren Verständnis wird kurz auf die physiologischen Hintergründe der Affektentstehung eingegangen:

Affekthandlungen sind situations- bzw. ereignisgesteuert. Sie treten in Situationen auf, die eine starke psychische Belastung für den Sportler bedeuten. Der Sportler „dreht durch“, „sieht rot“ oder „weiß nicht mehr, was er tut“.

Zur Erklärung des Affekts ist der Zusammenhang zwischen Denkprozessen der Großhirnrinde und der Produktion von Nebennierenhormonen von Bedeutung.

Die subjektive Komponente besteht darin, dass der Sportler in eine Situation gerät, die ihn stark erregt, die ihn extrem aus dem inneren Gleichgewicht wirft. In dieser Situation kommt es zu physiologischen Folgereaktionen: Vom Hypothalamus, einem Bereich des Zwischenhirns, ausgehend, leitet der Sympathikus eine Erregung zu den Nebennieren und veranlasst dort die verstärkte Ausschüttung der Hormone Noradrenalin und Adrenalin.

Ersteres wird auch als *Wuthormon* bezeichnet, weil es besonders bei aggressiven Wutreaktionen zusammen mit Adrenalin produziert wird, das als *Fluchthormon* bekannt ist, da es vermehrt bei Angstzuständen entsteht. Vom Mischungsverhältnis dieser beiden Nebennierenhormone hängt weitgehend die Art der Erregung ab.

Gelangen Adrenalin bzw. Noradrenalin über die Blutbahn zurück ins Gehirn, entfalten sie dort eine fatale Wirkung, die im Folgenden kurz erläutert wird:

Denkprozesse sind nichts anderes als elektrophysiologische Erregungsvorgänge in den Ganglienzellen des Gehirns. Diese Zellen sind miteinander durch feine Schaltstellen (Synapsen) verknüpft. Über winzige Zwischenräume werden die Erregungsimpulse von spezifischen Transmittersubstanzen, z.B. von Azetylcholin, weitergeleitet.

Adrenalin und Noradrenalin haben die Wirkung, diese Transmitterstoffe außer Funktion zu setzen. Dadurch werden die Erregungsimpulse nicht mehr weitergeleitet: es kommt zu Denkstörungen bzw. Denkblockaden.

In diesem Affektzustand ist der Mensch außerstande, folgerichtig zu denken. Er wägt weder seine Mittel und Möglichkeiten ab noch bedenkt er die Folgen seiner Handlung. Erst mit der Verminderung des Hormonspiegels setzen wieder konsequente Gedanken ein.

Ein Sportler, der sich im höchsten affektiven Erregungszustand befindet, ist weder in der Lage, die Situation nach objektiven Sachverhalten zu überprüfen, noch vernünftige Argumente des Trainers zu befolgen.

Hilfreiche Maßnahmen bestehen in der Vorbeugung durch den *Trainer*, in mentaler Vorbereitung durch Anwendung ausgewählter Techniken (Entspannung, Visualisierung etc.), aber auch in der Erregungsableitung durch Ruhe, in der Entfernung aus der erregungsauslösenden Situation oder im Erregungsabbau durch körperliche Aktivität.

Die *Entstehung von Affekthandlungen* wird durch folgende situationale oder persönliche Faktoren gefördert:

Ermüdung
Dadurch sinkt die kognitive Kontrolle über den Körperzustand; die Abnahme psychischer Energie vermindert die psychische Steuerungsfähigkeit. Emotionen starker Erregung können in der Verhaltenssteuerung überwiegen und letztlich zum Affekt führen. Ein ausgeruhter Sportler läuft weniger Gefahr, in einen affektiven Reaktionszustand zu geraten.

Minderwertigkeitsgefühle
Hier stellt die Affektreaktion eine Art Notwehrhandlung dar. Überforderungserlebnisse werden durch Wut oder Aggression verdeckt oder kompensiert. Allerdings können auch Reaktionen der Resignation, des Aufschneidens und Großsprechertums oder betonte Lässigkeit beobachtet werden.

Psychische Übersättigung
Dabei gründet der Affekt in einem allmählichen Aufstauen von Emotionen, die durch Gleichförmigkeit und Reizarmut hervorgerufen werden. Der Sportler trainiert z.B. immer unter den gleichen Bedingungen, erfährt stets unveränderte Trainingsinhalte und -methoden, das Verhalten des Trainers kennt er schon im voraus, die Lern- und Leistungserfolge bleiben jedoch aus. Der Sportler „tritt auf der Stelle", seine Ziele werden trotz aller Bemühungen nicht erreicht.

Angst
Sie stellt eine wesentliche Bedingung für die Entstehung von Affekten dar. Der Erregungszustand, bedingt durch die Ausschüttung von Nebennierenhormonen, gründet in der Situation subjektiver Bedrohung, die zu affektiven Abwehrreaktionen führen kann.

Erwartungsdruck
Selbst- und Fremderwartung können einen permanenten Spannungs- und Erregungszustand erzeugen, der durch zusätzliche Reize, z.B. negative Kritik, rasch zum affektiven Höhepunkt eskalieren kann.

Enttäuschung
In ähnlichem Zusammenhang ist die Wirkung von Frustrationen zu sehen. Enttäuschungen können affektive Aggressionen zur Folge haben. Auch unrealistische Selbstüberschätzung macht das Auftreten von Affekten, vor allem beim Ausbleiben des Erfolgs, wahrscheinlich.

Offensichtlich besitzt der Mensch ein Potential an Emotionen, dem die Hirnrinde die Entfaltung versagt, solange nicht entsprechende Reizkonstellationen eine Aktivierung erzeugen.

Ob sich Erregungszustände in Affekthandlungen „Luft verschaffen", hängt deshalb stark von der Gestaltung der äußeren Situation ab. Damit hat der Trainer ein Instrument in der Hand, Erregungszustände wirksam zu steuern.

11.2 Entstehung der Gefühle

Emotionen werden durch Reize unterschiedlicher Art ausgelöst. Diese können im Körper selbst zu suchen sein, die Umwelt kann sie erzeugen oder sie entstehen durch Vorstellungen und Gedanken. Ein Sportler freut sich, weil er sich fit fühlt, einen anderen überfällt Ängstlichkeit beim Gedanken an den nächsten Wettkampf oder er wird beim Anblick des Gegners so nervös, dass er nur noch die Hälfte der Leistung erbringt, zu der er eigentlich fähig wäre.

Um eine Steuerung des emotionalen Zustandes insbesondere im Hinblick auf Angst, Stress und Nervosität zu erreichen, ist es deshalb hilfreich, die verschiedenen Ursachen und auslösenden Faktoren differenziert zu betrachten.

Auf der Kenntnis der Entstehungsbedingungen von Gefühlen und dem Wissen um deren Veränderbarkeit gründen die psychoregulativen Verfahren zur Steuerung der optimalen Leistungsbereitschaft.

Ursachen von Emotionen und Gefühlen können im Körperbefinden, im Gedächtnis, in der Wahrnehmung von Umweltreizen, in Vorstellungsinhalten und in den bewussten Gedankeninhalten zu finden sein.

Abbildung 26 zeigt fünf Bedingungen der Emotionsaktivierung. Dabei ist jedoch zu beachten, dass ein modellhaftes Konstrukt nur eine Hilfe für das Verständnis realer Zusammenhänge sein kann.

Die Veränderung der Entstehungsbedingungen von Emotionen ermöglicht es, Gefühle in Richtung und Tiefe zu beeinflussen. Dadurch ergibt sich die Chance, Angst, Stress oder Nervosität zu bekämpfen, indem man den Zustand des Körpers ändert, Gedächtnisinhalte bewusster abruft oder die Wahrnehmung der Umwelt verändert. Vor allem kann man seine Vorstellungen durch Visualisieren auf erfreuliche Bilder lenken und seine Gedanken bewusst auf die positive Bewältigung und Interpretation der belastenden Reize richten.

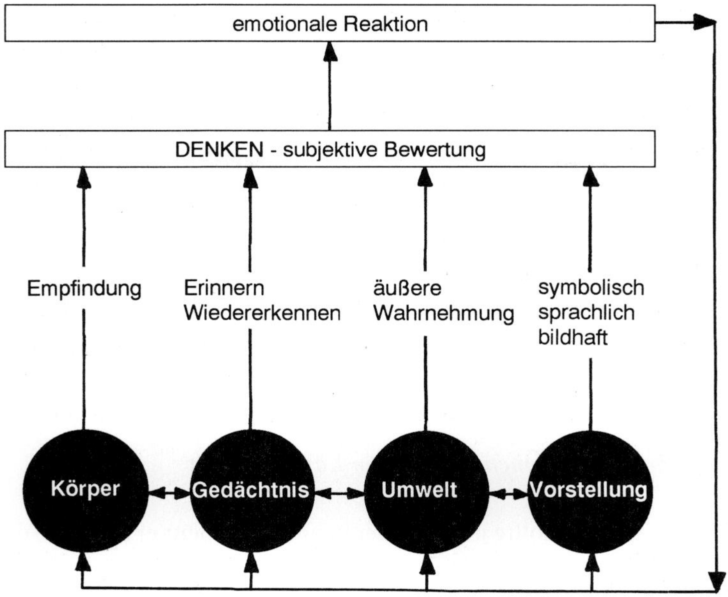

Abb. 26: Entstehung von Gefühlen

11.2.1 Regulation durch das Körperbefinden

Die Verfassung des Körpers spielt in vielen Lebensbereichen eine entscheidende Rolle für Wohlbefinden oder Missbehagen. Körper und Geist, Körper und Emotionalität stehen in einem engen wechselseitigen Zusammenhang, so dass die Schaffung einer guten körperlichen Verfassung einerseits eine positive Wirkung auf emotionale Prozesse haben kann, andererseits eine Anhebung der psychischen Stimmungs- und Gefühlslage körperliche Missstimmigkeiten reduzieren oder beseitigen kann.

Das Gefühl, einen trainierten Körper zu besitzen, in Form zu sein, hebt das Selbstvertrauen und das positive Lebensgefühl.

Für den Sportler ist es wichtig, sich über den Zustand des In-Form-Seins bewusst zu werden. Das Gefühl der Leichtigkeit, der Lockerheit, der Körperbeherrschung, kann gedanklich vorbereitet werden, indem sich der Athlet diesen positiven Zustand immer wieder, beispielsweise in der Aufwärmphase, vergegenwärtigt.

Positive oder negative Gefühle finden sich auf den in Tabelle 15 dargestellten Erlebnisdimensionen der eigenen Körperlichkeit.

Negative Gefühle	*Positive Gefühle*
Müde	Ausgeruht
Schlaff	Fit
Schwer	Leicht
Unwohl	Angenehm
Dick	Schlank
Schwerfällig	Trainiert
Außer Form	In Form
Schwach	Stark
Krank	Gesund

Tab. 15: Erlebnisdimensionen der eigenen Körperlichkeit

Positive Körpergefühle sollte der Sportler bewusst erleben; er kann sie durch Affirmationen bekräftigen und durch den inneren Dialog lebendig werden lassen. Auf diese Weise wird es ihm gelingen, negative Gefühle oder Erlebnisweisen zu beseitigen oder ihre Wirkung auf seine Handlungsfähigkeit zumindest einzuschränken. Man kann nicht zwei entgegengesetzte Gefühle gleichzeitig erleben, sondern z.B. entweder „in Form sein“ oder „außer Form sein“.

Beispiel für einen inneren Dialog zum Bewusstmachen positiver Körpergefühle:
- „Ich fühle mich fit und leistungsbereit,
- bin in Form,
- kann explodieren,
- bin leicht und locker,
- fühle mich frisch und entspannt,
- spüre meine Kraft,
- geniesse mein Fitsein,
- mein Körper ist ausgeruht und
- ich fühle mich gesund.“

Die Möglichkeiten, über die Körpergefühle auf den psychischen Zustand und die Leistungsfähigkeit einzuwirken, sind von Sportler zu Sportler verschieden und hängen von der spezifischen Situation ab. Schützen beispielsweise erreichen durch körperliche Arbeit das Gefühl der Schwere. Sie verringern dadurch den Muskeltonus, um eine „ruhige Hand“ zu bekommen.

Genügend Schlaf, gesunde Lebensweise, Entspannung durch angenehme Aktivitäten wie z.B. Sauna, Baden, Massage oder Entspannungsübungen, verbessern den emotionalen Zustand des Sportlers.

Für Sportler mit psychischen Konflikten oder Stresssymptomen kann das Hervorrufen, Bewahren und Bestätigen positiver Körpergefühle eine Hilfe bei der Überwindung ihrer Probleme sein.

11.2.2 Gedächtnis und Emotionalität

Das Gedächtnis ermöglicht es, vergangene Ereignisse wieder zu erkennen oder sich wieder an sie zu erinnern. Durch das Gedächtnis wird all das, was in der Vergangenheit einmal bewusste Wirklichkeit war, als anschauliche oder unanschauliche Vorstellung wieder gegenwärtig.

Das Erinnern an früher erlebte Gefühle bleibt an die Situation gebunden, in der sie auftraten.

Während die Situation anschaulich wieder ins Gedächtnis gerufen werden kann, erfolgt das Erinnern von Gefühlen unanschaulich. Man kann sich z.B. genau an die Situation erinnern, in der man erregt und nervös oder selbstbewusst und sicher war, aber diese Gefühle selbst können nicht wieder anschaulich vergegenwärtigt werden; wohl aber können sie in abgeschwächter Weise wieder auftreten, wenn man sich die Situation ihres Auftretens bildhaft vorstellt. „Wenn ich mich an sein arrogantes Gehabe erinnere, packt mich heute noch die Wut!“, äußert ein Spieler noch nach Jahren über einen Gegner, dem er sich unterlegen fühlte. Die Gefühle werden dann als neuerliche, tatsächlich auftretende Empfindungen erlebt und nicht als Vorstellungen, die nur Bilder vergangener Realität sind.

Diese Möglichkeit, Gefühle der Vergangenheit durch anschauliches Vorstellen der Situation ihres Auftretens wieder, wenn auch in abgeschwächter Form, zu erleben, macht man sich bei der Bekämpfung von Nervosität, Angst, Stress und Minderwertigkeitsgefühlen zunutze.

Positive Gefühle durch Erinnern oder Wiedererkennen können sowohl bei Jugendlichen als auch bei Leistungssportlern wieder hervorgerufen werden und sich auf gegenwärtiges und zukünftiges Handeln positiv auswirken. Der Trainer fragt beispielsweise seine jugendlichen Basketballer: „Erinnert ihr euch noch daran, als wir mit zehn Punkten zurücklagen und dann noch gewonnen haben?“ Auch durch das Veranstalten von Dia- oder Filmabenden, bei denen auf frühere positive und freudvolle Ereignisse zurückgeblickt wird, können motivierende Stimmungen und Gefühle hervorgerufen werden.

Im Rahmen von Visualisierungsprogrammen sollte die Wirkung von Erinnerungsgefühlen durch Entspannungsübungen verstärkt werden.

Vermeidung negativer Erinnerungen
Man sollte sich nicht ins Gedächtnis zurückrufen:
- Stressauslösende Situationen
- Vergangene Fehlschläge
- Situationen der Angst und Unsicherheit

Die Vorstellung, dass sich eine Misserfolgsituation der Vergangenheit wiederholen könnte, ist ebenfalls zu vermeiden.

Erzeugen positiver Vorstellungen
Man erinnere sich an seine beste Leistung und die äußeren Bedingungen, die dabei herrschten, an seine Gedanken, Gefühle, Stimmung und seine Einstellung. Ins Gedächtnis wird alles zurückgerufen, was gefallen hat und was angenehm war. Man besinnt sich, welcher Umstand für die gute Leistung besonders wichtig war.

Unmittelbare Wiederholung
Sportler, die eine hervorragende Leistung vollbringen, die beispielsweise nach intensivem Training zum ersten Mal einen fehlerfreien Versuch absolvieren oder eine besonders schwierige Situation bewältigen, sollten diese Handlung sofort mental wiederholen, um sie noch tiefer in ihrem Bewegungsgedächtnis zu verankern.

Diese sofortige Wiederholung der Leistung in der Vorstellung soll aber auch die Empfindungen und Gefühle mit einbeziehen, die vor, während und nach der Ausführung erlebt wurden. Man überlegt sich, welche Teile des Körpers man besonders bewusst erlebt hat, ob die Gefühle mitgeholfen haben oder sie störend und ablenkend waren, welche Gefühle zum Gelingen besonders beigetragen haben, vergegenwärtigt sich die Situation, in der man sich stark und sicher gefühlt hat.

11.2.3 Gefühlssteuerung durch Wahrnehmen

Ein Großteil der Gefühle wird durch die Wahrnehmung von Umweltreizen ausgelöst. Nicht nur äußere Sinneskanäle, wie Hören und Sehen, sondern auch innere Reizinformationen des Tastsinns und der Bewegungsempfindung haben Einfluss auf die Gefühlsentstehung.

Die Wahrnehmung liefert kein photographisches Abbild der Umgebung. Sie sucht sich das aus, was gegenwärtigen Einstellungen und Erwartungen entspricht. Das im Bewusstsein entstehende Abbild der Umwelt wird durch die subjektive Bedeutungsordnung der wahrgenommenen Dinge bestimmt. Diese Bedeutungsordnung hängt wiederum von der Erfahrung ab, die wir mit den Dingen gemacht haben.

Wenn man Situationen, Personen oder Ereignisse beobachtet, die in der Erfahrung mit Angst und Schrecken verknüpft sind, so wird ihr erneutes Wahrnehmen ähnliche Angstgefühle auslösen. Das Wahrnehmen einer Situation löst emotionale Stellungnahmen aus, die auf früher gemachten Erfahrungen mit der gleichen oder einer ähnlichen Situation beruhen.

Nicht die Umwelt selbst, die man wahrnimmt, erzeugt letztlich Angst, sondern ihre Interpretation aufgrund angstvoller Erfahrungen in der Vergangenheit.

Es ist die Wahrnehmung der Dinge, es sind nicht die Dinge selbst, die unsere Gefühle hervorrufen.

Um Gefühle durch Wahrnehmen auszulösen, zu vermeiden oder in eine bestimmte Richtung zu lenken, kommt es darauf an, die wahrzunehmende Situation so zu gestalten, dass eine Verknüpfung mit negativen Gefühlen möglichst vermieden wird bzw. Gefühle der Zuversicht und des Selbstvertrauens geschaffen werden.

Zwei Beispiele mögen dies verdeutlichen:

- Eine Mannschaft bereitet sich auf einen starken Gegner vor, der den jungen Spielern Angst und Skepsis einflößt. Es werden deshalb Videoaufzeichnungen von Spielen des Gegners gezeigt, bei denen er eine schwache Leistung bietet und deutliche Schwächen erkennen lässt. Würde man den jungen Spielern die besten Leistungen ihrer Gegner vor Augen führen, könnte dies ihre Minderwertigkeitsgefühle noch weiter verstärken.
- Einem jungen Skiläufer werden die Passagen einer schwierigen Abfahrt aus einer Perspektive gezeigt, die ihre Gefährlichkeit zwar erkennen lässt, diese aber nicht dramatisch hervorhebt.

Durch das Beobachten von Ängstlichkeiten kann dem Furchtsamen noch banger werden. Der Streitbare steigert seine Angriffslust durch das aggressive Vorbild. In entsprechender Weise werden positive Gefühle, wie Selbstvertrauen oder Freude, durch das Wahrnehmen von Vorbildern oder Beobachten entsprechender Verhaltensweisen anderer hervorgerufen.

Jeder Lehrer und Trainer sollte sich deshalb überlegen, aus welcher Perspektive er eine Situation darbietet, welche Inhalte er auswählt und welche Wirkung das Wahrgenommene bei den einzelnen Spielern haben könnte.

Das Wahrnehmen derselben Situation kann je nach Vorerfahrung bei verschiedenen Betrachtern völlig konträre Gefühle auslösen, die für das zukünftige Handeln die Grundlage von Selbstvertrauen oder Zaghaftigkeit und Skepsis bedeuten können.

Wie aus diesen Ausführungen hervorgeht, sind Gefühle an Situationen gebunden, die man kognitiv in ihrer Bedeutung erfasst und interpretiert. So wird verständlich, dass die Vielfalt der Gefühle von wahrgenommenen und erfahrenen Situationen und den damit verknüpften Erlebnissen abhängt.

Dies ist insbesondere für die Entwicklung der Emotionalität von Kindern und Jugendlichen von Bedeutung. Wenn emotionales Lernen unter anderem darin besteht, dass bestimmte äußere Umstände charakteristische Emotionen wecken, dann ist die Gestaltung der Situationen von ausschlaggebender Bedeutung für die langfristige Entwicklung des Gefühlslebens.

Dies betrifft vor allem auch die Entwicklung der sozialen Emotionalität. Je vielfältiger das Kind soziale Situationen erfährt und interpretiert, desto differenzierter und flexibler werden sich seine sozialen Gefühle, Wertschätzungen und Moralvorstellungen ausbilden.

Die Bedeutung der Wahrnehmung von Situationen und Personen für die Emotionalität betrifft sowohl die pädagogische Dimension der emotionalen Erziehung als auch die psychoregulative Steuerung des Leistungssportlers.

11.2.4 Gefühle durch Vorstellen

Vorstellung, Gedächtnis und Wahrnehmung hängen eng zusammen. Es wurde bereits ausgeführt, dass Gefühle durch das vorstellende Erinnern anschaulicher Situationen, in denen sie entstanden sind, wieder erlebt werden können, wenn auch in abgeschwächter Form. Ein Sprinter, der sich die Situation des Wettkampfstarts anschaulich vorstellt, wird seine Nervosität oder sein Startfieber in geringerem Maß wieder erleben. Durch das Visualisieren erreicht man nicht nur eine mentale Vergegenwärtigung der sportlichen Handlung, sondern auch eine Aktivierung der situationsgebundenen subjektiven Emotionen (s. Kapitel „Visualisieren“, S. 111).

Vorstellen heißt, dass man in Bildern denkt und Vergangenes vor seinem „geistigen“ Auge wieder sieht. Vor allem durch das bildhafte Vorstellen werden Gefühle und Sinnesempfindungen wieder geweckt. Man sollte sich die Dinge so vorstellen, dass man sie bildhaft vor sich sieht.

Worte und Begriffe wirken oft wie Schubladen, sie kategorisieren und zerreißen die Ganzheit des Bildes und des Erlebens.

Das Vorstellen zukünftiger Situationen schließt auch das erfolgreiche Bestehen und das Lösen der Aufgaben mit ein. In der Vorstellung werden dadurch die mit gelungenem Handeln verbundenen positiven Gefühle in die Zukunft verlagert. Der Skiläufer stellt sich beispielsweise die erfolgreiche Bewältigung eines schwierigen Laufs vor, der Tennisspieler malt sich aus, wie er blitzschnell ans Netz startet und den Ball „tötet", der 400-m-Läufer führt sich vor Augen, wie er die letzten Kräfte mobilisiert, um als Erster das Ziel zu erreichen. Mit all diesen Vorstellungen sind Gefühle der Sicherheit, der Zuversicht, des Stolzes und des Optimismus verknüpft. Man sollte sie bewusst erleben, sie genießen und auskosten.

Der Sportler kann weder in der Realität noch in seiner Vorstellung zwei widerstreitende Gefühle gleichzeitig erleben: Entweder er fühlt Zuversicht und Selbstvertrauen oder er ist ängstlich und gehemmt. Erfolgsbilder sollen Misserfolgsbilder ersetzen. Positive Gefühle der Gelassenheit, der Kontrolle und Selbstsicherheit treten bewusst an die Stelle negativer Emotionen.

Das Gedächtnis, die Fähigkeit der bildhaften Vorstellung, die Wahrnehmung und Interpretation von Situationen werden durch Denkprozesse ausgelöst, gesteuert und für zukünftige Handlungen subjektiv aufbereitet. Die Inhalte und die Art des Denkens nehmen deshalb eine Schlüsselstellung für die subjektive Emotionalität ein.

11.2.5 Denken und Gefühle

Die Beziehung der Gedanken und Gefühle untereinander lässt sich nur unter Berücksichtigung aller Handlungsinstanzen, insbesondere der Zielsetzung und der subjektiv erlebten Umgebungsreize, beschreiben. Für die sportliche Leistung bzw. das sportliche Verhalten kann dieser funktionelle Zusammenhang aus zwei gegensätzlichen Richtungen gesehen werden:

a) Emotionen lösen Gedanken aus oder
b) Gedanken rufen Gefühle hervor.

Im ersten Fall stellt das Denken eine *Funktion der emotionalen Erregung* dar. Es steht im Dienste von Bedürfnissen und Wünschen, die durch das Einschalten von Denkprozessen erfüllt werden. Das Denken setzt immer dann ein, wenn ein emotionaler Erregungszustand zum Handeln drängt. Der Ängstliche denkt beispielsweise darüber nach, wie er die angstauslösende Situation vermeiden kann, der Erfolgsorientierte gelangt durch Denken ans Ziel.

Denken im Dienste emotionaler Antriebe stellt somit eine psychische Funktion mit entscheidendem Einfluss auf das sportliche Handeln dar.

Im Gegensatz zum Tier ist der Mensch in der Lage, seine Gedanken wiederum zum Gegenstand von Denkprozessen zu machen. Er ist zur Selbstreflexion befähigt. Daraus ergibt sich die optimistische Schlussfolgerung, dass sein Denken nicht nur funktionale Aufgaben leistet, sondern eine eigenständige, bewusste Kraft darstellt, die ihn befähigt, Einfluss auf seine Emotionalität zu nehmen, sie zu kontrollieren oder zu variieren.

Auf dieser Erkenntnis beruhen vielfältige Konstruktionen von Stressbewältigungsverfahren oder die Therapie angstbesetzter psychischer Verhaltensbedingungen.

„Gedanken sind Vorläufer von Gefühlen“ (*Railo,* a.o.). Sowohl das bildliche als auch das begriffliche Denken schaffen Reaktionen, die mit Emotionen verbunden sind. Mehrfach ist bereits angeklungen, dass die Art des Denkens die Wahrnehmung und Vorstellung und damit auch das Handeln beeinflusst. Insbesondere die Bewältigung von Angst- und Stresssituationen beruht auf der Erkenntnis der funktionalen Abhängigkeit von Gedanken und Gefühlen.

Dadurch, dass durch *bewusste Gedankenlenkung* Emotionen vermieden bzw. hervorgerufen werden können, existiert im Sport ein wirksames Instrument, negative Gefühle durch positive Gedanken zu beeinflussen oder sie gar in leistungsfördernde, optimistische Antriebe zu verwandeln (s. Kapitel „Affirmationen“).
Martens (68) hat bei der Aufstellung von Stressformeln diese gedanklich-emotionale Beziehung zur Grundlage von Therapieverfahren gemacht. Dabei spielt vor allem die zeitliche Abfolge der negativen Gedanken und der emotionalen Erregung eine Rolle. Aus den spezifischen Entstehungsbedingungen können zwei in Abbildung 27 dargestellte Stressformeln abgeleitet werden (68).

Das gemeinsame Merkmal beider Stressformeln besteht darin, dass nicht die Umgebung an sich der entscheidende Auslöser für Stress ist, sondern deren persönliche Interpretation durch Gedanken und Gefühle. In diesem Zusammenhang soll weiter aufgezeigt werden, dass negative Gedanken Angst, Nervosität und Stress auslösen können. Aus der Umkehrung negativer Gedanken in positive leiten sich verschiedene Bewältigungsverfahren ab.

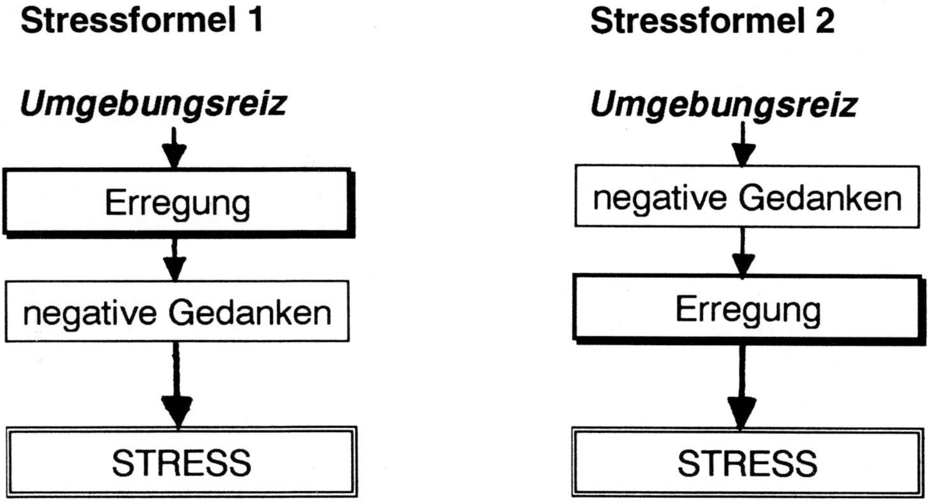

Abb. 27: Stressformeln

Zusammenfassung
Emotionalität und Affektivität sind keine Frage des ererbten Naturells und damit als unbeeinflussbar hinzunehmen. Vielmehr wird durch Erziehungsmaßnahmen und psychoregulative Verfahrensweisen eine steuernde Beeinflussung und bewusste Kontrolle möglich.

Die biogenetische Verwurzelung der Emotionalität erfährt ihre Ausprägung durch Milieu- und Erziehungsfaktoren. Einblicke in die Abhängigkeit der Emotionen von personimmanenten Steuerungsgrößen, wie dem bewussten Willen und Prozesse der persönlichen Interpretation von Körper- und Umgebungsreizen sind einzubeziehen. Körperbefindlichkeit, Wahrnehmung und Interpretation äußerer Reizeinflüsse, Gedächtnisaktualisierung, bildhaftes und begriffliches Vorstellen unter der Kontrollinstanz des bewussten Denkens bilden die Grundlage für die Aktivierung oder Passivierung positiver oder negativer Emotionen im Sport.

11.3 Angst – Nervosität – Stress

Unter Angst, Nervosität und Stress werden wir im Allgemeinen negative emotionale Zustände verstanden, die durch Unlust, übergroße Spannung, Überforderung, starke Erregung oder Bedrohung gekennzeichnet sind. Diese werden subjektiv als unangenehm erlebt, wirken in der Regel leistungsmindernd und drängen den Menschen dazu, die negativen Gefühlszustände zu vermeiden, zu beenden oder zu umgehen.

Daraus ergeben sich häufig neue Belastungskomponenten, nämlich immer dann, wenn gleichzeitig eine starke Zielorientierung vorhanden ist oder Wünsche und Bedürfnisse vorliegen, die ebenso stark sind wie die Vermeidungstendenzen. Die sich daraus ergebenden inneren Konflikte bewirken eine weitere Steigerung des negativen Erlebniszustandes.

Die Angst in ihren verschiedenen offenen und verdeckten Erscheinungsformen ist als zentraler Bestandteil fast aller negativer Erregungszustände im Sport anzusehen; zumindest wirkt sie in antizipatorischer Art und Weise bei psychischen Überlastungen und Überforderungen mit. Deshalb wird im Folgenden zunächst die Angst sowohl aus pädagogisch-psychologischer Sicht als auch unter dem Aspekt des Leistungssports betrachtet.

11.3.1 Angst im Sport

Es gibt eine unermessliche Vielfalt von Aussagen über das Phänomen Angst im Sport. Sie reichen von konkreten Angaben wie „Angst, sich beim Stürzen weh zu tun" über „Angst, sich zu blamieren" bis zu diffusen Abstraktionen wie „Angst vor der Zukunft" oder „Angst haben vor dem Sieg".

Dies zeigt, dass der Begriff „Angst" ein Etikett darstellt, das relativ wenig über den emotionalen Erlebniszustand des Sportlers aussagt.

Es sollen deshalb zunächst einige allgemeine Aussagen über die Angst folgen, die dann nach der methodischen Strategie – von der Diagnose über die Prognose zur Therapie – als die wesentlichsten Regularien im Sport erfasst werden.

11.3.1.1 Gegenstand der Angst

In vielen Lehrbüchern findet man die Unterscheidung von Angst und Furcht. Der Unterschied läge darin, dass Furcht einen Gegenstand habe, Angst aber nicht. Dieser Ansatz besitzt dann Gültigkeit, wenn man das Erlebnis der Angst und seine subjektive Deutung zu Grunde legt. Für die psychologische Interpretation des Begriffs Angst sollte man eine erweiterte Erklärungsbasis wählen, die eine Unterscheidung von Angst und Furcht überflüssig macht (89).

Jedes psychische Erleben zeigt als Grundmerkmal die Intentionalität, d.h., alles Psychische ist immer auf etwas bezogen. Es existiert nicht in sich allein, sondern nur im Bezug zur Umwelt. Auch die Angst ist immer auf etwas bezogen, nur kennt der Angsthabende häufig den Gegenstand seiner Angst nicht oder nicht mehr.

Die Unterschiede bestehen also im Grad der *Kenntnis*, bzw. der *Unkenntnis* der angstauslösenden Faktoren, wie z.B. Dinge, Personen, Situationen, Strafe, Leistung, Ansprüche der eigenen Dämonie etc.

Es ist deshalb sinnvoll, als Differenzierungsmerkmal zwischen Angst und Furcht *nicht die Gegenstandslosigkeit*, sondern das *Unwissen* über die Auslöser zu wählen.

11.3.1.2 Angeborene und erworbene Ängste

Seitdem *Freud* den Angstbegriff als zentrales Problem in die Psychologie eingeführt hat, ist die Diskussion um die Herkunft der Angst nicht zum Stillstand gekommen. Nach *Freud* entsteht die Angst als Reaktion des Ichs auf eine Gefahr. Diese Bedrohung des Ichs kann drei Ursachen haben:

- Eigene Triebansprüche des Es, des Unbewussten
- Bedrohungen durch das Über-Ich, Gewissensangst
- Wahrnehmung bedrohender Umweltreize, Realangst

Auch die Vertreter des lernpsychologischen Ansatzes gehen davon aus, dass der Begriff „Bedrohung“ im Mittelpunkt der Angstproblematik steht. Angst ist demnach ein erlernter Zustand – ebenso erlernt wie das Verhalten, das zu dessen Vermeidung führt.

Nach *Spielberger* (111) kann man Angst als Eigenschaft oder als Zustand verstehen. Als Eigenschaft ist sie eine allgemeine Disposition, durch die sich der Mensch auch in harmlosen Situationen bedroht fühlt.

Fasst man die Angst als Zustand auf, so steht sie im Zusammenhang mit bestimmten Umweltsituationen. Ein Sportler kann zu einem bestimmten Zeitpunkt, z.B. vor dem Wettkampf, oder vor einer Aktion des Gegners Angst haben, d.h., die Zustandsangst ist gegenstandsbezogen und dadurch begrenzt. Allgemein ängstliche Kinder (Eigenschaftsangst) erbringen bei belastenden Aufgaben geringere Leistungen als weniger ängstliche Schüler (111).

Maßnahmen oder Techniken der Selbstregulation zur Vermeidung von Ängsten können erfolgreicher angewendet werden, wenn deren Symptome und Ursachen vom Lehrer, Trainer oder auch vom Sportler selbst erkannt werden.

Nach lerntheoretischen und tiefenpsychologischen Ansätzen sind die meisten Ängste im Laufe des Lebens erworben. Darin gründet die optimistische Perspektive, dass auch eine Umkehrung dieses Aneignungsprozesses möglich sei.

Eine zweite, im Sport ebenso bedeutsame Angstebene kann in den angeborenen Ängsten bzw. Angstbereitschaften gesehen werden.

11.3.1.2.1 Primäre Angstauslöser

Es gibt eine angeborene Angstdisposition, die in Gefahrensituationen die Angst bedingt und die Vermeidungsreaktion auslöst. Angeborene Ängste treten also immer dann auf, wenn sie an Situationen gekoppelt werden, die eine existenzielle Bedrohung darstellen, ohne dass der Mensch über Lernerfahrungen verfügt. Tabelle 16 zeigt derartige primäre Angstauslöser, die im Sport häufig auftreten und deshalb kurz erläutert werden sollen:

Primäre Angstauslöser
Sturzgefahr Unbekanntes Orientierungsschwierigkeiten lautes Geräusch Schmerz

Tab. 16: Primäre Angstauslöser im Sport

- Sturz, plötzlicher Entzug der Unterlage, Gleichgewichtsverlust

Die Fähigkeit, sich auf zwei Beinen im Gleichgewicht zu halten und fortzubewegen, entstand in der vieltausendjährigen Entwicklung des Menschen. Die Gefährdung dieses Gleichgewichts stellt gleichsam eine Bedrohung des Menschen im bewährten Umgang mit seiner Umwelt dar.

Deshalb gerät der Sportler, der durch unvorhergesehene oder unkontrollierbare Ereignisse die feste Unterlage zu verlieren droht, in den Zustand der Unsicherheit, der Angst, unter Umständen sogar in Panik. Man findet diese Ängste bei Anfängern im Skilauf und in anderen Sportarten, die Sturzgefahren beinhalten, beispielsweise Turnen, Bergsteigen etc.

Durch den Sturz verliert der Mensch die Kontrolle über seinen Körper, seine Bewegungen und sein Gleichgewicht. Der Sturz versetzt ihn in eine Situation, deren Bewältigung mit eigenen Mitteln nicht mehr gewährleistet ist. Je besser deshalb Stürze bewältigt bzw. kontrolliert werden, desto geringer ist die begleitende Angst. Ein „Notsturz" des Skiläufers, der geübt wurde, um Gefahrensituationen frühzeitig zu vermeiden, verliert seine angstauslösende Wirkung.

Primäre Angstauslöser können auch die Ursachen von Folgeängsten sein, wie Tabelle 17 zeigt. Beispielsweise kann die Angst des Skiläufers, sich zu blamieren, größer sein als die Angst, sich durch den Sturz zu verletzen.

Primäre Angstauslöser	*Folgeängste vor*
Gleichgewichtsverlust (Sturz)	steilem Gebäude Richtungsänderung unkontrollierbarer Geschwindigkeit Gleiten Verletzung Blamage Enttäuschung (Aggression)

Tab. 17: Folgeängste des Gleichgewichtverlusts beim Skifahrer

Die Angst vor dem Verlust des Gleichgewichts kann vermindert bzw. ausgeschaltet werden, wenn der Sportler über Mittel verfügt, um die Sturzsituation zu kontrollieren. Dies geschieht durch vorausschauende Planung. Der Skifahrer rechnet z.B. mit einem Sturz und plant verschiedene Handlungsstrategien zur Vermeidung ein.

In sozialer Hinsicht soll der Sportler die Gewissheit haben, dass der Verlust des Gleichgewichts nicht zur Diffamierung durch andere oder zu minderem Ansehen und zu Spott führt.

- Unbekanntes

Unbekanntes tritt dem Sportler gegenüber in der äußeren Umgebung (Situationen, Geräte, Sportstätten), in der sozialen Umgebung (neue Gruppen, Partner, Gegner, Trainer, oder Lebensabschnitte, Vereins- oder Schulwechsel) und im eigenen Verhalten (z.B. als Angst vor dem eigenen Verhalten in Situationen der Überforderung, vor eigenen Affektreaktionen etc.).

Sicherheit bedeutet Angstfreiheit.

Wenn der Mensch seine Lebenswelt so gestaltet, dass ein hoher Bekanntheitsgrad aller das Leben beeinflussenden Faktoren vorherrscht, so verlieren Angstgefühle an Bedeutung. Wird dieses Gefühl jedoch gestört, so stellen sich Alarmreaktionen ein, die sich je nach Intensität der Störung bis zur „panischen Angst" steigern können. Erst wenn der Mensch erkennt, dass er Herr der Lage ist und mit der Bedrohung fertig werden kann, verschwindet die Angst.

Die Angst vor dem Unbekannten betrifft das acht Monate alte Kind ebenso wie den Leistungssportler oder den alternden Menschen, der es nicht wagt, sich sportlich zu betätigen, obwohl er von der Notwendigkeit zur Gesunderhaltung überzeugt ist. Es sind die unbekannten Ereignisse, die seine bewährte Lebenswelt gefährden könnten und ihn durch Angst vom Sport abhalten.

Die Angst vor Unbekanntem kann durch Informationen gemindert, aber nicht gänzlich ausgeschaltet werden.

Der Sportler soll sich innerlich auf die unbekannte Situation vorbereiten können, darauf „gefasst" sein. Der Trainer sollte alle Möglichkeiten ausschöpfen, um seinen Schützling möglichst umfassend über das Auftreten zukünftiger Ereignisse zu informieren. Mittel dazu bestehen in aufklärenden Gesprächen, Berichten, Film- oder Videoinformationen. Sie können auch als Gegenstand psychoregulativer Vorbereitung, z.B. in Visualisierungsprogramme aufgenommen werden.

- Orientierungsschwierigkeiten

Eine nicht zu unterschätzende Quelle der Angst besteht in der fehlenden Möglichkeit, sich zu orientieren. In diesem Zusammenhang stellt die Angst ein kognitives – oder genauer gesagt – ein Wahrnehmungsproblem dar.

Orientierungsmängel können auftreten bei Rückwärtsbewegungen (z.B. beim Eislaufen oder bei turnerischen Roll- und Drehbewegungen), in der Dunkelheit (hier zeigt sich ein existenzielles Angstphänomen, das vor allem bei Kindern zu beobachten ist) und bei Nebel oder im unwegsamen Gelände.

In Situationen, in denen der Erfahrungsbezug zur Umgebung verloren geht, reagiert der Mensch mit der Alarmreaktion der Angst. Auch geringe Anhaltspunkte zur Verbesserung der Orientierung vermindern den Ausprägungsgrad der Angst.

- Laute Geräusche

Watson (137) konditionierte einem Kind die Angst vor seinem Lieblingstier, indem er jedes Mal, wenn das Kind das Tier streicheln wollte, ein schrilles, lautes Geräusch ertönen ließ. Das Kind verknüpfte die Angst vor dem unangenehmen Ton mit dem Tier. Es kam zur Koppelung des akustischen mit dem visuellen Reiz: die Angst vor dem einst so geliebten Tier war geweckt.

Insbesondere Kinder zeigen Symptome der Angst, wenn laute Geräusche ertönen. Kinder, die von Erwachsenen angeschrien werden, erschrecken eher vor dem lauten Ton als vor dem Inhalt. Die Angst vor lauten Geräuschen hat deshalb vor allem eine pädagogische Dimension. Aber auch die Angst vor dem lauten Knall des Startschusses oder dem Gebrüll der Zuschauer kann Kinder vom sportlichen Tun abhalten.

- *Schmerz*
Die Erfahrung des Schmerzes wurde früher als Erziehungsmittel benutzt. Die vorausschauende Vergegenwärtigung des Schmerzes führte dazu, dass Verhaltensweisen des Kindes unterdrückt oder in andere Bahnen gelenkt wurden. Der Schmerz durch körperliche Bestrafung wurde durch deren diffamierende Bedeutung in sozialer Hinsicht verstärkt.

Die mit dem Schmerz auftretende Angst kann durch die Kenntnis seiner Ursachen vermindert oder verstärkt werden.

Ein Schwimmer, der spürt, dass seine Arme zu schmerzen beginnen und er die geforderte Leistung nicht erreichen kann, wird sowohl den Schmerz als auch die Versagensangst intensiver erleben. Beginnt der Schmerz hingegen bei einer Bestleistung, z.B. 10 m vor dem Ziel, so kann er stimulierend wirken; an die Stelle von Angst tritt höchste Einsatzbereitschaft, die alle Schmerzen unter Umständen „vergessen" lässt.

Ob Angst durch Schmerz ausgelöst wird oder nicht, hängt in erster Linie von der Bedeutung des Schmerzreizes ab. Da der Schmerz häufig als Bedrohung der Unversehrtheit erlebt wird, ist er häufiger an die Angst gekoppelt als an positive Emotionen. Trainingspsychologisch jedoch ist es von großer Bedeutung, dass der Sportler über die Ursache und die Bedeutung seiner Schmerzen aufgeklärt wird, weil dadurch die Intensität des mit dem Schmerz zusammenhängenden Angstgefühls stark herabgesetzt werden kann.

11.3.1.3 Angepasste und unangepasste Angst

Viele Ängste im Sport sind objektiv gesehen unbegründet. Sie werden in der Verhaltenstherapie als *unangepasst* bezeichnet, da keine objektive Bedrohung vorliegt. Dies ist bei Sportlern der Fall, die aus Angst vor dem Gegner, oder vor Versagensfolgen (z.B. Blamage) ihre Normalleistung nicht erreichen. Angstreaktionen, die keinen Bezug zur Gefahr haben, gelten als unangepasst. Ihre Verminderung stellt das Ziel psychoregulativer und pädagogischer Maßnahmen dar.

Versagensängste entstehen aus der Sorge darüber, was geschehen könnte, wenn man versagt. Sie sind die Folge hoher Erwartungen, die dem eigenen Können nicht mehr entsprechen. Ihr Auftreten ist jedoch häufig unangepasst, denn der jugendliche Sportler hat die Fähigkeit, sich leistungsgerecht einzuschätzen, verloren. So kann er zum Spielball von Fremderwartungen werden.

Konditionierte Angstreaktionen, denen objektiv eine Gefahr entspricht, gelten als *angepasst* (89).

Das Erkennen angepasster oder unangepasster Ängste im Sport bereitet oft Schwierigkeiten. Eine begründetes Urteil, ob Ängste unangepasst sind, kann erst abgegeben werden, wenn die Abwägung persönlicher Voraussetzungen und Fähigkeiten mit der angstauslösenden Aufgabe zu einem negativen Ergebnis führt. In diesem Fall liegt eine objektive Begründung der Angst vor.

Angepasste Ängste sind auf wahrnehmbare Gefahrenobjekte bezogen (Realangst), z.B. gefährliche Geräte, schwieriges Gelände, zu schwierige Aufgabenstellung. Sie sind rational begreiflich, realistisch zu begründen und lösen Schutz- oder Fluchthandlungen aus. Eine Verminderung kann durch situationale Vereinfachung oder Veränderung der Aufgabenstellung erfolgen.

Bei *unangepassten* Ängsten erfolgt die Einflussnahme auf dem Wege über die Veränderung persönlichkeitsimmanenter Handlungsinstanzen, z.B. durch Einflussnahme auf die Wahrnehmungsinterpretation, die Änderung von Denkschemata oder durch affirmative Einflussnahme auf die negativen Emotionen.

Unangepasste Ängste sind meist an schmerzliche Erfahrungen gekoppelt. Beispielsweise wird ein Junge, der einmal beim Vorturnen einer Übung vom Gerät fiel und ausgelacht wurde, in Zukunft versuchen, dieser blamablen Situation aus dem Wege zu gehen, obwohl er objektiv in der Lage wäre, eine fehlerfreie Darbietung zu vollbringen.

Auch übergroße Härte oder unfaires Verhalten in den Spielsportarten können auf unangepasste Ängste zurückzuführen sein, wenn z.B. Sportler aus der objektiv unbegründeten Angst zu versagen, zu aggressiver Gewalt oder zur Anwendung unfairer Mittel neigen. Diese unangepassten Ängste haben eine ausgeprägte Zukunftsperspektive und werden deshalb auch als Erwartungsängste bezeichnet.

11.3.1.4 Erwartungsängste

Die meisten Ängste im Sport entstehen aus der gedanklichen Vorwegnahme angstbesetzter Situationen und Erlebnisse.

> Die gedankliche Vorwegnahme einer Bedrohung wird als Angst erlebt.

Gedanken machen leider auch in negativer Hinsicht keinen Unterschied zwischen Realität und Vorstellung.

Die Bedrohung kann sozialer Art sein, z.B. die Aussicht, sich zu blamieren oder die Mannschaftszugehörigkeit zu verlieren. Sie kann aber auch durch die eigene Person bedingt sein, wenn z.B. die Gefahr besteht, selbst gesetzte Ziele nicht zu erreichen oder sie kann durch materielle Faktoren hervorgrufen werden, z.B. die Angst des Profis, keine Prämie zu erhalten.

Erwartungsangst gründet letztendlich in der Antizipation subjektiv erlebter unlustvoller, hilfloser, diffamierender oder gefährlicher Situationen.

Der Sportler erlebt bereits in seiner Vorstellung eine zukünftige Situation mit dem Bestreben, sie abzuwenden. Er fragt sich, beispielsweise: „Was ist, wenn ich wieder verliere?", „Was soll ich tun, wenn mich wieder die Panik erfasst?" oder sorgt sich: „Wenn ich wieder Angst bekomme, schaffe ich es sowieso nicht!", „Wenn ich nur daran denke, was passieren kann, bekomme ich schon das große Zittern."

Die Erwartungsangst ist an früher erlebte angstauslösende Ereignisse gekoppelt. Sie stellt sich ein, wenn zukünftige Situationen Ähnlichkeiten mit den vergangenen Erlebnissen aufweisen.

Diese „Angst vor der Angst" kann durch die unbeschränkten Möglichkeiten der Phantasie geschürt und gesteigert werden. Dadurch gelangt der Sportler in einen Angstzustand, der durch die Anforderungen der künftigen Realsituation nicht begründet ist.

Der Phantasieanteil der Bedrohungsantizipation ist es, der zur emotionalen Reaktion führt und den koordinierten und geplanten Handlungsablauf in Frage stellen kann.

Die *Vermeidung oder Verminderung* der Erwartungsangst wird hauptsächlich durch Entspannungsübungen, mentales Training, Visualisierungsprogramme und -aufgaben, Selbstsuggestion und Selbstüberzeugung erreicht.

11.3.1.5 Soziale Ängste – Angstkonflikte

Die Persönlichkeit des Jugendlichen erhält ihre Prägung und Struktur in der Auseinandersetzung mit seiner Lebenswelt.

Insbesondere die Akzeptanz der eigenen Identität durch primäre und sekundäre Bezugspersonen sowie in distanzierteren Beziehungen zu Zuschauern, zur Öffentlichkeit und zu Medien tragen wesentlich zur Selbstsicherheit und Identitätsstabilisierung bei.

Die Gefährdung dieser sozialen Bindungen und Beziehungen stellt mehr oder minder eine Bedrohung der sozialen Identität dar.

> Das Erlebnis, die eigene Identität durch den Verlust oder durch die Trennung von existentiell bedeutsamen Personen gefährdet zu sehen, wird als *Sozialangst* bezeichnet.

Dies macht die angstinduzierende Wirkung sozialer Diffamierung verständlich. Auch in Situationen des „Betrachtet-Werdens", wenn sich der Sportler den urteilenden Blicken anderer ausliefert, besteht die Gefahr des Verlustes, der Abwertung oder der Minderung sozialen Ansehens. Man findet gerade in solchen Sportarten, in denen sich junge Sportler in ihrer geistig-körperlichen Ganzheit präsentieren, eine Fülle von Hemmungen und Ängsten. Sei es in der Schule beim Vorturnen einer Übung, sei es in der Gymnastik, oder in Situationen, in denen der Einzelne aus dem Schutz der Gruppe heraustritt – Ängste, die aus der Bedrohung des Selbstwertgefühls entstehen, sind vor allem bei jungen und unerfahrenen Sportlern weit verbreitet.

Wie in den späteren Kapiteln dargestellt werden wird, ist es die Aufgabe des Sportpsychologen, den Sportler von der sozialen Abhängigkeit seines Leistungsvermögens so weit wie möglich zu lösen.

Weitere soziale Ängste entstehen aus der Gefahr, das Vertrauen des geliebten oder geachteten Trainers zu enttäuschen, keine Anerkennung mehr zu erhalten, die Achtung der Mannschaftskameraden zu verlieren, die Mannschaftszugehörigkeit in Frage zu stellen oder den Erwartungen der Öffentlichkeit nicht mehr gerecht werden zu können.

Diese Ängste resultieren aus Bereichen, die der Sportler selbst nicht kontrollieren kann. Er hat weder Einfluss auf die Reaktion der Zuschauer und der Medien noch auf die Anerkennungsäußerungen anderer.

Er muss deshalb lernen, sich auf die Handlungsziele zu konzentrieren, die er selbst kontrollieren und bewältigen kann.

Die Angst, die aus dem Anerkennungsbedürfnis entsteht, fußt auf einem „Ergebnisziel" und nicht auf dem Handlungsziel (s. S. 149). Die sich, aus der Mittelbarkeit der Zielsetzung, ergebende Unsicherheit stellt eine wesentliche Vorstufe der eskalierenden Angstemotion dar.

Angstkonflikt

Angstkonflikte können unter mehreren Bedingungen auftreten. Ein Fußballer, der gerne ein Tor schießen würde, gleichzeitig aber Angst vor einem Fehlschuss hat, weil er dann die Kritik der Mitspieler erdulden müsste, steht zwischen dem Bedürfnis etwas zu tun, *(Hinwendung)* und dem Wunsch, es aus Angst vor den unangenehmen Folgen besser zu unterlassen *(Ablehnung)*. In diesem Fall spricht man von einem Appetenz-Aversions-Konflikt oder *Annäherungs-Vermeidungs-Konflikt*.

Die Lösung eines derartigen Konflikts hängt von den subjektiv abschätzbaren positiven oder negativen Folgen der Annäherungshandlung ab. Insbesondere die sozialen Folgen des Handelns bzw. des Unterlassens spielen eine bedeutende Rolle. Die Aussicht, durch das Annäherungshandeln seine soziale Position zu festigen, mehr Anerkennung zu erhalten, das Vertrauen wichtiger Bezugspersonen zu rechtfertigen, erhöht in beträchtlichen Maß die Risikobereitschaft. Angst, in vielfältiger Abstufung und Eigenart ist im Risikoverhalten fast immer zu finden.

Definition
Eine Handlung ist dann riskant, wenn ein erstrebenswertes Ziel vorhanden ist, gleichzeitig aber Ungewissheit darüber besteht, ob die zur Verfügung stehenden Mittel ausreichen, um erfolgreich zu sein.

Überwiegen die Ängste, kommt es zur Unterlassung (Aversion), behalten die antreibenden Impulse die Oberhand, handelt der Sportler im Sinne seiner Hinwendung, auch wenn er objektiv nicht über ausreichende Mittel verfügt.

Angst-Angst-Konflikt
Im Rahmen des Annäherungs-Vermeidungs-Konflikts kann es zu untergeordneten emotionalen Konfliktsituationen kommen. Dies ist z.B. der Fall, wenn zwei Angststrebungen einander unvereinbar gegenüberstehen. Häufig handelt es sich dabei um Realängste bzw. um das Vorhandensein primärer Angstauslöser, die zu meiden negative soziale Folgen nach sich ziehen würde und die deshalb wiederum angstproduzierend wirken.

Ein Skifahrer hat Angst, sich im schwierigen Gelände durch Sturz zu verletzen. Gleichzeitig weiss er, dass er den Spott der anderen ertragen müsste, wenn er die Fahrt verweigert. Da die Angst vor letzterem überwiegt, entschließt er sich zur Abfahrt. Obwohl er stürzt und sich leicht verletzt, freut er sich darüber, die Anerkennung der anderen zu spüren. Auch Spieler, die Angst vor dem Gegner haben, greifen häufig aggressiv an, da die Angst vor Blamage noch größer ist.

Handlungen, deren Antrieb in Angstkonflikten besteht, führen selten zu optimaler Leistung, da durch Angst die Koordinationsfähigkeit beeinträchtigt, Wahrnehmungen verzerrt, Situationen unangemessen interpretiert und die Verletzungs- und Unfallgefahren erhöht werden.

11.3.1.6 Symptome der Angst

Wann und unter welchen Umständen Angst auftritt, sollte sowohl durch den Sportler selbst als auch durch den Trainer festgestellt werden.

Subjektiv wird das Angstgefühl als Bedrohung erlebt. Es gibt jedoch auch Erlebniszustände, die durch Angst bedingt werden, ohne dass die Angst subjektiv spürbar ist. In diesem Fall spricht man von *Verdrängung.*

Verdrängung bedeutet, dass dem Bewusstsein etwas Peinliches, Unlustvolles oder Schmerzliches ferngehalten wird, um Angst zu vermeiden.

Traumatische Erlebnisse der Vergangenheit können im Unbewussten weiterwirken und das Handeln beeinflussen, ohne dass der Mensch sich dessen bewusst ist.

Ein jugendlicher Sportler, der in einer spezifischen Situation eine soziale Diffamierung erlitten hat, verspottet oder ausgelacht wurde, verdrängt dieses Erlebnis. Er wird jedoch in Zukunft jede Situation vermeiden, die ihm die gleiche Erfahrung noch einmal bescheren könnte. Im Grunde ist es die Angst vor der neuerlichen Blamage, die ihn unbewusst von der Wiederholung abhält. In diesem Falle wäre das Symptom der Angst in einem objektiv unbegründbaren Vermeidungsverhalten zu sehen.

Für Trainer und Übungsleiter ist es nicht immer einfach, Angstsymptome zu erkennen. Von Außenstehenden kann die Angst nur durch äußere Merkmale und Verhaltensweisen erschlossen werden. Die Angst selbst entzieht sich der unmittelbaren Diagnose.

äußere Anzeichen der Angst können in drei Bereichen festgestellt bzw. interpretiert werden:

- *Organische Symptome*

Darunter fallen alle körperlichen Veränderungen, die durch Angst bewirkt werden. Deutliche Anzeichen von Angst zeigen sich in Pupillenerweiterung, Pulsbeschleunigung, Gesichtsblässe, Zittern, Atemnot, Atmungsbeschleunigung oder -verlangsamung, Appetitmangel, Magenbeschwerden.

- *Motorische Kennzeichen*

Das Bewegungsverhalten wird durch Angst koordinativ und adaptiv beeinflusst. Symptome, die auf Angst schließen lassen, sind gehemmte, linkische, unkoordinierte Bewegungen, Fehlanpassungen und Fehlleistungen, Verkrampfungen, Abnahme des Bewegungsumfangs, Störungen des Bewegungsrhythmus und Bewegungsflusses.

- *Verhaltensmerkmale*
Angstsymptome, die sich in Verhaltensweisen zeigen, bedürfen einer bedachtsamen Interpretation und sollten durch zusätzliche Diagnosemaßnahmen abgesichert werden. Dies betrifft Drückebergerei, aggressives Handeln, Passivität, Übereifer, Zögern, Großsprechertum und Angeberei. Die Interpretation äußerer Angstsymptome bietet die Grundlage für weitere Maßnahmen durch Trainer und Betreuer.

Im nächsten Schritt muss durch verbale Kommunikation oder schriftliche Analyse eine spezifische Ausarbeitung der Angstbedingung erfolgen (s. Kapitel „Psychologische Erkenntnisgewinnung im Sport"). Auf Grund der Analyse angstauslösender Bedingungsfaktoren unter Berücksichtigung des Alters und der sportlichen Handlungssituation kann der Maßnahmenkatalog nach methodischen, pädagogischen oder psychoregulativen Gesichtspunkten erarbeitet werden. Unter Einbeziehung des Stressphänomens wird das Vorgehen in den folgenden Kapiteln erläutert.

11.3.2 Stress

Mit dem Begriff „Stress" werden negative Erlebnisse der Angst, Spannung, Überforderung, Erschöpfung oder Belastung verbunden. Dieser negative Erlebniszustand kann durch konkrete Situationsanforderungen, aber auch durch deren gedankliche Vorwegnahme ausgelöst werden.

Als Stressauslöser fungieren sowohl körperliche als auch psychische Faktoren. Aus medizinischer Sicht ist es deshalb sinnvoll, zwischen physischem und psychischem Stress zu unterscheiden. Darüber gibt es differenzierte Aussagen (52, 62, 108, 112).

Counsilman (30) weist darauf hin, dass vor allem bei hohen Leistungsanforderungen mit einer Wechselbeziehung von physiologischem und psychologischem Stress zu rechnen ist. Beispielsweise kann durch Übertraining eine Verminderung der psychischen Energie erfolgen, die im entscheidenden Wettkampf zum Versagen führt. Alkohol, wenig Schlaf, Berufsarbeit können ebenfalls als zusätzliche Stressfaktoren wirken. Die Wechselbeziehung der Stresssymptome hat *Martens* (69) dargestellt und dabei drei Aspekte hervorgehoben (Tab. 18).

Ursachen
Stress hat unterschiedlichste Ursachen und Auswirkungen, deren Vielfalt in der Wechselbeziehung von Person, Wahrnehmung und Umwelt begründet liegt. Sowohl persönliche Voraussetzungen als auch Bedeutungsreize aus der Umgebung bestimmen die Wirkungsweise der Erregung.

Physiologische Reaktion	*Psychische Folgen*	*Verhaltens-merkmale*
- Erhöhter Herzschlag und Blutdruck - Schweißausbruch - Erhöhte Gehirn-wellenaktivität - Schnellere Atmung - Verminderte Hautdurchblutung - Erhöhter Muskeltonus - Erhöhter Adrenalinspiegel	*Sorgen Ängste Euphorie Unfähigkeit zu entscheiden Verwirrung Unkonzentriertheit Unaufmerksamkeit Sich nicht „Unter-Kontrolle" fühlen Zwiespältige Gefühle Verengung des Wahr-nehmungsfeldes*	*Schnelles Sprechen Nägelkauen Mit den Füßen zucken Blinzeln Gähnen Zittern Gebrochener Stimmfall Finsterer Gesichts-ausdruck Aggression Resignation*

Tab. 18: Stresssymptome nach Martens

Dabei können zwei Gesichtspunkte angeführt werden:

1. Sportler, die mit hohem Selbstvertrauen ausgestattet sind, können auch ein höheres Erregungsniveau tolerieren.
2. Je komplizierter die Aufgabenstellung ist, desto geringer ist die Toleranz für hohe Erregungen. Hier kommt es am ehesten zu Stress. Dies ist beispielsweise bei Sportarten wie Turmspringen, Stabhochspringen, Turnen oder Eiskunstlauf der Fall, die analytisches Denken, Feinkoordination und Timing verlangen (80).

Neben den bereits bekannten Faktoren sind weitere Stressoren zu nennen, die aus gegensätzlichen Einflussbereichen stammen können. Belastungen resultieren entweder aus der sportlichen Anforderung selbst, z.B. in der Vorwettkampfphase, oder aus Einflüssen der Umgebung.

Nach *Knobloch* können folgende Belastungsgrößen genannt werden:

Sportspezifische Belastungsfaktoren
Ablenkung und Irritation durch ungewohnte Bedingungen in Training und Wettkampf, Verletzungen, Favoritenrolle, Überdruss, Angstgegner, Konflikte mit dem Trainer, mit Funktionären oder Mannschaftsmitgliedern, schlechte Ergebnisse, Einstellungsprobleme (vgl. 112).

Außersportliche Belastungsfaktoren
Probleme in Ausbildung und Beruf, Spannungen in Familie und Partnerbeziehungen, Konflikte zwischen Sport und außersportlichen Lebensbereichen.

Es ließen sich noch weitere Stressoren aufzählen, die von der spezifischen Lebenssituation des einzelnen Sportlers abhängen. Betrachtet man die psychologischen Hintergründe der stressauslösenden Faktoren, so kann in Anlehnung an *Martens* (68) folgender gemeinsamer psychologischer Sachverhalt erkannt werden:

Stress tritt auf, wenn vor oder während einer Handlung zwischen der Wahrnehmung der Umweltanforderung und der Beurteilung der zur Verfügung stehenden eigenen Fähigkeiten und Mittel ein Ungleichgewicht entsteht und das Handlungsergebnis von subjektiver Wichtigkeit ist.

11.3.2.1 Stresselemente

Stress entsteht demzufolge aus dem Zusammenwirken dreier grundlegender Elemente:

- Umweltanforderung
- Wahrnehmung der Umweltanforderung
- Reaktion in Form von psychischer und körperlicher Erregung

Die Umweltanforderung
Eine häufige Erklärung der Stresserfahrung besteht darin, dass man versucht, die Gründe für den Stress in den Bereich der Umwelt zu verlagern, um damit das Versagen zu erklären. So werden beispielsweise Zuschauer für die übergroße Nervosität verantwortlich gemacht oder schlechtes Wetter, ungewohntes Gerät oder eine Äußerung des Trainers, die den Misserfolg bewirkt haben.

Die Neigung, den Grund für Stress und Versagen in den Umweltbedingungen zu suchen, kann zu einer Denkgewohnheit bei verantwortlichen Trainern werden, die sie die Augen vor den eigentlichen Versagensgründen verschließen lässt. Sie haben nicht erkannt, dass es nicht die Umgebung selbst ist, die auf den Sportler einwirkt, sondern dessen Wahrnehmung.

Die Wahrnehmung der Umwelt - Gedanken
Nicht die Umgebung und die äußeren Geschehnisse wirken belastend, sondern die Art und Weise, wie man sie aus seiner ganz persönlichen Sicht wahrnimmt und interpretiert. Die Wahrnehmung liefert kein photographisches Abbild der Umgebung, sondern sie sucht sich das aus, was der momentanen Einstellung entspricht.

Gedanken und Gefühle geben dem Erfassten eine spezifische Bedeutung. Diese Bedeutungsordnung hängt von den Erfahrungen ab, die man mit dem Wahrgenommenen gemacht hat und von der Wichtigkeit des Ziels, das mit der Handlung verknüpft ist.

Hier schließt sich ein Teufelskreis: Negative Gedanken lassen einen die Umgebung negativ interpretieren und verstärken die unerfreuliche Gedankenkette noch weiter.

Die Art der Wahrnehmung stellt deshalb eine entscheidende Instanz für die Stressreaktion dar.

So kann dieselbe Situation bei zwei Sportlern eine völlig verschiedene Reaktion hervorrufen. Während z.B. der eine beim Anblick eines ausverkauften Stadions in freudige Erregung versetzt wird, denkt der andere daran, Fehler zu begehen oder schlecht zu spielen und gerät in Panik. Für beide stellt sich die gleiche Umgebung dar, doch der eine Athlet nimmt sie positiv wahr und erhält dadurch optimistisches Selbstvertrauen, wohingegen die negative Wahrnehmung des anderen zu Befürchtungen, Pessimismus und Zweifel an den eigenen Fähigkeiten führt.

Reaktion
Die dritte Stufe der Stressbildung besteht in der Antwort des Athleten auf die Wahrnehmung des Umgebungsreizes in Form der Erregung. Darunter ist sowohl die psychische als auch die physische Erregung zu verstehen sowie die sich daraus ergebenden Verhaltensmerkmale. Die Stresserfahrung stellt also das Resultat von negativen Gedanken und von Veränderungen körperlicher und geistiger Erregung als Antwort auf die Umgebung dar.

Ein weiterer wesentlicher Gesichtspunkt besteht darin, dass Stress nicht nur durch *Überforderung,* sondern auch durch *Unterforderung* ausgelöst werden kann. Dabei wird deutlich, dass Stress zwar mit psychischer Energie in Zusammenhang steht, jedoch nicht damit gleichgesetzt werden darf.

Nur die optimale psychophysische Erregung als Folge der Wahrnehmungsinterpretation eigener Fähigkeiten und der Umweltanforderung kann die psychische Energie mobilisieren, die zur besten Leistung führt (vgl. 69).

Aus Abbildung 28 geht hervor, dass Stress aus dem *Ungleichgewicht* zwischen der wahrgenommenen Umweltanforderung und der Beurteilung der eigenen Bewältigungsmöglichkeiten resultiert.

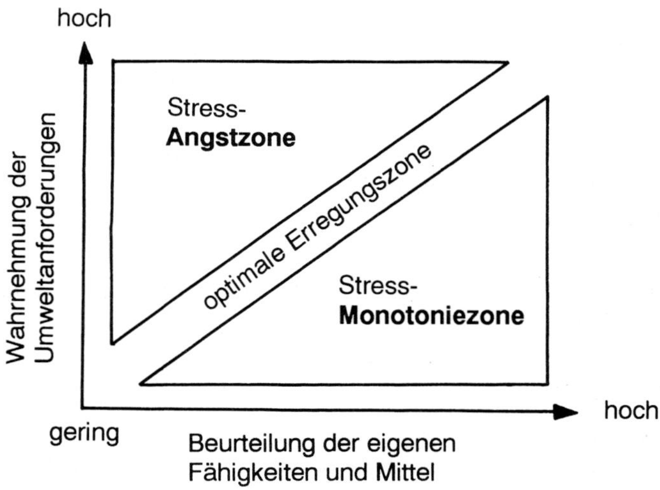

Abb. 28: Angst- und Monotoniezonen bei Stress (nach Martens)

Wenn sich die Anforderungen im Gleichgewicht mit den eigenen Fähigkeiten und Mitteln befinden, besteht die größte Aussicht auf die optimale physische und psychische Energiebereitstellung. Wenn der Sportler dagegen den Eindruck hat, dass von ihm mehr verlangt wird, als er glaubt, leisten zu können, dann wird sich Stress einstellen, der durch Angst begründet ist. Je mehr sich das Ungleichgewicht in Abbildung 28 nach links oben verschiebt, desto größer wird die Stressbelastung sein.

Hinzu kommt die persönliche Bedeutung des Handlungsergebnisses, wodurch die Stresserfahrung noch beträchtlich verstärkt werden kann. Im umgekehrten Fall erkennt der Sportler, dass seine Fähigkeiten über den wahrgenommenen

Anforderungen liegen, wodurch Stress aus Langeweile, Monotonie und Stumpfsinnigkeit entstehen kann. Dieser Zustand ist in Abbildung 28 rechts unten dargestellt.

Langeweile ruft nicht generell gleichzeitig Stress hervor. Es gibt jedoch Situationen, bei denen der Ausfall äußerer Reize und Herausforderungen über einen längeren Zeitraum hinweg als Stress empfunden wird.

Fußballspieler beispielsweise berichten, dass sie die Monotonie eines mehrwöchigen Trainingslagers als quälend und aufreibend empfunden haben.

Ob Monotonie und psychische Sättigung zu Stress führen, hängt ebenfalls mit der subjektiven Bedeutung des Ziels und damit mit der Motivationslage zusammen.

Psychische Sättigung stellt einen Zustand des Überdrusses dar, der auftritt, wenn der Sportler über längere Zeiträume hinweg „auf der Stelle tritt", wenn weder Lernfortschritte noch anderweitige Erfolgserlebnisse erkennbar sind. Gereiztheit, Widerwillen und Gefühlsausbrüche deuten auf die emotionale Komponente hin.

Wenn ein Sportler das Gefühl hat, nicht mehr weiter zu kommen, und der Trainer seine individuellen Antriebe und Fähigkeiten verkennt und einseitige, sich nur wiederholende Anforderungen stellt, ist es dringend erforderlich, die Unterrichts- oder Trainingsinhalte und -methoden zu ändern.

Aus den bisherigen Ausführungen geht hervor, dass nicht die Umgebung selbst die Ursache von Stress darstellt, sondern dass dieser vielmehr aus der Interpretation des Wahrgenommenen resultiert. Es sind die negativen Gedanken, die den Stress erzeugen.

> Nicht die Umwelt ruft den Stress hervor, sondern deren subjektive Wahrnehmung und die damit verknüpften negativen Gedanken.

Das soll nicht heißen, dass die Umgebung nicht auch einen wichtigen Teil der Stresserfahrung beisteuern kann. Es steht jedoch außer Zweifel, dass ein Ereignis nur dann zu Stress führt, wenn es negativ interpretiert wird, d.h., wenn es zu negativen Gedanken führt. Aus dieser Erkenntnis hat *Martens* zwei Stressformeln konstruiert, die bereits bei der Erläuterung der Gedankenfunktionen dargestellt wurden (s.S. 223/224).

11.3.2.2 Stressformeln und Stressbewältigung

Bewältigung von Stress setzt an den drei Bereichen des Stressgeschehens an:

- Umgebung
- Erregungszustand
- Negative Gedanken

Zuerst kommt es darauf an, die Umgebung so zu verändern, dass der Stress vermindert wird.

Im zweiten Schritt soll der Sportler lernen, durch verschiedene Arten der Körperentspannung den Erregungspegel herabzusetzen (somatische Stressbewältigung).

In der dritten Phase kommen kognitive Maßnahmen der Stressbewältigung zum Einsatz, d.h. Eliminierung oder Verminderung negativer Gedanken und Unruhe (kognitive Stressbewältigung).

Die Anwendung der Methoden hängt also von der Art der Stressentstehung ab.

Die Veränderung der Umgebung kann für jede Art von Stress hilfreich sein, was sich durch zahlreiche Beispiele belegen lässt: Der Hochspringer überquert eine Leine anstelle der angstinduzierenden Latte, durch Teilnahme an kleineren Wettkämpfen werden Zuschauer vermieden, der Skifahrer sucht freie Hänge und keine felsigen oder baumbewachsenen, der Turner verwendet eine weiche Matte, der Spieler erhält eine andere Position, in der er sich sicher fühlt, etc. Weitere Maßnahmen werden in den folgenden Kapiteln erläutert.

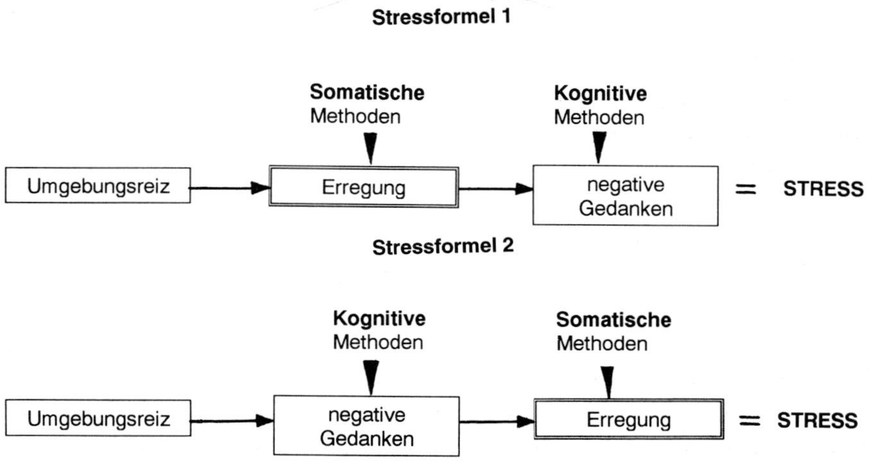

Abb. 29: Somatische und kognitive Stressbewältigung nach Martens

Die Entscheidung darüber, ob eine *somatische* oder eine *kognitive* Bewältigungstechnik oder eine Kombination von beiden angewendet werden soll, kann durch Betrachtung der beiden Stressformeln von *Martens* (Abb. 28) erleichtert werden. Dabei wird deutlich, dass die Entscheidung zwischen einer körperlichen oder einer kognitiven Stressabbautechnik von der *Entstehungsweise* des Stresszustandes abhängt.

Stress, der nach Formel 1 entsteht, kann wirksam durch somatische Methoden bekämpft werden. In der Reihenfolge der stressbedingenden Faktoren tritt zuerst die Erregung auf. Als Folge dieser Erregung können negative Gedanken entstehen, die den Sportler in Stress versetzen. Gelingt es ihm andererseits, die Erregung durch positive Gedanken zu bewältigen und sie sogar in positive Energie zu verwandeln, wird der Stresszustand vermieden.

Stress, der durch Formel 1 bedingt ist, kann effektiver bekämpft werden, wenn die Erregung von vornherein auf niedriger Stufe gehalten wird, da dann die Voraussetzung für das Entstehen negativer Gedanken nicht mehr gegeben ist. Hierzu eignen sich somatische Stressabbaumethoden (Entspannungstechniken jeder Art, Erregungsabbau durch Bewegung, s.S. 254) etc. besser als kognitive Techniken.

Legt man die Stressformel 2 zugrunde, so wird die Erregung erst durch die negativen Gedanken hervorgerufen.

In diesem Fall ist es effektiver, die negativen Gedanken zu stoppen, bevor sie die Erregung auslösen.

Beide Methoden werden mit der Absicht angewendet, Stress möglichst schon im Stadium seiner Entstehung und möglichst direkt zu beheben.

Viele Sportler erfahren Stress, der nach der Stressformel 2 entsteht. Sie setzen sich selbst durch negative Gedanken der Angst, Unsicherheit oder der geistigen Vorwegnahme von Misserfolgskonsequenzen unter Druck: „Wenn ich verliere, bin ich geliefert!" Die Praxis zeigt, dass Trainer oft versuchen, durch somatische Entspannungsmethoden Stress von ihren Schützlingen fern zu halten. Dieses Verfahren kann nur erfolgreich sein, wenn sich der Stress nach der Stressformel 1 gebildet hat. Ist diese Voraussetzung nicht gegeben, kann die Anwendung somatischer Methoden nur zu einem Teilerfolg führen.

Für den Trainer stellt sich das schwierige Problem, zwischen optimaler psychophysischer Mobilisation und einem Erregungspegel zu unterscheiden, der bereits Anzeichen des negativen Stresses aufweist.

Jeder Wettkampf löst bei den Sportlern einen mehr oder weniger hohen Erregungszustand aus.

Der erfahrene Athlet weiß, dass diese psychophysische Mobilisation eine wichtige Voraussetzung zur Leistung darstellt. Der Unerfahrene hingegen wird dadurch leicht in den Zustand der Unsicherheit versetzt. Der Körper bereitet sich durch die Bereitstellung zusätzlicher Energiereserven auf die kommende Leistungsanforderung vor. Nur wenn dieser „optimale Vorstartzustand" überschritten wird, gerät der Sportler unter leistungsmindernden Stress.

Eine übermäßige neurophysiologische Erregung verbraucht zu viel Energie, so dass der Organismus zur Selbstschutzreaktion der plötzlichen Erschlaffung und Apathie greift (psychovegetative Kippschwingung) (112). Das Erlebnis dieses inneren Zusammenbruchs löst bei den betroffenen Athleten die negative Gedankenfolge der Angst vor dem Versagen, der Selbstzweifel und der Resignation aus.

Die Ursachen dieser überstarken Erregung liegen bei den meisten Sportlern in traumatischen oder negativen Erlebnissen der Vergangenheit. Sie sind dem Sportler kaum oder nicht mehr bewusst und entfalten ihre Wirkung aus dem Unbewussten.

Bei derartigen Stresszuständen reichen kognitive Verfahren zur Änderung der Gedanken und der Einstellung nicht aus.

In diesem Fall empfiehlt sich die Anwendung somatischer Entspannungsverfahren, die direkt an der Erregungsquelle, nämlich den Körperreaktionen, wirken.

Stress, der also durch die Entwicklungsfolge Erregung – negative Gedanken nach Stressformel 1 ausgelöst wird, kann durch somatische Verfahren vor und während der Belastungsphasen wirksam bekämpft werden.

Nur in höchsten Erregungsstadien der Vorwettkampfphase reichen auch somatische Verfahren alleine nicht immer aus, um einen Stressabbau zu bewirken, da die Entspannung die Psyche nur noch unvollkommen erfasst.

Manche Athleten haben sich von Entspannungsverfahren wieder abgewandt, da sie dadurch keine Verbesserung ihres Erregungszustandes erfahren haben. Es fehlte die hilfreiche Unterstützung kognitiver Bewältigungsmaßnahmen (kognitive Umstrukturierung, Affirmationen, Selbstsuggestion etc.), die den Effekt der somatischen Verfahren erhöht hätten.

> Bei höchsten Erregungszuständen ist eine Kombination kognitiver und somatischer Verfahren sinnvoll, wobei die Betonung des jeweiligen Verfahrens von den Entstehungsbedingungen nach Stressformel 1 oder 2 abhängt.

Stress, der nach Stressformel 2 (negative Gedanken – Erregung) entsteht, kann allein durch körperliche Entspannungsverfahren nicht beseitigt werden, da die eigentliche Ursache der Erregung, die negativen Gedanken, dadurch nicht aus der Welt geschafft wird. Stresszustände, die durch Formel 2 bedingt sind, können direkt und wirksam nur bekämpft werden, wenn primär kognitive Verfahren zur Änderung bzw. Umwandlung der negativen Gedanken angewendet werden. Zusätzlich unterstützen somatische Verfahren den Effekt.

11.3.3 Angstabbau und Stressbewältigung

Die Änderung negativer psychischer Befindlichkeiten, die durch Erregung, Ängste, Konflikte, Frustrationen, Überforderungen etc. bedingt sind, kann durch Regulationsmaßnahmen erreicht werden, die entweder durch den Betroffenen selbst oder durch Fremdpersonen vollzogen werden.

Hierbei spielt das Alter eine wesentliche Rolle. Kinder und Jugendliche bedürfen der beratenden methodischen und pädagogischen Unterstützung durch Lehrer, Übungsleiter oder Trainer. Ältere Jugendliche und Erwachsene verfügen über genügend intellektuelle Einsicht, um nach entsprechender Anleitung selbständig psychoregulative Maßnahmen ergreifen und anwenden zu können.

Ein wesentliches Unterscheidungsmerkmal der Methoden im Angst- und Stressabbau besteht also in der Selbst- oder Fremdregulation.

Als *Fremdregulation* bezeichnen wir die methodischen und pädagogisch-psychologischen Maßnahmen des Betreuers.

Die *Selbstregulation* beinhaltet somatische und kognitive Techniken. Ihre Anwendung erfolgt durch den Sportler selbst mit beratender Unterstützung des Trainers oder des Psychologen. Abbildung 30 verdeutlicht die Grobeinteilung möglicher Verfahrensweisen.

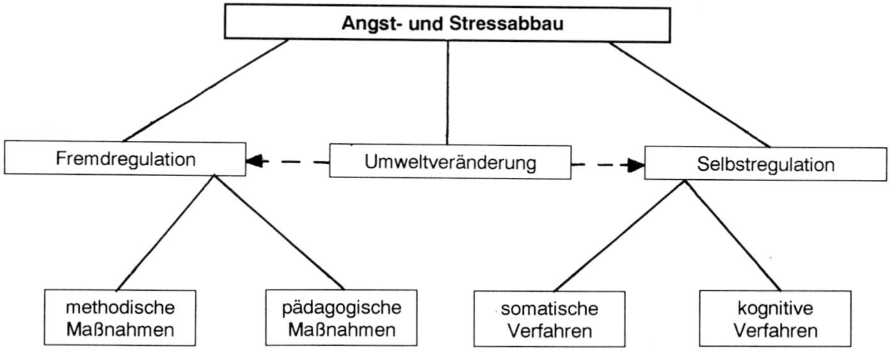

Abb. 30: Verfahren zu Angst- und Stressabbau

11.3.3.1 Methodische Maßnahmen

Methodische Maßnahmen dienen der Vermittlung von Lerninhalten. Im Rahmen methodischer Übungsreihen, innerer Differenzierung und organisatorischer Planung werden Lernziele angestrebt, die wiederum als Basis weiterer Lernprozesse dienen.

Dabei kommt es darauf an, durch geeignete Auswahl der Lernaufgaben Erfolgserlebnisse zu schaffen, die Jugendliche zu weiterem Bemühen motivieren. Ängste und Unsicherheiten müssen jeweils auf ein und derselben Lernstufe beseitigt werden, bevor die Schwierigkeit weiterer Lernaufgaben erhöht wird.

Durch methodische Maßnahmen kann vor allem dem Auftreten von Primärängsten wie vor Sturz, Schmerz, Unbekanntem und Orientierungsmangel entgegengewirkt werden.

Im Hinblick auf Angstvermeidung sind folgende methodischen Grundsätze zu beachten:

- Vom Bekannten zum Unbekannten

Diese Anweisung bezieht sich auf bekannte Situationen, Personen, Geräte, Gerätekombinationen und bereits erlernte Bewegungen. Bekannte Inhalte verleihen Kindern Sicherheit und stabilisieren ihr Selbstvertrauen. Auf dieser Basis kann neues Bewegungshandeln aufgebaut werden. Es ist deshalb sinnvoll, vor der Präsentation neuer Lernschritte die Jugendlichen auf Erlerntes und Bekanntes hinzuweisen und es noch einmal klar bewusst zu machen. Bekannte Geräteanordnungen sollen variiert, neue Bewegungen mit bekannten kombiniert, Partnerformen möglichst mit den gleichen Partnern wiederholt werden.

> Neues mit Bekanntem zu verknüpfen schafft Selbstvertrauen und eine stabile Lerngrundlage.

- Vom Einfachen zum Schwierigen

Schwierigkeiten ergeben sich aus der Sicht des Jugendlichen durch die zu überwindenden Hindernisse und dem subjektiven Erreichbarkeitsgrad der gestellten Aufgabe. Diese sollte so gestellt werden, dass ihre Lösung dem Kind oder dem Jugendlichen noch möglich erscheint.

Grundsätzlich darf ein erhöhter Schwierigkeitsgrad erst gefordert werden, wenn die einfache Aufgabe sicher und angstfrei beherrscht wird. Kognitive Überforderungen, z.B. beim Ballspielen, sollten vermieden werden. Technisches Können, sozialer Entwicklungsstand und taktisches Denken stellen limitierende

Faktoren für Rollen- und Positionsverteilungen dar. Ein jugendlicher Spieler, der noch Probleme mit der Ballannahme hat, wird z.B. durch die Aufgabe des „Spielmachers“ rasch überfordert sein. Ängstliches Ballvermeiden und unsicheres Agieren werden als Folgereaktionen auftreten. Vor allem bei bewegungszentrierten Sportarten wie Turnen oder Trampolinspringen, aber auch bei ergebnisorientierten Disziplinen, wie z.B. in der Leichtathletik (Hoch-, Stabhochsprung), muss darauf geachtet werden, dass der nächste Lernschritt nicht von Angst begleitet wird.

- *Innere Differenzierung*
Innere Differenzierung bedeutet, dass eine Gruppe im Rahmen einer Trainingseinheit aufgrund spezifischer Voraussetzungen geteilt wird. Dabei kommen verschiedene inhaltliche Aufgaben, unterschiedliche methodische Maßnahmen und der Wechsel der Organisationsform zur Anwendung. Begründende Kriterien der inneren Differenzierung sind Leistungsunterschiede, Körpergröße, spezielles Können, Geschlecht, unterschiedliches Lerntempo oder konditionelle Voraussetzungen.

Die Jugendlichen sollen zunächst diejenigen Aufgaben wählen, die sie selbst glauben, bewältigen zu können. Auf diese Weise entstehen homogene, angstfreie Gruppen nach spezifischen Merkmalen. Der Trainer oder Lehrer erhält Rückmeldungen über Erfolgsorientierung oder ängstliche Zurückgezogenheit seiner Schützlinge und damit eine konkrete didaktische Information für weitere gezielte methodische Maßnahmen.

11.3.3.2 Pädagogisch-psychologische Maßnahmen

Pädagogisch-psychologische Maßnahmen zielen darauf ab, die bei Kindern und Jugendlichen auftretenden Ängste zu berücksichtigen, sie zu vermeiden oder zu vermindern. Sie erstrecken sich vor allem auf die *Vermeidung von Primärängsten*, auf die Berücksichtigung *allgemein ängstlicher Kinder* (Eigenschaftsangst), auf *gegenstandsbezogene Realängste* sowie auf *soziale Ängste* (Zustandsängste).

Pädagogische Maßnahmen zur Angst- und Stressvermeidung bewegen sich stets im sozialen Spannungsfeld, das durch die Persönlichkeit des Schülers und der umgebenden Reizsituation gebildet wird. Das bedeutet, dass der Betreuer bestimmte Situationen auf ihre Auswirkungen hin überprüfen muss, die sie für Schüler mit unterschiedlich ausgeprägten Ängsten haben könnten.

Neben der Beachtung des Ausprägungsgrads bereits vorhandener Ängste bedürfen pädagogische Maßnahmen weiterhin der Berücksichtigung des intellektuellen Niveaus sowie des psychophysischen Entwicklungsstandes und einschlägiger Erfahrungen in ähnlichen Situationen.

Im Folgenden werden einige Vorschläge unterbreitet, die allgemein oder nach diagnostischer Analyse des Einzelfalls angewendet werden können:

1. Verzicht auf persönliche Kritik
Jugendliche mit ausgeprägter allgemeiner Ängstlichkeit können nur gute Leistungen erbringen, wenn sie Verständnis finden und keine persönliche Kritik erfahren. Verhaltenskorrekturen sollen motivierend wirken, Erfolgserlebnisse sollen organisiert und positive Zukunftsaspekte besonders betont werden.

2. Transparenz der Übungs- bzw. Trainingseinheit
Unterrichts- oder Trainingseinheiten sollten klar und durchschaubar sein. Das Ausmaß, mit dem Unterrichtsprogramme strukturiert sind, steht in Wechselwirkung mit dem jeweilig vorhandenen Angstniveau. Unter unstrukturierten Lernbedingungen sind die Leistungen von Kindern mit hohem Angstniveau schlechter.

3. Versagen muss erlaubt sein
Kein Sportler verliert gern. Wenn die Aussicht zu verlieren mit Verlust der Anerkennung gekoppelt ist oder zu Spott und Ablehnung führt, stellt sich die Angst vor dem Versagen in verstärktem Maß ein. Es ist deshalb eine entscheidende pädagogische Maßnahme, dem Sportler das Gefühl zu vermitteln, dass eine schlechte Leistung nicht die Ablehnung seiner Person zur Folge hat. Die Leistung kann morgen schon wieder besser sein. Auch Kameraden und Mannschaftsmitglieder sollten so weit angeleitet werden, dass sie das Verlieren oder Versagen eines Einzelnen akzeptieren und tolerieren. Nur unter diesen Voraussetzungen können vor allem labilere und selbstunsichere Sportler ihre optimale Leistungsfähigkeit entwickeln.

4. Angst darf eingestanden werden
Die zunehmende Fähigkeit von Kindern, Gefühle zu benennen, sie in Worte zu fassen und diese gleichsam mit Emotionen zu beladen, erlaubt das Verstehen und differenziertere Erkennen eigener und fremder Gefühle. Kinder, die ihre Angst im Vertrauen darauf aussprechen dürfen, dass der Betreuer diese versteht,

verlieren bereits einen Teil des Bedrohungserlebnisses. Angst eingestehen und aussprechen zu dürfen hat zwei positive Konsequenzen: Das begriffliche Erfassen der Angstemotion vermindert erstens ihre Intensität und zweitens bietet es für das Kind und den Trainer Möglichkeiten, eine Änderung der angstauslösenden Faktoren vorzunehmen.

5. Mit anderen zusammen sein

Kleingruppen bis zu etwa fünf Mitgliedern wirken angstreduzierender als Großgruppen. Sie bieten dem Jugendlichen die Möglichkeit der Kommunikation, der unmittelbaren persönlichen Kontaktaufnahme. Er kann seine Angst verlagern, das „Wir-Gefühl" der Gruppe verleiht Geborgenheit und Sicherheit.

6. Körperkontakt

Weinende Kinder beruhigen sich, wenn man sie auf den Arm nimmt. Es gibt im Sport vielfältige Gelegenheiten, bei denen die angstreduzierende Wirkung der Körperberührung sichtbar wird. Eine persönliche Hilfestellung beim Turnen wirkt z.B. angstreduzierender als die Unterstützung durch die Longue oder andere materielle Hilfen. Häufig genügt es schon, die Hand des jungen Sportlers zu fassen, um eine Angstreaktion zum Verschwinden zu bringen.

7. Vertrauen schenken

Vertrauen setzt Bekanntheit voraus. Eine vertrauensvolle Beziehung zum Trainer lässt den jugendlichen Sportler angstfreier handeln („Wenn du dabei bist, habe ich keine Angst!"). Bekannte Personen, Geräte oder Umgebungsreize wirken angstreduzierend und sollen möglichst intensiv mit neuen Situationen verknüpft werden.

8. Informationen geben

Informationen über kommende Ereignisse mindern die Angst vor dem Unbekannten und verleihen größere Selbstsicherheit. Jeder Trainer sollte darauf achten, seine Schützlinge über zukünftige Ereignisse, z.B. über Gegner, Zuschauerreaktionen, äußere Verhältnisse, Wettkampfbedingungen etc. möglichst umfassend zu informieren. Auch die Transparenz und Struktur der Leistungsanforderungen spielt eine Rolle. Die Informationsvermittlung geschieht durch Gespräche, Bilder, Filme, wobei die Bezugnahme auf ähnliche, bereits bekannte Erlebnisse beachtet werden soll.

9. Emotionale Wärme ausstrahlen
Entspannung mindert Angst. Die Schaffung einer Atmosphäre, die durch emotionale Wärme und Zuwendung gekennzeichnet ist, beispielsweise durch Rücksichtnahme, Einsicht, Mitgefühl, Ruhe und Gesprächsbereitschaft, nimmt der Angst die Spannung und reduziert die Erregung.

10. Ängstliche beobachten Nichtängstliche
Gefühle wirken ansteckend, d.h., das Beobachten von emotionalen Verhaltensweisen löst beim Beobachter ähnliche Gefühlsreaktionen aus. Deshalb können Ängstliche durch das Zusammensein mit Nichtängstlichen zu mutigerem Verhalten veranlasst werden.

Der Unterschied zwischen beiden darf allerdings ein vernünftiges Maß nicht überschreiten, da sonst die Identifikations- bzw. Imitationsfunktion des nichtängstlichen Vorbildes außer Kraft gesetzt wird. Beispielsweise erzeugt das Üben oder das gemeinsame Abfahren in einer Skigruppe durch Tempo und Ablauf eine „Sogwirkung“, die den Ängstlichen mitreißt und ihm das Gefühl vermittelt, dass es viel einfacher war, als er gedacht hatte.

11. Klare Aufgaben stellen
Die Aufgabenstellung soll stets in angemessener Beziehung zu den Fähigkeiten des Schülers stehen. Klare Formulierungen und exakte Handlungsanweisungen verhindern Missverständnisse und zeigen dem Ängstlichen genau, was er zu tun hat. Je ängstlicher sich der Schüler gibt, desto präziser sollte die Aufgabe erläutert und veranschaulicht werden.

12. Demonstrieren lernen
Die Angst vor Blamage tritt bei ängstlichen Jugendlichen meist in Situationen auf, in denen sie von anderen beobachtet werden. Die Zurschaustellung des eigenen Körpers und seiner Bewegungsfähigkeit kann bei unerfahrenen und unsicheren Kindern, aber auch bei Wettkampfsportlern, beträchtliche Angst auslösen. Es ist deshalb hilfreich, in Trainings- und Übungsstunden derartige Situationen zu simulieren, wobei anwesende bekannte Personen Ängste weniger stark hervorrufen. Trainingswettkämpfe, bei denen Bewertungen durchgeführt werden, ohne dass dem Ergebnis große Bedeutung beigemessen wird, können z.B. zu öffentlich ausgetragenen Wettbewerben hinführen.

11.3.3.3 Umweltveränderung

Die Änderung der Umwelt zum Zweck des Stressabbaus wurde bereits erwähnt (s. S. 242). Neben den objektiven Umweltbedingungen kommt den Veränderungen subjektiver Umweltbeziehungen bei beiden Stressformeln große Bedeutung zu. Es sind vor allem diejenigen Bedingungen der Umwelt zu untersuchen, die Stress hervorrufen. Diese Untersuchung lässt sich nach zwei Gesichtspunkten durchführen:

a) Die Umwelt verursacht dann Stress, wenn der Athlet *verunsichert* ist, ob sie so reagiert, wie er es erwartet.
b) Die *persönliche Bedeutung des Ergebnisses* beeinflusst das Ausmaß der Stressreaktion.

Die Veränderung der Umwelt hat also zwei Ziele, nämlich die Ungewissheit zu verringern und die subjektive Wichtigkeit des Resultats zu vermindern.

Die Verminderung von Unsicherheit

Der Trainer sollte in der Lage sein, zwischen Einflüssen zu unterscheiden, die den Athleten verunsichern, und solchen, die ihm Sicherheit verleihen.

Quellen der Unsicherheit können beispielsweise sein:
- Ungewissheit, ob man spielen darf oder nicht,
- Zweifel über Rolle und Status in der Mannschaft,
- ungenaue Aussagen des Betreuers, die auch negativ interpretiert werden können,
- inkonsequente Trainingsanweisungen („heute so – morgen so“).

Sicherheit wird, z.B. durch folgende Maßnahmen erreicht:
- klare Entscheidungen über den Spieleinsatz,
- exakte Angaben, was man von einem Sportler erwartet bzw. nicht erwartet,
- Konsequenz im Verhalten; der Sportler muss sich darauf verlassen können, dass der Trainer zu seinem Wort steht,
- der Trainer sollte den Sportler auf seine Stärken aufmerksam machen und ihm das Vertrauen zu seinen Fähigkeiten schenken.

Der Trainer sollte die Aufmerksamkeit des Athleten auf die Dinge richten, die dieser selbst kontrollieren kann.

Er wird dann auch mit den Unsicherheiten fertig werden, die außerhalb seiner Kontrollmöglichkeiten liegen, z.B. mit der Ungewissheit über den Ausgang eines Wettkampfes. Die Umwandlung von Unsicherheit in Sicherheit erfolgt also hauptsächlich durch entsprechende Maßnahmen des Trainers und durch das *Bewusstsein der Kontrollierbarkeit* wesentlicher Umweltbedingungen.

Verminderung der Bedeutung des Handlungsergebnisses
Die Vorwegnahme eines negativen Handlungsergebnisses mit nachteiligen Folgen setzt den Athleten unnötig unter Druck.

Das Ergebnis einer Aufgabe kann auf zwei Arten bewertet werden: extrinsisch und intrinsisch. Belohnungen von außen, also extrinsische, umfassen materielle Güter wie z.B. Geldpreise, Reisen oder soziale Belohnungen. Intrinsische Belohnungen richten sich nach persönlichen Wertvorstellungen des Athleten. Sie können durch den Trainer bis zu einem gewissen Grad kontrolliert werden. Er kann z.B. darauf Einfluss nehmen, indem er das Ergebnis nicht als entscheidendes Kriterium hinstellt: „Wenn du heute schlecht spielst, wirst du trotzdem mein Vertrauen behalten! Man kann nicht immer seine Bestleistung bringen."

Bei extrinsischer Belohnung bedarf es meist der Kontaktaufnahme mit den Personen, die Belohnungen aussetzen können, z.B. Eltern, Vereinsvorstände, Geldgeber. Man sollte darauf hinwirken, Belohnungen zu vermeiden, die nur für Bestleistungen gegeben werden, da der Athlet durch die *Ergebnisorientierung* von seiner körperlichen Leistungsfähigkeit zu sehr abgelenkt wird.

Personen, die dem Sportler besonders nahe stehen, spielen bei der intrinsischen Bewertung des Handlungsergebnisses eine große Rolle. Der Trainer sollte mit ihnen Kontakt aufnehmen und ihnen empfehlen, dem Sportler den Eindruck zu vermitteln, dass sie ihn auch im Falle einer Niederlage weiterhin unterstützen und schätzen werden.

Hier sind besonders Eltern der „Tenniskinder" oder die „Eislaufmütter" angesprochen. Sie sollten psychologisch geschult werden, damit sie erkennen, dass die ausschließliche Bewertung des Leistungsergebnisses ihren Kindern nur schadet, stressfördernd wirkt und deren eigentliche Leistungsfähigkeit unterdrückt.

Die Möglichkeiten des Trainers, durch Änderung der materiellen und sozialen Umgebungseinflüsse stressmindernd zu wirken, sind begrenzt. Trotzdem ist stets zuerst die Frage zu stellen, ob durch Verändern der Umgebung die Unsicherheit oder die Bedeutung des Ergebnisses vermindert werden kann. Im Falle geringer Einwirkungsmöglichkeiten muss auf somatische bzw. kognitive Verfahren zurückgegriffen werden.

11.3.3.4 Somatische Verfahren

Somatische Verfahren dienen zur Verminderung bzw. zur Beseitigung psychischer und physischer Erregungszustände. Ihre erfolgreiche Anwendung setzt voraus, dass die von *Martens* (69) genannten Bedingungen der Stressformel 1 gegeben sind, d.h., dass primär der Erregungszustand auftritt, der als Auslöser negativer Gedanken wirkt. Ein Ziel des Sportlers muss es sein, die *somatische Entspannung mit der Kontrolle negativer Gedanken* zu kombinieren, um zu einem optimalen energetischen Bereitschaftszustand zu gelangen. Somatische Entspannungsverfahren werden deshalb im mehrfacher Hinsicht angewendet:

- Erregungszustände, die durch unkontrollierbare Nervosität bedingt sind, können durch körperliche Entspannungsmaßnahmen wirksam bekämpft werden.
- Entspannung schafft die körperlichen Voraussetzungen für die Effektivität kognitiver Bewältigungsmaßnahmen, wie z.B. Fokussieren der Aufmerksamkeit, Ziele setzen, Affirmationen bilden, Visualisierungsprogramme verfolgen etc. Mentales Training und Visualisieren weisen im Zustand der Entspannung einen deutlich höheren Wirkungsgrad auf.
- Eine Kombination somatischer und kognitiver Verfahren ist vor allem bei hohen Erregungszuständen am erfolgreichsten.

a) Körperliche Aktivität (Aufwärmen = Abkühlen)

Ein Tischtennisspieler berichtet: „Im 1. Satz war ich so nervös, dass mir die Hände zitterten. In den folgenden Sätzen spielte ich dann ganz ruhig und konnte mich gut konzentrieren, so dass ich das Spiel noch gewinnen konnte." Die Erscheinung, dass die nervöse Erregung in den anfänglichen Belastungsphasen eine optimale Leistung verhindert, ist sehr häufig zu beobachten und betrifft Tennisspieler und Judokämpfer ebenso wie Bogenschützen und Torhüter. Diese durch die Anspannung der zu erwartenden Leistung hervorgerufene Erregung kann durch körperliche Aktivität bestens auf ein optimales Mittelmaß vermindert werden.

Das in den einzelnen Sportarten spezifisch ausgeführte „Aufwärmen" kann unter dem Aspekt der Erregungsminderung auch eine „abkühlende" Wirkung haben. Körperliche Aktivität vermindert den zu hohen Hormonpegel der Nebennierenhormone Adrenalin und Noradrenalin. Nach *Railo* (93) setzen russische Schützen z.B. körperliche Aktivität einige Stunden vor dem Wettkampf ein, um eine optimale konzentrative Einstimmung zu erreichen.

Laufen und Joggen vor Wettkämpfen dient sowohl der Aktivierung und muskulären Vorbereitung als auch dem Abbau übergroßer Erregung. Im obigen Beispiel benötigte der Spieler die motorische Belastung eines ganzen Satzes im Tischtennisspiel, um seine Erregung abzubauen. Ein 15- bis 20-minütiger lockerer Lauf vor dem Spiel hätte ebenso eine Erregungsminderung bewirkt und ihm die nötige Ruhe schon im 1. Satz gegeben. Es ist aber zu beachten, dass unter dem Aspekt des Erregungsabbaus Laufen und Joggen vor dem Wettkampf keine konditionelle Anforderung stellen und keine Energie verbrauchen dürfen. Dies ist eine Frage der persönlichen Verfassung und deren subjektiver Beurteilung.

b) Kontrolle des Muskeltonus

Jede Sportart verlangt zur Erzielung einer optimalen Leistung ein spezifisches Erregungsniveau. Ein Schütze bedarf beispielsweise eines niedrigeren Erregungsniveaus als ein Fußballspieler, der durch die motorische Aktion die Möglichkeit der Hormonregulierung besitzt.

Eine entscheidende Rolle spielt dabei der Muskeltonus (s. S. 108/109). Ein Sportler sollte diejenigen Muskelgruppen beobachten, die für seine Sportart von besonderer Bedeutung sind. Er sollte sich folgende Fragen beantworten:

- Wie fühle ich mich vor dem Wettkampf? Ist mein Körper entspannt oder gar verkrampft?
- Welche Muskelgruppen sollten während der Aktion angespannt, welche entspannt sein?
- Bin ich auch unter Belastungsbedingungen fähig, die inaktiven Muskeln zu entspannen?

Erfolgt die übermäßige Spannung des Muskeltonus durch die Erregungsfolge nach Stressformel 1, so besteht die beste Aussicht, sie durch somatische Entspannungsmethoden auf eine optimale Höhe einzupegeln. Folgende Verfahren kommen in Betracht:

- Atmung (s. S. 95),
- Biofeedbackverfahren (s. S. 97 f.),
- Progressive Muskelentspannung (s. S. 101),
- Psychohygiene-Training (s. S. 105 f.).

Entspannende und lösende Wirkung haben auch einfache Verfahren wie massage, warme Bäder oder Schwebebäder. Bei den letzteren begibt sich der Sportler in eine Plastikwanne, die mit einer Salzwasserlösung gefüllt ist. Die Verweildauer beträgt etwa 1,5 Stunden. Durch das Salzwasser wird ein Untertauchen verhindert. Das Schwebebad kann mit einer Tonanlage gekoppelt sein und eignet sich durch die sensorische Deprivation ausgezeichnet zur Kombination mit Visualisierungsprogrammen kognitiver Stressabbaumethoden (90).

11.3.3.5 Kognitive Verfahren

Stress, Ängste und andere belastende Gefühle entstehen zu einem großen Teil durch die Interpretation der auf uns einwirkenden Reize der Umgebung. Diese Interpretation erfolgt durch die kognitiven Funktionen des Wahrnehmens, des Denkens und Vorstellens vor dem Hintergrund von Gedächtnisinhalten und führt, nach Stressformel 2 von *Martens,* zu Stress.

Neben der Veränderung der Umweltreize und ihrer subjektiven Bedeutung kann Stress auch durch eine *gedankliche Umdeutung* der negativen Umweltreize abgebaut werden. In den vorangegangenen Kapiteln wurden bereits mehrere psychologische Techniken erläutert: Visualisierung, Zielsetzung, Selbstsuggestion und Affirmation, Symboltraining, Konzentrationstraining.

Sportler, die besonders unter dem Aufkommen negativer Gedanken leiden, müssen lernen, dieser Selbstzerstörung Herr zu werden, indem sie eine Veränderung der Gedankeninhalte und -richtungen erreichen.

11.3.3.5.1 Positives Denken

Die Lösung besteht in der Umwandlung der negativen Gedanken durch „Positives Denken" (s. S. 160).

Positives Denken bedeutet jedoch nicht, dass der Sportler dadurch alles erreicht, was er sich zum Ziel gesetzt hat. Auch dem positiven Denken sind Grenzen durch die objektiven Leistungsbedingungen des Sportlers gesetzt.

Niemand kann mehr als sein Bestes geben.

Positives Denken ist also nur im Rahmen der persönlichen Fähigkeiten möglich, d.h., der Sportler muss versuchen, die Gedanken auf realistische Voraussetzungen zu gründen.

Positives Denken bedeutet realistisches Denken.

„Denke positiv!" heißt also, man soll seine eigenen Voraussetzungen und Fähigkeiten erkennen, seine Ziele realistisch begründen, sich bewusst sein, dass man es tatsächlich schaffen kann, aber auch wissen, dass es schief gehen kann. Man kontrolliere und überprüfe seine Methoden und überzeuge sich, dass es die besten sind, die einem zur Verfügung stehen. Wenn man sein Bestes gibt, kann man auch eine Niederlage akzeptieren!

Es ist allerdings unmöglich, negative Gedanken auszuschalten, wenn man deren Existenz nicht erkennt bzw. nicht erkennen will. In diesem Fall bedarf der Sportler der Hilfe des Betreuers, des Trainers oder des Psychologen.

11.3.3.5.2 Negative und positive Selbstgespräche

Negative Gedanken können sich auf eigene Verhaltensweisen beziehen, aber auch die Handlungen von Partnern zum Inhalt haben.

Beispiele:
- „Das versuche ich erst gar nicht, ich schaffe es doch nicht."
- „Ich habe kein Selbstvertrauen."
- „Ich fühle mich nicht stark genug."
- „Du läufst doch dauernd verkehrt."
- „Die anderen sind heute schlecht in Form."
- „Der Trainer berät uns schlecht."
- „Immer dieselben Fehler ..."
- „Meine Mitspieler sind nicht gut genug."
- „Sie stellen sich dumm an."

Negative Gedanken tendieren dazu, zur Gewohnheit zu werden. Bei häufiger Wiederholung gleichartiger Situationen tauchen sie immer wieder auf und können zu einer Denkgewohnheit führen, die nicht nur die eigene Leistung mindert, sondern sich auch auf die Stimmung und das Handeln der Spielpartner negativ auswirkt.

Die *Ursachen negativer Gedanken* resultieren oft aus Enttäuschungen in der Vergangenheit, weil es nicht gelang, Aufgaben zu bewältigen oder Wünsche zu befriedigen. Auch die Unfähigkeit, sich längere Zeit zu konzentrieren, kann negative Gedanken auslösen.

Weitere Quellen negativer Gedanken sind:
- Unsicherheit, mit den anderen mithalten zu können,
- Unfähigkeit, eine Entscheidung zu fällen, wenn Alternativen zur Verfügung stehen,
- Spüren körperlicher Stresssymptome,

- Nachdenken über die Folgen einer schlechten Leistung im Hinblick auf Bestrafung, Mannschaftszugehörigkeit, zukünftige Aufgaben, Selbstwertgefühl,
- Selbstkritik und Selbstverurteilung.

Ein wichtiger Schritt bei der Bewältigung von Stress, der durch negatives Denken entsteht, besteht darin, dass der Sportler sich dieser Gedanken bewusst wird und die Situationen erkennt, in denen sie auftreten.

Die *Diagnose der negativen Gedanken* kann nach Methoden der Selbstbeobachtung oder des Gesprächs erfolgen (s. S. 30 ff.). Sie ermöglicht es dem Sportler, die negativen Gedanken durch konstruktive, positive Gedanken zu ersetzen.

Das Gespräch, der innere Dialog, den der Sportler mit sich selbst führt, beeinflusst sein Handeln sowohl in positiver als auch in negativer Hinsicht. Wenn man sich in Gedanken bereits für das negative Ergebnis, fürs Versagen oder Scheitern entschieden hat, wird das Befürchtete meist auch eintreten. Der innere Dialog soll den Sportler zur Eigeninitiative und Kontrolle seines Handelns aktivieren. Passivität und Abwarten hingegen verstärken die negativen Gedanken und Gefühle.

Zur Umwandlung negativer Gedanken sei auf S. 160/161 verwiesen. Sätze wie „Ich weiß, dass ich fit bin", „Ich fühle mich stark und sicher", „Ich habe keine Angst vor der Niederlage" sollten regelmäßig wiederholt werden. Nur das Einüben durch stetige Wiederholung über Wochen und Monate hinweg bringt den Erfolg.

Positive innere Dialoge können auch in der Phase der unmittelbaren Wettkampfvorbereitung und im Verlauf des Wettkampfs selbst geführt werden. (s. Kap. „Selbstsuggestion", S. 159).

11.3.3.5.3 Gedankenstopp

Wenn der Sportler erkennt, dass er sich unproduktiven und belastenden, negativen Gedanken hingibt, kann ihm die Technik des Gedankenstopps eine Hilfe sein. Der Gedankenstopp funktioniert so, wie es der Begriff impliziert: Wann immer man die Anwesenheit negativer Gedanken oder Gedankenketten bemerkt, signalisiert man sich ein deutliches „Stopp!", „Halt!" oder „Schluss!" Auf diese Weise unterbricht man den Strom der Gedanken, um ihn anschließend durch konstruktive und realistische Gedanken zu ersetzen.

Der Gedankenstopp allein führt nicht zu einer Verminderung des Stresszustandes. Erst durch die Vorbereitung und Anwendung positiver Gedanken kann er eine Änderung der inneren Einstellung bewirken.

Das Verfahren scheint fast zu einfach und trivial zu sein. Es gibt jedoch viele Athleten, die durch den Gedankenstopp zu einer verbesserten Wettkampfstimmung und -leistung gefunden haben.

Negative Gedanken können zum Beispiel sein:
- Schwimmer: „Die Erkältung hat meiner Form geschadet, ich fühle, dass sie mir noch in den Knochen steckt!"
- Skiläufer: „Ich habe verwachst, der Trainer wird es mir nicht glauben; ich werde wieder verlieren!"
- Tennisspieler: „Wenn ich die 1. Runde überstehe, schaffe ich die 2. sowieso nicht!"

Auch der Trainer kann bei der Anwendung des Gedankenstopps Hilfen geben und beratend zur Seite stehen.
Die Vorgehensweise umfasst folgende Schritte (66, 93):
- Trainer und Athlet ermitteln gemeinsam das auslösende Ereignis der negativen Gedankeninhalte.
- Der Sportler muss erkennen, dass negative Gedanken stören und sich leistungsmindernd auswirken.
- Ein wichtiger Schritt ist die Bestimmung eines „Stoppsignals", das der Athlet zur Unterbrechung seiner negativen Gedanken anwenden kann. Der Sportler kann sich beispielsweise ein Stoppzeichen oder eine wehende rote Fahne vorstellen. Auch das innere oder das leise Vorsagen von „Stopp!" oder „Aus!" wirkt als Signal für die Gedankenunterbrechung. Manche Sportler rufen auch laut „Halt!", wenn sie das Aufkommen der negativen Gedanken bemerken.
- Der Trainer hilft dem Athleten bei der Suche und der Konstruktion produktiver Gedanken, die an die Stelle der negativen treten sollen.
- Training des Gedankenstopps: Der Sportler ruft bewusst die negativen Gedanken hervor, indem er sich das auslösende Ereignis vorstellt. Er unterbricht die negative Gedankenfolge mit Hilfe seines Signals und ersetzt sie durch die konstruktiven Gedanken.
- Dieses Verfahren wird dann im Wettkampf erprobt.

11.3.3.5.4 Rationales Denken
Gelingt es nicht, negative Gedanken in positive umzuwandeln, sollte zumindest eine Rationalisierung der Denkweise erreicht werden.

Irrationales Denken veranlasst den Sportler, die Inhalte seiner negativen Gedanken als wahr und realistisch anzunehmen: „Wenn ich den Wettkampf verliere, werden mich alle verspotten und belächeln!“ Auch wenn diese Vorstellung unbegründet ist, erlebt sie der Sportler als realistische Konsequenz seines Handelns und gerät in Stress.

Es kommt also darauf an, ihn durch Gespräche, Argumente und Diskussionen von der Grundlosigkeit seiner Befürchtungen zu überzeugen. Der Sportler muss sich von dem Glauben befreien, dass er eine bestimmte Leistung erbringen muss, die nur durch die irrationale Wirklichkeit eigener oder fremder Erwartungen begründet ist: „Es ist schön zu gewinnen, aber wenn ich verliere, bin ich kein Versager. Wenn mich meine Freunde nicht mehr achten, dann waren es eben keine echten Freunde!“, „Es ist sicher schön, keinen Fehler zu begehen. Aber jeder Mensch kann sich irren oder etwas falsch machen.“

Realistisch zu denken bedeutet, dass der Sportler sich davon löst, die Folgen der Handlung nach seinen negativen, irrational begründeten Vorstellungen zu konstruieren. Den Konsequenzen eines als negativ empfundenen oder antizipierten Ereignisses kann durch die rationale und realistische Analyse der Stresscharakter genommen werden.

11.3.3.6 Stressbewältigungskatalog

Unter Berücksichtigung der Stressursachen, die in körperlichen Überforderungen, Umwelteinflüssen, negativen Gedanken oder nervösen Erregungszuständen zu finden sind, steht dem Sportler oder Trainer eine Vielfalt an somatischen oder kognitiven Bewältigungstechniken zur Verfügung. Der folgende Katalog zeigt noch einmal schlagwortartig verschiedene Ansätze auf:

- Körperliche Entspannung
- Kontrolle des Muskeltonus
- Simulation des Wettkampfes
- Positive Selbstdarstellung
- Entwicklung positiver Gedanken, Affirmationen
- Zielveränderung
- Eliminieren von psychischem Druck
- Konzentration auf die Handlung, nicht auf das Ergebnis
- Nicht an die Person des Gegners denken
- Gedankenstopp
- Rationales Denken
- Abbau von Versagensängsten
- Spaß und Freude

11.3.4 Psychische Barrieren

Psychische Barrieren stellen Hindernisse dar, die das Handeln auf Grenzbereiche reduzieren bzw. es gänzlich unterdrücken können. Psychische Barrieren bzw. Sperren können nach Entstehungsbedingungen und Funktionsweise unterschieden werden (Abb. 31).

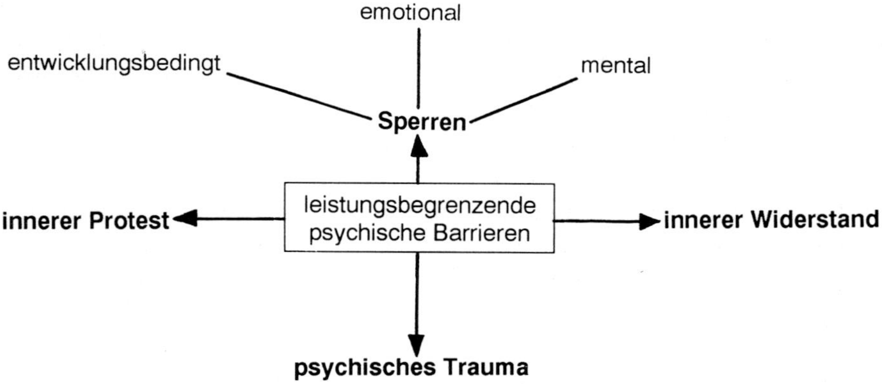

Abb. 31: Entstehung psychischer Barrieren bzw. Sperren

11.3.4.1 Psychisches Trauma

Wesentliches Kennzeichen eines psychischen Traumas ist die Übertragung meist objektiv begründeter negativer Erlebnisse, die in einer bestimmten Situation aufgetreten sind, auf eine andere, ähnliche aber harmlose Situation (105). Das psychische Trauma zeichnet sich auch dadurch aus, dass es einen äußerst stabilen emotionalen Zustand darstellt, der nur schwer zu ändern ist. Als psychische Barriere hemmt er das Handeln, beeinträchtigt die Leistungsfähigkeit und damit die Gesamtentwicklung der Persönlichkeit.

Die Ursachen eines psychischen Traumas können weit zurückliegen. Es bedarf schon der genauen Kenntnis der persönlichen Entwicklung des Sportlers, um die auslösenden Ursachen ans Tageslicht zu bringen. Häufig hat der Sportler selbst nur ungenaue Vorstellungen oder gar keine Erklärungen seines Verhaltens.

Der Angstauslöser ist unbewusst vorhanden, geblieben ist die Reaktion.

Ein psychisches Trauma kann nicht auf einen Schlag beseitigt werden. Dazu braucht es Geduld und Zeit. *Schubert* (105) schlägt folgende Schritte vor:

1. Probleme und Ängste werden in einem vertraulichen Gespräch mit dem Trainer bewusst erzählt und dargelegt. Auch unbewusste und vergessene Ursachen können dadurch in das Bewusstsein gerückt werden. Der Trainer ist gehalten, Verständnis zu zeigen und das Problem zu akzeptieren. Gemeinsam werden die psychischen Prozesse analysiert, die die traumatische Reaktion auslösen. Als Beispiele können angeführt werden: einmalige Blamage vor bestimmten Personen, Nichterfüllen von Erwartungen in einer bestimmten Umgebung, Angstgegner, schmerzhaftes Misslingen eines Sprungs beim Turnen, Sturz, Sportler ist als Kind ins Wasser gefallen, Angst vor dem Torschuss aufgrund früherer Fehlschüsse.
2. Es werden Gespräche mit anderen, die ähnliche Erlebnisse hatten oder kennen, geführt. Dabei ist Sachlichkeit und Hilfsbereitschaft wichtig. Für den Betroffenen ist es leichter zu ertragen, was andere ebenfalls schon erlebt haben. Als Nebenprodukt dieses Gesprächs ist meist eine Verbesserung der sozialen Beziehungen zwischen Sportler und Trainer festzustellen.
3. Das Ergebnis des Gesprächs bietet Anregungen und Strategien zur positiven Veränderung des Sportlerverhaltens. Besonders hervorgehoben werden die Leistungen und Fähigkeiten des Athleten, die er bisher bewiesen hat. Auch wiederholte Visualisierungen von positiven Leistungserlebnissen der Vergangenheit sollten durchgeführt werden.
4. Die geplante Strategie wird verwirklicht. Neben der erfolgreichen Visualisierung des angestrebten Verhaltens werden praktische Schritte in einer methodischen Abfolge realisiert:
   - Geringe Anforderungen, die langsam gesteigert werden. Visualisierung vor und nach erfolgreicher Ausführung.
   - Sorgfältige Hinführung an die traumatische Situation unter Einbeziehung möglichst vieler bekannter und vertrauter Situations- und Personenbedingungen; Visualisierung vor und nach erfolgreicher Ausführung.
   - Aussprechen noch vorhandener Hemmungen; Berücksichtigung persönlicher Bedürfnisse und Wünsche.
   - Anwendung bildhafter Zielvorstellungen; Konstruieren von Affirmationen oder Verwendung von Metaphern (s. S. 118).

11.3.5 Psychischer Protest

Es gibt Situationen, in denen der Sportler alle Mittel und Kräfte bewusst aktiviert, um eine Aufgabe zu erfüllen, er aber gleichzeitig spürt oder ahnt, dass sie ihm nicht gelingen wird. Im Innersten empfindet er, ohne diese Regung aber bewusst zu akzeptieren, dass es ja doch keinen Zweck hat, und nicht zu schaffen ist. In diesem Falle kommt es zu einem *Gegensatz zwischen bewusstem Wollen und unbewusster Gegenreaktion*, die wir als „psychische Protestreaktion" bezeichnen.

Bewusste Gedanken und Gefühle lassen sich im Sport mit unbewussten Reaktionen nicht immer in Einklang bringen. Eine innere Protestreaktion kann z.B. entstehen, wenn der Sportler vom Trainer mit einer Aufgabe betraut wird, die für ihn neu und ungewohnt ist oder Abneigung und Unsicherheit hervorruft, und er nur dem Trainer zuliebe zustimmt. Der innere Protest („Eigentlich wollte ich ja gar nicht!") bleibt bestehen und wird dem Sportler den nötigen Offensivgeist und Angriffsschwung nehmen.

Ähnlich wie der Körper bei Überlastung mit Gegenmaßnahmen reagiert, kann auch das Unbewusste gegen die Absichten des Bewusstseins protestieren. Diese Reaktion wird wahrscheinlich, wenn die geforderte Handlung gegen bewährte, gefestigte und beliebte Verhaltensbedingungen verstößt.

Auch der Angriff gegen das Selbstkonzept, gegen Überzeugungen, die man von sich selbst entwickelt, kann Protestreaktionen hervorrufen, die sich aber auch leistungssteigernd auswirken können. So kann übertriebene und ungerechtfertigte Kritik eine unbewusste Gegenreaktion im Sinne von „Jetzt erst recht!" auslösen und den Sportler zum Einsatz aller Kräfte veranlassen. Freudvolles und erfolgreiches Leistungshandeln setzt voraus, dass bewusste Zielsetzungen nicht in Widerspruch zu unbewussten Abwehrtendenzen geraten. Durch offene Gespräche, Assoziationsanalysen (s. S. 36 f.) und eingehende Selbstbeobachtung können unbewusste Protestreaktionen erkannt werden.

In diesem Falle sollte sich der Sportler der Protestreaktion zuwenden, sie akzeptieren und sie und seine bewusste Zielsetzung diskutieren. Es sollte ihm gelingen, die Neuartigkeit oder Unliebsamkeit des bewussten Erlebens so zu verändern, dass der Konflikt mit der unbewussten Abwehr gemildert oder gelöst wird.

Protestreaktionen können durch Beachtung folgender Voraussetzungen verhindert werden:

- Freiwilligkeit körperlicher und mentaler Zielsetzungen und Trainingsinhalte.
- Positive Geisteshaltung; Affirmationen täglich wiederholen.
- Nicht an den Sieg denken! Dies fordert Gedanken an das „Was ist, wenn ich verliere?" heraus.
- Protestreaktionen akzeptieren und sich ihnen zuwenden.

Psychische Protestreaktionen können sich zu mentalen Sperren ausdehnen, die auf unbewusster Ebene den Handlungsspielraum des Sportlers begrenzen.

11.3.5.1 Psychische Sperren

Psychische Sperren stören den Aufbau innerer Handlungsprogramme oder behindern deren Realisierung. Sie stellen Hindernisse zwischen Handlungsantrieben und Handlungszielen dar. Ihr Ursprung kann in aktuellen Handlungsbedingungen oder in Erziehungs- und Entwicklungsumständen der Vergangenheit liegen. Darüber hinaus können sich psychische Sperren unbewusst ausbilden, emotional begründet sein oder durch Gedanken entstehen. Es ist deshalb sinnvoll, von *emotionalen und mentalen* Sperren zu sprechen, wenn auch eine starre Abgrenzung auf Grund der Wechselbeziehung von Gedanken und Emotionen nur formal gegeben ist.

11.3.5.2 Entwicklungsbedingte Sperren

Sperren werden im Laufe der Kindes- und Jugendentwicklung erlernt. Je nach dem Charakter der Umwelt bilden sich beim Heranwachsenden erlernte Schemata aus, die sein Leistungsdenken nach oben und unten begrenzen.

Beispiele:

Ein 9-jähriger Fußballschüler des Deutschen Meisters „FC Bayern München" wurde gefragt, in welcher Mannschaft er einmal als Erwachsener spielen möchte. Seine spontane Antwort lautete: „In unserer ersten Mannschaft in der Bundesliga!" Die Frage, ob er sich auch vorstellen könne, in der C-Klasse beim „FC Kickhausen" zu spielen, beantwortete er nur mit einem Lächeln. Er nahm diese Frage nicht ernst, da die Vorstellung, in einem C-Klassen-Verein zu spielen, in seiner Lebensplanung keinen Platz hatte.

Ein Schüler eines Fußballvereins, dessen erste Herrenmannschaft in der B-Klasse spielt, beantwortete die gleiche Frage: „Ich möchte in unserer ersten Mannschaft in der B-Klasse spielen!" Die Frage, ob er sich vorstellen könne, einmal in der Bundesliga zu spielen, überstieg sein Vorstellungsvermögen. Er meinte, dass er das nie schaffen werde (s. Kap. „Traumziel", S. 147).

Viele junge Sportler werden in solchen Denkkategorien erzogen, die über Jahre hinweg ihre Zielsetzungen beeinflussen. Beim Erreichen der vorgestellten Leistungsebene kommt es dann meist zum Stillstand der Leistungsentwicklung, da das Durchbrechen dieser psychischen Sperren sehr schwierig oder häufig unmöglich ist.

Trainer sollten deshalb die Bildung derartiger Entwicklungssperren verhindern. Das kann dadurch geschehen, dass sich die Jugendlichen Vorbilder aus höheren Leistungsebenen wählen, über Traumziele sprechen dürfen, ihrer Phantasie freien Lauf lassen können, möglichst auch ihre Vorbilder persönlich kennen lernen oder durch Informationen den Realitätsbezug zu ihrem Vorbild verbessern. Man sollte vermeiden, nur an eng begrenzte Ligen, Leistungsklassen oder Turnierformen vor Ort zu denken. Je freier sich Gedanken nach oben entfalten, desto geringer wird die Gefahr der Entstehung psychischer Leistungsbarrieren.

11.3.5.3 Mentale Sperren

Mentale Sperren sind das Ergebnis negativer, einengender Gedanken, die durch Einstellungen, frühere Erfahrungen oder durch ein starres eigenes Fähigkeitskonzept hervorgerufen werden. Häufig sind sie mit negativen, unsicher-ängstlichen oder resignativen Emotionen verknüpft.

Begrenzendes Denken

Auf Grund ihrer Leistungsergebnisse oder ihrer Klassenzugehörigkeit ordnen Sportler die eigene Leistungsfähigkeit einer bestimmten Stufe zu. Daraus entwickeln sich Fähigkeitskonzepte, die in ein globales Selbstkonzept einfließen, das die Einstellung zur eigenen Persönlichkeit bedingt. Ebenso dient das Selbstkonzept als Bezugsrahmen für die Einschätzung von Leistungsaussichten, z.B. bei der Auseinandersetzung mit einem Gegner. Aus der Kenntnis der Zugehörigkeit des Gegners zu einer etablierten Leistungskategorie leitet der Sportler seine eigenen Erfolgsaussichten ab. Er denkt über seine Chancen nach und programmiert in Gedanken Sieg oder Niederlage.

Beispiel:

Bei einem offenen Tischtennisturnier trifft ein Spieler der Mittelklasse auf einen Bundesligaspieler, den er aber nicht kennt. Es entwickelt sich ein spannendes Spiel; der 1. Satz wird überraschend vom Spieler der Mittelklasse gewonnen. Daraufhin gratuliert ihm ein Bekannter zu dem Erfolg über den höherklassig spielenden Gegner. Als er von der Bundesligazugehörigkeit seines Gegners erfährt, verändert sich schlagartig sein Spielverhalten. Die Schläge werden unsicher, die Bewegungen verkrampft, Rhythmus und Fluss des Spiels sind dahin. Es hat sich eine mentale Sperre gebildet nach dem Motto: „Niemals kann ich gegen einen Bundesligaspieler gewinnen."

Mentale Sperren zeigen sich in ähnlichen Situationen, z.B. wenn unerfahrene Sportler plötzlich Spitzenpositionen einnehmen. Ein Skifahrer führt überraschend im 1. Durchgang vor den Favoriten. Seine Gedanken „Das kann doch nicht sein, dass ich dieses Rennen gewinne" programmiert zwangsläufig Sturz oder Fehler im 2. Durchgang.

Die „Angst vor dem Siegen“ stellt eine mentale Sperre dar, die aus den begrenzenden Denkbedingungen der kategorialen Klassenzugehörigkeit entspringt.

Mentale Sperren verhindern, dass der Sportler seine wahre Leistungsfähigkeit entwickelt. Ohne das geistige Durchbrechen der Sperre wird auch verstärktes körperliches Training keinen Erfolg bringen.

Eine mentale Sperre ist erst überwunden, wenn sie in den Gedanken des Sportlers keinen Platz mehr findet. Deshalb bedarf es zur Verhinderung und Überwindung von Gedankensperren gezielter mentaler Maßnahmen. Diese setzen allerdings voraus, dass sich der Athlet über das Vorhandensein der Sperre im Klaren ist. Nur dann kann er sie als Gegenstand seines mentalen Trainingsprogramms heranziehen. Mentale Sperren werden am besten durch ein Kombinationstraining, bestehend aus körperlicher Entspannung und gezielter Visualisierung durchbrochen.

Vorschläge zur Verhinderung mentaler Sperren:

- Nicht in Leistungsklassen oder Ligenzugehörigkeit denken
- Gedanken und Wünschen freien Lauf lassen
- Auch ans Unwahrscheinliche denken
- Versagensängste vermeiden
- Herausforderungen suchen

Hinweise für die Beseitigung mentaler Sperren:

- Sich körperlich entspannen
- Vorstellen, wie persönliche Grenzen durchbrochen werden
- Erfolgreiches Visualisieren von Wettkampfsituationen, denen man sich nicht gewachsen fühlt
- Mentale Übungen und Affirmationen einbeziehen, z.B.: „Ich traue mir zu, diese Grenze zu durchbrechen.“, „Ich wage es, darüber nachzudenken.“, „Es fällt mir leicht, mir vorzustellen, dass ich diese Barriere überwinde.“, „Ich wage es, mir vorzustellen, auch diesen Gegner zu bezwingen.“

Zur Überwindung mentaler Sperren sollte die mentale Arbeit häufig wiederholt werden. Jede Art des positiven inneren Dialoges kann die Wirkung des Kombinationstrainings unterstützen. Dem Sportler sollte es letztlich Freude bereiten, sich etwas vorzustellen, das er bisher für undenkbar hielt.

11.3.5.4 Emotionale Sperren

Emotionale Sperren kommen meist nach dem Prinzip des konditionierten Lernens zustande. Irgendwann im Verlauf der Entwicklung haben sich neutrale Reize mit negativen Erlebnissen verknüpft. In ähnlichen Situationen werden die negativen Gefühle wieder provoziert, ohne dass der Sportler sich deren Entstehung erklären kann, da er die assoziative Verknüpfung vergessen hat.

Kennzeichen emotionaler Sperren sind Gefühle der Unsicherheit, Mutlosigkeit, Resignation, innerer Abwendung oder der Verstimmung.

Emotionale Sperren sind also erlernte Reaktionen, die man sich in Situationen angeeignet hat, die der aktuellen ähnlich sind. Während beim psychischen Trauma ein *einmaliges* negatives Erlebnis die Reaktion auslösen kann, entstehen emotionale Sperren meist durch *mehrmaliges* Wiederholen der unangenehmen Situation. Wenn ein Sportler öfter verliert und der Missachtung durch andere ausgesetzt ist, beginnt er über seine Niederlage nachzudenken: „Wie konnte mir das nur passieren? Wenn ich in dieser Spielphase anders gehandelt hätte, wäre es besser gelaufen."

Je mehr man sich in Gedanken mit dem negativen Erlebnis beschäftigt, desto größer wird die Wahrscheinlichkeit, eine emotionale Sperre aufzubauen: „Wieso soll gerade ich das können, da die anderen doch auch versagt haben?", „Wahrscheinlich passiert mir an dieser Stelle wieder der gleiche Fehler."

Wenn es dem Athleten nicht gelingt, sich von Fehlerbildern, negativen Vorausnahmen und von Befürchtungen zu lösen, wird beim Eintreten ähnlicher Situationen die Sperre schon vorhanden sein, bevor der Athlet die Aufgabe beginnt.

Emotionale Sperren liegen z.B. bei der Schlagangst von Tennis- und Tischtennisspielern vor, wenn diese es nicht mehr wagen, den Schlag voll durchzuziehen. Auch der Fußballspieler, der freistehend vor dem Tor das Ziel nicht trifft, der im entscheidenden Moment ausrutscht oder den Ball verfehlt, kann durch eine emotionale Sperre blockiert sein.

11.3.5.5 Innere Widerstände

Innere Widerstände wurzeln im Unbewussten. Ähnlich wie emotionale Sperren werden sie als latente Inhalte vom Bewusstsein nicht registriert. Das Gedächtnis kann Erlebnisse und Erfahrungen über lange Zeit aufbewahren, ohne dass sie einem bewusst werden. Sie lenken aber in hohem Maß das Verhalten. Man begibt sich in Situationen oder trachtet danach, sie oder bestimmte Personen zu meiden, ohne dass man sich über die Gründe im Klaren ist. Es sind unangenehme und peinliche Erlebnisse der Vergangenheit, die man verdrängt und nicht

mehr reproduzieren und erleben will. Um sie wieder in das Bewusstsein zu rücken, muss eine ebenso große Kraft aufgewendet werden wie diejenige, die erforderlich war, um sie ins Unbewusste abzudrängen. *Freud* nannte diese Kraft „Widerstand". Auf innere Widerstände kann man schließen, wenn der Sportler Gefühle und Gedanken der Abneigung, des Widerwillens und der Abwendung empfindet, ohne dass er dafür eine Erklärung hat.
Sie können durch Selbstbeobachtung zum Ausdruck gebracht werden:

- „Das Ganze erscheint mir lächerlich."
- „Ich fühle mich dabei äußerst unwohl."
- „Etwas sträubt sich in mir dagegen."
- „Ich weiß auch nicht warum, aber ich habe etwas dagegen."
- „Ich bin einfach aufgeregt."
- „Was soll das alles?"
- „Ich fühle mich schlapp."
- „Das kann ja gar nicht gut gehen."
- „Diese Abfahrt liegt mir nicht."
- „Mit diesem Platz komme ich nicht zurecht."

Um die Barrierewirkung von inneren Widerständen auszuschalten, ist es primär notwendig, sie zu erkennen und sich ihrer bewusst zu werden. Hierzu eignen sich Selbstbeobachtungsverfahren und allgemeine oder problemzentrierte Assoziationsanalysen (s. S. 36 ff.). Auch schriftliche Verfahren, wie sie auf Seite 34 f. beschrieben wurden, können angewendet werden. In jedem Fall ist das vertrauliche Gespräch mit dem Betreuer eine wesentliche Grundlage, um das Problem bewusst zu machen und zu erkennen.

Sperren und innere Widerstände zeigen sich in negativen bzw. unangenehmen Gefühlen und Gedanken. Wenn es gelingt, sie in konstruktive und positive Richtungen zu lenken, wird gleichzeitig ihre einschränkende Wirkung auf das Handeln beseitigt. Deshalb steht die Anwendung von Symboltraining, Affirmationen, positiven inneren Dialogen und Selbstsuggestionen in Kombination mit Entspannungsverfahren im Mittelpunkt der zu ergreifenden Maßnahmen. Freude, Zufriedenheit und Vergnügen wirken ebenfalls inneren Widerständen und psychischen Sperren entgegen. Ihre psychoregulative Wirkung wurde auf Seite 119 erläutert. Trainer und Athlet sollten begleitend einen offenen Dialog führen. So kann sich der Trainer davon überzeugen, dass sein Schützling noch guten Willens ist, an der Lösung seines Problems mitzuarbeiten.

Freiwilligkeit ist die Voraussetzung für die erfolgreiche Bewältigung innerer Sperren und das Vollbringen optimaler Leistungen.

12 Psychische Energie

Die psychische Energie ist für den Sportler ein deutlich erlebbares Phänomen. Dennoch fällt es schwer, eine konkrete, empirisch fassbare Definition dessen zu geben, was man unter „psychischer Energie“ versteht.

Die Ausdrucksmöglichkeiten, um den jeweiligen Energiezustand des Sportlers darzustellen, reichen von einfachen wörtlichen Beschreibungen bis zu symbolhaften Bildvorstellungen. Sätze wie „Er strotzt vor Energie“, „Ich fühle mich voller Energie“, „Seine Energie scheint unerschöpflich zu sein“ oder „Das war eine Energieleistung“ kennzeichnen das Vorhandensein hoher psychischer Energie. Neben der *quantitativen* Dimension, die von hoher bis niedriger Energie reicht, empfinden Sportler auch einen qualitativen Energieunterschied zwischen den beiden Polen der positiven und negativen Energie (66).

Positive Energie verbindet sich mit dem Zustand „voll drauf“ zu sein, sich wie „zum Bäume ausreißen“ zu fühlen, während negative Energie mit unangenehmen Empfindungen, wie innerer Anspannung, Verkrampfung oder konfliktreichen Stimmungslagen, verknüpft ist.

Für *Freud* stellt die psychische Energie der Libido die Ausgangsbedingung und Quelle aller Triebe und Motive dar, die sich erst im Verhalten beobachten lassen. Danach beeinflusst ihr Vorhandensein den Grad der psychischen Anstrengungen in Anforderungssituationen.

Über den Begriff der psychischen Energie kam es zur Auseinandersetzung der Tiefenpsychologen *Jung* und *Freud*. Die Libido bedeutet für Jung seelische Energie schlechthin. Sie ist ebenso bewusst wie unbewusst. Sie ist Wille und Willenshandlung, Affekt, Emotion, sie ist produktiv oder destruktiv. Sie unterliegt allen Triebregungen, ist aber selbst kein Trieb. „Sie kann regredieren, gestaut, kanalisiert, projiziert oder introjiziert werden, inflatorisch anschwellen, sie wird gelegentlich verdrängt, gespalten oder verwandelt ... sie kann gezähmt und auch gespeichert werden“ (49).

Eine bedeutende Rolle spielt die psychische Energie in den Lehren fernöstlicher Philosophien, die auch in der westlichen Literatur zunehmende Beachtung finden. „Ch'i“ im Chinesischen und „ki“ im Japanischen werden gemeinhin mit „Energie“ übersetzt. Man kann sie nicht definieren, jedoch sehr wohl empfinden, fühlen, sehen oder demonstrieren (71).

Diese Energie stellt gleichsam eine allumfassende Lebenskraft dar, die sich in Gesundheit, Harmonie, Erfüllung und Gelassenheit ausdrückt. „Energiegeladen“ bedeutet nicht das Gegenteil von „entspannt“.

Wer sich energiegeladen fühlt, gleichzeitig aber gelassen und wachsam entspannt in seiner Handlung aufgeht, hat die höchste Stufe seiner psychischen Leistungsfähigkeit erreicht.

Viele Sportler kennen diesen Zustand, in dem Person und Umwelt durch ein Kraftfeld miteinander verbunden sind, wo der Kampf nicht durch die Konfrontation, sondern durch völlige Harmonie mit der Umgebung erreicht wird. Ein Skifahrer beispielsweise empfindet dadurch einen Hang nicht mehr als tückisch oder ein Turner hält einen Sprung nicht mehr für schwierig. „Es ging ganz von selbst.", „Ich weiß auch nicht, warum es so gut lief.", „Ich kann es nicht beschreiben." Solche Sätze deuten an, dass dieser Zustand höchster positiver Energie aus der Aufhebung der Grenzen entsteht, die Person und Umwelt trennen. Alle Energie fließt in die momentane Handlung ein, keine Störungen durch Erwartungsdruck oder Zielvorstellungen können sie mindern. „Laufe in den Lauf hinein!", gab der deutsche Sprinttrainer *Sumser* schon 1968 seinen Läufern mit auf den Weg, um ihnen das totale Erleben der Leichtigkeit und der rhythmischen Harmonie des losgelösten Laufens zu vermitteln.

Positive psychische Energie fliesst nur dann in die Handlung ein, wenn das Tun von Freude, Optimismus, Lust und guter Laune getragen wird. So wird verständlich, dass übermäßige Ernsthaftigkeit unnötige Energie verbraucht. Höchste Leistungen im Wettkampf erfordern alle Kraft- und Energiereserven, die sich nur auf der Basis einer freudvollen Grundstimmung realisieren lassen.

12.1 Richtung der Energie

Wenn man einem Sportler nachsagt, er vergeude seine Energie oder „er verzettele sich", so kommt darin zum Ausdruck, dass er seine Energie nicht zielgerichtet einsetzt. Psychische Energie muss nämlich nicht nur kontrolliert, sondern vor allem in die richtige Richtung gelenkt werden. Ein Sportler muss vermeiden, seine psychische Energie durch unnötige Aktionen zu vergeuden. Der Trainer sollte den Athleten dazu bringen, seine Energie dort anzuwenden, wo sie gebraucht wird, z.B. um an der richtigen Stelle einen Ball gezielt zu spielen und nicht nutzlos hinter ihm her zu jagen oder im richtigen Moment alle Energie in den Antritt oder den Lauf zu konzentrieren. Der Begriff „Energiebündel" wird meist auf solche Athleten angewendet, die ihre ganze Energie konzentriert auf die gestellte Aufgabe richten können.

Beispiel:
Eine Tischtennisspielerin trifft in einem entscheidenden Spiel auf eine gleichwertige Gegnerin. Sie fühlt sich in Topform, ist energiegeladen und kann das Spiel kaum erwarten. Sie ist überzeugt, dass sie das Spiel gewinnen wird. Als es beginnt, versucht sie sofort, mit aller Macht Punkte zu sammeln, greift energisch an und will durch harte Schmetterbälle die Entscheidung erzwingen. Sie läuft, steppt und springt am Tisch, sie erweckt den Eindruck unaufhaltsamer Dynamik. Als sie wider Erwarten das Spiel verliert, kann sie es kaum fassen, weil sie doch so „gut drauf" gewesen war. Sie hatte es nicht verstanden, ihre Energie in die Konzentrationsfähigkeit, Gelöstheit, in Leichtigkeit und Freude an der Technik einfließen zu lassen. Sie vergeudete ihre Energie durch harte Schläge zur falschen Zeit sowie durch aufwendige Beinarbeit, und sie erkannte nicht die Absichten ihrer Gegnerin.

Im Einvernehmen mit ihrem Trainer wurden folgende Schlüsselsätze zu einem Visualisierungsprogramm gebildet:

- „Ich genieße meine Energie."
- „Es macht mir Spaß, keine Fehler zu machen."
- „Ich freue mich darauf, meine Technik zu zeigen."
- „Ich beobachte den Ball, ich spiele ihn locker und schnell."
- „Ich bin vollkommen konzentriert."

Eine Entspannungsübung ergänzte das Verfahren. So lernte die Tischtennisspielerin, ihre Energie zu bündeln, sie in die Konzentration einfließen zu lassen, um gelöst, aber trotzdem aufmerksam und reaktionsschnell zu agieren.

12.1.1 Energievergeudung

Folgende Faktoren können zu einer Verschwendung psychischer Energie führen (93):

Nervosität
Nervosität, Angst oder Stress aktivieren neurophysiologische und hormonelle Funktionen des Körpers, d.h., es wird sowohl psychische als auch physische Energie verbraucht. Wenn dieser Erregungszustand über einen längeren Zeitraum anhält, vielleicht sogar über Tage und Wochen andauert, kann der Energieverbrauch zu Abgespanntsein, Müdigkeit und zum Verlust von Initiative und Offensivgeist führen.

Die Reduzierung der Nervosität vor und während des Wettkampfs auf das Erregungsniveau der optimalen psychophysischen Mobilisation spart Energie, die dann als Leistungsreserve zur Verfügung steht.

Übersteigerte Konzentration
Sich zu konzentrieren bedeutet die Aktivierung spezifischer Gehirnzentren. Je höher die Konzentration ist, desto kürzer wird die Zeitspanne, während der sie aufrechterhalten werden kann. Der Energievorrat zur Aufrechterhaltung höchster Aufmerksamkeitsleistungen ist begrenzt (105). Bei Überlastung kann der Sportler auf zwei Arten reagieren: Entweder er reduziert die Aufmerksamkeitsleistung oder er schaltet selbst Pausen ein, um die Energie zu regenerieren.

Unsicherheit
Junge, unerfahrene Sportler unterliegen häufiger Gefühlen der Unsicherheit und des mangelnden Selbstvertrauens als ältere und erfahrenere Athleten. Jede Situation, die einen verunsichert und ängstlich erregt, stört das psychische Gleichgewicht und verbraucht unnötig Energie.

Neue, unbekannte Umgebung
Jeder Mensch hat schon erfahren, dass neue Situationen, ob es nun Reisen, Berufsveränderungen oder Wohnungswechsel sind, als anstrengend empfunden werden. Abwechslung und Neuigkeiten beleben zwar die Motivation, können aber auch zu hohem psychischen Energieverbrauch führen, wenn kaum noch bekannte und vertraute Reize vorhanden sind. Der „alte Routinier" bleibt von dieser Energievergeudung leichter verschont als der junge Sportler, der die Vielfalt der neuen Reize zu verarbeiten hat.

Um diese Energievergeudung zu kontrollieren, sollten möglichst viele Informationen gegeben und vertraute Reize aufrechterhalten werden. Trainingsrhythmus und übliche Handlungsabläufe sollten auch in neuer Umgebung in gewohnter Weise beibehalten werden.

Konzentrationsschwierigkeiten im Wettkampf haben oft ihre Ursachen in vorangegangenen Erlebnisphasen hohen Energieverbrauchs, die mit dem Wettkampf selbst keinen unmittelbaren Zusammenhang erkennen lassen.

Übertriebener Ernst
Auf den Zusammenhang von zu hoher Ernsthaftigkeit, Leistungsabfall und Energieverbrauch wurde bereits hingewiesen (s. S. 119). Der Sportler sollte wissen, dass „Zähne zusammenbeißen" oftmals nur Energie verbraucht oder zur Verkrampfung und Beeinträchtigung der Koordination führt, dass dadurch die innere Gelöstheit leidet und der Bezug der Handlungsmittel zum Handlungsziel nicht mehr klar gegeben sein kann. Gute Stimmung hilft dem Sportler, seine psychischen Energiereserven zu bewahren.

12.1.2 Positives und negatives Energieniveau

Die psychische Energie bestimmt die Lebendigkeit und Intensität der geistigen Funktionen, sie ist wesentlicher Bestandteil der Motivation. Manche Situationen bedürfen hoher psychischer Energie, andere begnügen sich mit der Aktivierung niedriger Energiereserven. Neben der quantitativen Dimension hoher und niedriger Energie kann auch eine positive oder negative Ausrichtung gegeben sein, die auf der einen Seite mit Gefühlen der Freude und des Glücks und auf der anderen mit Angst und Ärger verknüpft ist.

Martens hat beschrieben, dass Stress zwar mit psychischer Energie assoziiert ist, aber nicht damit gleichgesetzt werden darf. Die optimale Energiezone des Sportlers ist erreicht, wenn hohe Energie mit positiver Ausrichtung verknüpft ist, was immer dann gegeben ist, wenn sich ein Sportler zwischen der Wahrnehmung seiner Leistungsfähigkeit und der wahrgenommenen Leistungsanforderungen im Gleichgewicht befindet (s. S. 241).

Aus dem Verhältnis von hoher und niedriger sowie von positiver und negativer Energie lassen sich *vier Energiezonen* ableiten, die das Niveau des Leistungsverhaltens bedingen (Abb. 32).

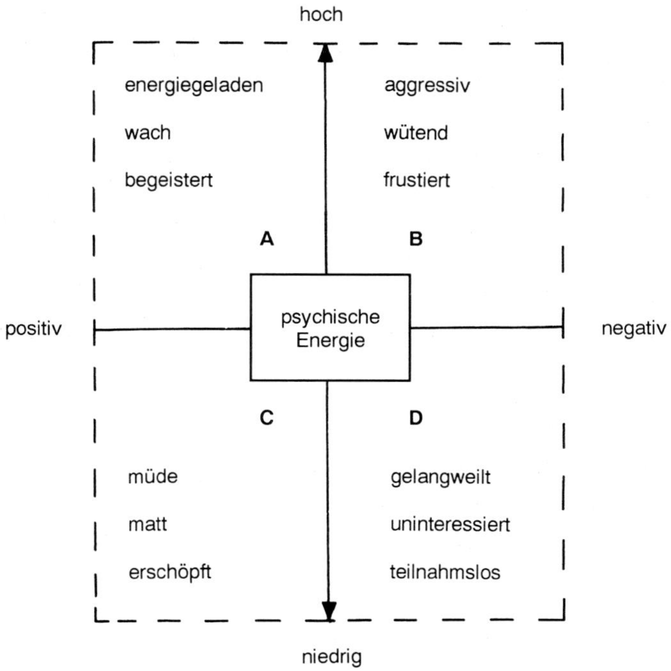

Abb. 32: Energiezonen

Bei einer Befragung von fünfzig amerikanischen Spitzenathleten stellte *Loehr* den Einfluss dieser Energiefelder auf die Leistung fest. Ohne Ausnahme wurden die besten Leistungen in Feld („hohe positive Energie“) erzielt. Die zweitbeste Möglichkeit, eine gute Leistung zu erzielen, bietet der Energiezustand „hohe negative Energie“ in Feld B. An dritter Stelle rangierte Feld C („geringe positive Energie“). Feld D („geringe negative Energie“) bildete die schlechteste Leistungsvoraussetzung.

Aus diesen Ergebnissen ist zu schließen, dass hohe negative Energie immer noch eine bessere Leistungsvoraussetzung darstellt, als geringe positive oder gar geringe negative Energie. Negative Energie ist immer noch besser als gar keine Energie. Nach *Loehr* jedoch kann hohe negative Energie die hohe positive Energie nicht ersetzen. Das höchste Leistungsergebnis mit hoher negativer Energie lag bei 60%, wenn das geschätzte optimale Leistungspotential des Athleten mit 100% angenommen wurde.

Sportler, die mit „einer Wut im Bauch“ auf den Platz gehen, es „mit der Brechstange versuchen“ wollen oder rachsüchtig einem Gegner das vermeintliche Unrecht „heimzahlen“ möchten, werden trotz hoher Energie nur mittelmäßige Leistungen erbringen. Allerdings besteht auch die Chance, die hohe negative Energie umzuwandeln und sie für das eigene Handeln nutzbar zu machen.

Voraussetzung dafür ist jedoch die Erkenntnis, dass nicht die Dinge und Personen selbst Wut, Rachsucht, Zorn oder Angst hervorrufen, sondern dass sie als solche subjektiv interpretiert werden. Gestört werden und feststellen, dass man gestört wird, ist zweierlei. Die eigene Reaktion stellt die Antwort auf etwas dar, das woanders geschieht, sich aber bei einem selbst auswirkt.

Der Athlet soll sich bewusst werden, dass es seine Person ist, die ihn daran hindert, sein Bestes zu geben. Wenn es ihm gelingt, die Energie seiner negativen Reaktion zu spüren und zu erfahren, so kann er sie nutzbar machen, indem er sie in positive Energie umwandelt: „Er hat mich wütend gemacht! Ich weiß, dass ich wütend bin. Ich fühle die Energie und bin voll drauf. Er hat mich gestört und von meinem Ziel abgelenkt. Es war meine eigene Reaktion, die mich störte. Nun freue ich mich darauf, mein Bestes zu geben.“

Auch im Ärger und in der Ungeduld steckt Energie. Sie ist diffus und ungerichtet. Doch man sollte sie absorbieren, benutzen und sie als Quelle positiven Handelns erkennen. Der Depressive oder Entmutigte verfügt über diese Energiequelle nicht.

Negative Energie ist umkehrbar, doch bedarf es der tiefen Einsicht, dass sie nicht in den äußeren Dingen liegt, sondern in der eigenen Reaktion. Man selbst ist die Quelle der negativen Energie; das bietet die Chance, über sie zu verfügen und sich ihrer zu bemächtigen.

12.1.3 Optimales Energieniveau

Zur optimalen Bewältigung verschiedener sportlicher Aufgaben kann ein unterschiedliches Niveau psychischer Energie erforderlich sein. Eine genaue Festlegung des psychischen Energieaufwands beim einzelnen Sportler ist durch variierende Persönlichkeitsmerkmale, diagnostische Schwierigkeiten und divergierende Wahrnehmungsqualitäten kaum möglich. Es lassen sich jedoch Kritierien erstellen, die als Richtgrößen des Energiepegels angesehen werden können (69):

Schwierigkeiten der Aufgaben

Der Unterschied zwischen *einfachen* und *komplexen* Handlungen besteht im Wesentlichen darin, dass zur erfolgreichen Bewältigung der einfachen Aufgaben ein geringerer Leistungsstand erforderlich ist. Deshalb bedarf es bei komplexen Handlungen eines engen Energiefeldes, während bei einfachen Handlungen auch ein weites Energiefeld gegeben sein kann (Abb. 33).

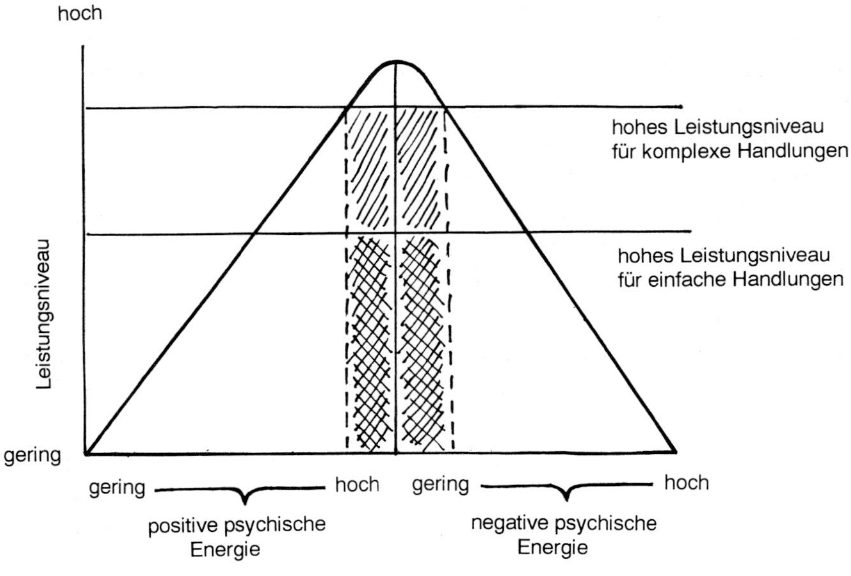

Abb. 33: Optimale psychische Energiezonen für einfache und komplexe Handlungen nach Martens

Außerdem kann der Anteil negativer Energie bei einfachen Handlungen größer sein als bei komplexen. Je schwieriger und komplexer also die Aufgaben sind, desto stärker muss die psychische Energie darauf gerichtet sein und desto weniger negative Energie kann toleriert werden.

Motorische Anforderungen
Feinmotorische Bewegungshandlungen verbrauchen weniger körperliche Energie als groß- bzw. grobmotorische Handlungen. Ein Golfer, der zu einem Putt ansetzt, würde unter Aufbietung der körperlichen Energie, die ein Gewichtheber benötigt, kaum erfolgreich sein. Diesen Unterschied gibt es bei der aufzuwendenden psychischen Energie nicht: Sowohl der Golfer als auch der Gewichtheber müssen ein Maximum an positiver psychischer Energie aufbringen.

Der Unterschied liegt im Anteil der negativen Energie.

Grobmotorische Aufgaben verlangen in der Regel weniger Genauigkeit als feinmotorische. Grobmotorische Bewegungen erlauben einen größeren Fehlerspielraum. Ähnlich wie bei einfachen und komplexen Aufgaben tolerieren feinmotorische Bewegungen weniger negative Energie als grobmotorische. Ein Gewichtheber kann also trotz negativer Energie, die durch Sorge oder Zorn hervorgerufen wird, eine relativ höhere Leistung erbringen als ein Golfspieler. Dessen feinmotorische Präzision verträgt nur geringe Anteile negativer Energie.

Handlungsdauer
Es gibt sportliche Handlungen, die in Sekundenschnelle verlaufen (z.B. ein 100-m-Sprint), und andere, die sich über Stunden oder Tage hinziehen (z.B. Langlaufen, Radrennen wie die „Tour de France“ oder Triathlon). Die optimalen Energiezonen bei kurzzeitigen und langfristigen Aufgaben zeigen wesentliche Unterschiede.

Ausdauerathleten können ihre Technik (z.B. beim Laufen, Skilanglaufen, Schwimmen) in einem weiten Energiefeld anwenden, da die Bewegungen weitgehend automatisiert sind.

Psychische Energie in höherem Maße wird erst benötigt, wenn der Athlet ermüdet. Ausdauersportarten fordern deshalb die Bereitstellung eines hohen psychischen Energiepotentials. Psychische Energie wird ebenfalls verbraucht, um Schmerzen zu ertragen (z.B. den Muskelschmerz, der sich in der Endphase eines Rennens einstellt) oder um den „toten Punkt“ (z.B. auf den letzten 200 m der langen Schwimmstrecken) zu überwinden. Die Bewältigung negativer Gedanken, z.B. daran, das Rennen vor Erschöpfung aufzugeben, oder die Vermeidung von Resignation gelingen nur durch die Aktivierung hoher psychischer Energie. Da die Aufmerksamkeit des Ausdauersportlers weniger auf die Technik gerichtet ist, haben negative Gedanken genügend Zeit, sich zu entwickeln. Auch deshalb benötigen solche Athleten gut ausgebildete psychische Steuerungsfähigkeiten, um die Energie aufrechtzuerhalten.

Kurzzeitige Belastungen erfordern hingegen die Konzentration positiver psychischer Energie auf den Augenblick der Ausführung. Nach dem Leistungsvollzug fällt der psychische Energiezustand rasch wieder ab.

Bei Wiederholungen von Kurzzeitleistungen, z.B. bei Sprintwettkämpfen, Tischtennisturnieren oder Schiesswettbewerben, muss der Sportler in der Lage sein, die psychische Energie wechselweise zu aktivieren und zu reduzieren, um sie nicht unnütz zu vergeuden.

Athleten, denen es nicht gelingt, zwischen mehreren Wettbewerben oder Belastungssituationen den Energiepegel zu erniedrigen, unterliegen rasch der Gefahr psychischer Ermüdung. Sie fühlen sich dann abgespannt, unkonzentriert, ohne Offensivgeist und Initiative.

Kurze Episoden negativer Energie wirken sich bei Dauersportarten kaum negativ aus, da Zeit genug gegeben ist, um sich davon wieder zu befreien. Bei *Kurzzeithandlungen* dagegen zeigt sich das Vorhandensein negativer Energie unmittelbar in einer Verschlechterung der Leistung.

Die psychische Energie ist die Antwort des Athleten auf die Reize der Umgebung und das Resultat seiner Gedanken. Im Verlauf eines Wettkampfes steigt sie an und verebbt dann in einem dauernden Auf und Ab. Der Sportler sollte wissen, dass die Aufrechterhaltung eines stabilen psychischen Zustandes von ihm selbst abhängt, und aus dieser Erkenntnis Selbstvertrauen und Beständigkeit gewinnen. Niemand kann die optimale Energiezone besser finden als der Athlet selbst.

12.1.4 Quellen psychischer Energie

Physische und psychische Energie stehen miteinander in Wechselwirkung. Deshalb stellen der Körper und seine Organfunktionen eine wichtige Quelle psychischer Energie dar, die durch gedankliche Steuerung aufrechterhalten wird. Kurz gefasst können folgende Bereiche der Energiebereitstellung genannt werden:

Schlaf

Im Schlaf regeneriert der Mensch die durch die Aktivität des Tages verbrauchte Energie. Ausreichender Schlaf ist auch die Voraussetzung für sportliche Leistungsfähigkeit. Sportler sollten darauf achten, dass der Schlaf dem physiologischen Leistungsrhythmus angepasst ist. Deshalb stellt der Schlaf vor Mitternacht eine wesentliche Quelle der Regeneration dar.

Einmalige Schlafstörungen vor einem Wettkampf wirken sich in der Regel nicht leistungsmindernd aus, da der ausgeruhte Körper über genügend Reserven verfügt. Doch sollten wiederholte Schlafstörungen vermieden werden. Mittel hierzu findet der Athlet in naiven oder erlernten Entspannungsmaßnahmen, in beruhigender Musik, Ablenkung durch Lesen oder Beschäftigung mit anderen Hobbys.

Tagesrhythmus

Es gibt Sportarten, deren Wettkämpfe am frühen Morgen beginnen (z.B. im Turnen, Medenspiele im Tennis). Viele Sportler erreichen zu dieser Tageszeit nicht ihre volle Leistungsfähigkeit. Die Umstellung von Trainingseinheiten am späten Nachmittag auf den Wettkampf am Vormittag gelingt nicht in wünschenswertem Maß. Deshalb sollte der Tages- und Wochenrhythmus des Trainings so gestaltet sein, dass Wettkämpfe in diesen Ablauf integriert werden können. Auf diese Weise lernt der Athlet, seine physische und psychische Energie ohne Verschwendung auf einen spezifischen Zeitpunkt hin zu aktivieren.

Pausen

Tägliches Training verbraucht nicht nur physische, sondern auch psychische Energie. Längerfristige hohe Trainingsbelastungen führen zum „Übertraining".

Trainer und Sportler sollten daran denken, dass sowohl die körperlichen als auch die psychischen Regenerationsprozesse in den Pausen zwischen den Belastungsphasen stattfinden. Gut abgestimmte Erholungsphasen nach intensiven Belastungen durch Wettkampf und Training bauen die psychische Energie wieder auf.

> Trainer, die nach Niederlagen ihrer Mannschaft das Training verstärken, verbrauchen oftmals deren letzte Energiereserven. Körperliche Erschöpfung fördert das Aufkommen negativer Gedanken und verhindert den Aufbau positiver psychischer Energie. Deshalb ist die zum richtigen Zeitpunkt gewählte Erholungsphase wirksamer als der Energieverbrauch durch Trainingsbelastungen, die keine Verbesserung der Technik, Kondition oder Taktik mehr bewirken.

Was tun in der Pause?
Am Beispiel eines Tischtennisspielers wird im Folgenden eine Möglichkeit der Pausengestaltung aufgezeigt.

Funktion der Pause
Die Pause hat mehrere Funktionen. Einmal werden körperliche und psychische Energie zugeführt, zum anderen können wichtige mentale Prozesse der Motivation, der Konzentration, der Taktik oder der Denkweise neu konstruiert oder vermindert werden.

1. Der energetische Aspekt
Während des Spiels aktiviert der Spieler seine Energien und verbraucht gleichzeitig einen Teil davon. Vergleichbar ist dies mit der Energie einer Batterie, die beim Einschalten aktiviert, aber gleichzeitig verbraucht und weniger wird.

Diese verbrauchte Energie des Spielers, die sowohl als körperliche als auch als psychische Energie verbraucht wird, muss in der Pause wieder ergänzt werden.

Steter Energieverbrauch, der nicht wieder ausgeglichen wird, führt letztendlich zu bleibendem Energieausfall, zu Erschöpfung, zu dauerhaften Leistungseinbußen. Belastungsphasen bedeuten Energieverbrauch.

Erholungsphasen regenerieren die Energie. Je höher der Energieverbrauch, desto intensiver muss die Erholung sein.

Energieverbrauch
Der Energieverbrauch erfolgt aus drei Bereichen.

- durch *körperliche*, d.h. vor allem konditionelle Ermüdung
- durch *mentale* Ermüdung, d.h. durch intensive und lang andauernde Konzentrationsleistungen, durch Gedanken und Gedankenfindung, vor allem negativer Art.
- durch *emotionale* Ermüdung. Übererregung, Ängste, negative Denkweisen, Minderwertigkeitsgefühle, Enttäuschung, Wut, führen zur psychischen Ermüdung und Erschöpfung. Leistungsabfall ist die Folge.

2. Der mentale Aspekt
Hier geht es um die Konzentration, die Denkweisen und Denkrichtungen des Spielers. Lässt die Konzentration nach? Muss sie neu entfacht werden? Auf welche Faktoren muss die Konzentration besonders gelenkt werden? Sind negative Gedanken im Spiel? „Das schaffe ich nicht.“, „Ich habe keine Chance.“ Müssen

die Gedanken positiv verändert werden? Sind taktische Veränderungen, Aufschlag- oder Rückschlagvarianten ratsam?

3. Der motivationale und emotionale Aspekt
Darunter fallen die Antriebsenergien des Spielers und die Art seiner emotionalen Verfassung. Zeigen sich Anzeichen nachlassender Motivation oder gar Resignation? Ist der Spieler übererregt? Hat er sich über den Gegner, über Kantenbälle oder über Schiedsrichter geärgert? Zu hohe Erregung hindert ihn daran, sein Spiel taktisch klug und cool zu gestalten. Sind Ärger und Wutausbrüche über eigene Fehler vorhanden? Treten Ängste auf? Versagensängste?

Pausengestaltung
Wie angeführt, gibt es körperliche und psychische Belastungsarten, die dem Spieler Energie entziehen, die ihm vielleicht in der entscheidenden Spielphase fehlen wird. Deshalb hat sich die Pausengestaltung nach der vorherrschenden Art der Belastung, körperlich, mental oder motivational-emotional, und nach den vorhandenen negativen Denkweisen zu richten.

Selbstverständlich spielt die Länge der Pause eine wesentliche Rolle. 10 Sekunden Pause beim Aufschlagwechsel gestatten z.B. eine kurze aber intensive Konzentrationslenkung auf sich selbst, auf die Gelöstheit des eigenen Körpers, auf eine kurzfristige mentale Vorbereitung der kommenden Spielphase; bei längeren Pausen zwischen zwei Turnierspielen kann der Spieler eine gezielte Strukturierung der Pause vornehmen.

Trotz aller situationsbedingten Veränderungen und zeitlicher Unterschiede lässt sich eine Pause in drei Phasen gliedern.

Die erste Phase der Entspannung und Beruhigung, die mittlere Phase der mentalen und emotionalen Vorbereitung, die Phase der Pausenbeendigung durch Aktivieren, Motivieren und der Aktualisierung des Selbstbewusstseins.

Schema der Pause – Das Schleusenmodell
Die Pause kann mit einer Schleuse verglichen werden.
Schrott, Unrat und Abfall werden vor der Schleuse aufgefangen und vom Weitertransport abgehalten, das Wünschenswerte, das Klare und Saubere darf die Schleuse passieren.

Der Schrott des Tischtennisspielers sind seine negativen Gedanken, seine Ängste, seine Wutanfälle und Minderwertigkeitsgefühle. Sie bleiben außen vor.

Das Wünschenswerte, die positiven Gedanken, neue Energien, positive Selbstbeurteilung darf passieren und wird in die nächste Belastungsphase aufgenommen.

Belastungsphase 1	**Beruhigen**	**Vorbereiten**	**Aktivieren**	**Belastungsphase 2**
„Ich bin fertig!“ →	- Entspannnen	- Auf sich selbst konzentrieren	- Aktivierende Bewegungen	
„Das schaffe ich nicht!“ →				→
„Ich kann nicht gewinnen“ →	- Abreagieren	- Vorsatzbildung	- Gedankliche und verbale Aufmunterung	→ Neubeginn
„Ich fühle mich gut!“ →	- Zur Ruhe kommen			→
„Ich traue es mir zu“ →			- Stärken des Selbstbewusstseins	
„Scheißspiel!“ →	- Abschalten	- Mentales Vorbereiten	„Ich weiß, was ich tue“	

Abb. 34: Schema der Pause

Die Beruhigungsphase

In der Beruhigungsphase kommt es darauf an, körperliche und psychische Erregung zu vermindern und die Gedanken an Fehler und Ärger abzuschalten. Die Atmung beruhigt sich, Muskelspannung und Hirnaktivität werden geringer, der Pulsschlag geht zurück. Damit geht die psychische Beruhigung einher.

Gedanken abschalten!

Keine psychische Beunruhigung mehr!

Gerade in der Beruhigungsphase wirken sich Ärger und Zorn besonders negativ aus und verhindern den Aufbau positiver Energien.

Bei kürzeren Pausen soll der Spieler eine bewusste Entspannung anstreben. Hierzu ist es notwendig, eine entsprechende Technik vorher erlernt bzw. sie auch im Training ausprobiert zu haben.

Beispielsweise Atemberuhigung; bewusste Gdankengestaltung zur Erzielung einer entspannten Körperverfassung, Abschalten, d.h. sich innerlich dem Gefühl der Entspannung und Beruhigung ausliefern und spüren, wie die Erregung abnimmt.

Es können auch Kurzformen von Entspannungs- bzw. autogenen Verfahren angewendet werden. Bei einem Seitenwechsel beispielsweise kann die Beruhigungsphase 6-20 Sekunden dauern.

Die Vorbereitungsphase
Nachdem sich der Zustand des Spielers stabilisiert hat, beginnt er, sich mit der kommenden Spielphase zu beschäftigen.

Der Spieler konzentriert sich auf sich selbst. Er überprüft kurz seinen körperlichen Zustand und achtet darauf, dass Schultern und Arme locker und entspannt sind.

Je nachdem, ob in der ersten Spielphase emotionale Faktoren, konzentrative Mängel oder taktische Fehler vorhanden waren, bildet der Spieler einen inneren Vorsatz, den er in Form eines inneren Dialogs, einer Selbstinstruktion, mehrmals wiederholt.

Zum Beispiel: „Ich bleibe am Tisch!", „Ich bin cool!", „Ich nütze jede Chance zum Angriff!", „Ich spüre den Schläger beim Rückschlag locker in der Hand!", „Meine Beine sind schnell!", „Ich schaffe es!"

Auch taktische Vorsätze werden in dieser Form wirksam. Beispielsweise im klaren Handlungskonzept gegen Abwehrspieler oder spezifische Spielvariationen gegen Angriffsspieler („ich spiele in die tiefe Vorhand!").

Der Trainer hilft bei der Überzeugung, dass die beabsichtigte Strategie die erfolgversprechende ist.

Vorsatzbildung und mentale Strategien werden stets positiv gestaltet, im Sinne des „ich bin ...", „ich kann ...", „ich spiele ...". Dadurch dienen solche Gedanken als Handlungsprogramme. Sie knüpfen nicht an Fehler- und Ärgersituationen an.

Aktivierungsphase
Die Aktivierungsphase umfasst sowohl körperliche als auch psychische Aktivierung. Durch schnellkräftige, gymnastische Bewegungen, z.B. schnelle, simulierende Beinarbeit, Rumpfbeuge- und -drehbewegungen, Armkreisen, und eine aufrechte, selbstbewusste Körperhaltung aktiviert man den Körper. Die Aktualisierung des Selbstvertrauens geht über einen anfeuernden, körperlichen Dialog, z.B. „Das packe ich jetzt!", „Ich freue mich drauf!", „Jetzt bin ich fit!", „Ich kämpfe, aber ich bleibe cool!"

Nun erfolgen keine grüblerischen Gedanken mehr. Es zählt nur noch die nachfolgende Handlung. Auch Gedanken an das Ergebnis müssen ausgeschaltet bleiben. Beispielsweise trägt der Gedanke: „Ich muss meinen Vorsprung bewahren!" nicht zur Verbesserung des Spiels bei.

Die spielbestimmenden Programme und Verhaltensvorsätze sind in der Vorbereitungsphase erstellt und akzeptiert worden. Sie wirken in der Aktivierungsphase weiter. Es kommt nun darauf an, hellwach, optimistisch und selbstvertrauend das Spiel wieder aufzunehmen.

Pausenlänge

Bei längeren Pausen regeneriert der Körper auch ohne aktives Zutun. Allerdings hat man festgestellt, dass sich das körperliche Befinden am nächsten Morgen verschlechtert hat, wenn sich der Spieler nach einer Belastung, sowohl Training als auch Wettkampf, geärgert hat.

Ärger und Ängste wirken sich unabhängig von der Trainings- und Wettkampfbelastung negativ auf die Erholung aus. Deshalb ist gerade bei längeren Pausen darauf zu achten, dass man optimistische Vorsätze fasst, dass längere Grübeleien vermieden werden und das Bewusstsein auf das eigene Können gelenkt wird. Gedanken an Fehler, an die Person des Gegners oder an eigene Schwächen stören nur und haben keine positiven Auswirkungen auf das kommende Spiel. Ausreichend Schlaf, Ablenkung durch angenehme Tätigkeiten, Gespräche mit sympathischen Menschen, Musik, Entspannung, sich angenehmen Gedanken und Vorstellungen hingeben, u.a. stellen Möglichkeiten dar, um negative Störfaktoren auszuschalten.

Vermeidung übertriebener Ernsthaftigkeit

Verbissenheit und übertriebener Ernst vergeuden psychische Energie (s. S. 120). Jeder muss seinen Weg finden, um Lockerheit, Spannung, Zielstrebigkeit und positive Energie zu verknüpfen. Je höher der Leistungsstand ist, desto differenzierter werden bei verschiedenen Sportlern die Maßnahmen zur richtigen Einstellung ausfallen. Humor, sinnvolles Einordnen des Sports in die eigene Lebenswelt, Ernst in der Zielverfolgung und Spaß bei der Wahl der Mittel und Wege sollten Wegweiser sein, um nicht in sture Abhängigkeit von einem rigiden Trainingsprogramm zu geraten.

Umwandlung negativer psychischer Energie in positive

Einsicht und Bewusstwerden des eigenen Energiezustands befähigen den Sportler, negative Energie in positive zu verwandeln. So können massive negative äußere Einwirkungen, wie z.B. von Zuschauern (Anfeuerung des Gegners, Beleidigungen, Lärm, gezielte Störmanöver), durch kognitive Umstrukturierung in positive Energie verkehrt werden.

Die Gedanken des Athleten sollten nach innen gerichtet sein: „Ich spüre meine Energie, ich fühle mich voller Kraft und gehe vorwärts. Das Geschrei der Zuschauer zeigt mir, dass sie mich achten und fürchten. Ich weiß, dass ich gut bin, ich werde ihnen zeigen, was ich kann. Ich bin ganz bei mir, niemand kann mir meine Energie nehmen."

Vermeidung innerer Verteidigungshaltungen

Das Fließen der psychischen Energie kann durch negative und störende Einflüsse rasch unterbrochen, aber durch hilfreiches Agieren des Trainers auch verstärkt werden. Besonderes Augenmerk ist dabei darauf zu richten, dass sich wohl gemeinte Ratschläge und Maßnahmen nicht negativ auf den psychischen Energiezustand auswirken. Dies ist vor allem beim Hervorrufen innerer Verteidigungsreaktionen der Fall. Ebenso wie innere Widerstände werden sie durch aktivierende Aufforderungen ausgelöst, die vom Sportler selbst, vom Trainer oder von den Medien ausgehen können.

Dies sei an einigen Beispielen verdeutlicht:

Siegesforderungen

Viele Trainer meinen, dass sie ihre Mannschaft positiv unterstützen, wenn sie von ihr verlangen, sie müsse gewinnen und sie ermahnen, sich mehr anzustrengen. Häufig erreichen sie dadurch gerade das Gegenteil.

Martens nennt hierfür drei Gründe:

1. Der Trainer gibt dadurch zu verstehen, dass er der Meinung ist, die Sportler würden nicht genügend positive Energie entwickeln.
2. Der Trainer ist der Meinung, dass alle Mannschaftsmitglieder über das gleiche Energieniveau verfügen müssten.
3. Der Trainer glaubt, dass die höhere Motivation positive Energie und keine negative hervorbringt.

Die Forderung des Siegens schließt die Konsequenz des Verlierens mit ein. Dadurch lenken die Athleten ihre Aufmerksamkeit mehr auf ihre Schwächen als auf ihre Stärken. Sie werden unsicher und erzeugen dadurch negative Energie. Wie im Vorangegangenen erläutert wurde, ist es besser, den Athleten positive Energie zu vermitteln und ihnen aufzuzeigen, wie sie selbst positive Energie hervorrufen können.

Unrealistische Zielsetzung
Ziele, an die man selbst nicht glaubt, lösen Verteidigungshaltungen aus (s. S. 159). Dadurch wird oft über längere Zeit hinweg unnötig Energie verbraucht.

Ängste
Ängste und Sorgen lösen innere Verteidigungshaltungen aus, die auch in Gestalt energieverzehrender Aggressionen nach außen drängen können.

Negatives Verhalten des Trainers
Gefühle und Stimmungen stecken an. Zufriedenheit und gute Laune übertragen sich ebenso wie unsicheres, unzufriedenes und aggressives Verhalten.

Trainer, die gute Laune ausstrahlen, erhöhen die positive Energie ihrer Schützlinge. Unfreundlichkeit, Humorlosigkeit und übermäßiger Ernst können den Fluss der positiven Energie in der Mannschaft bremsen.

13 Irrationalität im Sport

Sportler besitzen Maskottchen oder Talismane, pflegen in der Wettkampfvorbereitung rituelle Praktiken oder sprechen Begleitumständen beim Wettkampf magische Kräfte zu. Irrationale Handlungs- und Denkweisen werden sowohl von persönlichkeits- als auch von sportbezogenen Faktoren beeinflusst. Geschlecht, Lebensalter und Schulbildung sind dabei ebenso zu berücksichtigen, wie die Sportart und Wettkampferfahrung. Rituale und irrationale Handlungen und Denkweisen aus den Bereichen des Aberglaubens und der Magie sollen Glück und Erfolg herbeiführen bzw. Unglück und Misserfolg abwenden.

Da magische Praktiken dem Sportler Sicherheit und Entlastung bringen und ihm helfen können, den Wettkampf physisch und psychisch besser durchzustehen, kann man ihnen eine effektive psychoregulative Wirkung zuschreiben.

13.1 Aberglaube

Nach derzeitigem Sprachgebrauch werden unter dem Begriff „Aberglaube" jene Vorstellungen zusammengefasst, die neben dem sinnlich Wahrnehmbaren Kräfte und Mächte für existent halten, mit denen der Kundige in einen besonderen Kontakt treten und die er sich nutzbar machen kann.

Im Aberglauben werden geheimnisvolle, irrationale, nicht fassbare Kräfte bestimmten Lebewesen, Gegenständen, Ereignissen oder Handlungen zugeschrieben. Dieser Glaube wird meist als Glaube an die Erforschbarkeit der Zukunft oder als Glaube an Symbole deutlich (35).

Manche Sportler, die die Wettkampfsituation als bedrohlich empfinden, greifen zu irrationalen Hilfen. Dies können bestimmte Handlungen sein, aber auch Gegenstände oder Lebewesen, die sie mit sich führen. Der Aberglaube gewinnt dadurch eine Schutzfunktion, die darin besteht, dass der abergläubische Sportler bestimmten Dingen magische Kräfte zuspricht, um eine bedrohliche Situation zu bewältigen oder ein herannahendes Unglück abzuwenden.

13.2 Magie

Im Gegensatz zum Aberglauben, der hauptsächlich Schutz vor einer Bedrohung gewähren soll, dient die Magie der Absicht, die Außenwelt aktiv durch den eigenen Willen zu beeinflussen. Durch spezielle Handlungen soll auf mysteriöse Weise das gewünschte Ziel erreicht werden. Ein Sportler glaubt beispielsweise, den Ausgang eines Wettkampfes dadurch positiv beeinflussen zu können, dass er auf einer ganz bestimmten Bahn startet, auf der er schon mehrere Male gewonnen hat.

13.2.1 Magisches Denken

Magie stellt primär eine Denkweise dar. Sie rechnet damit, dass bestimmte Handlungen die von den Naturgesetzen des Raums und der Zeit abgesteckten Grenzen überschreiten und Wirkungen erzielen, die wiederum in unserer Welt spürbar werden. Magisches Denken vollzieht sich demnach nicht nach rationalen Gesichtspunkten und ist keinerlei Logik unterworfen. Daher wird verständlich, dass magisches Denken bei Kindern weit verbreitet ist und häufig von Erwachsenen als Erziehungsmittel eingesetzt wird: „Wenn du deine Suppe aufisst, gibt es schönes Wetter!". Solche kindlichen Denkweisen sind die Vorläufer späterer Praktiken im Sport: „Wenn ich dieses T-Shirt trage, kann ich nicht verlieren." „Mit dieser Rückennummer kann ich nicht spielen."

Die magische Geisteshaltung verschwindet allerdings mit dem Einsetzen des logischen Denkens und zunehmender intellektueller Ausbildung, ohne jedoch gänzlich verloren zu gehen. Sie bleibt bei dem einen mehr, bei dem anderen weniger wirksam. In Situationen, die mit der Ratio nicht mehr bewältigt werden können, bleiben magische Handlungsweisen als Retter in der Not bestehen.

Vor allem unter Stressbedingungen sucht der Sportler nach dem emotionalen Gleichgewicht. Je weniger intellektuelle Bewältigungsstrategien vorhanden sind, je weniger die psychische Stabilität im Training entwickelt wurde, desto eher greift er auf frühere Formen der Bewältigung durch magische Praktiken zurück.

13.3 Rituale

Werden magische Handlungen ständig wiederholt, so werden sie zu Ritualen. Ein Sportler isst z.B. vor jedem Wettkampf einen Apfel, da er der Meinung ist, nur so habe er Gewinnchancen. Ein anderer beginnt die Aufwärmphase mit einer spezifischen Handlung, der er eine besondere Bedeutung für seine Leistungsfähigkeit im Wettkampf zuschreibt.

Magische Praktiken haben ihre Ursache in der Verknüpfung zunächst neutraler Handlungen mit der Erfüllung von Wünschen oder dem Erreichen von Zielen. Zufällig auftretende Begebenheiten gewinnen durch wiederholte Verknüpfung mit erfolgreichen Handlungen an Bedeutung.

Beispiel:
Ein Sportler legt kurz vor dem Rennen seinen Pullover neben das Ziel, geht an den Start und gewinnt. Vor dem nächsten Wettkampf vollzieht er die gleiche Handlung und läuft abermals als erster durchs Ziel. Aufgrund seines Erfolgs glaubt er, eine Beziehung zwischen seiner Handlung (Pullover am Ziel ablegen), und seinem Erfolg (Sieg) zu erkennen. Nun führt er seine Handlung bewusst vor jedem Rennen durch und spricht ihr übernatürliche Kräfte zu: ein Ritual ist entstanden.

Es gibt allerdings auch Unterschiede in den magischen Praktiken. Während bei der Erklärung im vorangegangenen Beispiel eine bewusste Kausalbeziehung, die zwar logisch nicht erklärbar ist, geknüpft wird, kann bei magisch denkenden Sportlern eine solche Beziehung auch fehlen. Zwischen allen erdenklichen Elementen können Zusammenhänge geknüpft werden. Jedem Ding (Stofftier, Kettchen, Hosen, Socken) und jeder Handlung (Schuhe binden, auf die Toilette gehen, Haare waschen, Zähne putzen) kann magische Wirkung zugeschrieben werden. Die auslösende Ursache solcher Handlungen kann unbewusst sein oder in Vergessenheit geraten sein. Deshalb ist bei Ritualen meist keine Beziehung zwischen dem Ziel des Verhaltens und den sichtbaren Verhaltensweisen vorhanden. So werden magische Praktiken auch als ritualisierte Handlungen bezeichnet (35). „Rituale helfen dazu, die Konzentration zu vertiefen, die Automatik einzuschalten, das Leistungsvermögen zu vergrößern, locker zu bleiben und dergleichen mehr“ (66). *Loehr* weist den Ritualen einen wichtigen Platz in der Wettkampfsituation zu. Er stellt fest, dass Sportler, die ihre Trainingsrituale im Wettkampf umgehen oder weglassen, häufig unsicher und hektisch reagieren. Der Sportler sollte sich der Hilfe seiner Rituale bewusst werden, und aus ihrer Anwendung Energie und Sicherheit ziehen.

13.4 Maskottchen

Maskottchen treten meist in Sportarten auf, bei denen die Leistungsergebnisse von oft subjektiven Beurteilungskriterien abhängen, was besonders bei kompositorischen Sportarten wie Turnen, Eiskunstlauf oder Gymnastik der Fall ist.

Viele Maskottchen wirken lustig, bei ihrem Anblick muss man lächeln, das entspannt die Situation. Darüber hinaus gibt es viele weiche und haarige Maskottchen, deren Berührung Wärme und Behagen hervorruft, wodurch sie indirekt beruhigend und lockernd wirken. Eine besondere Art von Maskottchen stellen Teile der Sportausrüstung der Athleten dar. Die meisten Athleten betrachten den Besitz eines Maskottchens oder Talismans als eine irrationale Methode der Angstkontrolle und der Regulierung der Nervenanspannung vor dem Start.

Die Ursache für den Glauben an die Wirksamkeit von Maskottchen ist in der alogischen Verknüpfung von Ursache und Wirkung zu suchen. Der Erfolg wird ganz oder teilweise dem Talisman zugeschrieben und nicht dem Training oder den eigenen Fähigkeiten. Hinzu kommt, dass der Talisman als realer Gegenstand konkret vorhanden ist. Er zieht die Konzentration auf sich, lenkt von negativen Gedanken ab, man kann ihn fühlen und die von ihm ausgehende Ruhe, Sicherheit und Zuversicht spüren.

13.5 Funktionen magischer Praktiken

Magische Praktiken haben die „latente Funktion, Ungewissheit, Angst und psychische Spannungen auf ein erträgliches Maß zurückzuführen" (3). Die Vielfalt der Erscheinungen und persönlichen Bewertungen irrationaler Phänomene im Sport lässt eine differenzierte Betrachtung angebracht erscheinen. Magische Praktiken können demnach mehrere Funktionen erfüllen (Abb. 35):

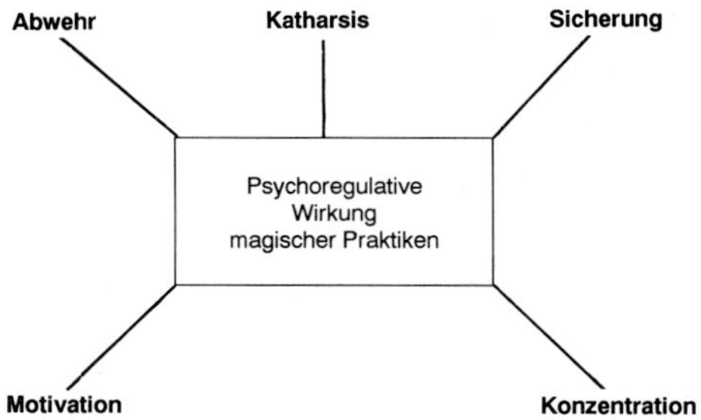

Abb. 35: Funktion magischer Praktiken

Abwehr

Eine Abwehrfunktion kommt magischen Handlungsformen zu, die ein Sportler ausübt, um die nervliche Belastung vor dem Start zu mindern.

In der Zeitspanne vor dem Wettkampf ist die psychische Belastung in der Regel am größten. Magische Handlungen können deshalb durch ihre ablenkende Wirkung das Auftreten zu hoher Erregungszustände oder Ängste verhindern oder sie zumindest in einem erträglichen Rahmen halten.

Sicherung
Im Laufe der Wettkampfvorbereitung entwickelt der Sportler bestimmte Verhaltensweisen, die der Sicherung seines Erfolges dienen sollen. Darunter fallen Rituale wie Einlaufen („Immer fünf Runden, sonst laufe ich nicht gut"), der Gang in die Stadt vor einem Skirennen oder ein Telephongespräch.

Auch Essensgewohnheiten können ritualisiert werden. Wird eine solche Zeremonie unterlassen, entsteht Unsicherheit oder gar Gedanken an Misserfolge. Auch der Glaube an Maskottchen, Talismane oder Amulette beinhaltet eine derartige Sicherungsfunktion.

Sicherungsmechanismen bekommen dann eine Abwehrfunktion, wenn der Sportler z.B. glaubt, dass er nach ungenügender Trainingsvorbereitung nur gewinnen kann, wenn das Sicherungsritual ganz bewusst durchgeführt wird.

Motivation
Hat der Sportler das Gefühl, in der Vorbereitung alle magischen Praktiken (z.B. rituelles Einlaufen, Maskottchen in der Tasche) richtig ausgeführt zu haben, können diese hoch motivierend wirken. Er geht mit der Überzeugung an den Start, dass alles gut verläuft. Das subjektive Gefühl der optimalen Vorbereitung kann durch bestimmte Gewohnheiten und abergläubische Reaktionsweisen stabilisiert werden.

Entlastung
Es gibt genügend Sportler, die Erfolge der eigenen Leistungsfähigkeit zuschreiben, bei Misserfolgen jedoch nicht bei sich nach Ursachen suchen. Hat sich der erwünschte Erfolg nicht eingestellt, kann die Schuld dafür von der eigenen Person auf das Maskottchen oder das Unterlassen einer rituellen Handlung geschoben werden. Dadurch wird das Gewissen des Sportlers entlastet („Ich kann nichts dafür, ich habe meine richtige Hose vergessen!"). *Hahn* nennt diesen Entlastungsmechanismus „Katharsisfunktion" und spricht ihm sogar psychotherapeutische Wirkung zu.

Konzentration
Die Beschäftigung mit Ritualen oder Maskottchen kann zu einer intensiven Einstimmung auf die bevorstehende Aufgabe führen. Die positive Wirkung ist vor allem auf die Ausschaltung von Umwelteinflüssen zurückzuführen. Der Sportler grenzt sich von der Umwelt ab, schafft eine Barriere zwischen sich und dem Publikum, schaltet dadurch Störgrößen aus und spart psychische Energie, die er im Wettkampf benötigt.

13.6 Pädagogische Aspekte irrationalen Verhaltens

Vor allem in der Pubertät neigen Jugendliche dazu, sich magischen Verhaltens- und Denkweisen intensiver zuzuwenden. Bei Mädchen äußert sich dies in der großen Beliebtheit von Maskottchen, bei Jungen mehr in der Ausübung ritueller Gewohnheiten während der Wettkampfvorbereitung.

Betreuer und Trainer solcher Altersgruppen sollten irrationalen Verhaltensweisen besondere Beachtung schenken und sich darüber im Klaren sein, dass ihre entlastende Funktion für die Leistungsbereitschaft von großer Bedeutung sein kann. Gerade wenn der Jugendliche am Anfang seiner Laufbahn steht und über geringe Wettkampferfahrung verfügt, sucht er verstärkt nach Entlastung, die er mit Hilfe magischer Praktiken erfahren kann.

Es wäre töricht, wollte der Trainer diese Verhaltensweisen unterdrücken, verbieten oder sich gar darüber lustig machen.

In zunehmendem Maße sollte er jedoch die tatsächlichen Zusammenhänge mit der Leistung klären, um dem Jugendlichen zu zeigen, dass dessen Training, dessen technische und taktische Fähigkeiten den Erfolg begründen.

Auf diese Weise lernt der Sportler, dass die Gründe für erfolgreiches Handeln in seiner eigenen Person liegen und nicht dem Maskottchen oder dem Ritual zuzuschreiben sind. Mit zunehmender Wettkampferfahrung gewinnt er immer mehr an Sicherheit und Selbstvertrauen, so dass vor allem Maskottchen vielleicht sogar ganz aufgegeben werden, weil irrationale Sicherungsmechanismen mit steigendem Selbstvertrauen an Bedeutung verlieren.

Bestimmte Gewohnheiten und Rituale können durchaus Bestandteil der Wettkampfvorbereitung bleiben. Der Trainer sollte auf diese Verhaltensweisen Rücksicht nehmen, nicht zuletzt auch deshalb, weil er vielleicht selbst nicht ganz frei von magischen Denk- und Handlungsweisen ist.

14 Mannschaftpsychologische Grundlagen

Menschen schließen sich zu einer Gruppe zusammen, um Wünsche zu befriedigen oder Ziele zu erreichen, die ihnen alleine versagt bleiben würden. Durch die Gruppenzugehörigkeit kommt es zu folgender Wechselwirkung:

Die einzelnen Persönlichkeiten beeinflussen Struktur, Dynamik und Ziel der Gruppe, andererseits wirkt die Gruppenzugehörigkeit auf den Einzelnen zurück. Die jeweiligen Positionen, Rollen und Interaktionen in der Gruppe können die Gefühlsbeziehungen, Einstellungen und Werthaltungen des Mitglieds verändern.

Die Stellung, die ein Sportler innerhalb einer Mannschaft einnimmt, übt deshalb eine wesentliche psychologische Wirkung auf ihn aus. Soziales Ansehen, Erfolgserlebnisse und Leistungsfähigkeit sind nicht nur durch die Persönlichkeit bedingt, sondern hängen unmittelbar von der Funktion des Sportlers in der Mannschaft ab.

Eine kurze Darstellung charakteristischer sozialpsychologischer Strukturmerkmale von Sportmannschaften soll deshalb als Grundlage von trainings- und wettkampfbegleitenden Maßnahmen vorausgeschickt werden.

14.1 Kennzeichen einer Sportmannschaft

Die Beschreibung einer Sportmannschaft kann auf zwei Ebenen erfolgen: auf einer personenunabhängigen und auf einer persönlichkeitsorientierten Ebene.

Die Tatsache, dass sich elf Fußballspieler auf elf Positionen verteilen, rechtfertigt noch nicht den Begriff „Mannschaft". Personenunabhängige Strukturen bilden die Grundlage des Sozialsystems Mannschaft. Erst im Verlauf eines Mannschaftsbildungsprozesses werden Personen zu Mannschaftsmitgliedern, erst dann entsteht eine Mannschaft.

Sportmannschaften sind also soziale Gruppen, die sich durch eine gemeinsame sportliche Zielsetzung von anderen Gruppen unterscheiden.

Kein anderes Lebensfeld bietet eine solche Fülle unterschiedlicher Gruppen- und Mannschaftsformen wie der Sport. In der Vielfalt sportlicher Gruppenstrukturen tritt ein Phänomen zu Tage, das immer wieder Gegenstand sozialpsychologischer Forschung war. Immer dann, wenn sich Menschen zu Gruppen zusammenschließen, kommt es zu einer inneren Differenzierung, zur Verteilung von Aufgaben und zu einer Rangordnung. Auch bei extremen Gemeinschaftsgründungen auf einsam gelegenen Inseln im Ozean, bei denen es von vornherein keine Rangunterschiede gegeben hatte, wurde deutlich, dass die bewusste Unterdrückung innerer Differenzierungen nicht zu Vorteilen im Zusammenleben führte. Es zeigte sich, dass das bloße Nebeneinanderleben nur geringen Einfluss auf den anderen nimmt, dass dadurch emotionale Defizite entstanden, die verschiedentlich sogar zum Ausbruch zwanghafter Krampfzustände führten (44, 1986).

Auch bei Sportgruppen, die über einen längeren Zeitraum zusammenbleiben, stellt sich eine innere Strukturierung ein. Je nach Regelwerk, Mitgliederzahl, persönlichkeitsbedingten Merkmalen, Wünschen und Zielsetzungen hat sich im Sport eine Vielfalt von Gruppenvarianten gebildet. Schon der grobe Vergleich einfacher Laufspiele oder Staffeln mit Tennis-, Ruder-, Fußball- oder Volleyballmannschaften zeigt die Möglichkeiten der strukturellen Unterschiede.

Es sollen zunächst grundlegende Merkmale einer Sportmannschaft (Tab. 19) dargelegt werden, die jedoch in den verschiedenen Mannschaftstypen unterschiedlich ausgeprägt sind.

Kennzeichen
Soziale Einheit
Interaktion
Mitgliederzahl
Normen
Positionen
Rollenverteilung
Ziel
Wir-Gefühl

Tab. 19: Wesentliche Merkmale einer Sportmannschaft

14.1.1 Die Mannschaft als soziale Einheit

Soziale Einheit bedeutet, dass sich eine Mannschaft deutlich von einer anderen unterscheidet. Dabei können die Mannschaftsmitglieder untereinander agieren und sich durch das gemeinsame Ziel und gemeinsame Motive von anderen abheben. Die Gemeinsamkeit wird häufig durch den *Mannschaftsnamen* betont.

Die Abgrenzung nach außen durch Festlegung äußerer Ziele, z.B. den Gegner zu besiegen, oder innere Gemeinsamkeiten, wie gemeinsames Jogging zur Gesunderhaltung, steigert das Zusammengehörigkeits- oder Wir-Gefühl. Sportmannschaften können auch ohne sportliche Interaktion als soziale Einheit auftreten, wenn es dabei informelle Interaktionen gibt. Als Beispiele können eine Ski- oder Leichtathletikmannschaft angeführt werden, deren Mitglieder unabhängig voneinander am Wettkampf teilnehmen.

14.1.2 Mannschaftsziel

Das Gruppen- bzw. Mannschaftsziel ist der wichtigste gemeinschaftsbildende Faktor; es lässt die Mannschaft als zielstrebige Ganzheit erscheinen. Ohne Ziel ist eine Mannschaft nicht denkbar. Mit dem Ziel sind alle anderen Gruppenelemente verknüpft: die Art des Rollensystems, die Gültigkeit der Normen und die Interaktionen. Die Stabilität einer Mannschaft wird durch das Maß bedingt, in dem die einzelnen Mitglieder ihre persönlichen Ziele dem gemeinsamen Ziel unterordnen. Ein Spieler, dessen Ziel es ist, sich persönlich durch Einzelaktionen auszuzeichnen, und der dadurch die Gesamtleistung schwächt, untergräbt das Zusammengehörigkeitsgefühl (Kohärenz) der Mannschaft. Umgekehrt muss das Gruppenziel immer im Zusammenhang mit den Bedürfnissen und Wünschen der Mitglieder stehen. Die herrlichsten Ziele wirken nicht, wenn sie keine Anziehungskraft auf den Einzelnen ausüben. Trainer, die ihrer Mannschaft Ziele vorgeben, sollten sich davon überzeugen, dass diese Vorgaben die Vorstellungen der Mitglieder aufgreifen.

Klaffen Mannschaftsziele und die Ziele der einzelnen Mitglieder zu weit auseinander, kann es zum Zerfall der Mannschaft kommen.

Der Trainer stellt beispielsweise das Ziel „Aufstieg in die nächsthöhere Spielklasse“ vor. Ein großer Teil der Mannschaftsmitglieder strebt diesen Aufstieg nicht an, weil er mit höherem Trainingsaufwand und langen Wochenendreisen verbunden wäre. Sie werden nicht bereit sein, sich für dieses Ziel einzusetzen.

Änderung von Zielen

Mannschaftsziele können sich ändern. So kann aus einer zielstrebigen Leistungsmannschaft eine Freizeitmannschaft entstehen, wenn die Leistungsziele ihren Sinn verlieren. Geselligkeit, Spiel und Spaß können neue Ziele darstellen, auf die die Erwartung der Spieler gerichtet ist. Auch der umgekehrte Vorgang ist denkbar, wenn bei informellen Freizeitgruppen der Wunsch nach Leistungssteigerung entsteht und sie einer formellen Spielklasse beitreten.

Das Mannschaftsziel wirkt sich oft stärker aus als die Wünsche des Einzelnen. Experimente haben gezeigt, dass Einzelmitglieder, die gegen eine Gruppenentscheidung gestimmt hatten, sich doch zur weiteren Mitarbeit bereit erklärten, obwohl das Gruppenziel ihrem persönlichen Ziel nicht entsprach.

Die Identifikation mit dem Gruppenziel kann also Einzelwünsche überlagern.

Dieses Phänomen der Gruppenidentifikation ist allerdings erst nach längerer Zugehörigkeit zu beobachten.

Für Sportmannschaften und ihre Gruppenkohärenz stellt die Übereinstimmung des Mannschaftsziels mit den Zielen der Mitglieder eine der wichtigsten Stabilisatoren dar. Auch informelle Freizeitgruppen bilden sich durch das Aufgehen der Einzelwünsche im gemeinsamen Gruppenziel.

14.1.3 Interaktion

Unter „Interaktion" versteht man die Beziehungen der Mitglieder einer Mannschaft untereinander und auch die Kontakte zwischen zwei Mannschaften. Diese Beziehungen können sich in handelnder Kooperation, in verbalem Austausch oder nonverbal, z.B. durch Blickkontakt zeigen.

Das Netz der Interaktionen spielt auch bei taktischen Aufgaben eine wichtige Rolle für die Gruppenleistung, beispielsweise bestehen beim Positionsangriff im Basketball komplexere Interaktionen als beim Schnellangriff. Der Ablauf der Interaktion ist nicht nur für das Leistungsgeschehen von Bedeutung, sondern auch für die *emotionale Befriedigung* der Einzelmitglieder.

Je engmaschiger das Interaktionsnetz geknüpft ist, desto stärker wird sich das kooperative Bewusstsein der Mitglieder ausbilden.

Die Interaktion der Mannschaft kann auf zwei Ebenen erfolgen:

Einmal kann sie sich während der sportlichen Handlung selbst abspielen, wie z.B. beim Basketball- oder Fußballspiel. Diesen Beziehungskomplex bezeichnet man als *„formelle" Interaktion.* Zum anderen gibt es auch Mannschaften, bei denen sich Interaktionen außerhalb der sportlichen Betätigung ergeben, beispielsweise auf dem Weg zum Wettkampf und in außersportlichen Zusammenkünften. Auf dieser Ebene entsteht die *„informelle" Interaktion.*

Beide Interaktionsebenen beeinflussen die Leistungs- und Sympathiestruktur einer Mannschaft und damit das Maß ihres inneren Zusammenhalts.

14.1.4 Mannschaftstypen

Die Leistung einer Mannschaft beruht auf den spezifischen Interaktionen der Mitglieder. Dadurch lassen sich Mannschaftstypen der Sportarten charakterisieren. Einige Beispiele zeigt Tabelle 20.

Manschaftsleistung entsteht durch		
formelle Interaktion	*Addition*	*Summation*
Handball	Tischtennis	Rudern
Fußball	Reiten	Tauziehen
Basketball	Leichtathletik	Verfolgungsradfahren

Tab. 20: Entstehung der Mannschaftsleistung bei einigen Sportarten

Mannschaften, die durch formelle Interaktion gekennzeichnet sind, verschaffen den Einzelmitgliedern rasch das Gefühl der Zusammengehörigkeit. Schwächere Mitglieder können integriert und mit einfacheren und fest umrissenen Aufgaben betraut werden. Die Verantwortung für die Gesamtleistung wird auf alle verteilt, so dass es selten einen „Sündenbock" für den Misserfolg gibt. Trainingsformen des gemeinsamen Übens verschaffen ein engmaschiges Beziehungsnetz, das durch den verbalen Austausch gefestigt wird.

Dagegen gibt es Mannschaftstypen, bei denen das Ziel durch die Addition der Einzelleistungen erreicht wird. Eine formelle Interaktion findet nicht statt. Dies ist z.B. bei Tennis-, Tischtennis-, Reiter- und Leichtathletikmannschaften der Fall. Die Einzelleistung als Beitrag zur Gruppenleistung tritt sichtbar zutage. Dabei kann es zu Konfliktsituationen kommen, wenn z.B. der Einzelne verliert, die Mannschaft insgesamt jedoch gewinnt. Die Identifikation mit dem gemeinsamen Ziel kann bei Mannschaftstypen der Addition über eine Niederlage hinweghelfen. Waren die Ziele des Einzelnen jedoch vor allem auf sein persönliches Leistungsergebnis hin ausgerichtet, kann eine Niederlage zu negativen Reaktionen führen und die Kohärenz beeinträchtigen. Bei solchen Mannschaften kommt den informellen Interaktionen besondere Bedeutung zu, da vor allem außerhalb des sportlichen Wettkampfes das Wir-Gefühl durch vielfältige gemeinsame Aktionen im Training und in der Freizeit gestärkt werden kann.

Das Wir-Gefühl ist ein Kennzeichen aller Gruppenformen. Es ist dann ausgeprägt, wenn alle Mannschaftsmitglieder den Begriff „Wir" in der gleichen Bedeutung verwenden.

Zu den Sportmannschaften, bei denen sich die Leistung durch gleichzeitiges und gleichartiges Handeln der Mitglieder ergibt, zählen z.B. Ruderachter, Kajakvierer oder Vierermannschaften im Radfahren. Die Leistung resultiert hierbei auf der Koordination und der gleichzeitigen Summation der Kräfte der einzelnen Mitglieder. Die Interaktion wird durch Intervention des Trainers, Signale des Schlagmanns, Beobachtung oder gemeinsame Kommandos erreicht.

14.1.5 Rollen und Positionen

Jede Sportmannschaft ist durch eine Verteilung der Positionen gekennzeichnet. Die Position gibt den Platz an, den das Mitglied im sozialen System der Mannschaft einnimmt. So gibt es z.B. die Position III im Volleyball, die Position des rechten Verteidigers im Fußball oder die Position des Centerspielers im Basketball.

Jedes Mitglied kann zwar eine definierte Position einnehmen, aber nicht jeder Spieler ist auch in der Lage, die mit einer bestimmten Position verbundenen Erwartungen zu erfüllen.

Die in einen Positionsinhaber gesetzte Erwartung wird mit dem Begriff *der Rolle* gekennzeichnet. Für die Mannschaftsbetreuer ist stets die Frage aktuell, welche Rolle mit welchem Sportler zu besetzen ist und ob er in der Lage ist, die mit der Rolle verknüpften Erwartungen zu erfüllen.

14.1.5.1 Rollenerwartung

Mit der Rollenerwartung sind verbunden:

- Antizipatorischer Aspekt
- Normative Qualität

Die Antizipation der Rollenerwartung zielt in die Zukunft. Man erwartet beispielsweise von einem Mittelstürmer, dass er Tore schießen wird, oder von einem Steller im Volleyball, dass er durch genaues Zuspiel seine Angriffsspieler zum erfolgreichen Einsatz bringt.

Der normative Aspekt der Rolle bezieht sich auf bestimmte Verhaltensweisen, Rechte und Pflichten, die mit der Rolle verknüpft sind. Wenn z.B. ein Verteidiger seine Rolle, Tore zu verhindern, nicht wahrnimmt und sich zu oft in das Angriffsgeschehen einschaltet, „fällt er aus der Rolle“. Sportler, die über einen längeren Zeitraum hinweg die normative Rollenerwartung nicht erfüllen, müssen mit dem Verlust der Position rechnen.

14.1.5.2 Rolle und Persönlichkeit des Sportlers

Sportler können durch ihre Fähigkeiten die Erwartungen an eine Position bzw. an eine Rolle verändern. Es lassen sich deshalb unterscheiden (89):

- Positionsbedingte Rollen
- Persönlichkeitsbedingte Rollen

Persönlichkeitsbedingte Rollen können nicht übertragen werden. Sie sind abhängig vom persönlichen Leistungsstand, Bekanntheitsgrad und Wissen.

Positionsbedingte Rollen hingegen sind auf andere Personen übertragbar. So kann jede Position in einer Mannschaft durch einen anderen Spieler besetzt werden, der zwar die Rolle spielt, aber in der Rollenerwartung von der persönlichkeitsbedingten Rollengestaltung seiner Vorgänger abhängig ist.

Ein gutes Beispiel dafür ist die Position des Liberos in der Deutschen Fußballnationalmannschaft. *Beckenbauer* hat durch seine hervorragenden fußballerischen Fähigkeiten jahrelang das Bild des Liberos geprägt und diese Position mit einer auf seine Person zugeschnittenen Rollenerwartung verknüpft. Darunter hatten alle Nachfolger zu leiden, da eine Übertragung der persönlichkeitsbedingten Rollenerwartung nicht möglich war.

Große Bedeutung für die Besetzung von Mannschaftspositionen kommt auch der Frage zu, wie genau eine Rolle definiert ist. Bei fest umrissenen Rollen sind die Erwartungen präzisiert, der Rollenträger kennt genau seine Aufgaben, Rechte und Pflichten.

Unklar definierte Rollen sind durch einige Grunderwartungen gekennzeichnet, lassen jedoch noch viel freie persönliche Entfaltungsmöglichkeiten.

Die Trainerrolle ist z.B. exakt zu begrenzen, die Rolle des Psychologen im Sport hingegen stellt sich viel undeutlicher und unsicherer dar. Die Rollen eines Torwarts oder Mittelstürmers in der Rollenstruktur einer Mannschaft sind genauer festzulegen als die Rollen des Spielmachers oder des offensiven Mittelfeldspielers.

Bei der *Besetzung von Positionen* kommt es darauf an, persönliche Qualifikationen der Einzelsportler mit der Rollenerwartung abzustimmen. Insbesondere ist auf den *Zusammenhang von klaren bzw. unklaren Rollen und dem Selbstvertrauen und der Kompetenz* des Spielers zu achten.

Ungenau definierte Rollen können bei der Positionsbesetzung Probleme aufwerfen. Weil meist hohe Erwartungen an sie geknüpft werden, aber keine klaren Vorschriften existieren, können bei unerfahrenen Spielern Unsicherheit und schwache Leistungen die Folge sein.

Eine wesentliche Auswirkung auf den Rollenträger, also auf die Persönlichkeit des Athleten, der die Rolle ausfüllt, besteht darin, dass eindeutig definierte Rollen weniger Eigeninitiative erlauben. Unklare Rollen lassen dagegen der persönlichen Entfaltung mehr Raum.

Seitens des sozialen Systems der Mannschaft sprechen wir von der Rigidität bzw. Flexibilität des *Rollenkonzepts*, auf der Seite der Persönlichkeit von Labilität bzw. Stabilität des *Selbstkonzepts*.

Der *labile* Spieler, vielleicht mit wenig Erfahrung ausgestattet, unsicher und vor Eigeninitiative zurückschreckend, braucht den Halt einer präzise umrissenen Rolle.

Der *stabile,* selbstsichere Athlet ist in der Lage, die Zügel in die eigene Hand zu nehmen. Er kann sich eine Loslösung vom festen Halt einer klar definierten Rolle erlauben. Der größere Freiheitsgrad der ungenauen Rolle stellt höhere Anforderungen; der Anteil der persönlichkeitsbedingten Rollenerwartung steigt.

Wenn ein junger Spieler in eine neue Mannschaft integriert und eingespielt werden muss, so sollte der Trainer seine Wesenszüge kennen. Je stärker die Verunsicherung oder die ängstliche Erwartung des Spielers ist, desto klarere und einfachere Rollenanforderungen muss der Trainer stellen. Mit der Zeit wird der Spieler lernen, alle an seine Position geknüpften Rollenerwartungen zu erfüllen. Da es sich dabei um einen sozialen Lernprozess handelt, sind die Anforderungen schrittweise zu steigern.

Die Anweisung des Trainers kann beispielsweise lauten: „Du übernimmst die Raumdeckung im hinteren Mittelfeld und die Manndeckung des gegnerischen Vorstoppers, sofern er mit angreift!" In diesem Fall kennt der Spieler seine Aufgabe, er kann seine Fähigkeiten zielstrebig entfalten und gewinnt an Selbstvertrauen.

Die Anordnung des Trainers könnte auch weniger präzise ausfallen: „Uns fehlt ein Spielmacher. Kümmere dich um den Spielaufbau und bemühe dich darum, dass das Spiel nicht zerfällt!" Diese Weisung könnte nur ein selbstsicherer, befähigter Spieler befolgen, der den Freiraum des flexiblen Rollenkonzepts mit zielgerichteter Eigeninitiative auszufüllen vermag.

14.1.5.3 Rolle und Selbstkonzept

Das Verhältnis des Rollenträgers zu den Rollenpartnern sowie die Kriterien, die dafür ausschlaggebend sind, ob ein Sportler seine Rolle selbst als erfolgreich erlebt, wird wesentlich dadurch beeinflusst, wie sich der Spieler selbst sieht und wie er gerne von den anderen gesehen werden möchte. In der unterschiedlichen Beurteilung der Spielerleistung durch Sportler und Trainer liegen vielfach Konflikte und Unzufriedenheit begründet.

Bei der Mannschaftsformierung müssen drei Sichtweisen zunehmend zur Deckung gebracht werden:

1. das Selbstbild, d.h., wie die Mannschaftsmitglieder sich selbst sehen,
2. die Einschätzung durch die anderen,
3. die Vorstellung, von der der Athlet glaubt, dass sie die anderen von ihm haben.

Das Selbstkonzept besteht aus kognitiven und affektiven Anteilen. Die kognitive Komponente enthält alles, was man über sich selbst weiß, die affektive umfasst die gefühls- und stimmungsmäßige Einstellung, z.B., ob man zufrieden mit sich ist, ob man sich unsicher, minderwertig oder überlegen fühlt.

Sowohl Überlegenheits- als auch Minderwertigkeitsgefühle können die Ursache der Diskrepanz zwischen Selbst- und Fremdbild sein. Je mehr solche Unstimmigkeiten auftreten, desto größer ist auch die Gefahr der Konfliktentstehung.

Nicht nur einem Spieler auf dem Spielfeld, sondern jedem Menschen kann es passieren, dass er mit sich selbst und seiner Handlungsweise zufrieden ist und es höchst enttäuscht registriert, dass andere sein Verhalten durchaus nicht so positiv beurteilen. Die Annäherung der Rollenerwartung der anderen und des Selbstbilds innerhalb des Mannschaftsgeschehens führt letztlich zu einer Annäherung von Emotion und Leistung.

Als Konsequenz ergeben sich daraus die Chance zur Sozialerziehung und der gruppendynamische Aspekt der Förderung von Mannschaftsleistung und Mannschaftszusammenhalt.

14.1.5.4 Rollenverständnis

Einen wesentlichen Beitrag zur Sozialerziehung und zur Mannschaftsharmonie stellen Kenntnisse und Erfahrungen dar, die sich auf die Rolle der anderen beziehen. Die Erwartungen, die an die Rolle eines Mitspielers gestellt werden, sollten klar formuliert sein und möglichst von den Mannschaftskameraden durch

Übernahme dieser Rolle für begrenzte Zeit selbst erlebt werden. Auch eine Art „Rollenspiel“ kann dazu beitragen, dass sich das Verständnis für bestimmte Verhaltensweisen anderer Rollenträger verbessert.

Bei Jugendlichen ist das Rollenverständnis meist noch unausgereift. Er schießt immer aufs Tor, ich möchte auch gerne einmal ein Tor schießen.“ Wenn ein junger Verteidiger auf diese Weise das Verhalten des Mittelstürmers kritisiert, zeigen sich seine unklaren Vorstellungen von der Rolle des Mittelstürmers, dessen Hauptaufgabe ja darin besteht, Tore zu schießen. Im Volleyball wird das Rollenspiel vom Regelwerk gefordert. Nach jedem Aufschlagverlust wechseln die Spieler die Positionen und sind einer anderen Rollenerwartung ausgesetzt. Dadurch wird das fremde Verständnis für die eigene Rolle verbessert und das eigene Beurteilen von Handlungen der Mitspieler realistischer und sachbezogener.

Die gezielte Rollenübernahme auf verschiedenen Positionen durch wechselnde Spieler kann als ein gutes Instrument für die Verbesserung des Rollenverständnisses, der Kooperation und Kohärenz einer Mannschaft angewendet werden.

14.1.6 Normen

Bei Sportgruppen lässt sich ein wesentlicher Unterschied feststellen: Es gibt Mannschaften, deren Ziel es ist, eine möglichst hohe Gemeinschaftsleistung zu erbringen, z.B. ein Spiel zu gewinnen, einen Wettbewerb für sich zu entscheiden oder eine möglichst hohe Punktzahl zu erreichen.

Im Bereich des *Freizeitsports* existieren dagegen Gruppen mit dem primären Ziel der Befriedigung sozialer oder gesundheitlicher Bedürfnisse. Kontaktaufnahme, Entspannung, berufliche Kompensation etc. liegen der Gruppenbildung zugrunde.

Aus der unterschiedlichen Zielsetzung entstehen spezifische Normen, die entweder auf das soziale Gruppenziel oder das Leistungsziel der Mannschaft ausgerichtet sind. Normen stellen Übereinkünfte dar, die den Mannschaftsmitgliedern zur Orientierung und als Verhaltensregeln dienen. Wer sich nicht an die gültigen Normen hält, gilt als Störenfried und wird mit Strafmaßnahmen oder Ausschluss belegt.

Normen im Sport können offiziellen Charakter haben, deren Missachtung mit Sanktionen belegt wird, z.B. der Verstoß gegen Spielregeln im Handballspiel. Solche Normen werden auch als *formelle Normen* bezeichnet (47). Sie stellen etwas Objektives, konkret Erfassbares oder Nachweisbares dar. Man kann sie z.B. in den Wettkampfbestimmungen und Regelheften nachlesen oder mündlich von anderen erfahren.

Normen können aber auch *informellen* Charakter haben. Dabei handelt es sich um Einstellungsmuster, die im Verlauf der Mannschaftszugehörigkeit erlernt werden und sich in spezifischen Denkweisen ausprägen. Als Beispiel kann die „profihafte Einstellung" als Norm einer Lizenzmannschaft genannt werden oder das „Fair Play".

Fairness als formelle Norm beinhaltet die Erwartung, dass die Wettkampfregeln beachtet werden. Sie bezieht sich in diesem Fall auf kodifizierte Spielregeln. Werden sie nicht eingehalten, wird streng genommen das durch sie genau festgelegte Spiel gar nicht gespielt.

Fairness als informelle Norm schließt die Erwartung ein, dass sich innerhalb des ungeregelten Handlungsspielraums gerecht und zum Wohl und Nutzen aller verhalten wird, damit das gemeinsam gewünschte Spiel weitergeht. Sie tritt in diesem Sinn nur in Ausnahmefällen in den kodifizierten Spielregeln in Erscheinung, meist wird sie stillschweigend vorausgesetzt.

Normen werden also sowohl durch das Verhalten als auch durch die Einstellung festgelegt (89).

Je leistungsbezogener die Mannschaftsziele sind, desto strenger wird auf die Einhaltung formeller Normen geachtet.

Bei Freizeitgruppen überwiegt der informelle Charakter. Ihr Normensystem ist flexibler und weniger festgeschrieben, persönliche Eigenheiten und Wünsche werden stärker toleriert.

14.1.7 Mannschaftsbildung und -zusammenhalt

Durch Zusammenführung mehrerer Personen entsteht noch keine Gruppe oder Mannschaft. Erst im Verlauf eines konstituierenden Prozesses werden Einzelpersonen zu Mannschaftsmitgliedern, bildet sich eine Sportkameradschaft heraus. Die Integration des Einzelnen in das Rollengefüge, die Interaktion der Mitglieder, die Anpassung an das normative System und die Übernahme des Mannschafts- oder Gruppenziels sind Grundlage vielfältiger sozialer Lernerfahrungen.

Bei der Formierung von Jugendmannschaften spielen informelle Tätigkeiten im Prozess der Mannschaftsbildung eine ebenso große Rolle wie Interaktionen während der Sportausübung. Für die Entwicklung des Wir-Gefühls sind beispielsweise Handlungen von großer Bedeutung, die außerhalb der Aufsicht von

Trainern oder Lehrern ablaufen. Dies gilt z.B. auch für das gemeinsame Umkleiden, Duschen, Essen und Reisen und besonders für gemeinsame Unternehmungen über Training und Wettkampf hinaus.

Im Verlauf der Mannschaftsbildung entsteht auch eine Art *Leistungsnorm*. Die Mannschaften fühlen sich dann gewissen Spielklassen oder Ligen zugehörig oder sie streben eine Veränderung an. Die mannschaftsspezifische Leistungsnorm wirkt als nivellierende Kraft auf die Leistungshöhe der Einzelmitglieder. Dieses als „*Hellpachsches* Nivellierungesetz" bekannte Phänomen zeigt sich in einer Senkung der höchsten und einer Hebung der niedrigsten Leistungswerte. Beispielsweise hoffen Mannschaften der Mittelklasse, ihre Gesamtleitung dadurch zu heben, dass sie einen Spieler höherer Spielklasse aufnehmen. Die Tendenz, sich der Mannschaftsnorm anzugleichen, führt dann dazu, dass nicht das Niveau der Mannschaftsleistung angehoben wird, sondern dass der bessere Spieler nach einiger Zeit ebenfalls nur noch mittelklassige Leistungen vollbringt. Umgekehrt passen sich Spieler niedriger Klassen der höheren Leistungsnorm der Mannschaft an und können darin ihre Fähigkeiten auf höherem Niveau entfalten.

Die Mannschaft versucht also, die Unterschiede innerhalb der Mitglieder möglichst klein zu halten und ein ihr gemäßes Mittelmaß zu erreichen. Folglich werden exzellente Mitglieder ebenso wenig integriert wie ganz schwache. Um die Mannschaftsnorm nicht zu gefährden, werden die herausragenden Spieler besonders geehrt oder ausgezeichnet und damit ihre Sonderstellung dokumentiert. Die Leistungsnorm der Mannschaft bleibt auf diese Weise erhalten. Wird die Leistung der Besten als Mannschaftsnorm gefordert, so geschieht dies meist von außen, z.B. von Vereinsvorständen, Trainern, Presse etc.

In diesem Fall überfordert die erhöhte Norm die schwachen Spieler und hebt deren Leistung nicht mehr.

Solche noch differenzierter darzustellenden gruppendynamischen Prozesse sind für Mannschaftsbildung und -zusammenhalt von wesentlicher Bedeutung und sollten von jedem Betreuer bei Mannschaftsformierungen beachtet werden (42, 44).

14.1.7.1 Aspekte der Mannschaftsbildung

Es wurde bereits ausgeführt, dass das Ziel den wichtigsten gemeinschaftsbildenden Faktor einer Mannschaft darstellt. Die Art formeller oder informeller Mannschafts- und Gruppenzusammenführung bedingt die begleitenden Gefühlsbeziehungen. In der Regel sind die emotionalen Bindungen der Mitglieder untereınander bei informellen Sportgruppen, z.B. Betriebsspielgruppen, Kegelgruppen oder Feierabendmannschaften, enger und stärker ausgeprägt als bei formellen Gruppen, die Leistungsziele anstreben. Der Gruppenzusammenhalt kann nach dieser Überlegung im Wesentlichen durch zwei Mittel erreicht werden:

a) Druck von außen

b) Integration von innen

Grundlagen der Mannschaftsentstehung zeigt Abbildung 36.

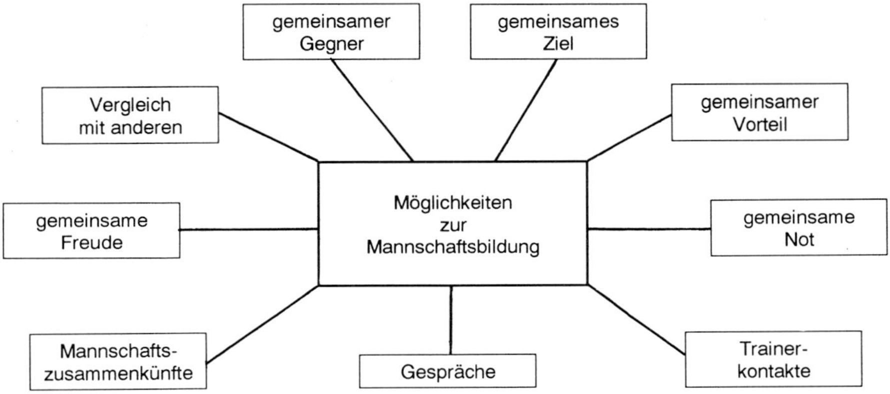

Abb. 36: Grundlagen der Mannschaftsbildung

Der Vergleich mit anderen

Eine wichtige Voraussetzung für den Zusammenhalt leistungsbezogener Mannschaften ist die Existenz anderer Mannschaften mit gleicher oder ähnlicher Zielsetzung.

Die Ausbildung des Wir-Gefühls, die Aktivierung aller Kräfte zur Erreichung eines Ziels erfordert bei leistungsorientierten Mannschaften das Vorhandensein anderer Mannschaften, von denen man sich abzuheben oder abzugrenzen trachtet.

Aber nicht nur im Leistungssport, sondern auch im Schul- und Freizeitsport spielt dies eine Rolle. Beispielsweise erfolgt die Bildung einer Klassen- oder Schulmannschaft am schnellsten dadurch, dass ein Spiel gegen die Nachbarklasse oder -schule ausgetragen wird. Für Trainer stellt sich bei längeren Pausen, z.B. bei der Sommerpause, häufig das Problem, wie der Mannschaftsgeist auch außerhalb der Wettkampfrunde erhalten und verstärkt werden kann. Hier bietet sich die Möglichkeit von Freundschaftsspielen und Vergleichswettkämpfen an, die außerhalb der gewohnten Runde organisiert werden.

Gemeinsame Freude
Fehlen Möglichkeiten der äußeren Abgrenzung, kommt den Kräften des inneren Zusammenhalts größere Bedeutung zu.

Darunter ist in erster Linie die Intensivierung der emotionalen Beziehungen zwischen den Mannschaftsmitgliedern zu verstehen. Gemeinschaftliche Unternehmungen wie Reisen, Besuch von Veranstaltungen oder gemeinsame Aktionen mit den Familien tragen dazu bei.

Sherif (nach 42) konnte nachweisen, dass die gemeinsame Freude einen wesentlichen Faktor der Gruppenbildung und der Verbesserung der gegenseitigen Sympathie der Mitglieder darstellt. Damit sie entsteht, ist es notwendig, die Wünsche, Bedürfnisse und Ziele der Mannschaftsmitglieder zu kennen. Bereits die Vorfreude auf ein von allen gewünschtes Fest, zu dessen Gelingen eine gemeinsame Anstrengung erforderlich ist, kann den Zusammenhalt der Mannschaft von innen heraus festigen.

Gemeinsame Gegner
Sportler aus miteinander konkurrierenden Mannschaften können durch einen gemeinsamen Gegner zu einer neuen Mannschaft zusammengeschlossen werden. Dieses Phänomen finden wir sowohl bei Schulvergleichswettkämpfen, durch die Schüler verschiedener Klassen zu einer neuen Mannschaft geformt werden, als auch bei Nationalmannschaften, deren Mitglieder aus Vereinen stammen, die sich oftmals rivalisierend gegenüberstehen.

Gemeinsame Not
Sherif konnte in einem Feldexperiment zeigen, dass durch gemeinsame Not aus zwei konkurrierenden Gruppen eine neue Gemeinschaft entstand, um mit vereinten Kräften die Situation zu verbessern.

Man findet dieses Phänomen z.B. bei Mannschaften, die gegen den Abstieg kämpfen oder die aus finanzieller Not eine neue gemeinsame Aufgabenverteilung vornehmen.

Unter „Not“ kann jede Situation verstanden werden, die den Wünschen der Mitglieder entgegensteht und nur durch gemeinsame Anstrengungen bewältigt werden kann.

Gemeinsamer Vorteil
Der gemeinsame Vorteil erweist sich immer dann als effektiver, wenn nur gemeinsame Aktionen von Nutzen für alle sind.

Dieses Phänomen ist ebenfalls auf den verschiedensten Ebenen des sportlichen Lebens zu beobachten. Ob es sich um den Bau eines neuen Vereinsheims durch Eigenarbeit, um das Zusammenlegen von Ersparnissen von Schülern für den Besuch eines Ferienlagers oder um das Bestellen eines gemeinsamen Zugabteils zur Verminderung der Fahrtkosten handelt, der gemeinsame Vorteil erweist sich als probates Mittel zur Gruppenzusammenführung. Bei vielen Vereinen werden Feste gefeiert, Tombolas organisiert oder gemeinsame Vorführungen veranstaltet, deren Erlös zum Vorteil aller Mitglieder für zukünftige Projekte verwendet wird.

Gemeinsame Freude
Gemeinsame Freude begleitet gelungene Gemeinschaftsaktionen. Durch gesellige Veranstaltungen, die von allen gewünscht werden, durch Kontaktaufnahmen mit neuen, interessanten Spiel- und Sportpartnern, durch Abwechslung in den außersportlichen Unternehmungen kann die gemeinsame Freude zum wichtigsten gemeinschaftsbildenden emotionalen Faktor werden.

Mannschaftstreffen
Mannschaftszusammenkünfte können ein geistiges und emotionales Gegengewicht zu den Trainingszeiten darstellen.

Syer/ Conolly (113) betonen die Bedeutung von Mannschaftstreffen für die Planung, Beurteilung und Verarbeitung von Spielen in lockerer und entspannter Atmosphäre. Streitpunkte werden miteinander diskutiert, Konflikte offen ausgetragen und konstruktive Lösungen angestrebt. Die Gespräche sollen sich um persönliche, technische, taktische oder soziale, vielleicht sogar um politische Fragen drehen, sofern sie die Mannschaftsharmonie zu festigen vermögen.

Besonders geeignet ist die Einteilung in kleine Diskussionsgruppen, deren Zusammensetzung sich jedoch immer wieder ändern sollte. In kleineren Gruppen zu drei bis fünf Sportlern kommen auch diejenigen zu Wort, die sich in der Regel zurückhalten und wenig für den Mannschaftszusammenhalt leisten. Jede Meinungsäußerung und jeder Beitrag, ob sie akzeptiert werden oder nicht, vermittelt das Gefühl der Zugehörigkeit und verbessert die Kommunikationsbereitschaft innerhalb der Mannschaft.

Zurückhaltung des Trainers:
Um Diskussionen und die Mitarbeit der Spieler nicht zu behindern, sollte sich der Trainer zunächst mit Meinungsäußerungen zurückhalten. Gerade unter dem Aspekt der Mannschaftszusammenführung stellen Kenntnisse des Trainers von

Meinungen, Einstellungen, Wünschen und Konflikten der Mannschaft eine wesentliche Grundlage für seine persönlichen und sachlichen Vermittlungsmaßnahmen dar. Mannschaftstreffen bieten eine gute Gelegenheit, um gemeinsame Ziele festzulegen, die von den Mannschaftsmitgliedern umso beharrlicher verfolgt werden, je mehr sie bei den Entscheidungen eigenständig mitwirken können.

Zusammenkünfte, bei denen Trainer vor die Mannschaft treten, um in Referaten und Demonstrationen ihre Vorstellungen zu entwickeln, langweilen die Spieler oder regen sie nicht zur Anteilnahme an, vor allem dann, wenn die vorgetragenen Strategien zu theoretisch sind oder die momentanen Probleme außer acht gelassen werden. Mitverantwortung der Spieler durch Berücksichtigung ihrer Fragen, Antworten, Vorschläge oder Einfälle stärkt ihr Mannschaftsbewusstsein.

14.1.7.2 Mannschaft und Trainerverhalten

Aufgabe des Trainers ist es, das Leistungspotential der Spieler zu aktivieren und es im Sinne des gemeinsamen Ziels voll auszuschöpfen.

Dies gelingt unter der Voraussetzung, dass er die Individualität der einzelnen Spieler bei seinen Verhaltensweisen und Maßnahmen berücksichtigt. Sportler, die „sich falsch behandelt" fühlen, stören die Mannschaftsharmonie und die gemeinsame Zielstrebigkeit. Um der Individualität der Spieler im Hinblick auf den Mannschaftsgeist Rechnung zu tragen, sollte der Betreuer die folgenden Vorschläge beachten:

14.1.7.2.1 Konstruktive Kritik

Menschen, die sich sportlich betätigen, erhoffen sich dadurch Befriedigung vielfältiger Bedürfnisse, z.B. von Wünschen nach Leistungssteigerung und positiven Erlebnissen. Es widerspricht dem Sinn des Sports, durch negative Kritik diese Zielorientierung zu unterbinden. Trotzdem glauben manche Trainer, durch „Standpauken" bzw. Analysieren und Demonstrieren von Fehlverhalten und Leistungsversagen den Weg zur Besserung zu zeigen. Zwei Beispiele sollen dies verdeutlichen:

Beispiel 1:

„Gardinenpredigt" des Trainers in der Halbzeitpause eines Fußballspiels: „Ich habe so den Eindruck, ihr spielt, um frische Luft zu genießen. Das Mittelfeld irrt ziellos umher, der Gegner macht mit euch, was er will. Jochen, dein Gegenspieler spielt dich aus, als seist du eine Reklamefigur. Die Verteidigung ist offen wie ein Scheunentor. Haben wir überhaupt einen Mittelstürmer? Ich habe keinen gesehen. Mehr als stumpfsinniges 'kick and rush' habt ihr wohl nicht gelernt? Wenn in der zweiten Halbzeit keine Besserung eintritt, werden einige Stammplätze wackeln. Macht jetzt, dass ihr raus kommt."

Beispiel 2:
Konstruktive Kritik des Trainers: „Ihr stimmt mir sicherlich zu, wenn ich feststelle, dass wir besser spielen können, als wir es in der ersten Halbzeit gezeigt haben. Wenn wir es schaffen, die Fehler der ersten Halbzeit zu vermeiden, werden wir das Spiel noch packen. Deshalb einige kritische Sätze zu eurem Spiel: Hans, Jochen und Michael! Ihr kennt eure Aufgabe im Mittelfeld. Haltet euch an unseren Plan und behaltet Blickkontakt mit den Stürmern. Dadurch werden wir das Spiel des Gegners im Mittelfeld frühzeitig stören und schneller zum Angriff kommen. Jochen, versuche deine Gegenspieler frühzeitig bei der Ballannahme zu attackieren. Wenn sie in Ballbesitz sind, greife sie nicht zu stürmisch an!

Die Verteidiger müssen die Linie zwischen Ballbesitzer und Tor noch mehr abdecken. Drängt die Stürmer nach außen! Dieter, als Mittelstürmer kannst du dich auch nach der Seite von deinem Verteidiger lösen, um anspielbar zu sein. Vertraut eurem Spiel, bleibt locker und riskiert auch mal was Überraschendes. Denkt jetzt an eure Aufgabe und Kopf hoch!"

Grundsätzlich soll jede Kritik dem Sportler den Weg zur Verbesserung seines Verhaltens aufzeigen.

Trainer, die ausschließlich Fehlverhalten bemängeln und negative Kritik üben, nehmen an, dass die kritisierten Spieler aus ihren aufgedeckten Fehlern positive Schlüsse ziehen. Dies kann vereinzelt zutreffen, in der Regel werden die Spieler aber verunsichert, da sie keine neuen Zielsetzungen oder Aufgaben erkennen können.

Nur bei extrem übertriebener Kritik, die dem Sportler absurd erscheint, kann es zu einer unbewussten Protestreaktion in Form einer Leistungssteigerung kommen. Wenn die negative Kritik sich nicht mit dem deckt, was der Sportler unbewusst erkannt hat, provoziert sie eine innere Trotzreaktion. Viele selbstbewusste Sportler reagieren dann offensiv, wenn sie unterschätzt werden.

Um nicht bei sensiblen Sportlern von vornherein eine innere Gegenhaltung zur Korrektur hervorzurufen, ist es sehr wichtig, die *Absicht der Kritik* darzustellen, bevor man sie ausspricht.

Der Trainer kann beispielsweise folgende Einleitung wählen: „Ich sage das in der Hoffnung, dass das Zusammenspiel im Sturm besser klappt!", „Ich möchte euch helfen und euch nicht beschimpfen!", „Meine Absicht ist es, euch einen Weg zu zeigen, mit dem ihr erfolgreich sein könnt!"

Konstruktive Kritik darf nie von der Absicht geleitet sein, andere abzuwerten oder die eigene Person dadurch in ein positiveres Licht zu rücken. Kritik soll nicht als persönliche Attacke aufgefasst werden, sie darf weder Ärger noch Enttäuschung, noch zusätzliche Belastungen beim Sportler hervorrufen.

14.1.7.2.2 Auswahl und Abstimmung der Information

Informationen verändern das innere Bewegungsprogramm oder die Verhaltensursachen eines Sportlers. Diese Funktion erfüllen sie jedoch nur, wenn sie so gestaltet sind, dass sie der Sportler aufnehmen und verarbeiten kann.
Informationen können zwei Elemente des Handelns regulieren (28):

a) Ziel
b) Ausführung

Ein Trainer kann z.B. seinem Schützling im Tennis die Anweisung geben, die Bälle am Netz in die Nähe der Grundlinie zu plazieren. Dies wäre eine zielorientierte Anweisung. Im Hinblick auf die Ausführungsregulation macht er ihn darauf aufmerksam, die Knie stärker zu beugen und den Ellbogen lange hinter dem Ball herzuführen.

Entscheidend ist es, dass der Trainer sowohl die intellektuellen als auch die fachlichen und motorischen Fähigkeiten des Athleten kennt, um die Information in ihrer Qualität und Quantität darauf abstimmen zu können. Eine weitere Bedingung ist der momentane Zustand des Sportlers.

Alle gut gemeinten Ratschläge sind wenig nützlich, wenn sie die augenblickliche psychische Verfassung des Athleten nicht berücksichtigen: Überforderung, Frustration, Ängste, Sorgen und Konflikte schränken die Informationsaufnahmefähigkeit und die Umsetzung in das Handeln stark ein.

Der Trainer hat deshalb zu entscheiden, ob sich sein Vorgehen (Intervention) auf den *Zustand* oder das *Handeln* zu richten hat. Weiterhin muss er die Informationsmenge so reduzieren, dass sie der Sportler auch aufnehmen und verstehen kann.

Ein nützliches Instrument hierzu stellt der Coaching-Code dar (36). Wenn der Trainer durch direkte Intervention in den Wettkampf eingreift, sollen die verwendeten Zeichen vorher abgesprochen sein. Die Codesignale müssen knapp, präzise und vor allem unmissverständlich formuliert werden. Alternativ formulierte Hinweise, die dem Athleten mehrere Möglichkeiten offen lassen, sind wenig hilfreich. Darunter fallen Formulierungen wie „entweder – oder", „je nachdem" oder „aber auch". Meist ist der Athlet nicht in der psychischen Verfassung, die richtige Entscheidung zu treffen. Häufig bedeutet das Aufzeigen mehrerer Alternativen für den Athleten eine zusätzliche Belastung. Codesignale sollen deshalb auch den Charakter einer „Gebrauchsanweisung" tragen, die dem Athleten die Ausführung seiner Aktionen erleichtert.

14.1.8 Der Athlet und die Mannschaftsharmonie

Orlick (87) stellte Athleten folgende Frage: „Was kannst du, oder was kann die Mannschaft dazu beitragen, um in diesem Jahr die Mannschaftsharmonie zu stärken?" Die Antworten beinhalteten folgende Gedanken:

- Ich glaube, wenn wir uns alle noch ein wenig mehr anstrengen, wird alles noch besser vonstatten gehen.
- Jedes Mannschaftsmitglied kann sich selbst am besten helfen, indem es lernt, die anderen noch mehr zu tolerieren. Du kannst nicht immer nur erwarten, dass dir die anderen helfen – deshalb hilf dir selbst, indem du die anderen tolerierst.
- Jeder muss ein wenig nachgeben, um sicher zu sein, dass alle in die gleiche Richtung ziehen.
- Akzeptiere die Mannschaftsmitglieder wie sie sind – ihre Gewohnheiten, ihre Schwächen, ihre Witze und ihre Art zu leben – und versuche, gemeinsam zu handeln, als eine ganze Mannschaft.
- Vermeide Verleumdungen und Klatsch über die Mannschaftsaktionen. Wenn dir Verhaltensweisen oder Handlungen eines anderen nicht angenehm sind, dann erzähle es nicht jedem. Das führt nur dazu, dass diese Person grundlos von noch mehr Leuten abgelehnt wird.
- Achte etwas mehr auf deinen Nachbarn oder Partner. Versuche auch, einen gewissen Teil der Freizeit angenehm mit ihm zu verbringen.
- Verhindere das vielfach vorhandene Denken in Status- und Rangordnungen und die Tendenz, es zur Basis von Handlungsabsichten zu machen. Wir akzeptieren Prioritäten, aber wir sind alle Menschen.
- Fordere Spaß und freudvolle Mannschaftsaktivitäten, um Spannungen zwischen den Athleten zu vermeiden.

- Wenn 'Nörgler' und 'Meckerer' mit dem Trainer oder den Athleten unzufrieden sind, so führe mit ihnen ein Gespräch. Wähle die Situation so, dass die Aussprache unter vier Augen stattfindet.
- Diskutiere Probleme offen und gemeinsam mit allen Mannschaftsmitgliedern.
- Erörtere Lösungen und Möglichkeiten der Ausführung.

Die Mannschaftsharmonie wird in hohem Maß von den gemeinsam gesetzten Zielen und Wünschen bestimmt. Bei Leistungszielen, die individuelle Wünsche stark dominieren, z.B., wenn das gemeinsame Ziel der Meisterschaft Einzelwünsche unberücksichtigt lässt, kann der Mannschaftszusammenhalt auch dann erhalten bleiben, wenn interindividuelle Konflikte das menschliche Verständnis einzelner Mitglieder untereinander stören.

Eine Mannschaft, die ausschließlich durch das gemeinsame Leistungsziel zusammengehalten wird, zerfällt, wenn das Ziel erreicht ist oder die Mannschaft scheitert.

Bei informellen Gruppen, deren Zusammenhalt auf gegenseitiger Sympathie, auf der Freude am gemeinsamen Tun und auf dem Erlebnis des gemeinsam Erreichten beruht, ist die Gefahr der Konfliktentstehung und der Auflösung des Mannschaftsgefüges weitaus geringer.

Mannschaftsgeist und Mannschaftsharmonie sind keine stabilen Zustände, die einmal erreicht, von bleibender Dauer sind. Vielmehr unterliegen sie einem dynamischen Wechselspiel von Einzelwünschen, Mannschaftszielen, äußeren Einflussfaktoren, Erlebnissen und Maßnahmen des Trainers.

Ein Trainer muss deshalb über ein feines Gespür für die Stimmung, Harmonie und Leistungswillen der Mannschaft verfügen. Er soll sich stets bewusst sein, dass seine Wege und Ziele, die er mit der Mannschaft verfolgt, nur dann verwirklicht werden können, wenn auch die Mannschaft davon überzeugt ist. Trainer, die ihre Methode für absolut unangreifbar halten, verlieren oft den klaren Blick für die Veränderungen von Einstellungen und Meinungen der Mannschaftsmitglieder. Am Ende stehen sich beide Seiten mit Unverständnis gegenüber.

Werden konträre Auffassungen über methodische Wege, Trainingsinhalte und -mittel nicht beseitigt, besteht die Gefahr, dass trotz gemeinsamer Zielstellungen destruktive Konflikte entstehen, die zur Auflösung der gegenseitigen Beziehung führen können.

15 Konflikte

Der Umgang mit Konflikten und deren Bewältigung stellt für Sportler, Trainer und Lehrer eine wesentliche und schwierige Aufgabe dar.

Um Konflikte zu erkennen und Lösungswege zu finden, bedarf es grundlegender Kenntnisse über Art und Intensität des Konfliktproblems. Einige Beispiele sollen die Verschiedenartigkeit auftretender Konflikte aufzeigen.

a. „Gehe ich heute Abend zum Training oder ziehe ich es vor, mit meiner Freundin Evelyn die Diskothek zu besuchen?" Letzteres würde bedeuten, dass mich der Trainer beim nächsten Spiel nicht in die Mannschaft nimmt. Wähle ich die Trainingsteilnahme, wird Evelyn sauer sein. Dieses Beispiel beschreibt eine personale Konfliktsituation, die im sportlichen Alltag häufig anzutreffen ist. Es handelt sich um einen personalen Konflikt, den der junge Sportler ganz allein lösen muss.

b. Zwei Mittelfeldspieler beanspruchen die gleiche Position in der Mannschaft. Es kann jedoch nur einer zum Einsatz kommen. Im Gegensatz zum ersten Beispiel wird hier eine typische Konfliktlage herausgegriffen, die ein Trainer bei der Mannschaftsaufstellung zu bewältigen hat. Kennzeichnend für diese Art des Konflikts ist die Beteiligung zweier oder mehrerer Personen.

c. In einer Fußballschülermannschaft: Jochen beschuldigt Michael: „Er hat mir absichtlich ans Schienbein getreten!" Michael: „Das ist nicht wahr! Ich bin nur unglücklich ausgerutscht!" Es kommt zu Handgreiflichkeiten.

Die dritte Begebenheit zeigt einen Zwist, wie er in Schüler- und Jugendmannschaften an der Tagesordnung ist.

Sowohl in ihrem Personenbezug als auch in ihrem Erscheinungsbild zeigen die drei Beispiele eine deutliche Verschiedenartigkeit. Trotzdem kann ein gemeinsames Merkmal herausgefiltert werden: Die Unvereinbarkeit verschiedener Wünsche, Meinungen und Verhaltensweisen, d.h. die Situationen sind durch einen *Konflikt* gekennzeichnet.

15.1 Begriffserklärung

Konflikte entstehen, wenn sich Motive, Bedürfnisse, Wünsche, Interessen, Ziele, Emotionen oder Verhaltensweisen in unvereinbarer (inkompatibler) Weise gegenüberstehen oder miteinander konkurrieren.

Diese Unvereinbarkeit kann, wie am ersten Beispiel erkennbar, sowohl in den Gedanken, Neigungen und Verhaltensweisen einer einzelnen Person auftreten als auch die Beziehungen *zwischen* den Menschen beeinflussen und erschweren.

Das Verhalten und das Handeln der Menschen wird von einer Vielzahl von Antrieben ausgelöst und gesteuert. Auch Sportler unterliegen den Einflüssen von Bedürfnissen, Motiven, Wünschen, Interessen u.a.m. Infolge der Mannigfaltigkeit dieser Handlungsantriebe und ihrer unterschiedlich wirksamen Stärke ist es kein Wunder, dass auch Sportler ständig Konflikten ausgesetzt sind. Bedürfnisse und Wünsche können einander widerstreben, möglicherweise treten entgegengesetzte Interessen gleichzeitig auf. Beispielsweise kann ein Sportler nach Leistung und Erfolg streben. Gleichzeitig auftretende Versagensängste wirken diesem Bemühen entgegen und lösen eine starke innere Belastung aus. Aktivierungs- und Vermeidungshandeln stehen häufig in Abhängigkeit unbewusster Antriebe und Hemmungen oder vorbewusster Beeinflussung. Stehen Unbewusstes und Bewusstes nicht miteinander im Einklang, kann dies die Basis seelischer Konflikte sein, die das Handeln bestimmen, ohne dass sich der Sportler dessen bewusst ist.

Es ist deshalb sinnvoll, Konflikte modellhaft nach der Art spezifischer Antriebe zu klassifizieren. Die folgende Einteilung unterscheidet zwar begrifflich verschiedenartige Konflikte, doch sollte dabei immer bedacht werden, dass eine Trennung nach Worten und Begriffen nur bedingt den wahren psychischen Sachverhalt wiederzugeben vermag.

15.2 Konflikttypen

Es ist zu berücksichtigen, dass die terminologische Abgrenzung nicht bedeutet, dass verschiedene Konflikttypen nebeneinander bestehen. Das Schema zeigt lediglich eine Akzentuierung wesentlicher Konfliktmerkmale auf (s. Abb. 37). Eine kategoriale Trennung wäre schon durch die Verwobenheit ähnlicher Konfliktkomponenten unrealistisch, z.B. bei emotionalen Konflikten und Bedürfniskonflikten oder bei Ziel- und Interessenkonflikten. Das Schema soll eine Hilfe bieten, um wesentliche Konfliktursachen aufgreifen zu können, sie in ihrer Bedeutung zu bewerten und um günstigenfalls eine befriedigende Lösung des Zwiespalts zu finden.

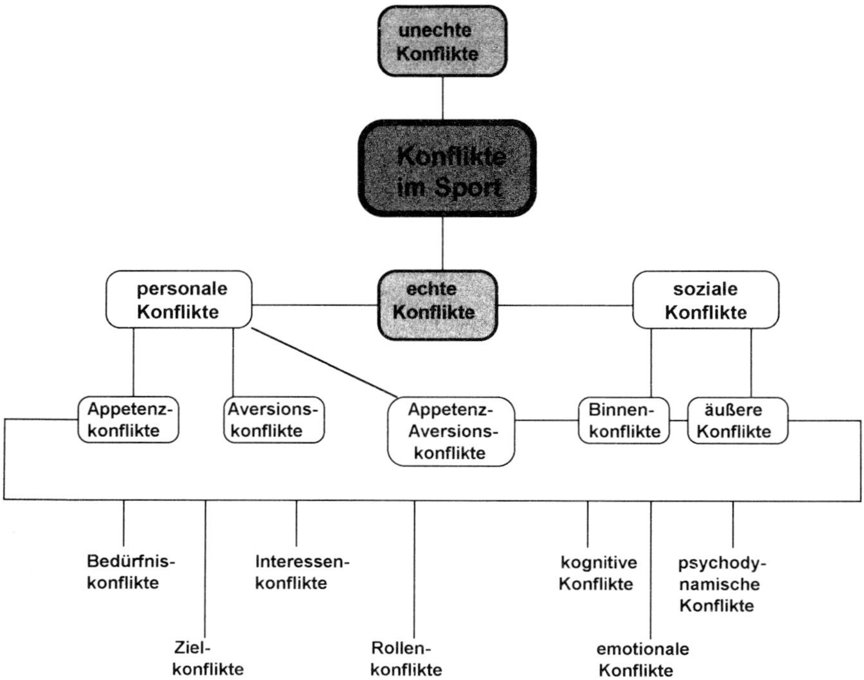

Abb. 37: Konflikte im Sport

15.3 Echte und unechte Konflikte

Das Entstehen und das Austragen von Konflikten ist häufig mit hohen Erregungs- oder inneren Spannungszuständen verknüpft. Die Unterscheidung von echten und unechten Konflikten wird sinnvoll, wenn es sich um soziale, das heißt, zwischenmenschliche Konflikte handelt. Beispiel für einen echten Konflikt:

Zwei jugendliche Spieler streiten darum, wer von ihnen den Elfmeter schiessen darf. Der eine fordert: „Ich will schießen!" Der andere argumentiert: „Nein, ich schieße, du triffst ja doch nicht!"

Beispiel für einen unechten Konflikt

Ein an sich beliebter Sportlehrer hat schlecht geschlafen. Beim Frühstück gab es Ärger, weil die Tochter am Abend vorher sehr spät nach Hause kam. Auf dem

Weg zur Schule machen sich die Folgen einer Knieverletzung schmerzlich bemerkbar. Die Schüler in der ersten Sportstunde sind lebhaft, freuen sich auf das zu erwartende Spiel. Der Lehrer ermahnt ungeduldig, fängt ärgerlich an zu schreien und bestraft die vermeintlich disziplinlose Klasse dadurch, dass das erwartete Spiel unterbleibt.

An letzterem Beispiel wird deutlich, dass der Konflikt des Lehrers mit den Schülern dadurch entstand, dass das emotionale, aggressive Verhalten des Lehrers dem Abbau innerer Spannungen und Erregungen diente, die bereits vor der Auseinandersetzung vorhanden waren.

Hier handelte es sich um einen unechten Konflikt.

Im oben angeführten Beispiel der streitenden Jungen geht es eindeutig um ein begehrtes Ziel, nämlich den Elfmeter zu schießen. Beide Kontrahenten wollen für sich ein positives Ergebnis erzielen. Diese Situation entspricht der eines echten Konflikts.

15.3.1 Echte Konflikte

Bei einem echten Konflikt dient der Konflikt als Mittel zum Zweck. Beide Schüler wollen den Elfmeter schießen, d.h. beide erhoffen sich dadurch einen Gewinn und trachten danach, Frustration zu vermeiden. Echte Konflikte entstehen also, wenn Menschen aneinander geraten, deren Forderungen auf der Versagung von Wünschen oder auf Gewinnerwartung beruhen. In sozialen Partnerbeziehungen werden sie meist durch Interessens- Macht- oder Wertkonflikte verursacht.

Da der echte soziale Konflikt als Mittel zum Zweck dient, bestehen Lösungsmöglichkeiten darin, dass auch andere Wege gefunden werden können, um das gewünschte Ergebnis zu erreichen. So könnte der Konflikt der streitenden Schüler durch Vermittlung des Trainers gelöst werden.

Der Konflikt zweier um eine Position streitender Spieler könnte zur beiderseitigen Zufriedenheit dadurch beigelegt werden, dass beide Spieler je eine Halbzeit lang zum Einsatz kommen.

Der Konflikt als echter Konflikt stellt in sozialen Situationen nur eine von mehreren Möglichkeiten dar. Bei unechten Konflikten sind solche Alternativen nicht gegeben.

15.3.2 Unechte Konflikte

Unechte Konflikte werden nicht durch gegensätzliche Ziele der Partner verursacht, sondern durch die Notwendigkeit einer Spannungsentladung (13). Sie resultieren aus aggressiven Erregungsimpulsen, die abreagiert werden. So gesehen können die eigentlichen Ursachen in inneren Konflikten zu finden sein, die sich in Partnerbeziehungen entladen. Durch dominantes oder aggressives Verhalten, das deutlich von einer Erregungskomponente begleitet wird, entstehen Auseinandersetzungen mit anderen Personen, die nicht unbedingt auf Gegensätzlichkeiten beruhen müssen.

Am Beispiel des ärgerlichen Sportlehrers ist zu erkennen, dass es nur um das Abreagieren einer Erregung ging. Der Sportlehrer verfolgt weder ein gegensätzliches Ziel, noch versucht er, eine Frustration zu vermeiden. Anstelle der Schüler hätte vielleicht auch ein Kollege oder eine andere Person als Zielscheibe seiner Spannungsentladung fungieren können.

Bei unechten Konflikten steht also die Wahl des Gegners nicht im direkten Zusammenhang mit dem Streitobjekt. Der Mensch ist auch nicht, wie beim echten Konflikt, an bestimmten Resultaten interessiert. Unechte Konflikte, wenn beispielsweise ein beruflich gestresster Ehemann Streit mit seiner Frau hat, oder ein überforderter Trainer ein besonders hartes Training ankündigt, sind weniger dauerhaft und zeigen nicht die Stabilität echter Konflikte.

Bei Hochleistungsmannschaften sind häufig Konfliktsituationen gegeben, die bei näherer Betrachtung als unechte Konflikte anzusprechen sind. Dies ist für die Trainingspraxis von Bedeutung, da deren destruktive Wirkung weitaus kurzfristiger einzuschätzen ist, als die der echten Konflikte. Ein Beispiel aus dem Hochleistungssport vermag diese These zu stützen.

Der Deutschlandachter im Rudern gewann 1964 die Silbermedaille. Dieser Erfolg wurde trotz interner Konflikt erzielt (1). Der hohe Einsatz an Energie und Zeit für Trainingsaufwand, Reisen, Berufstätigkeit und Wettkämpfe, die fortwährende Gefährdung, dass sich das alles vielleicht nicht lohnt, die strenge Abgeschiedenheit der Mannschaft in einem Trainingslager mit der übergroßen Kontaktenge der Mitglieder, wo „man sich auf die Nerven geht", führte zu einer Sensibilisierung des aggressiven Schwellenwerts. Die Entladung dieser Konflikte erfolgte, wie zu erwarten war, anlässlich eines banalen Ereignisses: Bei den Olympischen Spielen von 1964 explodierte der Konflikt aufgrund einer vermeintlichen Ungerechtigkeit beim Verteilen von Apfelsaft.

Unechte Konflikte zielen auf Erregungsminderung und Spannungslösung ab. Deshalb kann bei unechten Konflikten ein Wechsel der Konfliktpartner erfolgen, da nicht das Erreichen eines vorrangigen Ziels beabsichtigt wird.

Fazit:
Als wesentlicher Unterschied kann zusammenfassend festgehalten werden, dass bei echten Konflikten mehrere Wege beschritten werden können, um ein gewünschtes Ergebnis zu erreichen, wohingegen bei unechten Konflikten diese Wahlmöglichkeiten nicht bestehen, da die Lösung ausschließlich im Abreagieren von Erregungsimpulsen liegt.

15.3.2.1 Sündenbockmechanismus

Unechte Konflikte, die durch Entladung und Spannungserleichterung entstehen, können gelöst werden, indem sich die aggressive Energie auf andere Objekte richtet. So dienen dann andere Personen als „Sündenböcke", über die sich die angestaute Erregung entlädt. Persönliche Enttäuschungen, deren wahre Ursachen nicht erkannt werden, führen zu aggressivem Verhalten gegenüber vermeintlich Schuldigen oder zu Vorwürfen für Vergehen, die sie nicht verursacht haben. Diese Ableitung konflikthafter Aggressivität richtet sich meist gegen Minoritäten, Schwächere oder Wehrlose, da diese den geringsten Widerstand bieten. Insbesondere in Krisensituationen, z.B. bei Abstiegsgefahr, bei Monotonie und Langeweile oder bei eintöniger Trainingsgestaltung ohne Erfolgserlebnisse, werden Sündenböcke und „Blitzableiter" gesucht, die mit unrealistischen Argumenten zu Schuldigen abgestempelt werden.

Für den Mannschaftszusammenhalt kann es sich günstig auswirken, wenn Konflikte auf einen Sündenbock abgeladen werden, um dadurch wieder Harmonie herzustellen. Auch der Trainer kann zum Sündenbock werden. Die meisten Trainerentlassungen erfolgen aufgrund derartiger Sündenbockmechanismen. Dass dies nicht immer so sein muss, bewies Karl Adam, der sich selbst 1963 zum Sündenbock aufbaute. Er vermied dadurch einen echten Konflikt seiner beiden Führungsruderer, der den Erfolg der Mannschaft ernsthaft gefährdet hätte.

Anzumerken ist, dass nur eine sehr geschickte oder starke Trainerpersönlichkeit eine solche Übertragung zum Sündenbock meistern kann, wenn die Mannschaft gleichzeitig trotz der Anfeindung noch wirksam geführt werden soll.

Im Allgemeinen wird durch den „Sündenbock" in der eigenen Mannschaft deren Zusammenhalt nicht gefährdet. Meist tritt das Gegenteil ein.

Gefährlich wird es für den Trainer, wenn er selbst z.B. durch häufiges Tadeln ein Mitglied zum „Sündenbock" stempelt. Es besteht dann die Möglichkeit, dass sich die Mannschaft mit dem Gescholtenen solidarisiert. Daraus kann eine echte

Konfliktsituation der Mannschaft gegen den Trainer erwachsen, zumindest ist mit einem Autoritätsverlust des Trainers zu rechnen.

Bei der Analyse des Sündenbockmechanismus ist zu erkunden, ob die Vorwürfe persönliche oder sachliche Gründe haben. Häufig sind es persönliche Antipathien, die einen Spieler zum Sündenbock werden lassen. In diesem Fall kann ein ausführliches gemeinsames Gespräch klärend wirken.

Beziehen sich die Vorwürfe auf vermeintlich objektive, aber nicht zutreffende Sachverhalte, z.B. der Vorwurf mangelnder Einsatzbereitschaft, Laxheit in der konditionellen Vorbereitung oder die Verantwortlichkeit für Fehler, sollten diese unter Vermittlung des Trainers entkräftet werden. Gegebenenfalls sollte das Mitglied eine befristete Zeit pausieren, um den anderen Mitgliedern Gelegenheit zu emotionaler Beruhigung zu geben.

15.4 Destruktive und konstruktive Konflikte

Konflikte können zerstörerisch, trennend oder lähmend wirken. Menschliche Beziehungen scheitern an Konflikten, Völker und Volksgruppen werden durch kriegerische Konflikte bedroht, Sportmannschaften zerfallen, einzelne Menschen gehen an inneren Konflikten zugrunde oder begeben sich in therapeutische Behandlung.

Dieser destruktiven Funktion steht die Erfahrung gegenüber, dass Konflikte auch kreative, einigende, leistungssteigernde und innovative Folgewirkungen haben können. Beispiele aus deutschen Nationalmannschaften im Fußball, Handball, Tennis, Rudern zeigen kein einheitliches Bild der Konfliktfolgen.

Um die Wirkung von Konflikten beurteilen und vorhersagen zu können, sind mehrere Punkte zu berücksichtigen:

- der Konflikttyp
- die Gruppen- bzw. Mannschaftsstruktur
- die Verbreitung des Konflikts
- die Intensität des Konflikts

Eine grundlegend verschiedene Betrachtungsweise ist erforderlich bei personalen oder sozialen Konflikten. Personale Konflikte werden in den folgenden Kapiteln beschrieben. Deshalb wird zunächst eine Betrachtung sozialer, zwischenmenschlicher Konflikte angestellt.

15.4.1 Gemeinschaftliche und nicht-gemeinschaftliche Konflikte

Wie bereits erwähnt, konnte *Karl Adam* feststellen, dass Konflikte die Leistung des Ruderachters nicht minderten, ja sogar zu einer Steigerung führten. *Lenk* stellt berechtigterweise die Frage: „War die Leistung der Ruderer trotz bestehender Konflikte besser, oder waren die Konflikte die Folge des leistungssteigernden Konkurrenzkampfes um den Verbleib in der Mannschaft?" (1). Die Problemstellung kann auf interagierende Mannschaften (Fußball, Handball etc.) erweitert werden. So stellt sich die Frage, auf welche Weise sich Konflikte in Fußball- oder Volleyballmannschaften auswirken. Die Antwort verlangt im Einzelfall die Einbeziehung differenzierender Kriterien.

Ob Binnenkonflikte zum Zerfall oder zur Stabilität verschiedener Mannschaftstypen beitragen, kann in Anlehnung an *Coser*, nur nach eingehender Analyse spezieller Voraussetzungen beurteilt werden (13).

Beispiel:
Ein Konflikt, der sich auf die grundlegende Übereinstimmung bezieht, z.B. ob eine Mannschaft den Aufstieg in die nächsthöhere Spielklasse anstreben soll, mit allen Konsequenzen verstärkten Trainings, längeren Anfahrtswegen, privater Einbußen etc., wird eine weitaus tiefere Wirkung haben, als ein Konflikt über die Besetzung der Spielposition, der Spielzeit oder über organisatorische Fragen.

Der Konflikt eines Ehepaares, ob man Kinder haben will oder nicht, wird die Beziehung tiefer treffen, als konträre Ansichten über Urlaubsziel oder Anschaffung eines neuen Autos.

Um die Wirkung von Konflikten zu verstehen, muss man unterscheiden zwischen Konflikten, die

- die Basis einer Beziehung oder eines Beziehungsgefüges gefährden und solchen
- die periphere, weniger zentrale Punkte betreffen.

Konflikte, bei denen die generelle Übereinstimmung über Aufgabenlösung und Zielstellung erhalten bleibt, haben eine völlig andere Wirkung als solche, die die Basis der Gemeinsamkeit in Frage stellen. Der gemeinschaftliche Konflikt beruht auf einer gemeinsamen Akzeptierung der grundlegenden Ziele. Bleibt diese Übereinstimmung erhalten, auf der letztlich die Solidarität der Mannschaft beruht, haben Konflikte über die Besetzung von Spielpositionen, über Führungsansprüche, aber auch bei zwischenmenschlichen Auseinandersetzungen, weniger Einfluss auf die Leistungsfähigkeit und den Zuammenhalt, als im Falle von Meinungsverschiedenheiten über grundsätzliche Zielsetzungen. Dies betrifft vor allem formelle Mannschaften, die auf ergebnisorientierte Leistungen abzielen. Bei informellen Freizeitgruppen liegen die Motive mehr im Bereich freudvoller Betätigung. Hier können sich Differenzen zwischen einzelnen Partnern stärker auswirken, da sie das emotionale Klima negativ beeinflussen.

Fazit:
Erfolgt die Auflösung der Spannung zwischen den Gegnern unter Beibehaltung der gemeinsamen Zielstellung, hat der Konflikt stabilisierende Funktion und trägt zu verbesserter Integration bei. Der Konflikt eines Fußballers mit einem Mitspieler könnte unter diesem Aspekt nach zweierlei Richtungen wirken:

- „Wichtig ist, dass wir gewinnen, deshalb werde ich ihm auch Torchancen ermöglichen, oder: „Es ist mir egal, ob wir gewinnen, dem werde ich den Ball bestimmt nicht vor das Tor spielen!" Ein Ruderer:
- „Die Hauptsache, wir gewinnen die Medaille."
  oder
  „Mit diesem Typ werde ich mich nicht mehr in ein Boot setzen!"

Von *nicht-gemeinschaftlichem Konflikt* spricht man, wenn zwischen den Konfliktparteien keine Gemeinsamkeit der Ziele vorliegt oder wenn beide keine Möglichkeit zum Kompromiss erkennen. Wenn sich beispielsweise mehrere Teilnehmer am Abend zum gemeinsamen Sporttreiben verabreden, eine Hälfte möchte joggen, die andere jedoch Fußballspielen, so sind diese Konflikte höchstwahrscheinlich trennend. Es werden zwei Parteien entstehen, die unabhängig von einander agieren. Die ursprüngliche Gruppe droht zu zerfallen.

Ob eine Mannschaft durch Konflikte gefährdet wird oder nicht, hängt also davon ab, ob ein nicht-gemeinschaftlicher Konflikt die Gruppe spaltet, sie in zwei Blöcke teilt oder ob es sich um mehrere, jedoch dezentrale Konflikte zwischen Mitgliedern oder um weniger bedeutsame Entscheidungen handelt. Wird eine Mannschaft von mehreren peripheren Konflikten durchzogen, beispielsweise, dass einzelne Mitglieder verschiedener Meinung über Trainingsbelastungen oder -zeiten, über Einsatzentscheidungen oder Trainerbeurteilung sind, so können diese Konflikte sich in der Gesamtstruktur gegenseitig aufheben, vorausgesetzt, dass die gemeinschaftliche Zielsetzung stabil bleibt. Auf diese Weise kann durch dezentrale, marginale Konflikte eine Spaltung entlang einer einzigen Achse verhindert werden.

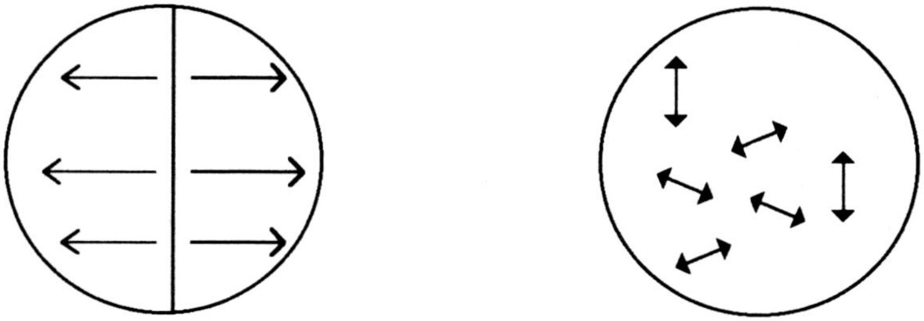

Abb. 38:

Allerdings besteht die Gefahr, dass bei starren, formellen Gruppen, periphere Konflikte zu Störfaktoren anwachsen, vor allem dann, wenn es, aus Angst die Beziehung zum Trainer oder das gemeinsame Ziel zu gefährden, zur Unterdrückung der Konflikte kommt.

Es hat sich deshalb gezeigt, dass flexible Gruppen (beispielsweise Freizeitgruppen), die das Auftreten von Konflikten erlauben, weniger in Gefahr geraten, ihre grundsätzliche Übereinstimmung zu gefährden.

15.4.2. Innere Abhängigkeit – Ambivalenz

Mannschaftmitglieder sind voneinander abhängig. Die innere Abhängigkeit verhindert Spaltungen, solange der Einzelne seine Funktion erfüllen kann und die gemeinschaftliche Übereinstimmung erhalten bleibt. Die innere Abhängigkeit ist jedoch nicht mit der Enge der Beziehungen gleichzusetzen.

Am Beispiel professioneller Mannschaften ist zu sehen, dass eine gut funktionierende Mannschaft nicht aus persönlichen Freunden bestehen muss. Jeder Spieler ist von der Einsatz- und der Kooperationsbereitschaft der anderen abhängig. In der Regel verhindert die innere Abhängigkeit das Auftreten ernsterer Spaltungen.

Eine zunehmende Vertiefung der Beziehungen kann den Zusammenhalt der Mannschaft im Sinne des „Wir-Gefühls" festigen. Andererseits kann sich dadurch auch das Konfliktpotential erhöhen. Schon im Alltag einer Ehe ist zu erkennen, dass enge Beziehungen häufig Gelegenheit zum Konflikt schaffen.

Das Intensivieren und die zunehmende Abhängigkeit der Beziehungen können sowohl ein Anwachsen der Zuwendung und Zuneigung als auch der Feindseligkeit zur Folge haben. Je kleiner die Gruppe ist, die durch gemeinsame Interessen geeint ist und Tage oder Wochen miteinander lebt, desto leichter ist es, sich gegenseitig zu reizen und in Zorn zu geraten.

Dieses Phänomen widerstreitender Gefühle wird als „Ambivalenz“ bezeichnet.

Freud hat Ambivalenz definiert, als „die Richtung entgegengesetzter zärtlicher und feindseliger Gefühle gegen dieselbe Person”.

Eine andere ambivalente Haltung, die in Gruppen enger Beziehungen auftreten kann, schwankt zwischen dem Wunsch nach Auflehnung und gleichzeitiger Unterordnung.

Nach psychoanalytischer Anschauung enthält jedes intimere Gefühlsverhältnis längerer Dauer zwischen Personen einen „Bodensatz” ablehnender, feindseliger Gefühle, der nur infolge der Verdrängung der Wahrnehmung entgeht (13).

Das gleichzeitige Vorhandensein von Liebes- und Hassgefühlen, von Zuwendung und Ablehnung, von Auflehnung und Unterordnung kann zur Quelle von Konflikten werden, die in Zweierbeziehungen oder in Gruppen engen Zusammenseins auftreten.

Dieser Konflikt kommt häufig im Zerbrechen langjähriger Zusammenarbeit von Trainern mit Einzelathleten oder -athletinnen ans Tageslicht.

15.4.3.Die Unterdrückung von Konflikten

Obwohl enge Beziehungen vielerlei Gelegenheiten zum Auftreten von Konflikten bieten, zeigen sie auch Tendenzen, diese zu unterdrücken.

Das Fehlen von Konflikten kann nicht als Zeichen dafür gewertet werden, dass eine Gruppe oder Mannschaft frei von Spannungen ist.

Sofern die Partner die Beziehung aufrechterhalten wollen, sich jedoch nicht sicher sind, ob die Bande so festgeknüpft sind, dass der Konflikt nicht zum Zerbrechen der Beziehung führen könnte, werden sie versuchen, die aggressiven Impulse zu unterdrücken.

Die zunehmende Unterdrückung von Konflikten, aus Angst die Beziehung zu zerstören, kann ein erhebliches Konfliktpotential ansammeln bzw. aufstauen. Kommt es eines Tages zum Ausbruch des Konflikts, werden die Auseinandersetzungen mit besonderer Heftigkeit geführt.

Aus diesen Überlegungen ergeben sich weitreichende Folgerungen für Partner- und Gruppenbeziehungen im Sport.

- Stabile Gruppen mit engen Partnerbeziehungen werden häufiger Konflikte austragen, da darin keine Bedrohung der Beziehung zu sehen ist.
- Instabile Gruppen mit engen Beziehungen neigen zur Unterdrückung von Konflikten, da die Angst vorherrscht, die Beziehung durch Konflikte zu gefährden. Beim Ausbruch des Konflikts kommt es zu intensiven Auseinander-

setzungen. In der Folge können die Partnerbeziehung oder die Gruppe zerfallen (z.B. Ehescheidungen, Trennung von Trainern und Sportlern).
Es besteht aber auch die Möglichkeit zu einer Neugestaltung der Beziehung nach dem Motto: „Gewitter reinigen die Luft". Diese Alternative ist jedoch nur zu erwarten, wenn die grundsätzliche Übereinstimmung erhalten bleibt.

- In Gruppen und Mannschaften enger Beziehungen sollen Konflikte ausgetragen werden. Dadurch wird das Auftreten ambivalenter Gefühle verhindert – Feindseligkeiten und Aggressionen werden in einem milden Stadium behoben und ausgeglichen.
- Damit kann auch die Frage nach der trennenden oder stabilisierenden Funktion von Konflikten beantwortet werden.

Wenn der Konflikt zur Auflösung von Spannungen beiträgt und die grundsätzliche Übereinstimmung erhalten bleibt, wird er eine stabilisierende Funktion haben und zur weiteren Integration beitragen. Konflikte, die aus Angst, die Beziehung zu gefährden, unterdrückt werden, verstärken ambivalente Gefühle der Unzufriedenheit, Feindseligkeit und Aggressivität und führen bei mangelnder grundsätzlicher Übereinstimmung zum Bruch der Beziehung.

Der entscheidende Faktor ist letztendlich die grundlegende Übereinstimmung über die akzeptierte Aufgabe oder das angestrebte Ziel. Bleibt sie erhalten, können aufgestaute und entladene aggressive Energien in sportliche Handlungen abgeleitet werden und als Kraftquelle dienen. Das war, beispielsweise, bei den erwähnten Problemsituationen des Deutschlandachters der Fall.

Auch bei persönlichen Zerwürfnissen zwischen Sportlern in Mannschaften der Interaktion, wie Fußball- oder Basketballmannschaften oder zwischen Sportlern und Trainern, kann die Zusammenarbeit weitergeführt werden, sofern diese der Erreichung des angestrebten Erfolgs dienlich ist.

Trainer sollten sich Gedanken über die Enge ihrer Beziehung zu den Sportlern machen.

Im Erfolgsfall wird durch die Kumpelhaftigkeit und „Du"-Beziehung ein emotionaler Wir-Zusammenhalt erlebt, bei Misserfolgen kann jedoch die enge Beziehung ein verstärktes Konfliktpotential darstellen, und in heftigen Vorwürfen und aggressiven Impulsen explodieren.

15.4.4. Die Verselbständigung von Konflikten – Konfliktkette

Konflikte können sich vom eigentlichen Konfliktanlass entfernen und sich verselbständigen. Dadurch kommt es zu einer Eigendynamik, die so weit führen kann, dass der ursprüngliche Auslöser des Zwistes in Vergessenheit gerät.

Beispiel:
Ein Spieler gerät mit einem anderen in Streit. Der eigentliche Anlass besteht in einer aggressiven Auseinandersetzung ihrer Ehefrauen. Ohne über die Quelle des Konflikts Bescheid zu wissen, mischen sich die Mitspieler in die Auseinandersetzung ein. Es kommt zur Ausbildung zweier Parteien. Auch Zuschauer werden einbezogen. Menschen, die sich bisher nicht kannten, begegnen sich plötzlich in aggressiver Art und Weise.

Die Eigendynamik von Konflikten gerät zu einer Konfliktkette, d.h. der Konflikt wird zur Ursache neuer Konflikte.

Galtung (30a) erklärte diese Erscheinung durch zweierlei Tendenzen:
- jedes Konfliktverhalten tendiert dazu, destruktives Verhalten zu werden
- destruktives Verhalten verstärkt sich selbst (*Heller/ Nickel* 41).

Für Trainer und Sportler ist es deshalb ratsam, Konflikte frühzeitig zu erkennen und sich über mögliche Kettenreaktionen klar zu werden. Gelingt es einem Spieler, aggressive Tendenzen auf andere Mitglieder zu übertragen, besteht die Gefahr destruktiver Ausbreitung des Konflikts, bis hin zur Spaltung der Gruppe.

Konstruktive Konfliktlösungsversuche müssen einsetzen, sobald der Konflikt aufgetaucht ist und die eigentliche Konfliktursache noch klar erkannt werden kann. Destruktive Folgen entfernen den Konflikt vom eigentlichen Anlass und bergen die Gefahr der Eskalation. Auch die Ausbreitung von Kriegen beruht häufig auf der Eigendynamik von Konfliktketten.

15.5 Personale Konflikte

Personale, innere oder psychische Konflikte entstehen, wenn der Mensch zwischen zwei oder mehreren sich ausschließenden Verhaltensmöglichkeiten zu wählen hat. Psychische Konflikte spielen sich im Inneren des Menschen ab, wenngleich sie meist eine soziale Einbettung aufweisen. Ihr Wesen besteht einfach darin, dass sich der Mensch nicht gleichzeitig in verschiedene Richtungen bewegen kann.

Die Vielfalt der Konfliktmöglichkeiten, die sich aus der Gegensätzlichkeit oder der Konkurrenz von Bedürfnissen, Motiven, Wünschen oder Zielen ableiten, kann man seit *Lewin* (63) in folgende drei Kategorien einteilen:

Appetenzkonflikt, Aversionskonflikt und Appetenz-Aversions-Konflikt.

Appetenz bedeutet Annäherung oder Zuwendung.

Aversion ist mit Ablehnung oder Vermeidung zu übersetzen.

Sie sollen im Folgenden im Hinblick auf ihre Bedeutung für das Erleben des Sportlers untersucht werden.

15.5.1 Zuwendungskonflikte

Zuwendungs- oder Annäherungskonflikte liegen vor, wenn sich der Sportler zwischen positiven Alternativen entscheiden muss, nach dem Motto: „Wer die Wahl hat, hat die Qual!"

Das klassische Beispiel eines Zuwendungskonflikts geht auf den französischen Philosophen des 14. Jahrhunderts, Johannes Buridanus, zurück. Ihm wird das Beispiel des Esels zugeschrieben, der zwischen zwei gleich weit entfernten, gleich beschaffenen Heuhaufen verhungern muss, da er sich bei der Gleichheit seiner Strebungen und Bedürfnisse nicht entscheiden kann, welchem Heuhaufen er sich zuerst zuwenden soll.

Zweifellos muss der Esel nicht verhungern, das Beispiel stellt aber das Modell des Zuwendungskonflikts in brauchbarer Weise dar.

Ein junger Sportler muss sich beispielsweise entscheiden, welcher der beiden geliebten Sportarten er am Wochenende den Vorzug geben wird; ein Bergsteiger steht im Konflikt, zwei Gipfel erklimmen zu wollen, die Zeit reicht jedoch nur für eine Besteigung; für viele Jugendliche bereitet es Probleme, sportliche Aktivitäten mit anderen Alternativen, wie Kino, Computer, Freunde etc. in Einklang zu bringen.

Zuwendungskonflikte sind von allen Konfliktarten am leichtesten zu ertragen, da man zwischen begehrenswerten Dingen entscheiden muss. Je gleichwertiger die Ziele sind, desto schwieriger wird allerdings die Entscheidung, desto höher ist die Konfliktstärke.

15.5.1.1 Konfliktstärke

Um die Chancen abschätzen zu können, Zuwendungskonflikte zu lösen, ist die Betrachtung der Konfliktstärke eine wesentliche Voraussetzung. Die Konfliktstärke hängt von mehreren Faktoren ab:

a) Die Wichtigkeit der Alternativen

Wenn zwei sehr erstrebenswerte Alternativen vorhanden sind, fällt die Entscheidung umso schwerer, da man mit dem Entschluss für eine Alternative den Verzicht der ebenfalls erwünschten anderen in Kauf nehmen muss. Die Entscheidung hat deshalb in jedem Fall eine Frustration zur Folge.
Einem jungen, talentierten Sportler wird beispielsweise die Entscheidung zwischen Schule oder Leistungssport zu wählen, schwerer fallen, als die Wahl zwischen Kino und Discobesuch.

Je höher der subjektive Wert der Alternativen ist, desto stärker ist das Konfliktpotential und die innere Spannung.

Mit der Entscheidung ist deshalb bei Konflikten hoher Wertigkeit der Konflikt noch nicht beendet. Es werden weiterhin Überlegungen angestellt, ob die Entscheidung richtig war, neue nicht bedachte Konsequenzen können zu Reue oder Schuldgefühlen führen. Es kann aber auch nur Bedauern die Folge sein. Beispielsweise trauert ein nun glücklich verheirateter Mann der verloren gegangenen Freizügigkeit nach.

b) Die Zahl der Alternativen

Je größer die Anzahl gleichwertiger Wahlmöglichkeiten ist, desto mehr steigt die Konfliktstärke.

Ein Trainer, der aus fünf gleichwertigen Ersatzspielern einen auswählen muss, um ihn in die Stammmannschaft zu integrieren, hat einen stärkeren Konflikt zu lösen, als bei der Wahl von nur zwei Spielern.

Jungen Menschen steht eine Vielzahl von Alternativen der Freizeitgestaltung offen. Darunter ist auch der Sport zu finden. Die Entscheidung, sich dem Sport zuzuwenden, wird in erheblichem Maß durch die Zahl anderer Alternativen beeinflusst. Je geringer die Zahl der wünschenswerten Alternativen ist, desto leichter fällt die Entscheidung.

Die häufig beklagte Orientierungslosigkeit der Jugend ist vor allem auch dadurch begründet, dass die Entscheidung für Lebensziele, durch die Fülle der Alternativen in der modernen Lebenswelt, immer weiter hinausgeschoben wird.

c) Die relative Wertigkeit der Alternativen
Bei verschieden stark ausgeprägten Zuwendungstendenzen wird die Konfliktstärke geringer sein als bei Alternativen gleicher Wichtigkeit. So kann beispielsweise bei Jugendlichen der Wunsch, die Zeit mit der Freundin oder dem Freund zu verbringen, dominanter sein, als die Zuwendung zum Sport. Die Konfliktstärke und damit der Aufwand und die Zeit, die zur Lösung erforderlich sind, nehmen mit relativer Ungleichheit ab, d.h. im vorliegenden Beispiel:

Der sehr Verliebte wird sich für seine Freundin entscheiden, der weniger engagierte wird versuchen, weiterhin Sport zu treiben oder einen Kompromiss zu finden.

Die Konfliktstärke resultiert also aus der Wechselwirkung der subjektiven Wichtigkeit der Alternativen, der relativen Wertigkeit zwischen den Alternativen und deren Anzahl.

15.5.2 Ablehnungskonflikte

Unter *Ablehnungskonflikten* (Aversionskonflikten) versteht man Konflikte, die sich auf zwei oder mehrere unangenehme Dinge beziehen, die man zu vermeiden trachtet. Der echte Konflikt entsteht dann, wenn Alternativen bestehen und der Mensch gezwungen ist, eine davon auszuwählen. Einige Beispiele sollen das verdeutlichen.

- Bei Zahnschmerzen hat man die Wahl, zum Zahnarzt zu gehen (unangenehme Alternative A) oder weiterhin zu leiden (unangenehme Alternative B).
- Man hat keine Lust, sich sportlich anzustrengen, andererseits möchte man die körperliche Gewichtszunahme vermeiden.
- Ein Profifußballer wird von seinem Trainer vor die Wahl gestellt: Entweder du spielst in der Mannschaft weiter, du erhältst aber weniger Geld, oder du musst dir einen neuen Verein suchen.

Ablehnungskonflikte zwingen den Menschen, sich „für das kleinere Übel" zu entscheiden. Besteht kein Zwang zur Entscheidung, so kann der Mensch zwischen den beiden negativen Polen längere Zeit verharren (Ambiguitätstoleranz).

In der Regel wirken in der Situation noch andere Kräfte mit, zum Beispiel der Zeitablauf, die letztendlich eine Entscheidung herbeiführen. Die mit der Wahl des kleineren Übels einhergehende Frustration, Enttäuschung oder auch das Auftreten von Angst, können wiederum zu neuen Konflikten führen. Beispielsweise sieht sich der Spieler, dessen Gage gekürzt wurde, dem Konflikt ausgesetzt, seine Leistung nicht gleichwertig mit den Leistungen der anderen anerkannt zu sehen.

Eine Möglichkeit, diesen Frustrationskonflikt zu lösen, besteht darin, dass man eine Alternative akzeptiert, sie umbewertet und daraus positive Folgerungen zieht. So könnte sich der frustrierte Sportler mit der Situation des Vereinswechsels anfreunden, um dort einen Neuanfang seiner Karriere zu versuchen.

15.5.3 Zuwendungs-Ablehnungskonflikte

Zuwendungs-Ablehnungskonflikte (Appetenz-Aversions-Konflikte) stellen die häufigste und auch die unangenehmste Art von Konflikten dar. Bei dieser Art von Konflikten wird der Mensch von einem Zielobjekt gleichzeitig angezogen und abgestoßen. Die Entscheidung für die positive Möglichkeit bedeutet stets, dass man dafür einen Preis bezahlen muss.

Die Ambivalenz widerstreitender Wünsche kann den Menschen in den Zustand der Verunsicherung bis hin zum qualvollen Hin- und Hergerissensein versetzen.

Kurze Beispiele:

- Das Bedürfnis nach Anerkennung bewirkt das Auftreten von Angst, sich zu blamieren.
- Sport treiben wollen, sich aber nicht an einen Verein binden müssen.
- Dem vollen Krafteinsatz steht die Angst vor Verletzung entgegen.
- Sich engagieren, aber nicht verpflichten wollen.
- Dem Wunsch, Ski zu fahren, steht der Wunsch, die Natur nicht zu schädigen, gegenüber.
- Ein Junge möchte der einzigen Basketballabteilung beitreten. Der Liebe zum Basketball steht die starke Abneigung gegen den Trainer entgegen.

Sofern das Zielobjekt selbst positive als auch negative Eigenschaften hat (in einer Mannschaft spielen wollen, aber sich nicht verpflichten müssen), spricht man von einem ambivalenten Zielobjekt. Das ist, beispielsweise, auch der Fall, wenn ein Trainer gleichzeitig bewundert und gehasst wird.

Weg-Ziel-Konflikt

Ein Konflikt kann auch auftreten, wenn das gewünschte Ziel nur erreicht werden kann, wenn der Weg dahin durch unangenehme Erlebnisse führt. Dies können Ängste, Schmerzen, Verzicht oder Entbehrung sein. Zum Beispiel ist der sportliche Ruhm nur durch Verzicht auf manch ebenso wünschenswerte Dinge möglich. Oder ein anderes Beispiel: Bei einem Bergsteiger steht der Lust, auf dem Gipfel zu stehen, die Angst vor dem Aufstieg in der Kletterwand entgegen.

Ziel-Folgen-Konflikt
Es kann auch vorkommen, dass der Konflikt erst auftritt, wenn das gewünschte Ziel erreicht ist. Der Aufstieg in eine höhere Spielklasse bedeutet verstärktes Training, Vernachlässigung der Familie durch längere Reisewege etc. Der Bergsteiger weiß, dass ein Unwetter naht, das ihn auf dem Gipfel erfassen könnte. Mancher Drachenflieger hat schon mit dem Leben bezahlt, weil er trotz schlechter Windverhältnisse den Start wagte. Die Lust, zu fliegen, war stärker, als die Angst vor einem möglichen Absturz.

Anziehung und Ablehnung eines Wunschobjektes weisen je nach Entfernung, Richtung oder Zeit unterschiedliche Stärken auf. Der Grad der Zuwendung steigt mit der Annäherung an das gleichermaßen gewünschte wie abgelehnte Objekt in der Regel flacher an als der Grad der Ablehnung. Dieser wird mit der Annäherung größer.

Miller (77a) hat diese unterschiedlichen Zuwendungs- und Ablehnungsgradienten als Appetenz- und Aversionsgradienten schon 1944 dargestellt (Abb. 39 a, b).

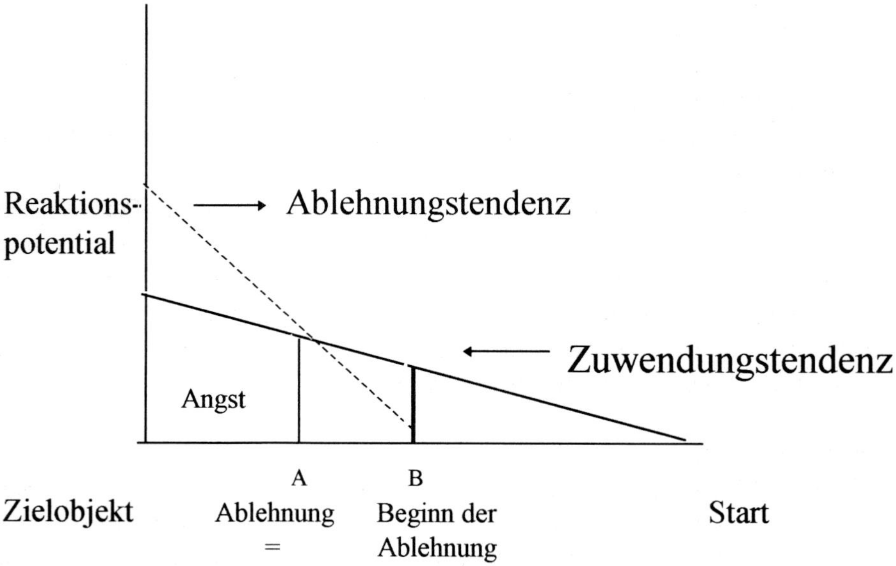

(Abb. 39 a)

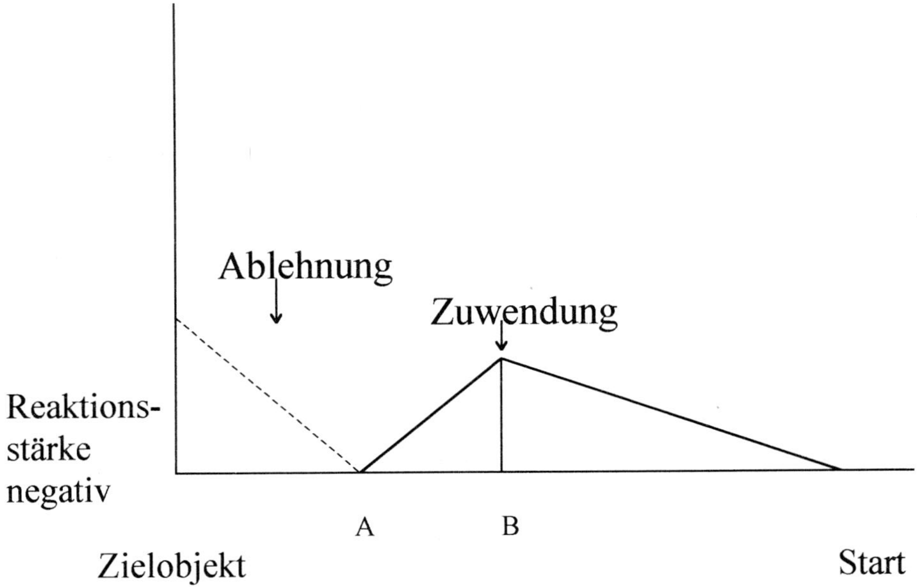

(Abb. 39 b)

Aus der Zeichnung geht hervor, dass die Zuwendungstendenz flach ansteigt, d.h. die Zuwendung ist frühzeitig vorhanden und nimmt mit Annäherung an das Ziel langsam zu. Die Ablehnungstendenz steigt hingegen mit der Annäherung an das gleichermaßen abgelehnte und gefürchtete Ziel steil an.

Beispiel:
Die Freude eines noch ungeübten Bergsteigers auf einem Berggipfel zu stehen, erfüllt ihn bereits Tage vorher.

Auf dem Anmarschweg wird die zu überwindende Kletterroute erkennbar. Die freudige Erregung steigt zwar weiterhin an, Ängste und Bedenken vor der Steilheit und der Schwierigkeit des Anstiegs nehmen ebenfalls rapide zu.

Am Punkt B des vorliegenden Modells beginnt die Ablehnungstendenz der Zuwendungstendenz entgegenzuwirken. Der Bergsteiger wird von Zweifeln bedrängt, die sich zu Ängsten steigern. Am Punkt A sind Ablehnungs- und Zuwendungstendenz gleich stark.

Der Bergsteiger bleibt stehen und wird von widerstreitenden Antrieben hin- und hergerissen. Der Konflikt ist am Punkt A am größten, d.h. Zuwendung und Ablehnung, in diesem Falle Angst, sind etwa gleich stark.

Zwischen den Punkten B und A kann es geschehen, dass der Bergsteiger sich ein *Ersatzziel* sucht. Dies kann beispielsweise ein weniger gefährlicher Anstieg oder ein anderer Gipfel sein. Dadurch wird die Ablehnungstendenz geringer, der innere Konflikt gelöst.

Die Wahl eines Ersatzziels wird als *Verschiebung* bezeichnet.

Sie kann auch auftreten, wenn eine Person gleichzeitig gefürchtet, aber zur Zielerreichung benötigt wird. Unterdrückte Aggressionen können dann auf ein Ersatzobjekt, einen Sündenbock, verschoben werden.

Eine Abflachung der Ablehnungstendenz kann, beispielsweise, durch Aufnehmen neuer Informationsdaten oder durch Umdeutung erreicht werden. Es besteht z.B. die Möglichkeit, dem Bergsteiger mitzuteilen, dass ein ihm bekannter, ebenfalls ungeübter Bergsteiger, die Kletterwand ohne Probleme bewältigt hat. In diesem Fall würde die Zuwendungsstärke überwiegen. In dem veränderten Modell erkennt man die Verlagerung der Reaktionsstärke im Sinne der Zuwendung. (Abb. 40 a, b).

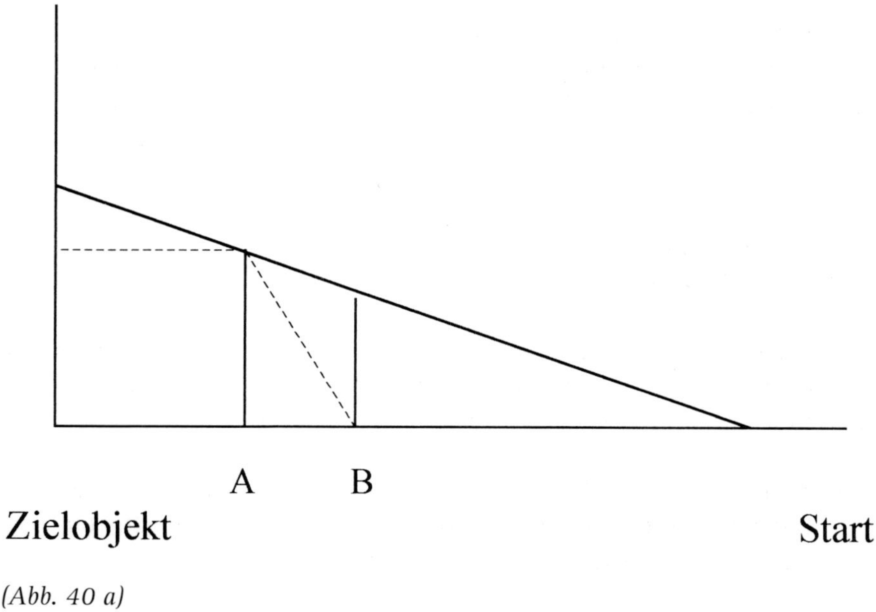

(Abb. 40 a)

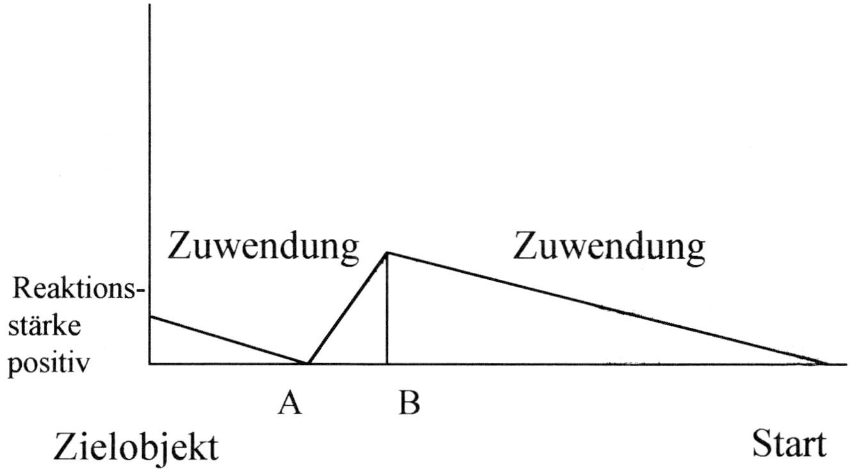

(Abb. 40 b)

Das vorliegende Modell stellt die Konfliktsituationen in vereinfachter Weise dar. Es berücksichtigt jedoch nicht die dynamische Struktur von Motivationsprozessen. Hierauf hat *Herkner* hingewiesen (38).

Er hat aus der Verschiebung der Ablehnungs- und Zuwendungsgradienten verschiedene Konflikttypen konstruiert, die zu völlig verschiedenen Verhaltensmustern führen. Zwei Beispiele sollen diese Verschiebung verdeutlichen (Abb. 41)

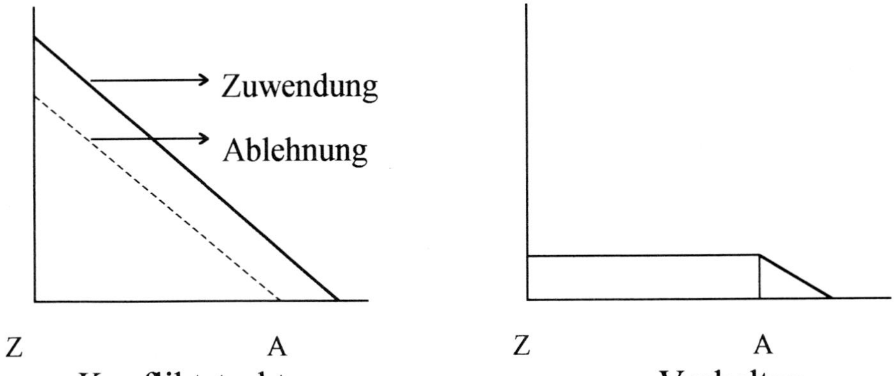

(Abb. 41)

Parallele Tendenzen
Die Reize zwischen A und Z sind gleich attraktiv.
Das Verhalten wirkt unentschlossen. Es bestehen Entscheidungsschwierigkeiten. Die Folge können Unzuverlässigkeit und Launenhaftigkeit sein. Ein derartiger Konflikt liegt zum Beispiel vor, wenn ein Ehemann eine heimliche Freundin hat, sich mehrmals vornimmt, das Verhältnis zu lösen, dies aber nicht in die Tat umsetzt.
Eine andere Kofliktsituation zeigt Abb. 42. Die Gradienten schneiden einander nicht. Das Ziel wird zwar erreicht, es herrscht jedoch eine ständige Ablehnungstendenz vor. Die Tätigkeit wird widerwillig oder ängstlich ausgeführt. Die „Versuchung ist stärker als innere Widerstände“ (38). Als Beispiel kann man einen Tennisspieler anführen, der an seinem einzig freien Tag in der Woche zum Tennismatch fährt, gleichzeitig aber vom schlechten Gewissen begleitet wird, seine Familie zu vernachlässigen. Mit der Zeitdauer der Abwesenheit steigen die inneren Schuldgefühle an.

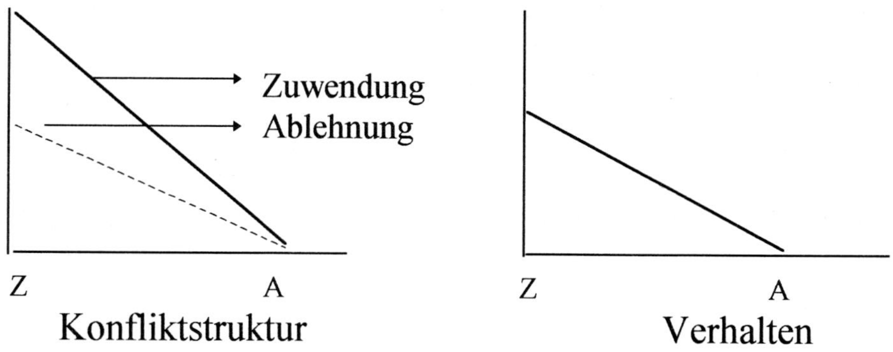

(Abb. 42)

Der Zuwendungsgradient ist steiler als der Ablehnungsgradient. Insgesamt überwiegt aber die Ablehnung. Die stärkste Ablehnung (z.B. Angst) geht jedoch nicht vom Ziel aus, sondern wird von Punkt A hervorgerufen.
Dieser Konflikttyp liegt zum Beispiel bei einem Tennisspieler vor, der Angst hat, das Spiel zu verlieren. Der Sieg wäre jedoch für das Mannschaftergebnis sehr wertvoll. Seine einzige Chance liegt in der offensiven Spielweise des Netzangriffs. Er nimmt sich vor, ans Netz zu gehen, gleichzeitig befürchtet er, von seinem Gegner passiert zu werden. Sein Antritt erfolgt ängstlich und zaudernd. Letztendlich verliert er das Spiel, weil die Angst nach wie vor wirksam bleibt.

Die meisten Konflikte bestehen aus mehr als zwei Alternativen. Die in den Modellen aufgezeigten Konflikttypen lassen sich theoretisch durch Verschiebung der Zuwendungs- bzw. Ablehnungsgradienten in andere Konflikttypen überführen. In der Praxis bedeutet dies, dass die Dynamik zeitlicher, räumlicher und informationsbedingter Faktoren das Motivationsgeschehen so beeinflusst, dass es in dieser schematischen Darstellung nur unvollkommen erfasst werden kann.

Trotzdem sollte die Analyse bestehender Konflikte unter Berücksichtigung der Ablehnungs- und Zuwendungstendenz eine Hilfe zur Verhaltenserklärung und Verhaltensänderung sein. Im Folgenden wird eine differenziertere Betrachtung der konfliktbedingenden psychischen Faktoren vorgenommen.

15.5.4 Bedürfniskonflikte

Wie bereits ausgeführt, versteht man unter Bedürfnissen subjektiv erlebte körperliche oder psychische Mängelzustände, die nach Befriedigung und Kompensation drängen.

Ein Bedürfniskonflikt liegt beispielsweise vor, wenn der Mensch zwischen Wasser und Brot wählen muss.

Das Verhalten von Kindern und Jugendlichen ist stark von Bedürfnissen gesteuert. Erlebte Defizite körperlicher, emotionaler oder sozialer Art verlangen bei Heranwachsenden nach Ausgleich und sind deshalb treibende Kräfte im Rahmen der Persönlichkeitsentwicklung. Gleichzeitig auftretende Grund-, Primär- oder Sekundärbedürfnisse (s. S. 119 ff.) können innere Konflikte auslösen, die sich im Verhalten an Orientierungslosigkeit, Passivität, mangelnder Entscheidungsfähigkeit oder an Übersprungs- oder Ersatzhandlungen erkennen lassen.

Beispiele:
- Anerkennungsbedürfnis <—> mangelndes Selbstvertrauen
Ein Spieler möchte in den Besitz des Balles gelangen, um als guter Spieler anerkannt zu werden. Aufgrund mangelnden Selbstvertrauens wird er von der Angst erfasst, Fehler zu begehen und zu versagen. Er fordert den Ball, sucht jedoch gleichzeitig eine Position auf, die verhindert, dass er den Ball erhalten könnte. Später beschwert er sich: „Ihr habt mich ja nie angespielt!“ Die Lösung könnte auch in der Wahl eines Sündenbocks liegen.

- Sexualität <—> Leistung
Konflikte können sich durch die Unverträglichkeit sexueller Aktivität und sportlicher Leistung ergeben. Wenn auch gesicherte Kenntnisse fehlen, ist davon aus-

zugehen, dass intensive sexuelle Aktivitäten vor dem Wettkampf eine leistungsmindernde Wirkung haben. Situationen vor einem Wettkampf, in einem Trainingslager oder bei Abwesenheit des Partners, gestatten häufig nicht die Befriedigung sexueller Bedürfnisse. Eine klare Aussprache und die Überzeugung, dass das gemeinsame Ziel nur erreicht werden kann, wenn alle Beteiligten Disziplin wahren, sind wesentliche Voraussetzungen, um Konflikten vorzubeugen.

- *Sicherheit <—> Risiko*
Menschen, die ein besonderes Bedürfnis nach Sicherheit haben, können gleichzeitig den Wunsch nach abenteuerlichen Erlebnissen spüren. Beispielsweise möchte ein Skifahrer eine Abfahrt bewältigen, fürchtet jedoch Stürze und Blamage. Sein Bedürfnis nach Sicherheit kann befriedigt werden, wenn er sich in der Geborgenheit einer Gruppe und eines besonnenen Skilehrers befindet. Bei selbstunsicheren Persönlichkeiten besteht die Gefahr, dass vor bedeutenden Wettkämpfen Konflikte aufbrechen. Beispielsweise liegt der Wunsch, an einem Wettkampf teilzunehmen, im Widerstreit mit dem mehr oder weniger ausgeprägten Bestreben, das riskante Unternehmen zu unterlassen. Dem Sportler wird dann „Kneifen" vorgeworfen. Nicht immer sind ihm diese Konfliktfaktoren auch bewusst.

- *Leistungsbedürfnis <—> Verletzungsangst*
Für viele aktive Sportler bedeutet die Angst vor Verletzungen eine Quelle dauernder Konflikte. Echte oder vermeintliche Verletzungen oder gesundheitliche Probleme, die dem Leistungsbedürfnis im Wege stehen, führen zu beträchtlichen inneren Spannungen und grüblerischen, inneren Auseinandersetzungen, die sich wiederum negativ auf die Leistung auswirken.

- *Vertrauen <—> Misstrauen*
Ein Trainer möchte seinen Spielern vertrauen. Enttäuschungen aus vergangenen Erfahrungen schaffen gleichzeitig Misstrauen. Dem Bedürfnis nach Vertrauen steht die Möglichkeit des Vertrauensbruchs entgegen. Auf ambivalente Entstehung widerstrebender Bedürfnisse wie Antipathie gegen Sympathie, Bewunderung gegen Ablehnung, Liebe gegen Hass, Abhängigkeit gegen Freiheit, Unterwürfigkeit gegen Dominanz u.a. wurde schon hingewiesen.

- *Trägheit <—> Aktivität*
Das Bedürfnis nach Ruhe verträgt sich nicht mit dem Wunsch, eine gute Figur zu bewahren und fit zu bleiben. Viele Menschen unterliegen dem Konflikt zwi-

schen „Faulenzen“ und sportlicher Betätigung, der täglich aufs Neue ausgetragen wird. Die Lösung ergibt sich aus der „Tagesform“, die meist ausschlaggebend dafür ist, in welche Richtung sich der Mensch bewegt bzw. nicht bewegt.

15.5.5 Interessenskonflikte

Interesse bedeutet, dass bestimmte Dinge oder Sachverhalte der Umgebung die Anteilnahme des Menschen wecken. Es bildet die Grundlage der individuell bedeutsamen Lebenswelt und trägt wesentlich zur Selbstgestaltung der Persönlichkeit bei. Der Prozess der Interessensbildung beginnt in der Spielwelt des Kindes und setzt sich über Freizeit- und Berufsinteressen des Erwachsenen fort.

Interessen sind nur mäßige Handlungsantriebe. Sie veranlassen den Mensch, Situationen und Sachen zu erproben, ohne dabei verpflichtende Ziele anzustreben. Aus anfänglichem Interesse können sich später stabile Einstellungen der Lebensgestaltung entwickeln.

Als weltoffenes Wesen bildet der Mensch in verschiedenen Lebensphasen vielfältige und unterschiedliche Interessen aus.

Gleich stark ausgeprägte Interessen können sowohl *innere* als auch *soziale* Interessenskonflikte auslösen.

Innere Konflikte entstehen dann, wenn sich der Mensch zur gleichen Zeit in gleicher Weise für verschiedene Dinge interessiert, die nicht miteinander vereinbar sind, zum Beispiel die Unvereinbarkeit sportfremder Interessen mit der sportlichen Interessensrichtung.

Konfliktverstärkend wirken sich zeitliche Überschneidungen und räumliche Entfernungen aus. Findet beispielsweise ein Foto- oder Computerkurs zur gleichen Zeit wie das sportliche Training statt, fällt es dem interessierten Jugendlichen besonders schwer, eine Entscheidung zu fällen oder Kompromisse zu finden.

Auch soziale Interessenskonflikte können das Zusammenleben der Menschen erschweren, nämlich dann, wenn die Interessen verschiedener Menschen gegeneinander wirken oder gar aufeinander prallen. In diesem Falle stellen die Interessen die Quelle eines zwischenmenschlichen, d.h. eines sozialen Konflikts dar. Derartige Interessenskonflikte werden durch materielle Einflussfaktoren intensiviert. Beispielsweise versuchen Spieler einer Profimannschaft, sich selbst in ein möglichst positives Licht zu stellen, gleichzeitig bedarf es aber der Rücksichtsnahme und der Kooperationsbereitschaft, um für die Mannschaft das Bestmögliche zu erreichen.

Häufig treten Konfliktsituationen auf, wenn Fremde in eine Mannschaft integriert werden sollen. Dem Wissen um die Notwendigkeit der Verstärkung durch Neulinge steht die Abneigung gegen Fremde entgegen oder die Angst, eigene Interessen gefährdet zu sehen.

Generationskonflikt

Da der Mensch in verschiedenen Lebensphasen unterschiedliche Interessen ausbildet, spielt nicht selten das Generationsproblem eine Rolle. Generationskonflikte liegen häufig auf den Dimensionen Bewunderung und Ablehnung, Liebe und Abneigung, Unterordnung und Rebellion.

Auf der einen Seite die junge, stürmische noch unerfahrene Person der Sportlerin oder des Sportlers, auf der anderen Seite der alte, routinierte und erfahrene Trainer. Hier der kreative, experimentierfreudige Sportler, dort der unbewegliche, erstarrte, u.U. allem Neuen misstrauisch gegenüberstehende Übungsleiter.

Sinnkonflikt

Unterschiedliche Intensitäten und Richtungen der sportlichen Betätigung können auch innerhalb von Sportgruppen zu Konflikten führen, obwohl eine grundlegende gemeinsame Freude am Sport besteht. Es geht um die unterschiedliche Sinnhaftigkeit, die man dem Sport zuschreibt.

Beispiel:

Zwei Läufer verabreden sich zu einer Joggingrunde. Der eine möchte seine persönliche Bestzeit verbessern, der andere ein moderates Tempo zur Herz- und Kreislaufanregung anschlagen. Die Unterschiede der persönlichen Sinnauslegung des Laufens, hier Gesundheitsorientierung, dort Leistungsmaximierung, lösen zunächst einen Konflikt aus, der nur durch Kompromisslösung (z.B. jeder läuft allein, man trifft sich nach einer gewissen Zeit wieder) bewältigt werden kann.

Sinnkonflikte treten immer mehr in bildungstheoretischen und kulturellen Bewertungen des Sports auf.

Meinberg stellt die Frage nach der Verträglichkeit erhoffter Formen der Selbstverwirklichung mit bestimmten Bildungsinhalten. Wo liegen noch Gemeinsamkeiten von „hedonismusgierigen Selbstverwirklichungsstilen“ mit Konzeptionen der Bildung, die ihren Maßstab aus Selbstverzicht und Selbstzucht nehmen? Wie stehen Selbstverwirklichung und Sozialverhalten zueinander? (76).

Diese sowohl gesellschaftspolitisch als auch pädagogisch-didaktisch brisante Sinnfrage des Sports bedarf der eingehenden Reflexion. Jeder Sporttreibende sollte sich dieses Konflikts bewusst werden. Für Lehrer stellt dieser Konflikt eine erzieherische Aufgabe dar. Es geht darum, die Balance zu finden zwischen Individuation und Sozialisation, Ich-Identität und soziale Identität aufeinander abzustimmen und in einer lebenstüchtigen Persönlichkeit zu vereinen.

15.5.6 Zielkonflikte

Zielkonflikte gibt es zwischen einander ausschließenden Zielstellungen. Ziele werden durch Erwartungen, Bedürfnisse und Motive gebildet. Sie stellen deshalb angestrebte Handlungsergebnisse dar, durch die der Mensch seine Wünsche erfüllen kann. Sie reichen von klar definierbaren Zielen sportlicher Aktionen (z.B. eine persönliche Leistung zu überbieten) bis zu ideologischen Zielstellungen des Sports.

Beispielsweise stand der Sport in der ehemaligen DDR im Dienste der ideologischen Stabilisierung des Staatssystems. Sportler wurden nur gefördert, sofern sie sich dieser Zielstellung unterwarfen. Sportler, die Sport aus persönlicher Leistungsorientierung betreiben wollten, jedoch die politische Doktrin ablehnten, standen vor der Situation, Sport auszuüben und mit ihren Leistungen die abgelehnte Staatsideologie zu stützen oder aus dem Sport auszuscheiden. Ziel-Konflikte treten in allen Ebenen des sportlichen Geschehens auf. Ein Gymnasiast muss sich, zum Beispiel, entscheiden, das Abitur abzulegen oder an einer Meisterschaft teilzunehmen. Sehr häufig stehen Studierende, die in Kadergruppen sportlicher Verbände ihr Talent beweisen, vor dem Problem, das Studium in angemessener Zeit abzuschließen oder an wichtigen Auswahlwettbewerben oder Meisterschaften teilzunehmen.

Zielkonflikte zwischen Trainer und Athlet, Lehrer und Schüler, Eltern und Kindern oder Zielkonflikte innerhalb der Mitglieder einer Mannschaft, können zu ernsthafter Gefährdung der grundsätzlichen Übereinstimmung führen.

Negative Folgen sind meist zu verzeichnen, wenn sich einzelne Mannschaftsmitglieder nicht mehr der gemeinsamen Zielstellung unterwerfen (z.B. intensives Training, um den Aufstieg zu schaffen), sondern persönliche Ziele verfolgen (z.B. zeitaufwendige und leistungsabträgliche Werbeaktivitäten, um persönliche finanzielle Ziele zu erreichen). In einer Gymnastikgruppe tritt beispielsweise der Konflikt auf, dass einige Teilnehmer eine technisch vollendete exakte Vorführung anstreben, andere Mitglieder das kreative Moment demonstrieren und der spontanen Eingebung auch bei öffentlichen Auftritten Raum geben möchten.

Aus diesen Beispielen wird ersichtlich, dass Zielkonflikte in engem Zusammenhang mit Bedürfnis- und Sinnkonflikten stehen. Von Zielkonflikten spricht man deshalb nur, wenn sich die Meinungsverschiedenheiten auf konkret formulierbare, klar umreißbare Handlungsabsichten beziehen.

15.5.7 Rollenkonflikte

Einer der schwierigsten Aspekte der Persönlichkeitsentwicklung ist die Auseinandersetzung mit den verschiedenartigen Rollen, die der Mensch in der Gesellschaft einnimmt. Ein Fußballspieler ist nicht nur Fußballer. Eine Turnerin nicht nur der Rolle im Sport verhaftet. Eine wesentliche Vorstellung, die man von anderen Menschen entwickelt, betrifft die Berufsrolle. Aber auch die Rollen als Vater, Mutter, Bruder, Schwester, Freund oder Freundin, „die Rolle des Verlierers", die Rolle eines Vereinsvorstandes u.v.a., prägen die gesellschaftliche Stellung und die Persönlichkeit. Der Prozess, die unterschiedlichen Rollen aufeinander abzustimmen und sie einander anzupassen, birgt ein vielfältiges Konfliktpotential.

Je nachdem, ob sich das Konfliktgeschehen innerhalb einer Rolle des Menschen, zwischen Rollen, die der Einzelne ausübt, oder zwischen den Rollen mehrerer Menschen abspielt, kann man folgende Rollenkonflikte unterscheiden:

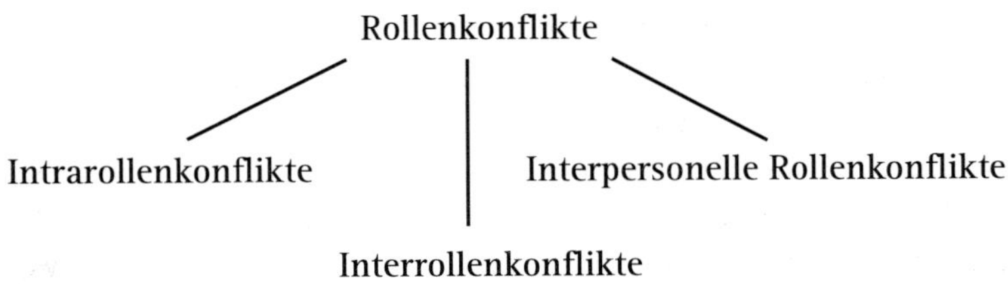

15.5.7.1 Intrarollenkonflikte

Bei Intrarollenkonflikten muss man sich innerhalb einer Rolle für ein bestimmtes Verhalten entscheiden. Dabei können eigene Wünsche und Ziele und die Rollenerwartungen der anderen in konträrer Weise wirken. Je nach Akzentuierung lassen sich drei Formen darstellen.

a) Konflikte aufgrund aktuell widersprüchlicher Bedürfnisse oder Ziele eines Sportlers oder Trainers

Nur allzu oft stehen die Interessen der Mannschaft mit aktuellen persönlichen Wünschen von Einzelspielern im Konflikt. Einordnung und Unterordnung bedeuten für manche Spieler eine konfliktbesetzte Rolle, da sie nicht bereit sind, eigene Bedürfnisse und Ziele dem Mannschaftsziel unterzuordnen.

Die Lösung derartiger Konflikte hängt letztlich von der Bedeutung des angestrebten Ziels und den pädagogischen Wertigkeiten ab, die in unterschiedlicher Weise wirksam werden können. Während der Trainer unter dem Druck des Erfolgs persönliche Neigungen der Spieler meist außer acht lässt, kann der Lehrer mehr auf persönliche Wünsche der Schüler und ihre Leistungsvoraussetzungen eingehen und sie berücksichtigen.

In praktischen Sportsituationen muss sich, beispielsweise, der Spieler entscheiden, ob er sich in wechselnden Spielsituationen in die Abwehr zurückzieht oder weiter im Angriff agiert. Im ersten Fall könnte er einen Torerfolg des Gegners verhindern, verzichtet aber darauf eventuell eigene Torchancen zu nutzen.

Trainer stehen oft vor der Entscheidung „eine harte Welle" einzuschlagen oder weiterhin kooperativ und freizügig zu handeln. Die Einsicht in die aktuelle, prekäre Tabellensituation lässt eine härtere Trainingsweise empfehlenswert erscheinen. Die eigentliche Einstellung des Trainers zielt jedoch auf sozialkompetente Erziehung der Spieler ab, die er aber momentan nicht verwirklichen kann. Die Lösung des Konflikts hängt dann im Wesentlichen von der Bedeutung des Ziels und den äußeren Einflussfaktoren auf die Mannschaft ab.

b) Konflikte aufgrund widersprüchlicher Rollenerwartungen an einen Sportler oder Trainer

Der Trainer soll die Leistung steigern und gleichzeitig ein gutes soziales Klima erreichen. Lehrer sind manchmal gezwungen, schlechte Noten zu erteilen und gleichzeitig sollen sie die Schüler motivieren. An einen Spielmacher werden Erwartungen im Spielaufbau gestellt, er soll aber auch die Abwehr stabilisieren.

Widersprüchliche Rollenerwartungen haben erheblichen Einfluss auf das Alltagsleben. Dabei kann es sehr schnell zu Überforderungen kommen.

Rollen sollen deshalb auch für andere klar erläutert werden, um eine zu starke Streuung der Erwartungshaltungen zu vermeiden.

c) Konflikte aufgrund von Widersprüchen zwischen Bedürfnissen und Rollenerwartungen

Nicht immer stehen die Bedürfnisse und Ziele des Einzelnen mit den Rollenerwartungen der anderen in Übereinstimmung. Beispielsweise soll ein erfolgreicher Sportler auch den Vertretern von Funk und Fernsehen Rede und Antwort stehen, obwohl er öffentliche Auftritte ablehnt. Jugendliche drängen nach Freiraum und lieben es, spontan zu handeln. Nur allzu oft stoßen sie dabei an die Grenzen unserer gesellschaftlichen Normen und disziplinären Anforderungen. Spieler müssen sich der Trainingsdisziplin beugen, Schüler ihren Bewegungsdrang dem Sitzzwang der Schule unterordnen. Derartige Konfliktsituationen können zu Frustrationskonflikten führen, die sich gegebenenfalls in aggressiven Reaktionen Luft verschaffen.

15.5.7.2 Interrollenkonflikte

Zum ersten Mal wurde auf den Interrollenkonflikt durch *Burchard* (12) in einer Untersuchung über den Militärpfarrer hingewiesen, der gleichzeitig die einander widersprechenden Rollen des Geistlichen und des Offiziers zu spielen hat.

Die Vorstellungen, die wir uns von einem Menschen machen, orientieren sich meist an der Rolle, die er uns gegenüber einnimmt. Unter Umständen kann es zu überraschenden Begegnungen kommen, wenn wir den Menschen einmal in einer anderen Rolle kennen lernen. Beispielsweise treffen wir einen bewunderten Politiker in der Rolle eines Patienten, oder einen bekannten Sportler auf der Schulbank eines Sprachkurses der Volkshochschule. Dabei stellt sich die Frage nicht selten, „wie denn der Mensch wirklich sei?". Wir sind geneigt, die Menschen nicht nach persönlichen Eigenschaften zu bewerten, sondern nach den verschiedenen Rollen, die sie in der Gesellschaft einnehmen.

Ein Beispiel zum Rollenrepertoire eines Menschen zeigt, in Anlehnung an *Hofstätter*, folgende Abbildung.

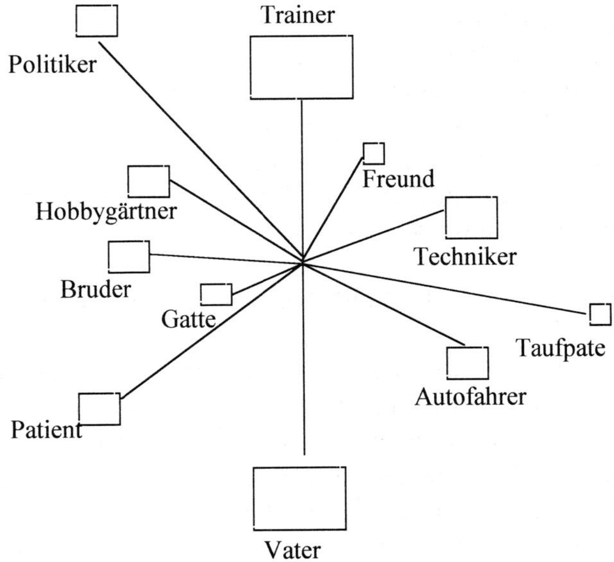

Abb. 43

In der vorliegenden Abbildung geben die Flächeninhalte das Ausmaß an, in dem das Verhalten von den einzelnen Rollen geprägt wird. Die Entfernung der Felder vom Zentrum spiegelt die persönliche Einstellung und das Engagement zu den einzelnen Rollen wider.

Das Beispiel zeigt, dass das Verhalten des Trainers durch die Trainerrolle und die Vaterrolle stark geprägt wird, obwohl ihm die Rolle des Gatten näher steht.

Er ist politisch engagiert, die Rolle als Staatsbürgers beeinflusst ihn aber nur wenig. Deutlich wird, dass die Rolle des Trainers und des Vaters sein Verhalten stark beeinflussen und auch seine innere Einsatzbereitschaft in gleicher Weise fordern.

Ein Interrollenkonflikt kann sich ergeben, wenn diese verschiedenen Rollen im Widerspruch zueinander stehen, oder zumindest entgegenwirkende Handlungsweisen erfordern. Der Vater möchte beispielsweise gern seinen Sohn in die Mannschaft integrieren, der Trainer erkennt jedoch, dass andere geeignetere Spieler darunter zu leiden hätten.

Andere Beispiele wurden schon erwähnt, wie das Problem, den Konflikt zwischen Schule, Beruf und Sport zu lösen oder die Rolle des Freundes oder der Freundin mit der Rolle des Sportlers abzustimmen. Nicht selten kommt es zu ernstem inneren Hin-und-her-gerissen-sein. „Ich weiß nicht, was ich tun soll" oder „Wie ich mich entscheide, es wird mir leid tun". Solche Äußerungen geben den konfliktbelasteten Zustand des Betroffenen wieder.

Konfliktgeladen kann auch die Rolle des Mannschaftsführers oder des Spielführers sein. Er hat die Aufgabe, die Wünsche des Trainers zu vertreten, die unter Umständen den Widerspruch der Spieler wecken, denen sich der Spielführer ebenfalls zugehörig fühlt.

Einen nach wie vor brisanten Rollenkonflikt finden wir zwischen den Rollen der Mutter, der Berufsausübung und der Rolle als Sportlerin.

15.5.7.3 Interpersonale Rollenkonflikte

Bei der Besetzung von Rollen kann es zu Konflikten kommen, wenn eine oder mehrere Personen die Besetzung der Rolle anstreben. In unserer, durch demokratische Spielregeln determinierten Gesellschaft, existieren meist vorgegebene Strategien, wie Regeln, Wahlen, Abstimmungen oder definierte Voraussetzungen, die eine Lösung des Konflikts von vornherein anbieten.

Nichtsdestoweniger kommt es häufig zu ernsten Auseinandersetzungen, wenn die Bewerber über gleiche Voraussetzungen zur Übernahme einer Rolle verfügen und die demokratischen Spielregeln oder andere Lösungsvorgaben nicht akzeptiert werden.

Bei den meisten Mannschaftssportarten treten Konflikte bei Ersatzspielern dann auf, wenn eine Position in der Mannschaft angestrebt wird, die bereits von einem anderen Spieler besetzt ist. Deutlich konnte man das Problem in der Deutschen Fußballnationalmannschaft beobachten, wo über Jahre hinweg der Konflikt zur Besetzung der Torwart- oder Liberoposition schwelte.

Es kann auch der Fall eintreten, dass zwei Mannschaftsmitglieder die Führungsrolle beanspruchen (siehe gemeinschaftlicher Konflikt). Ob dadurch negative Wirkungen auf die Mannschaftsleistung zu erwarten sind, hängt größtenteils von der Interaktionsstruktur, d.h. der wechselseitigen Abhängigkeit der Konkurrenten, ab.

Bei Interaktionsmannschaften wie Fußball oder Basketball kann der Konflikt eskalieren, wenn er von persönlichen Antipathien begleitet und getragen wird.

Mannschaften, die hauptsächlich durch das Zusammenspiel der Kräfte gekennzeichnet sind, werden durch interpersonale Rollenkonflikte wenigert negativ beeinflusst. Beispielsweise berichtet *Adam,* dass im erfolgreichen Weltmeisterachter der Ruderer 1962 ein Führungskonflikt zwischen zwei gleichwertigen Ruderern auftrat.

Die völlige Gleichstellung der beiden Führungskandidaten machte sich vor allem dann negativ bemerkbar, wenn sich die Mannschaft selbständig entscheiden sollte und sich die Vorschläge der beiden Leitruderer unterschieden. Nur die äußere Autorität des Trainers war dann in der Lage, die Mannschaft zu führen und zusammenzuhalten.

In den folgenden Jahren verschärften sich die Konflikte. Die Querelen um die Führungsrolle führten nun zu emotionalen Ablehnungen der ungeliebten Kandidaten, einige Ruderer scheuten sich überhaupt, einen Kapitän zu wählen.

Trotz dieser inneren Konflikte, die ihren Ausgang vom Rollenkonflikt der Führungsruderer genommen hatten, errang die Deutsche Mannschaft die Goldmedaille.

Interpersonale Rollenkonflikte müssen sich bei formellen Mannschaften nicht negativ auf die Leistung auswirken, wenn die Autorität des Trainers gewährleistet ist und der gemeinsame Wunsch auf das Hinarbeiten des von allen erstrebten Ziels nach wie vor vorhanden ist.

15.5.8 Emotionale Konflikte

Gefühle können verschiedenartige Ursachen haben. Meist sind sie an Situationen gebunden, die der Mensch wahrnimmt, die er sich vorstellt oder an die er sich erinnert. Die emotionale Reaktion des Anhängers einer Heimmannschaft unterscheidet sich meist sehr deutlich von den Gefühlen der Anhänger des Gegners. Gefühle entstehen durch Wahrnehmen oder Vorstellen von Situationen (z.B. die Vorfreude oder die Angst vor zukünftigen, subjektiv bedrohlichen Ereignissen), durch Körperreize (z.B. sich wohl oder schlapp fühlen), aber auch durch bewusste Gedankenführung (z.B. an etwas Schönes denken, oder sich aggressiv einstimmen, um optimale Kampfbereitschaft zu erreichen).

Alle bisher genannten Konfliktarten der Zuwendung und Ablehnung können mit einer emotionalen Komponente behaftet sein, die bis zur affektiven Erregung reicht. Insbesondere können in scheinbar unlösbaren Konfliktsituationen die eigentlichen Konfliktursachen in den Hintergrund treten und die begleitenden Emotionen das Handeln bestimmen.

Beispiel:
Ein junger Spieler befürchtet, dass er den Anforderungen eines Spieleinsatzes nicht gerecht werden kann. Vorhandene Minderwertigkeitsgefühle beeinträchtigen stark das Selbstvertrauen. Er möchte jedoch unbedingt in der Mannschaft mitspielen. Dem Wunsch nach Anerkennung seiner Leistung stehen mangelndes Selbstvertrauen und Ängstlichkeit gegenüber. Die aus der Konfliktsituation resultierenden Gefühle sind durch labiles Schwanken zwischen Angst, Aggression, Resignation und Erfolgszuversicht gekennzeichnet.

Emotionale Konflikte entstehen sowohl als Zuwendungs-Ablehnungskonflikte als auch als Zuwendungs-Zuwendungskonflikte oder Ablehnungs-Ablehnungskonflikte.

Beispiele:
Zuwendungs-Zuwendungskonflikt
Der Spieler einer angreifenden Mannschaft erarbeitet sich eine günstige Spielposition. Dabei wird ein gegnerischer Spieler ernsthaft verletzt. Der angreifende Spieler hat den Konflikt zu lösen, seinem Mitgefühl zu folgen, oder dem Wunsch nach Torerfolg nachzugeben und das Spiel fortzusetzen.

Zuwendungs-Ablehnungskonflikt
Ein Schüler möchte gerne Basketball spielen. Er hat jedoch eine große Antipathie gegen einige Mitglieder der Mannschaft. Er kann sich zunächst nicht entscheiden, da seinen Zuwendungsgefühlen starke Ablehnung entgegenwirkt.
Ein weiteres Beispiel:
Der ungeliebte Trainer schickt einen hoch motivierten Stammspieler auf die Ersatzbank. Dem Wunsch, auf dem Spielfeld zu bleiben, steht die Ablehnung der

Auswechslung gegenüber. Als Folge der emotionalen Erregung kann ein Zornausbruch oder aggressiv beleidigendes Verhalten gegen den Trainer auftreten.

Ablehnungs-Ablehnungskonflikt
Ein Schüler möchte gerne Volleyball spielen. In der Schule werden jedoch nur Basketball oder Fußball angeboten. Da es sich um Pflichtunterricht handelt, muss er sich nun für eine Sportart entscheiden, zu deren Ausführung er keinerlei Lust hat.
Es ist sinnvoll, von emotionalen Konflikten erst dann zu sprechen, wenn mit dem Konflikt eine hohe Erregung einhergeht. Viele Aggressionshandlungen im Sport werden durch eine hohe affektive Erregungskomponente ausgelöst, die letztendlich auf innere oder soziale Konflikte zurückzuführen ist. Vor allem pädagogisch orientierte Trainer und Lehrer sollten Aggressionen nach Konfliktursachen hinterfragen.

Beispiel:
Ein Schüler, der als schwacher Spieler gilt – und auch nur gezwungenermaßen mitspielt – hat endlich einmal den Ball, und will aufs Tor schießen. Dabei wird er von einem besseren Mitspieler gestoppt, der ihm den Ball wegnimmt. Wütend, ob des Ballverlusts, tritt er dem Gegenspieler an das Schienbein (126). Daraufhin wird er vom Schiedsrichter des Feldes verwiesen.

Die Erziehung zu fairem Verhalten setzt die Sensibilisierung sozialer Gefühle wie Mitgefühl, Mitleid, Rücksicht oder Einfühlen voraus. Sie werden häufig durch äußere Faktoren wie Erfolgsdruck oder materielle Ziele unterdrückt. Die Wirkung dieser unterdrückten Konfliktanteile zeigt sich später in Schuld- und Reuegefühlen, die als typische Konfliktfolgeemotionen genannt werden können.

Konfliktverhalten bedeutet stets ein Signal für Trainer und Lehrer. Erst durch ernsthaftes Bemühen, die Konfliktquellen aufzudecken, können ähnliche Probleme in Zukunft verhindert werden.

Die Brisanz emotionaler Konflikte steigt mit der Erregungskomponente. Dies kann so weit gehen, dass die eigentlichen Konfliktursachen an Bedeutung verlieren, da die begleitenden Gefühle eine dominierende Rolle einnehmen. Besonders bei affektiven Angstkonflikten ist dies der Fall. Die Angst vor einer Prüfung kann ebenso stark sein, wie die Angst vor drohender Arbeitslosigkeit. Auch bei Bestehen der Prüfung können „Rückstände" des Angstkonflikts bestehen bleiben. Sie können beispielsweise den Betroffenen veranlassen, in Zukunft jede ähnlich gelagerte Situation zu vermeiden. Daraus können sich neue Ablehnungskonflikte bilden.

15.5.8.1. Konfliktverlauf und Emotion

Emotionen können sowohl als Ursache, als Folge oder als prozessbegleitendes Phänomen von Konflikten auftreten.

Bereits *vor* einem Ereignis können widerstreitende, unvereinbare Gefühle und Erlebnisweisen vorhanden sein, die einen emotionalen Konflikt auslösen. Aus der Vielfalt der mitmenschlichen Beziehungen, die im Sportgeschehen gegeben sein können, spielen häufig die folgenden ambivalenten Gefühlsdimensionen eine konfliktauslösende Rolle.

Sympathie	----	Antipathie
Anerkennung	----	Verachtung
Mitgefühl	----	Härte
Bewunderung	----	Neid
Hoffnung	----	Resignation
Fairness	----	Rücksichtslosigkeit
Bescheidenheit	----	Arroganz
Verzicht	----	Genuss
Zufriedenheit	----	Unzufriedenheit
Selbstsicherheit	----	Minderwertigkeit
Selbstvertrauen	----	Ängstlichkeit

Diese Emotionen können als Zuwendungskonflikte konkurrierend in Erscheinung treten oder auch als ambivalente Zuwendungs-Abwendungsemotionen unbewusst das Verhalten beeinflussen.

Emotionen sind meist an Bedürfnisse und Wünsche gekoppelt. Die Intensität eines Bedürfnisses wird nach seiner emotionalen Begleitung erlebt. So kann z.B. das Bedürfnis nach Anerkennung zu hoher emotionaler Erregung führen, die als Konfliktfolge das Handeln steuert. Ein weiteres Beispiel zeigt den engen Zusammenhang zwischen emotionalen Konflikten und Bedürfnis:

Ein Spieler kennt seine Rolle in der Mannschaft. Sie lässt ihm jedoch wenig Spielraum, durch spektakuläre Aktionen zu glänzen. Als beim nächsten öffentlichen Spiel zahlreiche Zuschauer anwesend sind, bricht er aus der mannschaftsdienlichen Rolle aus und versucht, durch Einzelaktionen die Aufmerksamkeit auf sich zu ziehen. Der Konflikt, Anerkennung in der Mannschaft oder Anerkennung durch die Zuschauer, veranlasste ihn zu unkontrollierten, auf Effekthascherei gerichteten Aktionen.

Im Sport ist die „emotionale Ladung“ als Handlungsantrieb besonders wichtig. Gerade deshalb können Emotionen in bestimmten Situationen Konflikte heraufbeschwören.

Situationen sollen deshalb schon zu Handlungsbeginn klar durchdacht und Handlungsfolgen absehbar sein. Ein Spieler wird sich der Mannschaftsdisziplin fügen, wenn er von vornherein weiß, dass mannschaftsschädigendes Verhalten zu Sanktionen oder gar zum Ausschluss führen kann. Gerade junge Sportler sollen lernen, Konflikte vorauszusehen, sie zu tolerieren oder zu bewältigen. Emotionen, die sich als Folge einer Konfliktsituation zu hohen Erregungszuständen steigern, eskalieren nicht selten in affektiven, körperlichen oder verbalen Aggressionshandlungen. Als Beispiel sei die Konfliktsituation eines Ersatzspielers genannt.

Beispiel 1:
Ein Spieler möchte seine Leistungsfähigkeit in einem öffentlichen Spiel demonstrieren.

- Der Trainer beordert ihn jedoch auf die Ersatzbank.
- Der Spieler kann seine Erregung als Folge der Enttäuschung nicht bewältigen. In dieser Situation sind folgende Reaktionen denkbar:

a) Er denkt an frühere, ähnliche Erfahrungen. Die Angst vor Sanktionen bewirkt einen Aufschub seiner Unzufriedenheit. Er toleriert die Situation.
b) Die emotionale Erregung ist so stark, dass die Toleranzgrenze überschritten wird. Er signalisiert seine Unzufriedenheit gestenreich und äußert Beleidigungen in Richtung Trainer.

- Beide Möglichkeiten stellen nur ein vorläufiges Ende und keine Lösung des Konflikts dar.
- Obwohl der Spieler seine Unzufriedenheit in der Situation unter Punkt a) aufschieben kann, erhält er keine Gelegenheit zur Befriedigung seiner Wünsche. Die Toleranzgrenze wird überschritten, er reagiert wie im Fall unter Punkt b).
- Der Trainer reagiert mit Sanktionen, da er dem Spieler die Verantwortung für das undisziplinierte Verhalten zuschreibt. Dadurch wird der Konflikt verstärkt, da die Erregung bei Trainer und Spieler ansteigt. Der Trainer deutet die Signale des Spielers nicht als Konfliktsignale, sondern als Merkmale undisziplinierten Verhaltens.

Beispiel 2:
Hier soll gezeigt werden, dass emotionale Konflikte zwischen Trainer und Spieler eine Umwandlung in personale Konflikte erfahren können.

- Eine wesentliche Rollenerwartung an den Trainer besteht darin, die Spieler bestmöglichst zu fördern und in die Mannschaft zu integrieren.
- In der konkreten Spielsituation kann der Trainer dieser Erwartung nicht gerecht werden, da stets einige Spieler auf der Ersatzbank sitzen.
- Der Trainer erfasst die Signale der Unzufriedenheit der Spieler. Zwei Folgereaktionen sind möglich:

a) Die emotionale Reaktion aktiviert Verhalten, das sich auf die Erregungsursache bezieht. Die Emotion wird als Konfliktsignal interpretiert: Wie kann der Konflikt vermieden, vermindert oder gelöst werden?
b) Das Verhalten des Trainers dient der Abreaktion seiner eigenen Spannung, durch Wutausbruch oder durch aggressives Verhalten gegenüber anderen.

- Wird die Erregung als Signal interpretiert, so bedeutet dies, dass versucht wird, die Konfliktursachen aufzudecken und bewusst zu machen. Eine endgültige Lösung kann nur erreicht werden, wenn eine Veränderung auf der Handlungsebene möglich wird. z.B.:
- Welche Kompromisse bieten sich an?
- Wo sind Alternativen möglich?
- Welche Perspektiven werden in Zukunft wichtig? u.a.
- Sofern der Trainer seine Erregung als Bedürfnisentspannung abreagiert, gerät er in Gefahr, den ursprünglich in der Mannschaftstaktik angelegten Konflikt als Problem seiner eigenen Person zu sehen. Seine Erregung gerät in Widerspruch zu den sachbezogenen Anforderungen.

Die subjektiven Reaktionen des Trainers können sein:

- „Ich bin der Trainer und dulde keinen Widerspruch!“ oder
- Seine Erregung erscheint ihm als Signal dafür, dass er dem Trainerberuf nicht gewachsen ist. „Ich bin diesem Job nicht gewachsen. Ein guter Trainer hätte diese Probleme nicht!“

15.6. Konfliktbewältigung

Bedingt durch die Vielfalt der Konfliktsituationen im Sport kann es keine Standardlösungen geben. Bei der Erstellung von Lösungsstrategien sind die im vorliegenden Kapitel genannten Konfliktfaktoren wie Konflikttyp, Intensität, Dauer, Anzahl der Konfliktkomponenten, ihre Relation zueinander, personale und soziale Faktoren, zu berücksichtigen.

a. - Feststellen des Konflikttyps

Handelt es sich um Annäherungs- oder Ablehnungskonflikte oder sind beide Komponenten beteiligt? Welche Folgen würden sich durch Verzicht auf eine Komponente ergeben? Ist eine Konfliktlösung unbedingt anzustreben oder kann die Konfliktlage zeitlich begrenzt toleriert werden (Ambiguitätstoleranz)?

b. - Konfliktursachen suchen und offen legen

Vor allem aggressive, ängstliche oder antriebsgestörte Menschen finden häufig keine Erklärung für ihr Verhalten, Mit Hilfe einer vertrauensvollen Bezugsperson kann durch die Offenlegung von Motivkonflikten eine konfliktreduzierende Wirkung erzielt oder ein Lösungsweg gefunden werden.

c. - Gespräche führen

Nur durch Gespräche können Sportler und Betreuer miteinander in engeren Kontakt treten. Das Gespräch bietet die Möglichkeit, Konflikte aufzugreifen, offen zu legen und Lösungswege zu diskutieren. Neben den sachlichen Ergebnissen hat das Gespräch generell einen konfliktreduzierenden Effekt, da es Vertrauen schafft und Missverständnisse, Vorurteile, Ängste und Hemmungen zu beseitigen vermag.

d. - Kompromisse eingehen

Jede Partei ist zu gewissen Zugeständnissen bereit. Die Rivalität ist jedoch noch nicht beseitigt. Sie wird, in für beide Seiten jedoch akzeptablen Grenzen, weiter bestehen bleiben.

e. - Übereinkünfte akzeptieren – Der Waffenstillstand

Damit nehmen die Auseinandersetzungen ein Ende, ohne dass eine grundsätzliche Regelung der Streitfrage erfolgt wäre. Es werden weitere Verhandlungen und Gespräche ermöglicht, um doch noch verbindliche Lösungswege zu finden. Der Waffenstillstand bietet beiden Parteien eine Bedenkpause. Bei Problemen zwischen Sportlern und Trainern, bei Rivalitäten der Spieler untereinander oder in anderen sozialen Konfliktsituationen, vermag über die aufschiebende Funktion des Waffenstillstands eine endgültige Lösung gefunden werden.

f.-Schlichtungsverfahren organisieren

Beide Parteien kommen überein, sich der Entscheidung einer dritten neutralen Person, der sie vertrauen, zu unterwerfen. Trainer, Eltern, Lehrer oder vertauenswürdige Personen aus dem Konfliktumfeld stellen geeignete Schlichter dar.

g. - Toleranz walten lassen

Toleranz bedeutet, dass sich beide Parteien damit begnügen, den unerwünschten Zustand zu akzeptieren. Häufig sind Kosten und Folgen einer Auseinandersetzung mit hohen Belastungen verbunden, so dass es besser ist, „sich miteinander abzufinden“.

h. - Einsicht gewinnen

Triviale Konfliktursachen können zu heftigen Auseinandersetzungen eskalieren, sofern sie von unreflektierten, emotionalen Reaktionen begleitet werden. Die Einsicht in die objektive Trivialität einer Auseinandersetzung bedeutet, dass sich eine Partei „unter Niveau“ angesprochen fühlt „Es ist mir zu dumm, darauf zu antworten!“, „Im Grunde kann's mir doch egal sein, letztendlich ist es sein Problem!“

i. - Konfliktsituation antizipieren

Hierbei handelt es sich nicht um eine Art der Konfliktbewältigung, sondern um eine Konfliktprognose. Der Sportler kann durch Vorausschau zu erwartender Konflikte bereits Verhaltensalternativen durchspielen, um dem Konflikt zu entgehen. Ein erfahrener Trainer wird geeignete Maßnahmen treffen können, um mögliche Konfliktsituationen von vornherein auszuschalten.

Literaturverzeichnis

1. Adam, K./ Lenk, H: Rudertraining. Bad Homburg 1977.
2. Allmer, H.: Zur Diagnostik der Leistungsmotivation. Czwalina, Ahrensburg 1973.
3. Angst, B.E.: Magische Praktiken der Menschen unserer Zeit. Europäische Hochschulschriftenreihe VI, Bd. 7. Berlin 1972.
4. Arnold, W.: Diagnostisches Praktikum. Fischer Verlag, Stuttgart 1972.
5. Arnold, W./Eysenck, J./Meili R.: Lexikon der Psychologie, Bd. 1-3, Herder Verlag, Freiburg, Basel, Wien 1971.
6. Baumann S.: Praxis der Sportpsychologie. BLV-Verlag, München 1986.
7. Bäumler, G./Brengelmann, J.: Verhalten und Verhaltensmodifikation im Sport. Röttger-Verlag, München 1987.
8. Becker-Carus/Heyden, T./Ziegler, G.: Psychophysiologische Methoden. Enke-Verlag, Stuttgart 1979.
9. Berliner, D.C./Gage, N.L.: Pädagogische Psychologie. Urban & Schwarzenberg-Verlag, München 1977
10. Bernstein, A.D/Borcovec, D.: Entspannungstraining. Handbuch der progressiven Muskelentspannung. Pfeiffer-Verlag, München 1987.
11. Burn, C.: Magie und Aberglaube im Spitzensport. In: Schilling, G./ Pilz, G.: Sportpsychologie - wofür? Birkhuser-Verlag, Basel 1974.
12. Burchard, W.: Role Conflicts of Military Chaplains. In: Am. Soz. Rev., 19, 1954.
13. Coser, L.: Theorie sozialer Konflikte. Neuwied 1972.
14. Carus, C.: In: Becker-Carus u.a.: Pyschophysiologische Methoden. Enke-Verlag, Stuttgart 1979.
15. Christen, J.H.: Biofeedback und Leistung. In: Bäumler, G., u.a.: Verhalten und Verhaltensmodifikation. Röttger-Verlag, München 1987.
16. Corell, W.: Motivation und Überzeugung in Führung und Verkauf. Verlag Moderne Industrie, Landsberg 1983.
17. Dacheneder, U.: Unveröffentlicht, Würzburg 1989.
18. Dowaliby, F./Schunner, H.: Teacher - Centered versus Student Centered Mode of College Classroom Instruction Is Related to Manifest Anxiety. In: J. of Educational Psychology, 6 R: 125 - 132, 397, 1972.
19. Eberspächer, H.: Stress und Stressregulation. In: Gabler, H. u.a.: Praxis der Psychologie im Leistungssport. Bartels & Wernitz, Berlin 1979.
20. Eberspächer, H.: Sportpsychologie. Rowohlt-Verlag, Reinbek 1987.

21. Eberspächer, H.: Mentale Trainingsformen in der Praxis. Oberhaching 1990.
22. Erikson, E.H.: Jugend und Krise. Stuttgart 1970.
23. Erikson, E.H.: Dimensionen einer neuen Identität. Frankfurt 1975.
24. Feldenkrais, M.: Bewusstsein durch Bewegung. Suhrkamp, Frankfurt 1978.
25. Fetz, F.: Methodik der Leibesübungen. Limpert-Verlag, Bad Homburg 1979.
26. Fischer, N.: „Mehr Fleisch auf die Rückhand". In: Tennis-Sport, DTB, Nr. 1, 1990.
27. Frester, R.: Der Belastungssymptomtest – ein Verfahren zur Analyse der Verarbeitung psychisch belastender Bedingungen bei Sportlern. In: Doil, W. u.a.: Beiträge zur Sportpsychologie 1, Sportverlag, Berlin 1972.
28. Frester, R.: Informationsgestaltung bei der Heranbildung interner Abbilder von sportlichen Bewegungsabläufen. In: Th. u. Pr. d. Körperk., Beiheft 2 (96-99), 1989.
29. Gabler, H.: TAT – Sportbildserien – Fragestellungen, Gütekriterien, Untersuchungsergebnisse. In: Rieder, H.: Emp. Methoden i.d. Sportpsychol.. Hofmann-Verlag, Schorndorf 1975.
30. Gabler, H.: Motivationale Aspekte sportlicher Handlungen. In: Gabler, H. u.a.: Einführung in die Sportpsychologie. Hofmann-Verlag, Schorndorf 1980.
30a. Galtung, J.: Institutionalizised Conflict Resolution. A Theoretical Paradigma. In: Journ. Peace Res. 1965, 348-397. Dt. Übers. In Bühl (Hrsg.), 1972.
31. Gissen, L.: Psychologie und Psychohygiene im Sport. Th. u. Pr. d. Körperk.. Beiheft 2, Berlin 1973.
32. Gorbunow, G.D.: Der erfolgreiche Sportler. Sportverlag, Berlin 1987.
33. Grau, U./Müller, J./Rohweder, N.: Erfolgreiche Strategien zur Problemlösung im Sport. Trainerbibliothek 26, Münster 1990.
34. Hagedorn, G./Karl, H./Bs, K. (Red.): Handeln im Sport. Clausthal-Zellerfeld, 1985.
35. Hahn, E.: Magisches Denken im Sport. In: Leistungssport, 1977, 1, 68- 71.
36. Hahn, E.: Coaching. Informationen der Trainerakademie, Köln Juli 1989.
37. Heckhausen, H.: Hoffnung und Furcht in der Leistungsmotivation. Meisenheim 1963.
38. Herckner, W.: Sozialpsychologie, Bern, 1991.
39. Heyden, T./Ziegler, G.: Psychophysiologische Methoden. Enke-Verlag, Stuttgart 1979.
40. Hirsch, V.: Aggression, ein Persönlichkeitsmerkmal für den Erfolg einer Damenhandballmannschaft. Würzburg 1989, unveröffentl.

41. Heller/ K; Nickel, H.: Psychologie in der Erziehungswissenschaft, B. II, Stuttgart, 1978.
42. Hofstätter, P.R.: Gruppendynamik. Rowohlt-Verlag, Reinbek 1986.
43. Hug, O.: Bericht über ein inneres Training im Stabhochspringen. In: Leistungssport, 5, 83, 43-47.
44. Jacobsen, G.: Progressive Relaxation. Chicago, University of Chicago Press 1938.
45. Jacobsen, G.: The Psychology of Superstition. Suffolk 1971.
46. Jansen, J.P.: Persönlichkeitskonstrukte und psychodiagnostische Methoden im Leistungssport. In: Gabler, H. u.a.: Praxis der Psychologie im Leistungssport. Bartels & Wernitz-Verlag, Berlin 1979.
47. Jost, E.: Die Fairness. Untersuchung ihres Ursprungs und Wesensgehalts und ihre Bestimmung als ein pädagogischer Wertbegriff. Hamburg 1970.
48. Jung, C.G.: Über psychische Energetik und das Wesen der Träume. Zürich 1948.
49. Jung, C.G.: Symbole der Wandlung. Zürich 1952.
50. Kemmler, R.: Psychologisches Wettkampftraining. BLV-Verlag, München 1973.
51. Klawora, P./Daniel, V.: Coach, Athlet and the Sportpsychologist. Toronto 1980.
52. Knobloch, J.H.: Pscholog. Stress in der Vorwettkampfphase, In: Gabler u.a.: Praxis der Psychologie im Leistungssport. Berlin 1979.
53. Kornadt, H.J.: Thematische Apperzeptionsverfahren. In: Heiss, R.: Handbuch der Psychologie, 6, 635-684, Göttingen 1964.
54. Krappmann, L.: Soziologische Dimensionen der Identität. Enke-Verlag, Stuttgart 1973.
55. Kroll, W.: Current Strategies and Problems in Personality Assessment of Athletes. In: Psychology of Sport. Fisher, A.C. (ed.), Mayfield-Verlag, Palo Alto 1976.
56. Kröner, B./Sachse, R.: Biofeedback-Therapie. Klinische Studien, Anwendung in der Praxis. Kohlhammer-Verlag, Stuttgart 1981.
57. Kühne, N. u.a.: Psychologie für Fachschulen und Fachoberschulen. Stam-Verlag, Köln 1982.
58. Kunze, G.: Mentales Training – System und Anwendung. Kongressbericht Motivation im Sport, Schorndorf 1971.
59. Kurz, D.: Pädagogische Grundlagen des Trainings. Studienbrief 4, Köln 1989.

60. Lamnek, S.: Qualitative Sozialisationsforschung. Psychologie Verlags-Union, Bd. 2, München 1989.
61. Lautermann, E.: Situation x Person: Interindividuelle Differenzen des Verhaltens als Ursache idiosynkratischer Konstruktion von Situationen. In: Graumann, C.F.: ökologische Perspektive in der Psychologie. Bern 1978.
62. Lazarus, R.S.: Psychological Stress and the Coping Process. McGraw Hill, New York 1966.
63. Lewin, K.: A Dynamic Theory of Personality, New York, 1935
64. Lienert, G.A.: Testaufbau und Testanalyse. Beltz-Verlag, Weinheim 1972.
65. Lindemann, H.: Einfach Entspannen. Mosaik-Verlag, München 1984.
66. Loehr, E..J..: Mental-Training. BLV-Verlag, München 1988.
67. Loehr, E.J.: Die neue mentale Stärke, München, 1996
68. Martens, R.: The Sport Competition Anxiety Test. Human Kinetics, Champaign, Illinois 1977.
69. Martens, R.: Coaches Guide to Sport Psychology. Human Kinetics, Champaign, Illinois 1987.
70. Martin, D.: Mannschaftsformen und Grundlagen der Mannschaftsführung. In: Pschologie in Training und Wettkampf. Trainerbibliothek, 5. Berlin, München/ Frankfurt 1977.
71. Mathesius, R.: Methoden zur Erfassung aktuell erlebter Zustände. In: Doil, W. u.a.: Beiträge zur Sportpsychologie. Berlin 1972.
72. Mc Cluggage, D.: Der innere Schwung. Otto Mayer-Verlag, Ravensburg 1987.
73. Mc Kay, M./Davis, M./Fanning, P.: Messages: The Communication Book. New Habinger, Oakland 1981.
74. Mead, G.H.: Geist, Identität und Gesellschaft. Frankfurt 1973.
75. Meichenbaum, D.W.: Kognitive Verhaltensmodifikation. Urban & Schwarzenberg-Verlag, München/ Wien 1979.
76. Meinberg, E.: Sozialverhalten im Sport, in: Pühse, U., Soziales Handeln im Sportunterricht, Schorndorf, 1994
77. Meinel, M. Schnabel, G.: Bewegungslehre - Sportmotorik. Sportverlag, Berlin 1987.
77a. Miller, N.E.: Experimental Studies of Conflict. In: Hunt u.a. (Hrsg.) Personality and the Behavioral Disorders. New York, 1944.
78. Murray, H.A.: Exploration in Personality. New York 1935.
79. Neumann, O.: Die leibseelische Entwicklung im Kindes- und Jugendalter. Ambrosius Barth-Verlag, München 1964.

80. Nideffer, R.M.: Mental-Training. Der Weg zum Erfolg, Müller-Verlag, Zürich/ Stuttgart/ Wien, 1989.
81. Nitsch, J./Allmer, H.: Naive psychoregulative Techniken der Selbstbeeinflussung. In: Sportwissenschaft 9, 143-163, 1979.
82. Nitsch, J.: Zur handlungstheoretischen Grundlegung der Sportpsychologie. In: Gabler, H. u.a.: Einführung in die Sportspychologie. Schorndorf 1986.
83. Nitsch, J.: Kognition und ihre Wechselbeziehungen zu Emotion und Motivation aus planungstheoretischer Sicht. In: Proceedings, Ed. Wiss. Rat für Körperkultur und Sport, Leipzig 1988.
84. Nitsch, J./Sonnenschein,I./Tradt, A.: Kölner Psychoregulationstraining. Köln 1983.
85. Novak, F./Finster, H./Schneider, K.H.: Psychologie I. Hueber-Holzmann-Verlag, München 1981.
86. Oerter, R./Weber, E.: Der Aspekt des Emotionalen in Unterricht und Erziehung. Auer-Verlag, Donauwörth 1975.
87. Orlick, T.: In Pursuit of Excellence. Human Kinetics Publishers, Champaign, Illinois 1986.
88. Orlick, T.: Psyching for Sport. Leisure-Press, Champaign, Illinois, 1987.
89. Pongratz, L.J.: Lehrbuch der Klinischen Psychologie. Hogrefe-Verlag, Göttingen 1975.
90. Porter, K./Foster, J.: Mentales Training. BLV-Verlag, München 1987.
91. Puni, A.Z.: Abriss der Sportpsychologie. Sportverlag, Berlin 1961.
92. Puni, A.Z.: Einige Fragen der Theorie des Willens und die Herausbildung der Willenseigenschaften. In: Arutunjan, R.K. et.al.: Psychologie im Sport. Sportverlag, Berlin 1975.
93. Railo, W.: Besser sein, wenn's zählt. Pagina, Friedberg 1986.
94. Richardson, A.: Mental Practice: A Review and Discussion. Res. Quart., 1967, 38.
95. Rieder, H.: Narrative Interviews. Erfahrungen und Perspektiven. In: Sportpsychologische Forschungsdiagnostik – Grundlagen, Probleme, Ansätze. bps-Verlag, Deutsche Sporthochschule Köln 1981.
96. Rieder, H./Fischer, G.: Didaktik und Methodik des Sportunterrichts. BLV-Verlag, München 1986.
97. Rohracher, H.: Einführung in die Psychologie. Urban & Schwarzenberg-Verlag, Wien 1979.
98. Rokusfalvy, P.: Sportpsychologie. Limpert-Verlag, Frankfurt 1980.
99. Rushall, B.S.: Psychological Inventories for Competitive Swimming. Sport Science Associates, 376 Algonia Street N/ Ontario 1974.

100. Rushall, B.S.: Psyching in Sport, the Psychological Preparation for Serious Competition in Sport. Pelham, London 1979.
101. Scharbert, K.: Methodische und praktische Prinzipien der Konstruktion von Testbatterien zur psychologischen Eignungsauslese im Sport. In: Doil, W. u.a.: Beiträge zur Sportpsychologie 1, Sportverlag, Berlin 1972.
102. Schellenberger, H.: Untersuchungsmethoden in der Sportpsychologie. Sportverlag, Berlin 1983.
103. Schilling, G./Pilz, G.: Sportpsychologie – wofür? Birkhäuser-Verlag, Basel 1974.
104. Schmidt, P.: Psychoregulation im Leistungssport. Leistungssport, Frankfurt 1 (1971) 2.
105. Schubert, F.: Psychologie zwischen Start und Ziel. Sportverlag, Berlin 1981.
106. Seitz, W.: Über den Einsatz von Persönlichkeitsfragebögen in der sportpsychologischen Forschung. In: Rieder, H. u.a.: Emp. Methoden in der Sportpsychologie. Hofmann-Verlag, Schorndorf 1975.
107. Secord, P./Backman, C.W.: Social Psychology, New York 1965.
108. Selye, H.: The Stress of Life. McGraw Hill, New York 1956.
109. Sherif, M.: Social Psychology, New York 1969.
110. Sonnenschein, I.: Das Kölner Psychoregulationstraining. bps-Verlag, Köln 1984.
111. Spielberger, C.D. (Ed.): Anxiety and Behaviour. New York: Academic Press, 395-397, 1979.
112. Steinbach, M.: Medizinisch-psychologische Probleme der Wettkampfvorbereitung. Bartels & Wernitz Verlag, Berlin 1971.
113. Syer, J./Connolly, Ch.: Psychotraining für Sportler. Rowohlt-Verlag, Reinbek 1987.
114. Thomas, A.: Psychologie der Handlung und Bewegung. Hofmann-Verlag, Schorndorf 1976.
115. Thomas, A.: Sportpsychologie, ein Handbuch in Schlüsselbegriffen. Urban & Schwarzenberg Verlag, München/ Wien/ Baltimore 1982.
116. Triebe, J.K.: Über den Einfluss von Variablen des kognitiven Stils auf das mentale Training. In: Ulich, E.: Training und Beanspruchung. Limpert-Verlag, Frankfurt 1973.
117. Turos, B./Starosta, W.: Maskottchen – Vorurteil oder Psychotherapie? In: Leistungssport, 1977, 1, 72-74.
118. Ulich, E.: Untersuchungen über sensomotorisches Lernen. Ber.
119. Kongr. DG f. Ps., 363-367, Frankfurt 1965.

120. Ulich, E.: Über verschiedene Methoden des Lernens sensomotorischer Fertigkeiten. Arbeitswissenschaft 6, 48-50, 1967.
121. Ulich, E.: Beiträge zum mentalen Training. Limpert-Verlag, Frankfurt 1973.
122. Unestahl, L.E.: Mentales Training nach Lars Erich Unestahl. Sportinformation, (SLS) 6, 1982.
123. Ungerer, D.: Leistungs- und Belastungsfähigkeit im Kindes- und Jugendalter. Hofmann-Verlag, Schorndorf 1969.
124. Vanek, M./Hosek, V.: Zur Persönlichkeit des Sportlers. Hofmann-Verlag, Schorndorf 1977.
125. Veelken, L.: Einführung in die Identitätstherapie. Enke-Verlag, Stuttgart 1978.
126. Volkamer, M.: Von der Last mit der Lust im Sport. Hofmann-Verlag, Schorndorf 1977.
127. Volkammer, M./Thomas, V.: Untersuchungen zum mentalen Training. In: Die Leibeserziehung, 20, 1969.
128. Volkamer, M.: Schulsport und Erziehung zur Fairness. In: Pühse, U., Soziales Handeln im Sportunterricht, Schorndorf, 1994.
129. Volpert, W.: Untersuchungen über den Einsatz des mentalen Trainings. Deutsche Sporthochschule, Köln 1969.
130. Volpert, W.: Sensumotorisches Lernen. Limpert-Verlag, Frankfurt 1971.
131. Volpert, W.: Optimierung von Trainingsprogrammen. Lollar/Lahn, 1976.
132. Wais, M.: Neurophysiologie der rechten Hemisphäre. Haag & Herchen-Verlag, Frankfurt 1982.
133. Wehner, E./Durchholz, E.: Persönlichkeits- und Einstellungstest. Kohlhammer-Verlag Stuttgart 1980.
134. Weinzierl, H.: Entwicklungs- und sozialpsychologische Aspekte der Aggression im Fußballsport. Unveröffentl., Würzburg 1985.
135. Wellendorf, F.: Schulische Sozialisation und Identität. Zur Sozialpsychologie der Schule als Institution. Weinheim 1975.
136. Wiemann, K.: Untersuchungen zum mentalen Training turnerischer Bewegungsabläufe. Die Leibeserziehung, 2, 36, 1971.
137. Wolpe, J.: Praxis der Verhaltenstherapie. Huber-Verlag, Bern 1974.
138. Wyss, D.: Die tiefenpsychologischen Schulen von den Anfängen bis zur Gegenwart, Göttingen, 1972.

Sporttitel im Meyer & Meyer Verlag

Adventure Sports

Aschwer - Ironman
Bergmann/Butz - Big Foot
Diel/Menges - Surfing
Haas - Mountainbiking
Haetzel - The Big Race across America
Hottenrott/Urban - In-Line Skating
Knoller/Frühwirth - Paragliding
Köppern - Bungee-Springen
Krohn - Beach Volleyball
Schädle-Schardt - Klettern

Athleten und Trainer

Castella - Laufen – mein Leben
Coe - Running Free
Galloway - Richtig laufen mit Galloway
Hinault - Eine Radsportkarriere
Lydiard - Laufen mit Lydiard
Martin/Coe - Mittel- und Langstreckentraining
Sleamaker - Systematisches Leistungstraining
Waitz - Grete Waitz – Worldclass

Badminton

Lemke/Meseck - Badmintontraining
Lemke/Meseck - Handbuch für Badminton
Meseck/Haymann - Handbuch für Squash

Ballspiele

Dietrich - Die Großen Spiele
Glorius/ Leue - Ballspiele Bd. 1
Glorius/ Leue - Ballspiele Bd. 2

Baseball

DBV, Regelheft Softball
Niedlich - Handbuch Baseball
Schmeilzl/Church - Baseballtraining
Schiffer/Labriola - American Sports
Voss - Regelheft Baseball

Basketball

Mikes - Handbuch Basketball
Neumann - Basketballtraining
Niedlich - Streetballtraining

Bewegungserziehung

Bischops/Gerards - Kinderradfahren
Bischops/Gerards - Tips für Sportspiele
Bischops/Gerards - Tips für neue Wettkampfspiele
Bischops/Gerards - Tips für Sport in der Lebensmitte
Bischops/Gerards - Tips für Gesundheit durch Sport
Bischops/Gerards - Tips fürs Aufwärmen im Sport
Bischops/Gerards - Tips für Kinderfußball
Blume - Akrobatik mit Kindern
Diem - Auf die ersten Lebensjahre kommt es an
Dombrowski - Leichtathletik mit Grundschulkindern
Gerling - Kinderturnen – Helfen & Sichern
Henßen - Kinder auf dem Weg zum Tanzsport: Lateintanzen
Kaltenbrunner - Contact Improvisation
Kapustin - Familie und Sport
Kapustin - Schule und Sportverein
Kapustin - Sport f. Erwachsene mit geistiger Behinderung
Kleine - Bewegung im Kinderzimmer
Koschel/Brinkmann - Spiel-Spaß-Sport für Kinder
Rheker - Spiel und Sport für alle
Stein - Kinder und Eltern turnen
Stein - Kleinkinderturnen ganz groß
Zimmer - Bewegung, Sport und Spiel mit Kindern
Zimmer - Handbuch für Kinder- und Jugendarbeit im Sport
Zimmer - Kinder brauchen Bewegung
Zimmer - Sport und Spiel im Kindergarten

Cartoon

Aguilar - Die wundersame Welt der Fußballer
Aguilar - Die wundersame Welt der Turner

Ernährung/Gesundheit

van Aaken - Programmiert für 100 Lebensjahre
Bailey - Fett verlieren - Form gewinnen
Baumann - Psychologie im Sport
Hoberman - Sterbliche Maschinen
Jasper - Brainfitness
Jung - Sport und Ernährung
Neumann - Ernährung im Sport
Ott/Beckenbach - Fit - aber richtig!
Paul - Aktiv kontra Osteoporose
Rausch - Fit bis zum Umfallen
Schaller/Kirchner - Motorisches Lernen im Alter
Shangold - Sportmedizin für Frauen
Williams - Rekorde durch Doping?

Fußball

Bischops/Gerards - Handbuch Kinder- und Jugendfußball
Bischops/Gerards - Handbuch Mädchen- u. Frauenfußball
Bischops/Gerards - Tips für Kinderfußball
Bischops/Gerards - Tips für Spiele mit dem Fußball
Bomers - Fußballspiele in der Halle
Frank - Trainingsprogramme Fußball
Jackschath/Cramer - Fußballpsychologie
Kollath - Fußballtechnik in der Praxis
Reade - American Football Training
Sneyers - Fußballtraining

Golf

Flanagan - Golf – Spiel mit Kopf
Mund/Münch - Tele-Golf Bd. 1+2

Handball

Grage - Handballtraining

Hockey

Marx/Wagner - Hockeytraining